Bildnachweis:
Die Bilder des Textteils: Mona Thraen
Coverfotos: Paul Cumming bzw. Mona Thraen
Kartenicon: © Stepmap GmbH, Berlin

Bibliografische Information der Deutschen Bibliothek:
Die Deutsche Bibliothek verzeichnet diese Publikation in der deutschen Nationalbibliografie. Detaillierte bibliografische Daten sind im Internet über http://dnb.ddb.de abrufbar.

www.reiseliteratur-verlag.de
www.traveldiary.de

Umschlagentwurf und Layout: Jürgen Bold, Jens Freyler
Satz: Jens Freyler
Druck: Standartu Spaustuve

ISBN 978-3-941796-37-9

Mona I. Thraen

Schonungslos Japanisch

Ein High School-Jahr zwischen
Moderne, Tradition, Gastfamilie und Manga

Vorwort

Es rumort. Es rumort in mir und Erinnerungen aus dem Land der aufgehenden Sonne steigen immer wieder in meinem Inneren empor.

An manchen Tagen leuchtet das helle Moosgrün der heimatlichen Baumwipfel wie grüner Tee, den ich den Gästen meiner japanischen Großeltern anbot.

„Ocha yoroshii desu ka?“[1], erinnere ich mich, gesagt zu haben. Dasselbe Grün wie das der Bambuswälder.

Es rumort. Ein Mädchen, wasserstoffblond gefärbte, fransige Haare, dicker, tintiger Kajal, die Haut ledrig braun gebrannt. Am seltsamsten sehen die enzianblauen Kontaktlinsen an ihr aus. Ich habe solche gyaru[2], wie sie in Japan genannt werden, schon öfter in japanischen Großstädten gesehen, aber in Deutschland erschreckt mich dieser Anblick. Was habe ich verpasst? Seit wann gibt es die Mode, sich wie kalifornische „Valley Girls“ zu kleiden auch hier in Deutschland? Bisher kenne ich diesen seltsam-schrillen Stil nur aus Japan.

An manchen Tagen erscheint die Luft unheimlich klar und der Himmel reflektiert ein kühles, aber kräftiges Blau. Früher hätte ich wohl gesagt, es ist schönes Wetter. Heute erinnert es mich an eine der langen Fahrradfahrten zu meiner japanischen Gastschule auf den hügeligen Straßen in der japanischen Präfektur Gunma.

Es rumort.

Schon einige Zeit ist es her, dass ich wieder zurück bin von meinem Austauschjahr in Japan. Einem außergewöhnlichen Jahr, in dem ich als 17-jährige auf eine japanische High School gehen und bei drei verschiedenen Gastfamilien leben durfte.

Meine Beziehung zu Japan hat sich seither grundlegend verändert. Sie ist nun sachlicher und doch auch emotionaler. Sachlicher, da ich nun weiß, wie es wirklich ist, in Japan zu leben – dass es sehr schön, aber auch sehr hart sein kann. Emotionaler, da ich mit diesem Land nun nicht mehr nur manga[3], anime[4], japanische Klischees und sushi verbinde, sondern weil da plötzlich Menschen sind, die sich in meinen Erinnerungen an Japan fest verankert haben. Gerüche, die mich an Orte erinnern. Orte, die mich an Situationen erinnern. Situationen, die mich an Menschen erinnern.

---

1 Ocha yoroshii desu ka? = Möchten Sie Tee?

2 gyaru = Mädchen (vom engl. girl)

3 manga = jap. Comics

4 anime = jap. Zeichentrick

Diese gelegentlichen Anflüge von Erinnerungen werden mir erhalten bleiben, wie manch eine frühe Prägung bei Kindern. Eingesogen und gespeichert in meinem Unterbewusstsein, konnte ich sie jedoch lange nicht bewusst aufgreifen und in Worte fassen.
Um nicht zu vergessen, schloss ich jeden Tag meines Japanjahres mit einem Tagebucheintrag ab. Diese Einträge dienen mir heute als Grundlage für dieses Buch, das Interessierten die Gelegenheit bieten soll, sich in einen gelebten Austausch mit Japan einlesen zu können.
Wer weiß, vielleicht wirst Du es, lieber Leser, eines Tages auch erleben und einiges hier wiederfinden, widerlegen oder ergänzen können.
Es rumort. Und langsam entsteht etwas.

Familie Kaneko

Die ehrgeizige Mittelschicht

1

München. Kopenhagen. Tokyo.
Nach elf Stunden Flug in einer Riesenmaschine komme ich endlich in meiner neuen Wahlheimat auf Zeit an. Mit mir steigen weitere fünf Austauschschüler aus Deutschland zusammen mit jeder Menge Japanern am Narita Airport aus.
Hektik. Spannung. Neugierde.
Werden uns unsere Gastfamilien vom Flughafen abholen? Wie werden sie sein? Was soll ich sagen? Ich versuche, gelassen zu bleiben. Trotzdem habe ich ein wenig Angst davor, auf eine Mauer von Unverständnis zu stoßen. Mein Wortschatz reduziert sich auf Standartsätze, die ich aus den Volkshochschulkursen „Japanisch 1 und 2" mitgenommen habe.
„Watashi no namae wa Mona desu", ich heiße Mona.
Es ist 9 Uhr morgens, Ortszeit. Mit mir schieben Frauke, Denise, Jessica, Hagen und Sven ihre großen Koffer, deren Inhalt für ein Jahr ausreichen muss, aus dem Gate heraus. In einem Reiseführer über Japan habe ich einmal gelesen, dass Japaner lieber mit vielen kleinen Taschen reisen, da ein einzelner großer Koffer den Gastgeber überrumpeln würde. Er bekäme es wohl mit der Angst zu tun, dass man gleich bei ihm einziehen möchte. Nun, nichts anderes möchte ich ja auch...
Alles ist riesig, modern-metallen. Wider Erwarten empfangen uns nicht unsere Gastfamilien, sondern eine hübsche junge Japanerin, die ich auf Mitte zwanzig schätzen würde. Sie heißt Miu.
„Kôrin-san[5], euer Ansprechpartner, wird sofort da sein. Ich bin seine Assistentin", begrüßt sie uns in einem relativ guten Englisch. Später erfahren wir, dass sie zwei Jahre lang in Australien gelebt hat. Miu erkundigt sich nach unserem Flug und berichtet, dass Steffi, die eigentlich einen Flug früher hätte da sein müssen, diesen verpasst hätte und so erst morgen eintreffen würde.
Die Arme, denke ich, allein im Flieger und dann auch noch den Anschlussflug verpassen und an irgendeinem Flughafen dieser Welt festsitzen, das muss hart sein.
Plötzlich kommt ein kleiner Japaner mit Bart und einem unglaublich netten Grinsen auf uns zu und stellt sich uns in sehr gutem Englisch als Kôrin-san vor, unseren Ansprechpartner der japanischen Austauschorganisation. Irgendwie hat er etwas kindliches, ja fast schon niedliches an sich und

5 *-san* = Endung für ‚Herr...' und ‚Frau...'

mir fällt auf, dass er in peinlichen Schweigeminuten immer anfängt zu kichern, als hätte jemand einen unglaublich guten Witz gemacht.
Um besser mit uns reden zu können, führt Kôrin-san uns erst einmal aus der großen Empfangshalle hinaus. Hagen, der ziemlich groß ist, rennt beinahe einen alten Japaner um, woraufhin er sich aufgeregt bei dem Herrn entschuldigt und sich ein paar Mal verbeugt.
„Arigatô gozaimashita!“, wiederholt er immer wieder, was eigentlich „vielen Dank“ bedeutet. Irgendwie hat er sich wohl in der Eile vertan, doch der Alte blickt ihm nur stumm und verwundert hinterher.
Wir kommen vor einem der Flughafenrestaurants an und unsere Nasen bleiben erst unmittelbar an einer Vitrine kleben. Wie in Japan üblich, werden hier die angebotenen Speisen in Wachsform ausgestellt. Ich habe zwar schon oft darüber gelesen, aber jetzt freue ich mich, diese verblüffend echt aussehenden Wachsspeisen endlich in natura sehen zu können.
Nachdem wir Platz genommen haben, müssen wir uns erst einmal alle vorstellen. Japanisch ist zwar nicht Pflicht, aber trotzdem freut sich Kôrin-san jedes Mal wie ein Kind, wenn wir es versuchen und nickt dabei ganz heftig. Nach der Reihe stellen wir uns also vor...
Da ist zum einen Sven. Er ist siebzehn Jahre alt, hat aschblonde Locken und eine Brille. Mir fällt seine sehr korrekte und saubere Art zu sprechen auf, was einen ruhigen und etwas ernsten Eindruck auf mich macht.
Dann stellt sich Jessica vor. Zusammen mit einer kleinen, sehr intensiven Gruppe lernt sie schon seit drei Jahren Japanisch bei einer Japanerin. Wir sind alle von ihren Sprackkünsten beeindruckt. Mit ihren fünfzehn Jahren ist sie die jüngste in unserer Gruppe, wirkt jedoch irgendwie schon viel erwachsener.
Deborah ist mit achtzehn Jahren die Älteste unter uns, ist etwas kleiner und hat wunderschöne, lange, blonde Haare. Was sie mag, ist Mathe und Informatik.
Wegen seiner stattlichen Größe hatte ich Hagen älter geschätzt, doch als er sich vorstellt, offenbart er, dass er erst sechzehn ist. Wir nicken alle ganz anerkennend. Seine Leidenschaft sind japanische Konsolenspiele, vor allem aber Final Fantasy.
Schließlich stellt sich auch Denise vor. Sie war die ganze Zeit im Flieger überaus redselig und zappelig, doch plötzlich wirkt sie etwas unsicher und schüchtern. Sie ist siebzehn, wie ich. Ich finde sie enorm hübsch und mit ihren glatten, schwarz-braunen Haaren und ihren dunklen Mandelaugen fällt sie im Vergleich zu uns kaum unter den Japanern auf.
„Mein Vater ist Philippine“, erklärt sie uns etwas beiläufig, als wir sie fragen, ob sie japanische Wurzeln hätte.

Also ein netter, bunt zusammen gewürfelter Haufen junger Menschen, denke ich, und stelle dann mich und meine Motivation, nach Japan zu kommen, vor. Auf Japanisch sage ich, dass ich siebzehn Jahre alt bin, aus Süddeutschland komme und seit etwa einem Jahr an der Volkshochschule Japanisch lerne. Der Grund, warum ich mich für Japan interessiere, hört sich dabei fast genauso an, wie bei den anderen:

„Durch manga und anime habe ich begonnen, mich verstärkt für Japan zu interessieren. Dieses Interesse ist so groß geworden, dass ich nun die japanische Sprache erlernen und in die japanische Kultur eintauchen möchte."

Kôrin-san grinst. Miu lächelt süß und scheint ihren Vorgesetzten zu bewundern.

Gegen Mittag begleiten uns die beiden an den Busbahnhof, der sich direkt am Flughafen befindet. Kôrin-san wünscht uns viel Glück und sagt, dass wir uns bei ihm melden sollen, falls wir irgendein Problem oder eine Frage haben sollten. Wir steigen in den Bus ein und kaum sitze ich auf meinem Platz, spüre ich, wie ich tief in den weichen Sitz sinke und sich alles an mir plötzlich so schwer und müde anfühlt. Mit größter Anstrengung wechsele ich noch ein paar Worte mit Sven, bevor meine Augen ganz zufallen...

Zwischendurch wache ich immer wieder auf. Der Bus ruckelt, draußen ist es grau und schwül, wir fahren durch die Vororte von Tôkyô. In der Ferne sehe ich hohe Wolkenkratzer, doch hier ist der Himmel nur bedeckt mit lieblosen Telefonmasten und Leitungen, die schwer von einem Haus zum nächsten hängen. Irgendwie finde ich das unheimlich. Andererseits gefallen mir die vielen kleinen Häuser, die dicht aneinander stehen und zwischen denen kleine Gässchen hindurchführen. Ein paar der Häuser scheinen noch traditionell aus Holz zu sein, die meisten wirken jedoch eher wie Plastikhäuschen, frisch aus der Retorte. Irgendwo habe ich einmal gelesen, dass japanische Neubauten im Durchschnitt nur etwa zehn Jahre halten und man sie dann abreißen müsse. Das Baumaterial sei einfach nicht haltbar genug. Mit Nachhaltigkeit hat das ja nicht viel zu tun...

Ich döse wieder ein bisschen vor mich hin. Langsam werden die Häuser weniger. An ihrer Stelle tauchen verstärkt Felder und kleine Wäldchen auf. Die Straßen werden hügeliger und grün bewaldete Berge rücken aus der Ferne immer näher, bis wir schließlich durch dichte Wälder fahren.

Nach vier Stunden Fahrt und drei Zwischenstopps, kommen wir endlich am Busbahnhof von Kiryû[6] an. Dort zieht eine Horde fröhlich kreischender,

6 Kiryû = Stadt in der Präfektur Gunma (nordwestlich von Tôkyô)

Täuschend echt wirkende Speisen aus Wachs vor dem Restaurant

am fahrenden Bus entlang rennender Japaner unsere Aufmerksamkeit an und belebt unsere müden Geister wieder. Kaum aus dem Bus heraus, können wir ganz groß die Worte auf den Schildern lesen, die ein paar der Japanerinnen hochheben: „Willkommen! Frauke Gapp!"
Das wird wohl Fraukes Gastfamilie sein, denke ich, und schaue mich neugierig nach den Gesichtern meiner Gastfamilie um, die ich von Fotos her kenne.
In mir kribbelt alles vor Aufregung und ich merke gar nicht mehr, wie weh mir alles von der Fahrt tut, als ich endlich aussteigen kann. Überall werden die anderen von ihren Gastfamilien begrüßt, überall kreischende Japanerinnen und Kinder. Manche schüchtern und ängstlich vor der blonden Invasion, manche ausgelassen und neugierig.
Noch sehe ich kein mir vertrautes Gesicht, als ich zusammen mit den anderen mein Gepäck aus dem Bauch des Busses hieve. Plötzlich tippt mir eine Japanerin auf die Schulter und fragt, ob ich Mona Thraen sei.
„Ja", antworte ich und denke schon, vor mir stünde meine zukünftige Gastmutter. Doch sie verneint und stellt sich mit Shima vor. Ihre Familie sei die Übergangsfamilie von Sven, die ihn für eine Woche aufnehmen würde, bevor ihn seine tatsächliche Gastfamilie aufnehmen könne. Ich bin nicht ganz sicher, ob ich diese Mischung aus Japanisch, Englisch und Zeichensprache richtig verstanden habe, doch erfahre ich weiter, dass

meine Gastmutter wohl noch beruflich zu tun hätte und mich daher nicht abholen könne. Daher sollte ich nun kurzfristig mit Svens Familie mitkommen.
Eine Erfahrung mehr, denke ich motiviert, aber auch etwas enttäuscht. Ich fahre also mit Sven, Shima-san und ihrem sechsjährigen Sohn mit zu ihrem Häuschen nach Maebashi, der Regionshauptstadt von Gunma-ken[7].
Im Auto unterhalten wir uns auf Japanisch und erstaunlicherweise funktioniert es relativ gut, was sicher daran liegt, dass Shima-san sehr einfach und langsam mit uns redet.
Es wird schon langsam dunkel, als wir endlich an ihrem kleinen Einfamilienhaus am Rande der Stadt ankommen.
Der Junge springt sofort aus dem Auto und schaltet den Fernseher an, sobald wir im Haus angekommen sind. Auch Sven und ich werden erst einmal auf das Sofa vor den Fernseher gesetzt, während Shima-san ihren Mann holt.
Mittlerweile hat der Junge zwei Plastiktrommeln herausgeholt, auf denen er nun wie wild trommelt, um Punkte auf seinem Donkey Kong-Konsolenspiel zu erzielen.
Das Trommeln hört auch nicht auf, als sich ein freundlich lächelnder Japaner zu uns gesellt und sich als Shima-sans Mann vorstellt. Er wirkt sehr gelassen, ruhig und bereitet mir ein Gefühl der Erleichterung, da er kein Gespräch zu erwarten scheint.
Sven und ich betrachten interessiert die Einrichtung, die sehr spärlich und nüchtern ist. Wieder eines dieser Retorten-Plastik-Häuschen, denke ich, und bin gleichzeitig etwas genervt von der Trommelei.
„Wahrscheinlich erlaubt man den Kindern hier sehr viel mehr als in Deutschland. Dieses ohrenbetäubende Trommeln ist wirklich sehr nervig, vor allem, wenn man doch Gäste da hat…", meint Sven leicht gereizt.
Ich gebe ihm nur Recht und bin froh, als Shima-san endlich ihren Sohn vom Fernseher losreißt und wir zu einem Restaurant fahren. Bei der vielen Aufregung ist es mir gar nicht aufgefallen, dass ich mittlerweile doch ganz schön hungrig bin.
Der Anblick der Familie Shima am Tisch des Restaurants spricht Bände. Der Sohn sitzt zwischen Mutter und Vater an der Spitze des Tisches und beschäftigt die beiden so, dass sie zu nichts anderem mehr kommen, als ihn zu beruhigen. Er quiekt, lässt die Stäbchen fallen, rutscht auf seinem Platz hin und her, zupft an seiner Mutter. Die Eltern jedoch lassen alles

7 *-ken* = Endung für Präfektur/Provinz

mit einer Eselsgeduld über sich ergehen, heben die Stäbchen wieder vom Boden auf, bestellen nebenher und lächeln uns immer wieder etwas beschämt an.

Ich sehe Svens müde Augen und ich glaube, ihm geht es ebenso wie mir: ich bin hundemüde, habe Hunger und das laute Plappern des Jungen hallt in meinen überreizten Ohren.

Der Kellner bringt irgendwas, wir essen irgendwas, reden irgendwas, fahren wieder nach Hause. Mein Kopf ist nicht mehr wirklich aufnahmefähig und funktioniert einfach nur noch seiner selbst willen.

Kaum sind wir wieder bei den Shimas angekommen, klingelt es und eine Frau mit kurzen, schwarzen Haaren und glänzendem, weinrotem Jackett steht an der Tür. Ihr Gesicht ist ganz weiß und sie steht erstaunlich aufrecht, was sie ein wenig größer erscheinen lässt, als sie tatsächlich ist. Es ist meine Gastmutter.

Plötzlich bin ich enorm aufgeregt und stammele nur noch japanische Höflichkeitsfloskeln vor mich her. Als sie mich umarmt, fühlt es sich eher so an, als fiele ich gegen eine harte Wand. Auch bin ich etwas verwirrt, dass sie mich überhaupt umarmt. Bisher hatte ich immer nur gelesen, dass Japaner dies nicht tun würden. Wahrscheinlich machen sie dies normalerweise auch nicht und deswegen fühlt es sich so unnatürlich an.

Ich weiß, dass sie Teiko heißt, doch sie stellt sich mit Trampa vor, das sei ihr Croco-Name. Croco, überlege ich schnell, davon hatte ich schon mal von einem früheren Austauschschüler gehört, aber damals hörte er sich nicht sehr begeistert an.

Während ich am Grübeln bin, was dieses Croco sein soll, redet Trampa lauthals auf Shima-san ein, was sich für meine Ohren anhört wie eine Dankesrede. Dann verabschieden wir uns und auch ich bedanke mich mit einer angedeuteten, weil noch ungewohnten Verbeugung.

Im Auto, einem blankgeputzten, großen Familien-Mazda in Rot, versuche ich mich, mit meinem bisschen Japanisch mit Trampa vertraut zu machen, woraufhin sie mir in einer unglaublichen Geschwindigkeit antwortet. Ich verstehe absolut nichts mehr!

2

Die Vögel zwitschern. Draußen höre ich Kinder, deren Lachen durch die Reispapierfenster dringt.

Wahrhaftig, ich liege auf einem futon[8], auf dem mit tatami[9]-Matten ausgelegten Boden meines kleinen, aber traditionell eingerichteten, japanischen Zimmers. Es ist das einzige im ganzen Haus, das mit Tatami ausgelegt ist und Reispapier vor den Glasfenstern hat.

Ich fühle mich schläfrig und doch hellwach. Es ist, als wachte ich mitten in einem Film auf, in einer fremden Welt voller neuartiger Düfte und Eindrücke.

Zunächst bemerke ich nur die Sonnenstrahlen, die durch die Fenster strömen und mich im Gesicht kitzeln. Dann spüre ich jedoch die Hitze, die schon schwül-heiß den Morgen durchbricht.

Ich stehe auf und lege meinen futon zusammen, so wie ich es schon tausendmal in meinen vielen Büchern über Japan gelesen habe. Irgendwie ist es nichts Besonderes und doch ist es ein erhebendes Gefühl, zum ersten Mal etwas zu machen, worüber man bislang nur staunend gelesen hat.

Ich schiebe die traditionelle japanische Schiebetür zur Seite und trete in den Flur. Alles ist still. Nur im Wohnzimmer höre ich das monotone Klappern einer Tastatur. Trampa, die ich okâsan[10] nennen soll, ist schon früh am Morgen bei der Arbeit und sitzt kerzengerade an ihrem Schreibtisch, der mitten im Wohnzimmer in die Wand integriert ist.

Nach einem ohayô, dem Guten Morgen, weiß ich erst nichts mit mir anzufangen und frage okâsan verlegen, was sie denn arbeitet.

okâsan arbeitet für den „Croco Language Club", einer Art Verein für Sprachförderung, der mit unserer japanischen Austauschorganisation zusammenarbeitet und viele Gastfamilien vermittelt. Dort ist sie Verantwortliche für die Region Gunma und nimmt deswegen jedes Jahr einen Austauschschüler bei sich auf. Ich bin mittlerweile das sechste Gastkind, davon jedoch das erste Mädchen. So ist das also, denke ich, und irgendwie bin ich ein wenig enttäuscht, dass ich so viele Vorgänger habe.

Die Sonne wird heißer und ich trolle mich ins Bad. Was ich vorfinde, ist eine Nasszelle mit einer integrierten Plastikwanne. Normalerweise, das

8 futon – jap. Art einer harten Matratze, die direkt auf den Boden gelegt wird

9 tatami = Matten aus Reisstroh, die in traditionellen, japanischen Zimmern ausgelegt werden und als Fußboden dienen

10 okâsan = Anrede für Mütter

weiß ich aus Büchern, waschen sich Japaner in der Nasszelle mit Shampoo und steigen danach in das heiße Wasser der Wanne. Danach wird das Wasser allerdings nicht abgelassen, sondern wird nach und nach von den anderen Familienmitgliedern benutzt. Oft bleibt das Wasser sogar mehrere Tage in der Wanne und wird jeden Abend von neuem erhitzt. Nach mehrmaliger Nutzung wird es dann häufig in die Waschmaschine umgeleitet, die, im Gegensatz zu Deutschland, nur mit kaltem Wasser betrieben wird. Mit Umweltbewusstsein hat das jedoch meist nichts zu tun, als vielmehr mit den hohen Kosten für Wasser und Gas.
Momentan ist jedoch kein Wasser in der Wanne und es wäre auch viel zu heiß dafür. Also dusche ich so kalt wie möglich und fange sofort wieder an zu schwitzen, sobald ich aus der Nasszelle komme. Es ist einfach erdrückend schwül.
Im Wohnzimmer gestikuliert okâsan mit lauter, aufgeregter Stimme am Telefon. Ich verstehe nur, dass es um Steffi geht, die wohl immer noch auf irgendeinem Flughafen dieser Welt feststeckt.
Auf dem Sofa sitzt Hotaru, meine 22-jährige Gastschwester, und ich geselle mich zu ihr, um sie kennenzulernen. Aber irgendwie schaut sie immer nur an mir vorbei und antwortet mir nicht auf meine Fragen, scheint in ihrer eigenen Welt zu sein. Anscheinend hat sie nicht nur einen kleinen Sprachfehler, wie mir Kôrin-san erzählte. Vielmehr erinnert sie mich ein bisschen an ein Kind mit Down-Syndrom. Aber vielleicht irre ich mich auch und das ist nur mein erster Eindruck.
Da sie mir nicht antwortet, schaue ich mich neugierig um. Die Familie Kaneko wohnt in einem recht geräumigen, zweistöckigen Haus mit kleinem Garten. Außer meinem tatami-Zimmer ist der übrige Teil des Hauses recht europäisch eingerichtet und selbst der Esstisch ist ein ganz normaler, hoher Holztisch mit Stühlen. Dabei dachte ich immer, Japaner würden auf dem Boden an niedrigen Tischen essen. Esszimmer, Küche und Wohnzimmer sind miteinander verbunden und direkt neben dem riesigen Fernsehen hat okâsan ihre Büroecke eingerichtet. Im Obergeschoss liegen die Zimmer der anderen. Diese werde ich jedoch erst sehr sehr spät kennen lernen.
Inzwischen ist auch Akemi heruntergekommen und gemeinsam mit ihr und okâsan frühstücke ich britisches Ham&Egg mit Reis und kaltem ôcha, dem grünen Tee. Eine sehr ungewöhnliche Kombination und ich frage mich, ob dies hier die tägliche Küche ist oder ob okâsan versucht, mir den Anfang mit einem „europäischen" Frühstück so einfach wie möglich zu machen. Ich hoffe inständig, dass dem so ist, da mir als Vegetarierin beim krassen Geschmack des Schinken-Specks das Würgen kommt.

Akemi, meine 21-jährigen Gastschwester, ist noch ein wenig verschlafen, jedoch sehr hübsch. Sie hat schulterlange, ganz glatte Haare mit leichten Fransen und sieht abgesehen von ihrer Frisur ihrer Mutter enorm ähnlich. Ich verstehe mich gut mit ihr und sie erzählt mir, dass sie am Samstag mit ihren Freunden zu einem hanabi, einem Feuerwerk, geht. Ich bin mir nicht sicher, ob ich sie richtig verstanden habe, aber ich glaube, sie möchte mich dorthin mitnehmen. Als sie sieht, dass ich in der Zeitung die kana[11] lesen kann, schenkt sie mir einen manga namens „Chibi Maruko-chan" – ich bin begeistert. Damit hat sie mein Herz gewonnen!
Im Flur steht Masaru. Masaru ist so alt wie ich und war im letzten Jahr an einer High School in den USA. Mit seinen ein Meter siebenundsiebzig und seiner kräftig-muskulösen Gestalt ähnelt er jedoch wenig dem Klischee schmaler, japanischer Männer, als vielmehr einem braungebrannten Orang-Utan.
Es ist ein wahres Schauspiel, ihm beim Haare frisieren zuzusehen. Föhnen, glätten, Gel, wieder föhnen und noch mal toupieren.
Auch bei okâsan habe ich dieses übertriebene Zurechtmachen beobachtet. Nach dem Frühstück hatte sie ihren Schminkkoffer hervorgeholt und mit ihrem wohl täglichen Pflegeprogramm begonnen. Die Augenbrauen und das Kinn werden gezupft und bemalt, die Wangen gerouget, die Wimpern mit einer Zange in eine Achterbahn-Kurve nach oben getrimmt...
Offensichtlich legen Japaner sehr viel mehr Wert auf ihr Äußeres als die meisten Deutschen. Als sich okâsan schließlich auch noch die komplette Stirn mit einem Messer rasiert, kann ich nicht mehr daran zweifeln, dass ich mich am anderen Ende der Welt befinde!
Endlich sind okâsan und Masaru fertig mit ihrer Politur. Ein wenig Radau, hektisches Kramen in der Tasche und schon sitzen wir im Auto. Zwischen Tür und Angel lerne ich noch schnell otôsan[12], meinen Gastvater, kennen, der gerade vom Baseball kommt. Ein gutmütiger, ruhiger Mensch, den ich sofort in mein Herz schließe.
Eigentlich ist es ja seltsam, Menschen, mit denen man nicht verwandt ist, mit „Vater" oder „Mutter" anzusprechen, aber hier in Japan ist das normal. Man spricht sich meistens nicht mit dem Namen an, sondern

11 Die japanische Schrift besteht aus drei Schriftarten: Zwei Silbenschriften mit jeweils 46 Zeichen (*hiragana* und *katakana*) und den *kanji*. Die *hiragana* werden für alle japanischen, die *katakana* für alle ausländischen Wörter verwendet. Zusammengefasst werden sie als *kana* bezeichnet.
Bei den *kanji*, den aus China übernommenen Schriftzeichen, ist die Anzahl unklar. Man sagt jedoch, um eine Zeitung lesen zu können, sollte man mindestens tausend beherrschen. Die *kanji* können durch *kana* in Lautschrift ausgeschrieben werden, was ihr Erlernen unglaublich erleichtert.

12 otôsan = Anrede für Väter

vielmehr mit der Funktion. Eine Mutter, in der Funktion einer Mutter, wird also von allen okâsan genannt, nicht nur von ihren eigenen Kindern. Sobald sich die Funktion ändert, ändert sich auch der Name. Aus einer okâsan wird also eine obâsan, eine Oma, sobald sie Enkel hat. Von nun an wird sie von allen nur noch als obâsan bezeichnet.

Während ich so über die Namensgebungen in Japan grüble, parken wir auch schon vor einem großen Gebäude in der Innenstadt. Okâsan erzählt mir, dass das Gebäude eigentlich das Stadthaus und ein Theater sei, aber unten in den Kellerräumen sich immer die Croco-Familien treffen würden. Wieder dieses Croco, denke ich mir und steige mit den anderen die Stufen hinunter.

Als wir unten ankommen, herrscht auch schon ein buntes Treiben. Überall rennen und hüpfen quietschende Kleinkinder herum, deren Mütter verzweifelt versuchen, sie wieder einzufangen. Der Boden ist übersät mit Pommes, Fried Chicken und Cola, dazwischen auch ein paar traditionell japanische Köstlichkeiten. Dies ist also mein erstes Croco-Treffen, denke ich und halte den Atem an.

Der Croco-Club trifft sich mindestens einmal die Woche, um mit alternativen, spielerischen Methoden Sprachen zu lernen. Besonders für Kleinkinder sollen diese sehr gut geeignet sein. Heute jedoch ist ein besonderer Tag, da wir Austauschschüler zum ersten Mal dabei sind und offenbar wurden wir schon sehnsüchtig von den Croco-Mitgliedern erwartet.

Als mich die Frauen sehen, begrüßen mich alle ganz freudig und plappern wild auf mich ein. Bis auf Standardfragen, wie ich heiße, wie es mir hier gefällt und wann ich angekommen sei, verstehe ich jedoch nicht viel. Von daher bin ich fast erleichtert, als ich noch einen anderen Ausländer in der schwarzhaarigen Schar sehe. Er heißt John, ist 19 Jahre alt und kommt aus den USA. Auch er wird für ein Jahr bei einer Gastfamilie in Gunmaken leben, allerdings in der Regionshauptstadt Maebashi. Mit ihm kann ich mich wenigstens auf Englisch unterhalten und habe das Gefühl, nicht ganz so verloren in dieser plötzlichen und noch so unwirklich erscheinenden Fremde zu sein. Allmählich kommen auch die anderen Austauschschüler mit ihren Gastfamilien eingetrudelt und beim Essen hat jeder natürlich viel zu erzählen.

Nach dem „großen Fressen“ sitzen wir alle auf dem Boden und jeder aus der Gruppe soll sich vorstellen. Einige Frauen stellen sich sogar auf Englisch oder Deutsch vor, was mich sehr beeindruckt. Besonders süß sind die japanischen Kleinkinder, die schon versuchen sollen, ihre

auswendig gelernte Begrüßung auf Deutsch aufzusagen. Noch zieren sie sich.
Später hält Masaru einen Vortrag über sein Jahr in den USA und erstaunlicherweise verstehe ich schon sehr viel, was wohl an seinen wilden Gesten und den Fotos liegt, die seinen Vortrag unterstreichen. Masaru hat eine ganz besondere Art, sein Publikum zum Lachen zu bringen und die jungen Mütter sind nur so hin und weg von ihm. Okâsan ist sehr stolz und sitzt noch aufrechter da als sonst. Auch auf mich und mein Japanisch ist sie stolz, aber eher so, wie man über ein neues Auto stolz ist.
Dann nur noch Langeweile. Jede einzelne der Mütter berichtet über irgendetwas, eine bricht sogar in Tränen aus, die anderen hören zu und beraten. Wir Ausländer versuchen zu verstehen und verstehen doch nichts... bis die Müdigkeit kommt.
Ich bemerke, dass okâsan eine Art Respektsperson für die anderen Frauen ist und dies offenbar auch genießt. Für sie sind diese Croco-Treffen eben nicht nur ein Hobby, sondern ihr Beruf.
Gegen Abend wird das Treffen endlich wieder aufgelöst und ich fahre mit okâsan zu ihrer Mutter.
Obâsan[13] heißt eigentlich Hotori. Sie ist klein, redselig und vierundachtzig Jahre alt, sieht allerdings aus wie sechzig. Unglaublich, was Algen und Fisch so alles können!
Okâsan meint, das läge daran, dass sie jeden Morgen eine umeboshi[14] äße. Sie gibt mir eine zum probieren und ich erinnere mich plötzlich, dass ich diese Art von fermentierten Pflaumen auch schon einmal in Deutschland beim sushi-Essen gekostet habe.
Die umeboshi ist sehr sauer, reich an Enzymen und ich liebe den Geschmack einfach. Okâsan ist erstaunt, da die meisten Ausländer den Geschmack grässlich finden und es kommt mir fast so vor, als wäre sie ein wenig enttäuscht, dass es mir schmeckt.
Auf dem Weg nach Hause holen wir Akemi vom Arbeiten ab. Sie hat einen Nebenjob in einem der unzähligen Conbinis[15] und arbeitet dort jeden Tag. Später, als ich ihr Handy-Verhalten beobachte, verstehe ich auch, warum sie dort so viel arbeitet.
Akemis Handy ist ein typisches Beispiel für Japan, dem Land der aufgehenden Elektronik. Es ist mit einer pinken Hülle und zahlreichen Glitzeraufklebern verziert und an ihm baumelt ein Schwanz von rosa

13 obâsan = Anrede für Großmütter
14 umeboshi = eingelegte, fermentiere Pflaume
15 conbini = (vom engl. convenience store) 24-Stunden-Geschäfte, in denen es alles Nötige zu kaufen gibt

„Hello Kitty"-Anhängern, die zusammen fast doppelt so schwer sind wie das gesamte Handy. Alle drei Minuten ertönt ein quietschiger, japanischer Pop-Song, der sich als SMS entpuppt und sofort beantwortet werden muss. Als ich sie frage, wie viel sie im Monat für ihr Handy bezahlt, meint sie: „Siebentausend Yen". Das sind ungefähr fünfundsechzig Euro im Monat! Wie ich später herausbekomme, ist das Durchschnitt bis wenig.
Zu Hause essen wir dann zu Abend, was sich als echtes Erlebnis dritter Art für meinen Gaumen entpuppt. Neben leckerer miso-Suppe mit Algen und tofu-Stückchen, gibt es alle möglichen Beilagen zum Reis. Ich koste eine rosa-leuchtende, glibbrige Masse, die mir schon am Morgen aufgefallen war und merke mit Entsetzen, dass es irgendetwas tintenfischähnliches ist. Am liebsten würde ich alles wieder ausspucken, denn mein Vegetarier-Magen verdreht sich bei diesem Geschmack. Also grinse ich bemüht und kaue auf dem Zeug herum, da ich mich scheue, es herunterzuschlucken. Ich stopfe mir noch mehr Reis in den Mund, damit ich die Konsistenz nicht mehr spüre und spüle alles mit einem großen Schluck grünen Tee herunter. Geschafft!
Man sollte sich vielleicht vorher erkundigen, was man da isst. Ich sage mir jedoch, dass ich als Vegetarierin in Japan sowieso Grenzen überschreiten werde und nehme mir mutig vor, weiterhin alles zu probieren, was mir über den Weg läuft – außer, es läuft wirklich noch, was man in Japan nie ausschließen sollte!
Außerdem gibt es auch viele japanische Speisen, die man als Europäer als eklig bezeichnen könnte, die aber eigentlich ganz gut schmecken. Da hilft also nur: Augen zu und durch!

In den nächsten Tagen sollte ich meine japanische Gastschule sowie die der anderen Austauschschüler besuchen. Diese Gelegenheit bekomme ich, da okâsan als Mitarbeiterin der japanischen Austauschorganisation eine Art Vermittlerrolle zwischen den Schulen, den Gastfamilien und den Austauschschülern hat.
Auf dem Weg zur Kiryû Kôkô[16] bin ich zum ersten Mal etwas aufgeregt und überlege mir angestrengt, was ich sagen könnte. Diese ständige Ungewissheit, wohin wir gehen, was wir machen, wen wir treffen und was meine Rolle dabei ist, fällt mir noch sehr schwer. Okâsan ist unberechenbar. Man ahnt nichts Böses und erst im Auto sagt sie mir, dass wir heute zu meiner Schule fahren und auch, dass ich mir den Weg ganz genau einprägen soll. Schließlich werde ich ab jetzt immer mit

16 Kiryû Kôkô = Kiryû High School

dem Fahrrad zu Schule fahren. Also konzentriere ich mich auf den Weg. Obwohl ich sonst einen recht guten Orientierungssinn habe, fällt es mir hier wesentlich schwerer, die Straßen zu unterscheiden. Die Straßen scheinen alle nach einem Rastermuster ausgerichtet zu sein und wirken auf mich sehr irritierend. Die vielen kleinen Straßen sehen für mich alle gleich aus. Auch die Läden und Häuser ähneln sich alle und so muss ich mich an den vielen bunten Werbeschildern orientieren, die an den Laternenmasten und Ladeneingängen hängen.

Kiryû ist mit seinen 132.000 Einwohnern für japanische Verhältnisse eher eine Kleinstadt, die sich durch dicht bewaldete Hügel schlängelt. Eigentlich gehört sie noch zum Großraum Tôkyô, ist jedoch umgeben von Agrarwirtschaft und Wäldern. Von Großstadt nichts zu sehen.

Auf der Homepage der Stadt konnte ich nachlesen, dass die Stadt erst 1921 eingetragen wurde, was vielleicht den geringen Charme erklären mag. Ein Gebäude erscheint mir schmuckloser als das andere. Neben den vielen bunten Plakaten wirken die Gebäude trist und grau. Trotzdem gefällt mir meine neue Heimatstadt auf Zeit recht gut, da sie durch einige schön gepflegte Parkanlagen sehr grün wirkt und sich zwei lange, breite Flüsse durch die Stadt schlängeln. Der Kiryû-gawa[17] und der Watarase-gawa.

17 kawa = Fluss

Ländliches Kiryû - mein täglicher Schulweg entlang des Watarate-gawa

Momentan sehe ich jedoch noch keinen der beiden Flüsse, sondern nur die lange breite Hauptstraße, die die ganze Stadt durchquert. Irgendwann biegt okâsan in eine weniger befahrene Seitenstraße ab und von weitem sehe ich schon das enzianblaue Logo meiner Schule, das auf einem großen, rosafarben gestrichenen Flachgebäude prangt. Gleich daneben weht die japanische Flagge in der bereits erdrückend heißen Sommerluft des frühen Morgens.

Vor dem Schulgebäude sehe ich Schüler auf einem riesigen Sportplatz Baseball spielen und höre die antreibenden Rufe meiner zukünftigen Mitschüler.

Allmählich wird mein Bauchkribbeln immer stärker und ich bekomme vor freudiger Aufregung kaum noch Luft. Das habe ich mir immer vorgestellt und jetzt ist es endlich so weit: Ich sehe meine japanische Gastschule!

Durch ein breites, niedriges Tor biegen wir langsam auf den Parkplatz der Schule ein. Obwohl noch Ferien sind, stehen dort schon viele Fahrräder und aus der Sporthalle hinter dem Hauptgebäude höre ich wildes Geschrei und Ballgeräusche. Ich denke an die vielen tausend Szenen in meinen mangas, die genau davon handeln: Japanische Jugendliche, die in ihre bukatsu[18] gehen und deren Leben sich auch während der Ferien in der Schule abspielt mit all seinen Hoch- und Tiefpunkten. Davon habe ich schon lange geträumt und jetzt, wo es endlich soweit ist, kann ich es immer noch nicht so recht glauben. Ich bin endlich da!

Da reißt mich okâsan plötzlich aus meinen Tagträumen und ich folge ihrem schnellen, fokussierten Schritt zum Haupteingang, wo wir auch schon erwartet werden. Ein gebeugter, grauhaariger Mann stellt sich uns als der Ko-Rektor vor. Sein Blick ist misstrauisch und mit seiner gebeugten Haltung erinnert er mich stark an Mr. Burns, den unsympathischen Atomkraftbesitzer bei den Simpsons.

Natürlich verlieren wir uns erst einmal in Höflichkeitsfloskeln und Dankesreden, bevor wir durch die langen, nackten Korridore zum Büro des Rektors geführt werden. Auch hier im Inneren des Gebäudes ist alles rosafarben und scheint entweder aus Beton oder Plastik gegossen.

Im Gegensatz zum Ko-Rektor erwartet uns im Rektoratszimmer ein sehr gutmütig wirkender Mann um die fünfzig, der sich uns als Kôchô-sensei[19] vorstellt. Mal wieder minutenlange Höflichkeitsfloskeln. Allmählich beherrsche ich die wichtigsten und blamiere mich nicht mehr allzu sehr.

---

18 bukatsu = (Sport-/Schul-) Club

19 -sensei = Anrede für Lehrer, Professoren aber z.B. auch Ärzte

Mich beruhigt die japanische Gutmütigkeit Ausländern gegenüber, bei denen es anscheinend nicht so schlimm ist, wenn sie nur ein paar der geläufigsten Floskeln beherrschen. Im Gegenteil, wenn man zu höflich ist, kommt einem meist eine Flut von immer noch förmlicher und komplizierter werdenden Redewendungen entgegen, die man als Ausländer schon gleich gar nicht mehr versteht. Möglicherweise ist es sogar so, dass Ausländer schon per se eine besondere Rolle in Japan einnehmen und ein japanischer Gesprächspartner sich immer eine Hierarchiestufe unter ihm einsortieren möchte. Vielleicht liegt das an den gerade mal zwei Prozent Ausländern, die in Japan wohnen. Davon sind etwa die Hälfte Südkoreaner, die meist schon in Japan geboren und aufgewachsen sind. Als Europäer ist man da eine echte Seltenheit.

Es ist schwer bei der langen, unverständlichen Unterhaltung zwischen Kôchô-sensei und okâsan, nicht ins Tagträumen zu kommen. Glücklicherweise ist okâsans Stimme so laut und energisch, dass es mir schwer gemacht wird, weiter zu träumen. Der Rektor stellt mir nur ein paar wenige Fragen, die ich schon halbwegs beantworten kann. Ich erhalte ein Nicken, was bedeuten könnte, dass ich verstanden wurde. So ganz sicher bin ich mir da jedoch nicht.

Zum Schluss machen wir noch ein Foto von Kôchô-sensei und mir und dann werden wir in ein Nebenzimmer geführt, in dem zwei Schaufensterpuppen mit den Modellen meiner Schuluniform stehen. Ich bin begeistert!

Für Mädchen wie für Jungen gibt es einen navy-blauen Blazer mit einer passenden langen Hose für die Jungen und einem Faltenrock für die Mädchen. Dazu ein weißes Hemd mit dem Schullogo und eine Krawatte – blau für die Jungen, rot für die Mädchen.

Plötzlich geht die Tür auf und ein Mann im Trainingsanzug stürzt herein. Er scheint verwirrt. Sein Gesicht ist ganz vernarbt, hinter der dicken Brille lässt ein Tränensack das eine Auge etwas größer wirken als das andere. Er schreit irgendetwas, als er mich sieht und schüttelt mir fleißig die Hand, wobei er etwas in sehr schnellem Japanisch sagt. Und da ist er auch schon wieder weg und ich bleibe genauso verwirrt zurück, wie er herein geplatzt ist. Von Kôchô-sensei erfahre ich, dass dies mein zukünftiger Sportlehrer sei und ich bin schon sehr gespannt auf meine erste Sportstunde bei ihm. Das kann ja lustig werden, ein verwirrter Quasimodo mit Trillerpfeife.

Leider müssen die Schuluniform und ich uns dann auch schon wieder trennen und nach vielen Höflichkeitsfloskeln und Dankesreden fahren wir weiter zu Fraukes Gastschule, der Kiryû Kôritsu Kôkô[20].

20 Kiryû Kôritsu Kôkô = Kiryû Public High School

Im Gegensatz zu meiner Schule können hier die Lehrer Englisch und fragen Frauke und auch mich ganz neugierig aus. Das Schulgebäude sieht nicht viel anders aus als das meiner Schule und ich stelle mir eine ominöse Retorten-Schulgebäude-Fabrik vor, die irgendwo im tiefsten Wald in Gunma versteckt sein muss. Wahrscheinlich kommen da auch all die Schuluniformen her, denn auch die sehen sich ziemlich ähnlich. Frauke bekommt ihre jedoch von der Schule geschenkt und als der Rektor dann auch noch lustig ein Lied auf seiner Querflöte zum Besten gibt, bin ich fast ein bisschen neidisch. Aber ich tröste mich mit dem Gedanken, dass Mr. Burns und Quasimodo sicher auch eine ganz nette Partie abgeben und der Spaßfaktor bei ihnen bestimmt sehr hoch sein wird. Außerdem, denke ich, lerne ich ja umso besser Japanisch, wenn keiner um mich herum etwas anderes als Japanisch sprechen kann.

Am nächsten Tag dann das gleiche Prozedere. Diesmal fahren wir nach Maebashi, was eine Dreiviertelstunde mit dem Auto von Kiryû entfernt liegt und etwa drei Mal so groß ist.
Johns Gastmutter muss arbeiten und hat daher keine Zeit, ihn zu seiner Schule zu begleiten. Eigentlich habe ich es ziemlich gut getroffen, denke ich. Denn obwohl okâsan meist ziemlich harsch wirkt und keinerlei Rücksicht darauf nimmt, dass ich noch so gut wie kein Japanisch spreche, komme ich viel mit ihr herum. Durch ihre Arbeit kann ich in das neue Leben der anderen Austauschschüler hineinschnuppern, lerne all die neuen Höflichkeitsfloskeln rauf und runter kennen und bekomme einen Vergleich zwischen den Schulen.
Der Vergleich hat jedoch auch einen Haken, denn auch John wird hier von seinen Lehrern mit Englisch verstanden und wir werden sehr freundlich empfangen. Auch er bekommt seine Uniform geschenkt und wird mit Informationen über seine neue Schule zugeschüttet. Etwas griesgrämig beginne ich mich allmählich zu fragen, ob meine Schule kein Papier mehr im Drucker hatte, um mir wenigstens meinen Stundenplan auszudrucken...
Aber da werden meine Gedanken auch schon wieder erhellt, denn es geht weiter nach Isesaki, zu Hagens Schule. Obwohl die Isesaki Kôkô[21] zunächst ein Déjà-vu in mir auslöst, da sie genauso wie die anderen Schulen aussieht, birgt sie doch zwei sehr große Überraschungen: Erstens, es handelt sich um eine reine Jungenschule. Zweitens, der Unterricht beginnt am nächsten Tag und Hagen soll sich schon mal Gedanken zu seiner Rede machen.

21 Isesaki Kôkô = Isesaki High School

Hagen wirkt geschockt und ich bin froh, dass ich noch eine Woche Zeit habe, um mich mental darauf einstellen zu können, vor etwa 400 Schülern und allen Lehrern eine Begrüßungsrede auf Japanisch halten zu müssen.

Später sitzen wir mit Hagen und seiner Gastmutter zu Hause auf dem Boden und zum ersten Mal habe ich das Gefühl, in einer typisch japanischen Wohnung zu sein. Die Wohnung liegt im 15. Stock eines Hochhauses, auf dem kleinen Balkon drängen sich gewaschene Hosen neben Socken und Handtüchern auf einer Nylon-Wäscheleine. In den Zimmern wird jeder Platz genutzt, so dass man nicht erkennen kann, ob es wirklich so unordentlich ist oder ob die Enge der Wohnung den Bewohnern einfach keine andere Wahl lässt.

Wir essen Mitgebrachtes aus dem conbini und obwohl ich versucht habe, etwas Vegetarisches zu finden, sind in meinem umeboshi-Reis doch kleine, weiße Fischlarven versteckt. Diese werden perfekt vom Reis getarnt und sehen aus wie kleine Würmer mit großen Glubschaugen. Ich kann mich noch nicht ganz entscheiden, ob ich mit diesen Augen Freundschaft schließen oder sie essen soll, aber zum Glück habe ich sowieso nicht viel Hunger und esse nur die Hälfte. Mit der andern Hälfte schließe ich Frieden und gebe sie dem hungrigen Hagen, der sich darüber weniger Gedanken zu machen scheint.

Wir unterhalten uns so gut es geht über dies und das, und dann geht es auch schon wieder weiter. Diesmal mit Hagen und seiner Gastmutter in Richtung Kiryû Theater, zu einem weiteren Croco-Treffen. Ich lasse mich einfach nur noch mitziehen, denn so langsam reicht es mir an Eindrücken für diesen Tag. Es ist einfach anstrengend, so viel Neues zu verdauen.

Doch die vielen kleinen Croco-Kinder, die da am Boden tollen, reißen mich jäh wieder aus meinem Nachmittagstief. Was ich jetzt erlebe, fühlt sich an wie ein shinkansen[22], der mit 300 km/h über meinen müden Kopf düst – mein erstes r i c h t i g e s Croco-Treffen steht mir bevor.

Im Gegensatz zum letzten Mal gibt es kein Essen und wir beginnen sofort mit „Aufwärmspielen". Ich spiele mit 3-jährigen jan-ken-poi[23], hüpfe mit ihnen auf einem Bein herum und versuche mit der Gruppe, die Farben auf Russisch und Chinesisch zu singen. Dabei mache ich es genauso wie alle anderen und imitiere einfach nur die Laute, die andere vorgeben, ohne zu wissen, was sie eigentlich bedeuten. Und genau genommen, habe ich den Verdacht, dass die Frauen, die diese Laute vorgeben, auch nicht so genau wissen, was sie da sagen.

22 shinkansen = jap. Hochgeschwindigkeitszug

23 jan-ken-poi = jap. Version von Schere-Stein-Papier

Nachdem die Kinder alle wieder eingefangen sind, setzten wir uns im Kreis auf den Boden und die Frauen beginnen wieder sich vorzustellen. Es sind die gleichen Frauen wie beim letzten Mal, aber diesmal ist die Vielfalt der gesprochenen Sprachen größer. Neben Deutsch und Englisch wird sich nun auch in Koreanisch, Russisch, Französisch, Spanisch und Chinesisch vorgestellt. Eigentlich ist es ja eindrucksvoll, aber irgendwie beschleicht mich immer mehr das Gefühl, dass sie das einfach nur auswendig lernen, ohne zu wissen, was sie da eigentlich sagen und wie sie ihre Rede verändern könnten.

Dieses Gefühl bestätigt sich, als wir wieder im Auto sitzen, diesmal auf dem Weg zurück nach Hause. Okâsan schaltet eine CD ein und es ertönen die gleichen Sätze und Lieder, wie ich sie eben beim Treffen gehört habe: „Ich bin ein Croco. Du bist ein Croco. Wir alle sind Crocos...“, auf Deutsch, Chinesisch, Russisch, Koreanisch und vielen weiteren Sprachen.

Seither kann ich mich auf Chinesisch und Russisch vorstellen und sagen, dass ich ein Croco, also ein Krokodil bin. Allerdings bin ich mir nie so sicher, an welcher Stelle ich eigentlich was sage, da ich ja nur die Laute von der CD nachahme – so oder so ähnlich muss es wohl auch den Croco-Kindern ergehen. Aber was tut man nicht alles für die frühkindliche Erziehung...?

3

Der Regen trommelt leise und monoton an die Glasscheiben des Tatami-Zimmers. Nach der drückenden Hitze der vergangenen Tage ist es angenehm, die abkühlende Luft auf der noch heißen Haut zu spüren. Es ist ganz still und nur der Hund der Familie Kaneko, Nin-Nin, hüpft im Garten herum und versucht die Regentropfen zu schnappen. Ich frage mich, ob Japaner ihrem Regen genauso zuhören, denn für mich klingt er irgendwie anders als in Deutschland.

Der ame[24] hier ist dicht, die Tropfen massiv und schwer. Alles kommt zur Ruhe und die Zeit scheint plötzlich still zu stehen. Die Hektik der letzten Tage wird begraben vom Regen, der die langen Straßen aus Beton ohne festen Gehweg hinuntersprudelt und sich in den letzten freien Öffnungen der Kanallöcher verteilt, bevor diese gänzlich überfüllt sind.

Für Stunden wird der Fluss zu einem reißenden Gewässer, bis der Regen ganz plötzlich aufhört, die matt-schwüle Hitze zurückkommt und die ersten Sonnenstrahlen das nasse Land wieder trocknen.

Es ist gut, dass der Regen endlich aufhört, denke ich, denn am Abend wollen wir das hanabi, das Feuerwerk in Isesaki sehen.

Auch Akemi und ihr Freund Tomoaki, die gerade nach Hause kommen, sind erleichtert, und so machen wir uns gleich darauf auf den Weg nach Isesaki. Wir fahren zu Akemis Uni, die etwa eine Stunde entfernt liegt. Entfernungen werden hier eben anders gemessen.

Akemi und Tomoaki sind ein Paar, wie ich sie noch häufig in Japan erleben werde. Akemi ist ein Wirbelwind, der Animateur und Kopf der Beziehung. Sie lacht, auch wenn es nichts zu lachen gibt, zupft ununterbrochen an ihrem Freund herum und piesackt ihn liebevoll. Als aktiver Part der Beziehung sorgt sie dafür, dass keine Langeweile und vor allem kein peinliches Schweigen entsteht. Offenbar fühlt sich nicht nur Kôrin-san in Schweigeminuten unwohl.

Tomoaki hingegen lässt alles über sich ergehen, fährt stundenlang mit dem Auto und bezahlt alles für seine Freundin. Er ist ruhig, lieb und scheint sich alles von ihr gefallen zu lassen.

Wir holen einen weiteren Freund ab und gehen in einem Restaurant Mittag essen. Tamotsu heißt er und zahlt mir das Mittagessen, wobei ich mich frage, ob das normal für japanische Männer ist. Aber ich kann mir beim besten Willen nicht vorstellen, dass Tamotsu der typische japanische

24 ame = Regen

Mann sein soll. Er hat ein unglaublich süßes, kindliches Wesen, trägt eine kleine Damentasche mit Pelzbesatz, eine sehr enge Röhrenhose und ein knallrotes T-Shirt. Seine großen Kulleraugen, seine schiefen Zähne, die teilweise übereinander stehen und seine orange-rot gefärbte Vokuhila-Frisur lassen ihn stark an ein kleines Pavian-Baby erinnern. Allerdings ein unglaubliches nettes und liebenswürdiges Pavian-Baby, wie ich finde.

Im Restaurant melden wir uns erst einmal am Eingang an und warten bis ein Tisch frei wird. Die Tische stehen niedrig auf einer mit tatami ausgelegten Erhöhung. Die harten Kissen, die darauf liegen, verbessern die Sitzqualität nur geringfügig und Akemi meint, das sei extra so gemacht, damit die Gäste nicht so lange bleiben.

Zu Reis und miso-Suppe essen wir ebi tempura, frittierte Garnelen, und es gibt wieder kalten grünen Tee. Der eisgekühlte Tee ist das perfekte Gegenmittel zum heiß-schwülen Sommer in Japan, denke ich und nuckle genüsslich an einem Eiswürfel herum.

Bei den Speisen entdecke ich eine gelblich-runzlige, in Scheiben geschnittene Beilage namens daikon. Es schmeckt herrlich erfrischend, leicht sauer und entpuppt sich als eingelegter Rettich.

„Oishii?“[25] fragt Tomoaki und ich grinse ihn glücklich an und meine: „Chô~ oishii!“

Dieses chô ist eine Angewohnheit der japanischen Jugendlichen und bedeutet so etwas wie „echt“ oder „total“, also „total lecker“. Allerdings verwenden diesen Ausdruck nur Jugendliche, und Erwachsene lächeln nur über dieses neue Hip-Wort.

Nach dem Essen gehen wir in eine der vielen Spielhallen und mir bleibt beim Anblick der vielen Greifer, Videospiele und Flipperautomaten die Spucke weg. Um mich herum blinkt und leuchtet, piept und dröhnt, schießt und trommelt es. Ich sage nur noch zu mir selbst, „chô~ sugoi!“[26] und folge schnell den anderen, die mit raschen Schritten durch den Dschungel aus Ballerspielen, Konsolen und Gummiknüppeln eilen.

In einer Ecke der Halle bleiben wir schließlich vor kleinen Kabinen stehen, die mit bunten Plastikvorhängen verhangen sind und deren Innenraum so groß ist, dass etwa fünf Personen hineinpassen. Mit Herzflattern erkenne ich, dass ich vor meinem ersten purikura-Automaten stehe.

„Du musst da oben in die Kamera schauen“, betont Akemi und schon ziehen wir dumme Gesichter, verdrehen die Augen und auch das obligatorische Victory-Zeichen darf nicht fehlen, das Japaner grundsätzlich machen,

---

25 oishii = lecker

26 sugoi = cool/krass

wenn sie vor der Kamera stehen. Genau vier Fotos können wir auswählen und dann gehen wir hinter den Automaten und ich sehe, warum purikura purikura heißt.
Der Name ist eine japanische Abänderung vom englischen Print Club. Doch anders als bei normalen Fotoautomaten können wir hier die Fotos anschließend verzieren. Dabei sind der Fantasie keine Grenzen gesetzt. Wir fügen Herzen, Sterne, Luftblasen, Blumen, Obstsorten, Weihnachtsglocken, Ostereier, Katzenbabys und viel mehr in die Fotos mit ein. Als Hintergrund können wir uns kaum zwischen Feuerflammen, Klassenzimmerszenario, Horrorkabinett, Safaripark, Eisdiele oder Karibikflair entscheiden. Wir wählen das Feuerwerk, da wir am Abend noch eines sehen werden und dann schreiben wir unsere Namen auf eines der Bilder. Auf ein anderes fügt Akemi Taubengurr-Geräusche (die Japaner lieben es, fantasievolle Wörter zu kreieren, die Geräusche beschreiben sollen). Ein weiteres verziere ich mit einem deutschen Satz, dann folgen japanische Sprüche. Von den Fotos an sich sieht man vor lauter Verzierung kaum noch etwas. Ich freue mich wie ein kleines Kind und fühle mich mit diesem Verhalten schon fast wie eine Japanerin.
Ob ich einen Freund in Deutschland hätte, fragt mich Tamotsu später, als wir wieder im Auto sitzen. Wie er heißt, was er macht, wie häufig wir telefonieren, wer von uns beiden zum ersten mal gesagt hat, dass er den anderen liebt, was seine Hobbys sind und was wir so zusammen machen. Das alles will er wissen und ich dachte immer, Japaner seien sehr zurückhaltend mit persönlichen Fragen. Ich nehme also die Herausforderung an, mein Japanisch zu trainieren und erzähle. Es fängt wieder an zu nieseln, als wir in dem Park, in dem das Feuerwerk stattfinden soll, ankommen. Wir gesellen uns zu einer Gruppe von weiteren Japanern, die schon auf Plastikplanen sitzen, und schon höre ich das erste Zischen der Feuerwerkskörper. Wunderschön. Der Himmel leuchtet nur so vor Gold und Silber. Sterne, Blumen, sogar ganze Schriftzüge erstrahlen am Himmel. Und als ich mich weiter im Park umschaue, entdecke ich auch hier und da die eine oder andere Japanerin mit einem yukata, der traditionellen Sommervariante des kimonos. Diese werden besonders gerne bei den weit verbreiteten Sommerfesten und Feuerwerksfestivals, die in Japan eine lange Tradition haben, getragen.
Fasziniert stimme ich in das laute „Aaaah" und „Ooohh" der Masse ein und grinse in mich hinein, da mir immer noch alles so unwirklich vorkommt. Als das Feuerwerk auf sein Ende zugeht, zünden wir ein kleines Handfeuerwerk an und erfreuen uns daran, bis es heruntergebrannt ist.

Dann passiert etwas sehr Merkwürdiges. Akemi und Tomoaki schleifen mich mit und wir fahren etwa eine Viertelstunde bis zu einem riesengroßen Supermarkt. Zunächst denke ich, sie wollten Getränke oder Knabbereien kaufen, doch nachdem wir eine gute Viertelstunde durch den Supermarkt geschlendert sind, stehen wir endlich vor dem, was sie gesucht hatten: einem kleinen Mülleimer!
Es ist zehn Uhr abends, alle anderen sind noch im Park und lassen das Feuerwerk ausklingen und wir kaufen einen Mülleimer?! Ich bin verwirrt.
Erst als wir zurückfahren, verstehe ich, wozu wir den Mülleimer brauchen.
In Japan gibt es so gut wie keine öffentlichen Mülleimer, und so nehmen die meisten Japaner gutmütig ihren ganzen Müll mit nach Hause, um ihn dort artig in den heimischen Tonnen zu begraben. Da es jedoch ein wenig eklig zu sein scheint, ein angekokeltes Handfeuerwerk in einer Tüte mit nach Hause zu nehmen, packen wir es nun in den nagelneuen Mülleimer und fahren mit diesem wohlgemut wieder nach Hause. Die spinnen, die Japaner!
Doch dann ärgere ich mich über meine eigene Intoleranz. Man lernt nie aus und ich möchte mich ja schließlich anpassen. Deswegen tue ich, als wir wieder nach Hause kommen, etwas, von dem ich denke, dass es sicherlich ein erster Schritt zur Anpassung sei: Ich rasiere mir meine Unterarme!
Vielleicht war der erste Eindruck von okâsans riesigem Schminkkoffer oder Masarus täglicher Gel-Spray-Glätteisen-Zeremonie doch so überwältigend. Jedenfalls habe ich bemerkt, dass die Japanerinnen neben ihrer sonstigen Schönheitspflege sich auch alle die Arme rasieren.
Vielleicht, so denke ich, wirken behaarte Arme auf die Japaner genauso ungepflegt, wie bei Europäerinnen unrasierte Achseln oder Beine, und mit einem Schauern fühle ich die kalten Klingen meines Rasierers über meine Arme kratzen. Als ich fertig bin, sehe ich zum ersten mal in meinem Leben, welche Farbe die Haut meiner Unterarme tatsächlich hat und bin erstaunt. Eigentlich ist sie viel weißer als ich vorher angenommen hatte. Auch die vielen Mini-Leberflecken habe ich noch nie zuvor wahrgenommen, da sie bisher alle von meinem blonden Haarflaum überdeckt wurden. Langsam streiche ich mir über meine Arme, die nun von der Klinge doch ein wenig gereizt sind. Es fühlt sich sehr merkwürdig an, fast ein bisschen nach nacktem Hühnchen...
Was man nicht alles tut, um sich anzupassen...

Eindrücke eines japanischen Sommerfestes in Kiryû

4

Endlich steht mir mein erster Schultag bevor, und ich müsste lügen, wenn ich sagen würde, ich wäre nicht aufgeregt. Ich weiß, dass ich eine Rede vor der gesamten Schule, vor der Klasse und dem Lehrer-Kollegium halten muss und habe mir daher eine Rede überlegt, die alles erdenkliche Japanisch beinhaltet, was ich bisher gelernt habe.
Vor Aufregung bin ich viel zu früh aufgestanden und habe mir die spießigsten Sachen angezogen, die ich dabei habe, denn leider habe ich meine Schuluniform noch nicht erhalten. Diese muss wegen meiner für japanische Verhältnisse stattlichen Größe von ein Meter und vierundsiebzig extra für mich maßgeschneidert werden und ist noch nicht fertig. Mit weißer Bluse und langer, dunkler Stoffhose hoffe ich jedoch, dass ich nicht allzu sehr zwischen den ganzen marineblauen Schuluniformen auffalle.
Falsch gedacht. Als ich mit okâsan im Rektoratszimmer ankomme, gibt es kein Fleckchen mehr an mir, was nicht durch die großen, neugierigen Augen meiner baldigen Mitschüler gemustert wurde. Von überall höre ich ein Raunen und Tuscheln, was sich nach einer Mischung aus sugoi und kawaii[27] anhört.
Das einzige an mir, was mich mit meinen Mitschülern verbindet, sind meine dunkelbraunen Schlappen, die wir alle im Schulgebäude anziehen müssen. An jedem Eingang stehen dafür extra Regale, bei denen die Schüler ihre Straßenschuhe ausziehen und sie gegen die Schulschlappen austauschen.
Japaner haben dabei eine ganz besonders elegante Methode, sich ihrer Straßenschuhen zu entledigen. Entweder die Schuhe haben von vornherein keine Schnürsenkel oder aber sie treten einfach so lange die Hacken ab, bis sie auch kinderleicht aus gebundenen Schuhen schlüpfen können, ohne sich bücken zu müssen.
Mit diesen Hausschuhen schlappe ich nun aufgeregt mit okâsan hinter dem Kôchô-sensei und Mr. Burns in die Turnhalle, wo schon an die 400 Schüler auf dem Boden hocken und sich angeregt über die Ferien unterhalten.
Als wir die Halle betreten, wird es ganz still und ich fühle über 400 Augenpaare an mir kleben. Dann werden aufgeregt die Köpfe zusammengesteckt, als wir nach vorne zur Bühne gehen. Offenbar wird

27 kawaii = süß/niedlich

die Sporthalle nicht nur für Sport, sondern auch für Schulfeste und Reden genutzt. Obwohl ich mir die Schüler genau anschaue und versuche Augenkontakt zu finden, hält nur ein Mädchen meinem Blick stand. Ich lächle sie offen an. Erst schaut sie erschrocken, dann dreht sie sich sofort zu ihrer Nebensitzerin um und berichtet ihr aufgeregt, dass sie dieses fremde, blonde Wesen gerade angeschaut hat. Es ist schon seltsam.

Okâsan setzt sich steif auf einen für sie bereit gestellten Stuhl am Gang, während ich dem Rektor nach oben auf die Bühne folge und mich dort auf einem mir zugewiesenen Stuhl niederlasse.

Die Halle brummt und tuschelt und erst als der Rektor ruhig an das Mikrofon klopft und um Ruhe bittet, dimmt der Geräuschpegel langsam ab. Kôchô-sensei beginnt seine Begrüßung nach dem Ende der Ferien, aber ich kann mich kaum darauf konzentrieren, da mir langsam ein immer stärkeres Bauchkribbeln vor Aufregung die Luft abschnürt. Meine Hände sind kalt und ich konzentriere mich darauf, langsam und tief durchzuatmen. Einatmen. Ausatmen. Einatmen. Ausatmen. Langsam geht es wieder. Doch da bittet mich Kôchô-sensei schon ans Mikrofon.

Dann geht alles ganz schnell und auch recht reibungslos.

Ich stelle mich mit meinem Namen vor und sage, woher ich komme. Dann zähle ich meine Hobbys auf und verkünde, dass ich ab heute auf diese Schule gehe und bei der Familie Kaneko wohne. Auf Englisch füge ich noch hinzu, dass es mir eine große Ehre ist, auf diese Schule gehen zu können, um so die japanische Kultur kennenzulernen. Es wird geklatscht.

Ich darf wieder von der Bühne und stelle mich neben okâsan, die die ganze Zeit über Fotos für ihre Arbeit gemacht hat und mich nun ganz froh ansieht.

Auch ich bin froh. Froh, dass ich es geschafft habe, froh, dass es doch nicht so schwer war und vor allem froh, dass okâsan mich einmal nicht mit einem Blick ansieht, der besagt, dass mein Japanisch viel zu schlecht sei.

Wieder im Rektorat angelangt, lerne ich meinen Klassenlehrer Tanaka-sensei kennen. Er ist fast so groß wie ich, hat recht gebräunte Haut und ein sehr sympathisches, wenn auch sehr unsicheres Grinsen.

Er sagt, er würde mich in World History unterrichten und ich solle immer zu ihm kommen, wenn ich Fragen hätte oder Hilfe bräuchte. Bei ihm fühle ich mich gleich sicher und danke ihm schon einmal sehr im Voraus.

Mir fällt auf, dass er im Vergleich zu den anderen Lehrern sehr viel mit dem Kopf nickt, was immer einer angedeuteten Mini-Verbeugung gleicht. Ich frage mich, ob das daran liegt, dass er von den Anwesenden, okâsan und mich ausgeschlossen, der rangniedrigste ist?

Hierarchien sind in Japan unglaublich wichtig und es verlangt ein feines Gespür, wer ranghöher ist und wie man sich seinem Gesprächspartner gegenüber zu verhalten hat. Ein Rangniedriger hat höflicher zu sprechen und tiefere Verbeugungen zu machen als sein Gegenüber.

An seinem heftigen Nicken ändert sich jedoch auch nichts, als sein Kollege Onabe-sensei den Raum betritt und sich mir mit einem sehr gebrochenen Englisch als mein neuer Englisch-Lehrer vorstellt. Auch er scheint sehr aufgeregt zu sein und seine zierliche Gestalt und der viel zu große Kopf auf dem dünnen Hals verstärken diesen Eindruck nur noch mehr. Bei ihm werde ich Oral Communication I, kurz OCI, belegen.

„Den eigentlichen Englischunterricht unterrichtet jedoch eine Lehrerin, Hoshino-sensei", erklärt er mir, „diese wirst du auch bald kennen lernen."

Mit diesen Worten verabschiedet er sich wieder und wir werden von Tanaka-sensei in den dritten Stock[28] geführt, wo die Erstklässler ihre Räume haben.

Japans Schulsystem gleicht dem der USA. Nach sechs Jahren Grundschule folgen drei Jahre Mittelschule und danach drei weitere in der Oberschule. Die 1. Klasse in der Oberschule entspricht also der 10. Klasse in Deutschland und die letzte, die 3. Klasse, der 12. Klasse. Demnach bin ich nun in der 10. Klasse eingestuft, dabei käme ich in Deutschland eigentlich in die 11. Klasse.

„Hier oben seid ihr, im mittleren Trakt sind die Zweitklässler und ganz unten befinden sich die Klassenräume der Drittklässler", erklärt Tanaka-sensei.

Ich frage ihn, ob das damit zu tun hätte, dass die Erstklässler noch jünger seien und noch mehr Treppen laufen könnten als die Drittklässler? Er lacht und nickt wieder ganz nervös. Wahrscheinlich hat er kein Wort von dem, was ich gesagt habe, verstanden. Okâsan hingegen verdreht genervt die Augen.

In meiner Klasse angekommen, herrscht schon wildes Durcheinander und Tanaka-sensei muss sich erst einmal mit lauter Stimme behaupten, bis alle auf ihren Plätzen sitzen. Er stellt mich kurz vor und dann darf ich meine Begrüßungsrede von vorhin wiederholen. Nur den englischen Part

28 In Japan werden die Stockwerke vom Erdgeschoß beginnend durchgezählt. Das Erdgeschoß ist also der 1. Stock, das 1. OG der 2. und so weiter.

lasse ich diesmal weg, da ich vermute, dass ihn sowieso keiner verstehen würde.

Dann führt mich Tanaka-sensei, der immer noch aufgeregter zu werden scheint, auf meinen Platz ganz hinten in der Ecke. Erleichtert setze ich mich und grinse meine Nachbarn an. Obwohl ich mich sehr unsicher fühle, versuche ich, es mir nicht anmerken zu lassen und frage gleich das Mädchen neben mir nach seinem Namen.

Mit einer irrsinnig lauten, rauchigen Stimme, die gar nicht zu ihrem kleinen Körper passt, fängt sie plötzlich an, schallend zu lachen. Das hieße nicht „anata no name wa nan desu ka?" sondern einfach nur „namae wa?". Offenbar ist mein Fachhochschul-Japanisch viel zu höflich für die Schule. Sie stellt sich mir mit Nô vor, die Abkürzung für Nôbue, und schreit im gleichen Moment „kiritsu!"[29] und alle Schüler stehen auf. Verwirrt mache ich es den anderen nach. Dann schreit Nô auch schon „jumo ku rei!"[30] und Schüler und Lehrer verbeugen sich voreinander. Ich komme gar nicht so schnell mit, wie sich alle wieder gesetzt haben. Vor und nach dem Unterricht verbeugen sich Schüler und Lehrer also immer voreinander und die Schüler bitten um den Unterricht. Erstaunlich!

Während Tanaka-sensei irgendetwas an der Tafel erzählt, schaue ich mich neugierig im Raum um. Das ist also meine neue Klasse für ein Jahr, denke ich und zähle die Schüler. Mit mir sind es einundvierzig.

Der Boden ist aus hellem Holzparkett, an beiden Längsseiten des Raumes gibt es Fenster. Die einen weisen zum Flur, die anderen zeigen zum Sportplatz hinaus. Bei der erdrückenden Hitze bin ich froh, dass ich ganz am Rand zum Sportplatz sitze, da hier immer ein frisches Lüftchen durch die geöffneten Schiebefenster weht.

Vor der großen Tafel ist der Boden zu einer Art Podest erhöht und davor steht ein Rednerpult, an dem der Lehrer zur Klasse hin gewandt steht. Von den Schülern hat jeder sein eigenes kleines Tischchen aus Holz mit einem integrierten Fach für Bücher. Ordentlich stehen die Tische alle voneinander getrennt in fünf Reihen in Reih und Glied.

Im hinteren Teil des Raumes gibt es für jeden Schüler ein Fach in dem die Unterrichtsmaterialien gelagert werden können. Allerdings sehe ich weniger Bücher und Hefte darin, als rosa Disney-Plüschtiere, Schminktäschchen und Sportsachen.

Die Tische meiner Nachbarinnen sind kaum mehr zu sehen vor lauter pink-farbenen und glitzernden Hefte und Täschchen, die sich auf ihnen türmen. Auch scheinen sie wenig an dem interessiert zu sein, was

29 Kiritsu = Aufstehen!

30 Jumo ku rei = Aufmerksamkeit und Verbeugen!

Mein Klassenlehrer Tanaka-sensei und ich

Tanaka-sensei vorne erzählt. Sie reden lauthals miteinander, was ich zum Anlass nehme, sie nach ihren Namen zu fragen. So stelle ich fest, dass ich inmitten einer kleinen Clique sitze, deren Mitglieder Nô, Shizuki, Rie und Mama heißen.

Bei dem Namen „Mama" stutze ich, doch sie erzählt mir, dass das nur ihr Spitzname sei und sie in Wirklichkeit Yui hieße. Sie hat einen kurzen Jungenhaarschnitt und ist im Verhältnis zu den anderen sehr groß. Als ich sie darauf anspreche, meint sie stolz, dass sie im Volleyball-Team der Schule spielen würde und das deshalb von Vorteil sei. Sie ist mir sofort sympathisch und ich würde sie gerne fragen, ob man einfach so in den Volleyball-Club eintreten könnte, als Nô auch schon wieder „kiritsu!" schreit und wir uns alle erheben.

Das war ja eine sehr kurze Stunde, denke ich, erinnere mich dann jedoch daran, dass Tanaka-sensei ja der Klassenlehrer ist und dies wahrscheinlich nur eine kurze Klassenlehrerstunde nach den Ferien war. Deshalb haben wir nun auch schon Schluss und die Schüler gehen nur noch in ihre Schulclubs. So schnell ging also der erste Tag in der Schule vorbei, ich bin ein bisschen enttäuscht. Ich kann es doch kaum noch erwarten, den normalen Alltag der japanischen Schüler mitzuerleben.

Okâsan und ich bedanken uns also sehr höflich bei Tanaka-sensei und

gehen meine Uniform vom Schneider abholen. Endlich! Jetzt kann der Unterricht wirklich beginnen!
Wieder zu Hause angekommen, fange ich abends an, eine typisch süddeutsche Malzeit für meine Gastfamilie zu kochen. Kässpätzle mit gerösteten Zwiebeln!
Ich koche für sechs Personen, was jedoch viel zu viel ist, da otôsan wie eigentlich meistens nicht da ist.
Mit größter Sorgfalt bemühe ich mich, damit meiner Gastfamilie das deutsche Essen auch schmeckt und als dann schließlich die Spätzle auf dem runden Tisch stehen, bietet sich mir ein sehr durchmischter Anblick: Hotaru schlingt einen Teller nach dem anderen in sich hinein, während Akemi wie ein Spatz mit Stäbchen an den Spätzle herumstochert. Masaru hingegen probiert erst zaghaft, schüttet sich dann literweise Sojasoße darüber und fängt dann an, zu schlingen. Spätzle mit Sojasoße, das hat auch Tim Mälzer noch nicht geschafft!
Ob es ihnen wohl geschmeckt hat, frage ich mich, doch ich erhalte kein Feedback. Vielmehr stehen meine Gastgeschwister wortlos vom Tisch auf, sobald sie mit dem Essen fertig sind und setzen sich vor den laufenden Fernseher. Eigentlich sagt man in Japan „itadakimasu“, wenn man mit dem Essen beginnt und „gochisôsama deshita“, wenn man fertig ist. Doch dies scheint meine Familie nicht zu berücksichtigen. Ich möchte okâsan die Arbeit erleichtern und ihr beim Spülen helfen, aber sie winkt nur ab. Offenbar helfen Kinder hier überhaupt nicht im Haushalt mit und auch das sofortige Aufstehen vom Tisch nach dem Essen scheint normal zu sein. Ich dachte immer, die Japaner seien so höflich, aber das scheint wohl in den eigenen vier Wänden nicht der Fall zu sein.

5

Vor dem Spiegel binde ich krampfhaft meine weinrote Krawatte und bin froh über die Anleitung, die ich mir aus dem Internet besorgt habe. Links drüber, rechts drunter und durch die Öse geschleust. Fertig. Sie sitzt noch etwas schief aber das ist sowieso nicht schlimm, da meine Mitschüler ihre Krawatten so gut wie gar nicht oder nur sehr lose binden.

Zu der Krawatte, dem marineblauen Faltenrock, den dunkelblauen Kniestrümpfen und der weißen Bluse gehört normalerweise noch ein marineblauer Blazer. Doch den darf ich erst zum offiziellen Herbstbeginn anziehen. Davor gehört sich das nicht. Bei der drückenden Hitze wäre das sowieso Selbstmord, denke ich mir, und lasse den Blazer zu Hause.

Es ist kurz vor halb acht und nach einer kleinen Schale Reis verlasse ich auch schon das Haus, okâsan ein freudiges „ittekimasu!“[31] zurufend. Beim Verlassen des Hauses ist dieser Ausdruck ein Muss und okâsan antwortet mir auch gleich darauf mit dem dazugehörigen „itterashai!“[32].

Damit wünscht sie mir viel Glück und Schutz auf meinem ersten Schulweg und ich schwinge mich wohlgemut auf mein Fahrrad – und sacke in mir zusammen. Das Fahrrad ist auf Standardgröße eingestellt, so dass mir meine Knie fast bis zu den Ellenbogen gehen, wenn ich darauf sitze. Mir gelingt es, den Sattel auf Höchststufe zu verstellen und nun kann ich die Pedale wenigstens halb durchtreten.

Warum müssen Japaner nur so klein sein, fluche ich, und rackere mich den Weg entlang. An einer Kreuzung treffe ich auf eine Schar weiterer Schüler, die mich neugierig mustern. Sie sind von anderen Schulen, tragen andere Uniformen. Auch ich beobachte sie und dabei fällt mein Blick auf ihre ganz spezielle Technik des Fahrradfahrens.

So kann man also angenehmer mit diesen Miniatur-Fahrrädern fahren, denke ich. Einfach langsam fahren. Nicht den Ehrgeiz haben, schnell voran zu kommen, sondern wie in einem Liegewagen Pedaltritt für Pedaltritt nach vorne rollen. Das hilft auch dabei, nicht sofort in Schweiß auszubrechen, denn der Sommer in Japan ist einfach unglaublich schwül.

Als ich also auf meinem fahrenden Rollbett die Straße entlang tuckere, bemerke ich mit Erstaunen, dass hier alle Fahrräder gleich aussehen. Extrem niedrige Damenräder für Mädchen wie für Jungen, alle haben sie einen Korb am Lenker installiert und ein integriertes Schloss, das aussieht, als könne man es unglaublich leicht knacken. Ich schmunzle. Was würde

31 Ittekimasu = Ich gehe nun (Redewendung, wenn man das Haus verlässt)

32 Itterashai = Redewendung, für den, der zu Hause bleibt (Antwort auf ittekimasu)

das schon bringen, wenn sowieso alle Fahrräder gleich aussehen und keines davon wirklich Rennfahrerqualität zu haben scheint? Vielleicht ist aber auch gerade das der Sinn, damit die Fahrräder nicht geklaut werden.

Um sie überhaupt auseinander halten zu können, gibt es kleine Fahrrad-Embleme von der Schule, auf denen der Name der Schule sowie Klasse und Schülernummer stehen. Schüler werden dazu angehalten, diese auf ihr Fahrrad zu kleben. Irgendwie muss man sie ja unterscheiden können. Außerdem, so erfahre ich später, dient es Polizisten als Erkennungsmerkmal und sie können bei der Schule anrufen und die Schüler melden, falls sie im Parkverbot stehen. Erziehung mal anders.

Nach etwa einer halben Stunde Fahrt werden um mich herum die Uniformen marineblauer und von überall her höre ich meinen Namen. Meist ganz leise hinter vorgehaltener Hand, aber manchmal auch ganz laut ausgerufen von ein paar Jungen aus meiner Schule, die mir hektisch zuwinken. Als ich schüchtern zurückwinke, drehen sie sich jedoch gleich zu ihren Kameraden um und tuscheln ganz aufgeregt. Ich fühle mich seltsam unwohl.

An dem großen Hoftor der Schule stehen schon einige Lehrer, die die Schüler mit „ohayô!" grüßen, was jedoch nur von ein paar wenigen mit „ohayô gozaimasu!"[33] erwidert wird.

Auch Mr. Burns steht da, die Hände streng auf dem Rücken gekreuzt mit gebeugter Haltung und mustert mich prüfend. Ich grüße ihn höflich und bin froh, als ich aus seinem Blickfeld verschwunden bin.

Mein Fahrrad schließe ich bei den übrigen ab und dabei fällt mir auf, dass auch hier einige Schüler stehen, die den anderen Schülern „Guten Morgen" wünschen. Als ich in das Schulgebäude gehe, stehen sie immer noch da. Sie werden auf die Nachzügler warten, die zu spät zum Unterricht kommen und werden sie zum Klassenzimmer begleiten. Dort werden die Zuspätkommer dann so lange draußen warten müssen, bis die erste Stunde vorbei ist. Im Stehen. Für alle anderen durch die Glasfenster und die offenen Schiebetüren sichtbar. Das wird mir jedoch erst bewusst, als ich selbst einmal zu spät komme.

Im Schulhaus schlüpfe ich aus meinen Straßenschuhen und trete in meine braunen Hausschlappen. Dann schlappe ich mit meinen neuen Mitschülern in unser Klassenzimmer und versuche dabei, mich hier und da vorzustellen. Alles ist sehr ungewohnt und am unangenehmsten ist die enorme Schüchternheit der Japanerinnen, die mich selbst unsicher macht.

33 Ohayô (gozaimasu) = (Guten) Morgen

Als ich sie anspreche, senken sie ihre Gesichter noch tiefer und verdecken sie halb mit ihren kleinen Handtüchern, die sie immer bei sich tragen, so dass nur noch ihre scheuen, großen Mandelaugen zu sehen sind. Sie nuscheln irgendetwas in ihr Handtuch, was ich als Antwort deute, und drehen sich dann gleich zueinander um und kichern.

Ich stelle mir vor, was für einen lustigen Anblick ich ihnen wohl bieten muss. Zweieinhalb Köpfe größer als sie, blaue Augen und lange blonde Locken. Das verstößt gänzlich gegen alle Schulregeln. Denn von denen gibt es hier viele, wie ich aus der Schulordnung erfahre, die mir Tanaka-sensei gegeben hat. Es ist verboten, eine andere Haarfarbe als schwarz zu haben. Hat man von Natur aus braune Haare, braucht man eine Bestätigung vom Arzt. In unserer gesamten Schule gibt es neben mir jedoch nur einen solchen Fall.

Es ist verboten, sich die Fingernägel zu lackieren und sie lang zu tragen. Es ist verboten, sich auffällig zu schminken. Es ist verboten, Ohrringe oder andere Piercings zu tragen. Es ist verboten, die Röcke oberhalb der Knie zu tragen. Es ist verboten, den Blazer ohne eine Krawatte anzuziehen. Es ist verboten, in der Sporthalle farbige Strümpfe zu tragen. Und ebenso ist es verboten, kurze Socken während der Unterrichtszeit anzuziehen. Besonders das Verbot, sich die Hausschuhe anzumalen, erzeugt in mir einen inneren Lachanfall. Wer um Gottes willen würde sich denn die Hausschuhe anmalen, denke ich mir.

Als ich jedoch meine Klasse betrete und meinen Klassenkameraden neugierig auf die Hausschuhe schaue, weiß ich plötzlich, warum es so viele Regeln gibt. Und auch, dass sie offensichtlich keiner einhält.

Die meisten Mädchen haben ihre Schuhe mit bunten Glitzerstickern von Hello-Kitty, Arielle, Winnie Puh und anderen Disney-Figuren verziert. Manche haben sie sogar bunt mit dicken Ölfarben angepinselt. Die Mädchen-Clique, die um mich herum sitzt, trägt ihre Sporthosen unter den Röcken, die ihnen gerade mal bis kurz unter den Po gehen und sie haben die Füße auf den Tisch gelegt. Ein bisschen verblüfft bin ich nun schon, über die 180-Grad-Wandlung meiner Mitschülerinnen im Vergleich zum Vortag. Denn gestern, bei der offiziellen Begrüßung nach den Ferien, waren die Röcke noch lang, die Haare schwarz und die Nägel unlackiert.

Nô lackiert sich gerade die Nägel pink, während sie Mama im kreischenden Tonfall etwas erzählt und dabei unglaublich viel lacht. Ihre Haarfarbe ist wie bei der Hälfte der Klasse alles andere als schwarz. Shizuki hat schräg vor mir ihren Winnie-Puh-Spiegel aufgestellt und schminkt sich umständlich. Ich traue meinen Augen nicht. Sie klebt sich tatsächlich mit einem Mini-Kleber die Augenlider nach oben, sodass sie nicht mehr so schwer nach unten hängen, wie das eben bei asiatischen Augen meist der Fall ist! Dann streicht sie sich eine dicke Schicht Kajal darüber und tuscht sich anschließend die Wimpern. Zu guter Letzt nimmt sie eine Art Wölbzange und biegt sich damit die Wimpern nach oben, so dass sie die Form einer Kurve bekommen und nicht mehr gerade nach unten zeigen. An besonderen Tagen, so erfahre ich später, klebt sich Shizuki sogar unechte Wimpern an. Noch nie zuvor sind mir die anatomischen Unterschiede zwischen europäischen und asiatischen Augen so detailliert aufgefallen. Ich komme aus dem Staunen nicht mehr heraus.

Da kommt auch schon Tanaka-sensei ins Zimmer, lächelt mir nervös zu und steht dann unsicher eine Weile vor seinem Pult. Nô scheint es überhaupt nicht zu stören, dass sie ja eigentlich die Ansage machen sollte und sprudelt munter mit ihren Erzählungen weiter, bis Tanaka-sensei zu ihr her kommt und ihr sanft mit seinem Schreibbrett auf den Kopf klopft.

„Nô-chan[34], hörst du nicht?!" meint er empört, und sie steht gelangweilt auf und schreit dabei „kiritsu!".

Während ich aufstehe, beobachte ich die Klasse. Diese scheint in zwei Lager aufgeteilt zu sein. Die eine Hälfte horcht artig, hat schwarze Haare und etwas längere Röcke. Der Anteil der Brillenträger unter ihnen ist erstaunlich hoch. Die andere Gruppe hingegen steht nur halb auf und verbeugt sich nur andeutungsweise, während sie sich wieder hinsetzt. Die meisten haben leicht braun oder rostrot gefärbte Haare, die Mädchen zum Teil mit Haarextensions. Mit diesen oder ihren kleinen Handtüchern verdecken sie gekonnt ihre Ohrringe.

Überhaupt sind diese kleinen Handtücher eigentlich das Einzige, was die beiden Gruppen gemeinsam haben - und sind, wie ich an diesem Tag lerne, universell anwendbar. Die Japaner bedecken sich damit den Mund wenn sie essen, reden oder lachen, schlafen auf ihnen, spielen mit ihnen herum oder falten sie einfach, wenn ihnen langweilig ist. Einen ähnlichen Zweck erfüllen im Übrigen auch die Grippeschutzmasken, die in Asien so beliebt sind. Ich bin mir sicher, sie dienen nicht nur als Grippeschutz, sondern vielmehr zum Blickschutz generell. Denn die meisten Japaner, besonders die Japanerinnen, halten sich automatisch immer etwas vor den Mund, wenn sie sprechen oder lachen. Sei es nun die Hand, ihr Handtuch oder eben die Grippemaske. Was da wohl zu schützen ist, frage ich mich und muss zu meiner eigenen Schande gestehen, dass es vielleicht die Steinbrüche sein könnten, die viele Japaner im Mund haben.

34 -chan = Verniedlichung des Namens bei Mädchen und jungen Frauen

Denn eine Zahnspange zu tragen, ist für viele zu teuer und auch nicht gerade üblich.

Da ich nichts von dem verstehe, was Tanaka-sensei vorne erzählt, stelle ich mir dieses Grippemaskenszenario noch genauer vor. Warum tragen gerade in Asien so viele diese Masken? Und dann auch noch so gerne? Im Grunde wäre die Einführung solcher Masken doch sicherlich auch erstrebenswert in Deutschland, dann könnte man wenigstens ohne schlechtes Gewissen Knoblauch ohne Ende essen...

Meine Gedanken werden jäh unterbrochen, als Tanaka-sensei plötzlich auf einen Schüler zu stürmt und ihn ermahnt, aufzustehen. Dieser erhebt sich langsam und bemüht gelangweilt, wobei er sich noch mit einer Hand auf seinen Tisch stützt. Tanaka-sensei gebietet ihm in einer Mischung aus Strenge und Unsicherheit, seine Krawatte anzuziehen, was dieser dann auch widerwillig und langsam tut. Aber Tanaka-sensei ist immer noch nicht zufrieden und beschimpft plötzlich auch all die Schülerinnen in der Klasse: „Wie oft habe ich euch schon gesagt, dass ihr eure Röcke nicht so hoch krempeln sollt?!", zetert er, aber irgendwie kann man ihn dabei nicht so ernst nehmen, da er immer ganz verlegen und nervös lächelt und gleichzeitig versucht, autoritär zu wirken. Daher macht auch keines der Mädchen Anstalten, ihren Rock herunterzukrempeln. Da sind sie schon wieder, die beiden Gruppen. Die eine hat ihre Röcke bis kurz unter den Knien, laut Vorschrift. Die andere hat sie so kurz, dass man ohne Mühe ihre Unterwäsche sieht, wenn die Mädchen sich einmal nur auf eine Pobacke setzen.

Mit einem Grinsen erfinde ich für mich die Regel: „7 auf 3 - sei dabei! 0 auf 6 – sei 'ne Hex'!". Soll heißen: Alle, die cool sein wollen, wickeln sich die Röcke bis zu sieben mal hoch, bis kurz unter den Po, und lassen nur drei der Blusenknöpfe geschlossen. Der Rest lässt seinen Rock unten und schließt alle sechs Knöpfe bis ganz nach oben. Ich entscheide mich für die goldene Mitte: vier auf vier.

Eigentlich hatte ich gedacht, japanische Schüler seien so wohlerzogen, diszipliniert und ordentlich, aber meine Klasse scheint da wohl die Ausnahme zu sein. Unordnung und Chaos scheinen noch untertriebene Begriffe für das zu sein, was sich hier in diesem Klassenzimmer abspielt. Der Lehrer wird gänzlich überhört, die Schüler reden durcheinander und auf den Tischen herrscht das Chaos in Pink. Auf das, was ich bisher über japanische Schulen gelesen habe, darf ich mich also nicht verlassen.

Nach dieser wichtigen Erkenntnis bimmelt die Schulglocke auch schon und die ersten zehn Minuten Klassenlehrerstunde, die jeweils am Anfang und am Ende eines Schultages stattfinden sind zu Ende. Als ich auf

Ich in Winter-Schuluniform

meinen Unterrichtsplan schaue steht da „Short Home Room" und ich frage mich, was dann der sogenannte „Long Home Room" sein soll, der ebenfalls darauf steht. Abwarten..., denke ich.

Nun ist jedoch erst einmal Japanischunterricht angesagt und Tanaka-sensei wird von einem großen, sehr dünnen Lehrer mit Brille und sehr dicken Lippen abgelöst. Vor ihm scheinen die Schüler mehr Respekt zu haben, denn sie stehen gehorsam wenn auch widerwillig auf, um sich zu verbeugen. Er heißt Tamura-sensei und ist der Japanischlehrer. Das kann ja heiter werden, Japanischunterricht für Japaner, denke ich mir voller Schauern. Das ist in meinem Fall praktisch wie Ballettunterricht für ein Neugeborenes.

Die Schüler bekommen große Blätter ausgeteilt, auf denen viele komplizierte kanji stehen. Diese müssen sie mit der Lautschrift hiragana beschreiben. Denn jedes kanji hat je nachdem, in welcher Kombination es sich mit einem anderen kanji befindet, eine andere Aussprache. Diese hiragana über den kanji nennt man furigana. Bei komplizierten kanji werden sie häufig darüber geschrieben, damit auch jüngere oder schlechter ausgebildete Menschen den Text verstehen.

Diese furigana werden mir noch häufig eine Rettung sein, denke ich mir erleichtert. Da steht auch schon Tamura-sensei vor mir und fragt mich, ob ich die Übung auch mitmachen wollte. Innerlich kann ich mich vor ironischem Lachen kaum noch halten, meine aber ernsthaft zu ihm, dass ich gerade einmal an die fünfzig kanji könne und mit solchen Übungen doch ziemlich überfordert sei. Das versteht er natürlich.

Ich zeige ihm meine Trilogie „Japanisch für Anfänger" und schlage vor, dass ich daraus lernen könnte. Von diesem Tag an nutze ich die Japanischstunden, um meine eigenen Vokabeln und kanji zu lernen. Am Ende des Jahres werden es etwas mehr als dreihundert sein. Gerade so viel, um Straßenschilder, Werbeflyer und Verpackungsbeilagen im Supermarkt verstehen zu können.

In der anschließenden Zehn-Minuten-Pause weiß ich nichts Rechtes mit mir anzufangen. Es fühlt sich sehr ungewohnt an, von allen Seiten beobachtet zu werden und fast allen über die Köpfe schauen zu können. Mit einem sehr hübschen Mädchen mit großen Mandelaugen komme ich ins Gespräch. Ich muss mich fast bücken, um sie zu fragen, was sie so in ihren Ferien gemacht hat. Sie heißt Mai und antwortet mir ganz verlegen „baito" und „asobu", arbeiten und spielen. Klingt fast wie die römische Devise „Brot und Spiele", denke ich, und frage sie verwirrt, was sie mit „spielen" meint. Sie zählt purikura, Spielhallen und karaoke auf.

Freudig erzähle ich ihr, dass ich auch schon purikura gemacht habe, und sie schaut sie sich wohlwollend an. Jedoch fällt mir auf, dass sie sich immer wieder ganz verschämt zu ihren Mitschülern umschaut, so als sei es ihr peinlich, mit mir zu sprechen. Als ich vorschlage, dass man ja auch einmal purikura zusammen machen könnte, kommt ihr ihre Freundin Aki zur Hilfe.

Aki ist genauso klein wie Mai und umschlingt sie schützend von hinten. Erst tuscheln sie verschüchtert, dann meint Mai, dass sie immer nach der Schule arbeiten müsse und daher keine Zeit habe. Nun gut, vielleicht bin ich etwas mit der Tür ins Haus gefallen und sollte beim nächsten Mal etwas subtiler nachfragen. Da betritt auch schon Onabe-sensei den Raum. Ich bin schon sehr gespannt darauf, was „Oral Communication" eigentlich ist und freue mich, weil ich nun endlich einmal etwas vom Unterricht verstehen werde. Jedoch werde ich enttäuscht.

Onabe-senseis Englisch ist genauso schwer verständlich wie mein Japanisch und grenzt an das Niveau eines deutschen Schülers nach einem Jahr Englischunterricht. Er teilt Zettel aus mit vorgefertigten Sätzen wie „my name is..." und „I am ... years old" und „my hobbies are...". Dann schreibt er dieselben Sätze an die Tafel und erklärt auf Japanisch, was sie heißen und wie man sie ausspricht. Mir schmerzen die Ohren bei dieser Aussprache.

„Mai neimu isu Hiroshima Saito. Ai emu fifutiiin iesu orudu.", beginnt der erste Schüler von seinem Zettel seinen Namen und sein Alter abzulesen. Einer der Gründe für die schlechte Aussprache der Japaner wird hier offensichtlich. Denn über den englischen Wörtern steht die Lautschrift katakana. Dies soll zwar helfen die englische Aussprache zu erlernen, doch erscheint mir das eher hinderlich, da die japanischen Lautschriften eben Silbenschriften sind und es so beispielsweise kein einzelnes „f" gibt sondern nur ein „fa" oder „fi" oder auch „fu". So wird eben aus „fifteen" ein „fifutiin" und so weiter.

„Mai hobisu aru supôtsu"[35], und so verstreicht die Stunde. Die Schüler stehen einzeln auf, lesen ihre Zettel vor und schnaufen erleichtert, als sie sich wieder setzen dürfen. Als ich an der Reihe bin und mich auf Englisch vorstelle raunt es von überall her „sugoooooi!!!", dabei bin ich auch keine Muttersprachlerin.

Zum Schluss möchte Onabe-sensei dann noch ein Lied mit uns singen und er legt eine CD in den mitgebrachten CD-Rekorder. Verschmitzt meint er, dass er ein großer Fan von englischer Musik der 70er Jahre sei und teilt uns den Liedtext aus.

35 engl. „my hobbies are Sports"

„There was a time when I was in a hurry as you are…“, ertönt es aus dem Rekorder. Und mit piepsiger Stimme beginnt Onabe-sensei „Have you ever been mellow?“ von Olivia Newton-John zum Besten zu geben.
Zunächst singe ich leise mit, lasse jedoch davon ab, als ich bemerke, dass außer uns beiden keiner der anderen mitsingt und die Schüler sich prustend die Hand vor den Mund halten. Onabe-sensei tut mir wirklich Leid. Bei dem Gedanken an den kleinen, dünnen Lehrer mit viel zu großem Kopf in blumiger 70er Jahre Schlaghose muss zwar auch ich mich zurückhalten, nicht lauthals zu lachen, aber eigentlich möchte Onabe-sensei seinen Schülern ja nur die Lust an der englischen Sprache näher bringen. Mutig piepst er also weiter zu der viel zu hohen Stimme von Olivia Newton-John, ist jedoch sichtlich erleichtert, als das Lied zu Ende ist. Ich glaube, er überlegt, ob er das nächste Mal nicht eine etwas tiefere Tonlage wählen sollte.
In der Stunde darauf haben wir wieder Englisch. Diesmal jedoch bei einer sehr hübschen Lehrerin namens Hoshino-sensei. Bei ihr sollen wir wohl nur die Grammatik und das Schreiben lernen. Reden und Grammatik wird hier also voneinander getrennt. Interessant.
Wortlos teilt Hoshino-sensei Übungsblätter aus und versucht, das nörgelnde Quengeln der Schüler zu ignorieren, die laut „yada“ schreien, was so viel bedeutet wie „Ich habe keine Lust“. Mich fragt sie sorgenvoll, ob ich verstehen würde, was ich machen sollte, und ich nicke ihr entschlossen zu. Der Unterschied zwischen dem englischen „was“ und „were“ erscheint mir nun nicht sonderlich schwer.
Die „coole“ Hälfte der Klasse unterhält sich lebhaft weiter, als wir die Übungsblätter ausfüllen sollen. Nach einer gefühlten Ewigkeit meint Kaneko-seinsei dann schließlich am Ende der Stunde: „Legt bitte eure Blätter weg, wir schreiben einen Test.“
Nun bin ich doch ein bisschen erschrocken, denn auf einen Test war ich nicht vorbereitet und weiß auch nicht, was meine Klassenkameraden bisher alles dran hatten. Als ich jedoch auf das Testblatt schaue, bin ich erleichtert und gleichzeitig verwirrt. Es sind exakt die gleichen Übungen wie auf unserem Übungsblatt, welches wir kurz vorher zusammen korrigiert hatten.
Das kann ja nicht so schwer sein, denke ich, muss aber in der nächsten Stunde schon feststellen, dass die meisten meiner Klassenkameraden nicht über die nötigen 30 Punkte von den angestrebten 100 hinauskommen. Was bleibt einem anderes übrig, als sich zu wundern?
Meine Verwunderung darüber, warum Japan beim Pisa-Test so gut abgeschnitten hat, wird noch größer, als wir in Mathe die

Mitternachtsformel durchnehmen. Immer wieder kommt der Lehrer zu mir an den Platz und fragt mich, ob ich es verstehen würde. Das wäre ja sehr schwer. Ich versichere ihm, dass ich das alles schon vor zwei Jahren in der Schule gelernt habe und dass ich es schon verstehen würde. Bleibe aber höflich und bedanke mich immer vielmals für seine Hilfe.

Als ich die Mitternachtsformel ein wenig anders rechne, da es dann schneller geht, ist sich mein Lehrer dann ganz sicher, dass ich es nicht verstehen würde. Er kann sich einfach nicht vorstellen, dass man wirklich so schnell verstehen kann, wie man Zahlen in Unbekannte einsetzt. Auch als das richtige Ergebnis herauskommt, schüttelt er verständnislos den Kopf und erklärt mir alles noch mal von vorne. Meine Klassenkameraden schauen schon neugierig und witzeln schon ein wenig, dass ich es nicht verstehen würde. Mein Fazit daraus: Einfach nicht mehr selbstständig in der Schule denken, sondern nur noch kopieren. Dann habe ich am wenigsten Scherereien.

Und tatsächlich ist das die Situation, die sich in japanischen Schulen abspielt. Es werden keine Fragen gestellt und auch keine Schüler dran genommen. In manchen Stunden schreibt der Lehrer fünfzig Minuten lang an die Tafel und die Schüler kopieren stumm in ihre Hefte – oder schlafen.

Im Unterricht zu schlafen scheint schon lange Tradition in Japan zu sein und wird eher toleriert als das Reden im Unterricht. An manchen Tagen, besonders an den drückend schwülen Sommernachmittagen, kann es schon einmal vorkommen, dass ein Drittel der Klasse auf ihren Tischen schläft und die fünf Faulsten gleich zu Hause geblieben sind. Das Fernbleiben vom Unterricht kann im Gegensatz zum Schlafen jedoch fatale Auswirkungen haben. Drei Mal unentschuldigtes Fehlen und es droht der Schulausschluss. Es ist also wichtiger, dass man in der Gruppe – in dem Fall der Schule – bleibt, als dass man sich individuell absondert. Auch wenn das bedeutet, dass die gesamte Gruppe schläft. Im Mathe-Unterricht sind es heute immerhin elf!

Später am Tag schreibe ich mir dann auf, was unsere Hauswirtschaftslehrerin uns aufgetragen hat. Beim nächsten Mal sollen wir alle Gummihandschuhe, einen Löffel und einen Pudding mitbringen. Als ich Mai frage, wozu wir den Pudding bräuchten, zuckt sie nur die Schultern und meint: „Zum essen." Zu was sonst, denke ich mir, das erklärt aber noch nicht meine Frage. Ich bleibe also gespannt auf die nächste Stunde Hauswirtschaft.

Langsam geht der erste Tag meines neuen Schulalltags zu Ende und ich stelle fest, dass die Unterschiede zum deutschen Schulalltag nicht größer hätten sein können. Da hat alles Lesen über das japanische Schulsystem nichts geholfen, es ist einfach total exotisch. Noch weiß ich nicht genau, wie ich all dieses Neue einordnen soll, aber ich spüre ein angenehm aufgeregtes Kribbeln im Bauch und freue mich bei diesem Abenteuer namens Japan mit dabei zu sein.

Gegen halb vier haben wir noch einmal zehn Minuten Klassenlehrerstunde mit Tanaka-sensei und nun geschieht doch etwas, über das ich schon so oft gelesen habe. Wir putzen die Schule.

In Kleingruppen eingeteilt, putzen wir jede Woche einen anderen Teil unseres Schulgebäudes. Einige kehren die Treppe, andere stellen die Tische in den Gang, um das Klassenzimmer zu putzen, und wieder andere machen die Toiletten. Es ist kein anstrengendes Putzen. Es ist vielmehr ein langsames, gemächliches Fegen über kaum vorhandenen Staub.

Da alle die Hausschuhe anhaben und auch sonst jeden Nachmittag gemeinschaftlich geputzt wird, ist die Schule immer sauber. Die Schüler achten hier auf ihre Schule. Sie ist ihr zweites Zuhause und nach dem Unterricht ist noch lange nicht Schluss. Dann folgen die Schul-Clubs und Treffen mit Freunden in der Schule.

Noch bin ich in keinem dieser Schul-Clubs und so radle ich langsam nach Hause, als die Sonne allmählich matter und die Luft kühler wird. Es ist ein schöner, lauer Abend und leise scheint mir der Zug des Gegenwinds ein Gefühl dafür einzuflüstern, warum die Schüler hier in Japan in der Schule schlafen und warum ihre Bücherfächer so sehr mit lauter schulfremden Dingen überladen sind.

Ich verstehe, warum sie sich die Schuhe bemalen und warum sie sich in der Schule schminken und sich dort zum Teil sogar die Haare färben. Wo sonst hätte sie Zeit und Platz zum Leben – wenn nicht in der Schule?

Denn die meisten japanischen Schüler kommen meist erst in der Dunkelheit zu Hause an. Ein Schulweg von einer Stunde mit dem Fahrrad oder dem Zug ist dabei ganz normal. Schule ist nicht nur ein Ort zum Lernen, sondern vor allem auch zum Leben. Als die Sonne langsam untergeht und ich am breiten Watarase-gawa entlangfahre, kann ich nicht anders, als glücklich in mich hineinzujauchzen. Und allmählich steigt in mir die Frage auf, ob der Satz „für's Leben lernen" in den japanischen Schulen vielleicht eine viel wortwörtlichere Bedeutung findet, als bei uns in Deutschland.

6

Endlich sollte auch ich ein japanisches Schulmädchen werden, das nach dem Unterricht in einen Schulclub geht. Am liebsten würde ich dem Volleyball-Club beitreten, doch Tanaka-sensei meint, dass dieser der beste in der ganzen Präfektur und sehr diszipliniert sei. Er scheint es nicht so gerne zu sehen, dass ich in den Volleyball-Club eintreten möchte und erzählt mir, dass die Mädchen jeden Tag mehrere Stunden trainieren würden und am Wochenende den ganzen Tag. Außerdem müssten sie sich alle die Haare kurz schneiden, wenn sie dem Verein beitreten wollen. Das erscheint mir doch etwas übertrieben und so stimme ich Tanaka-senseis Vorschlag zu und besichtige mit ihm nach dem Unterricht den kendô-Club.

kendô ist eine japanische Schwertkunst und bedeutet wortwörtlich „Weg des Schwertes“[36]. Neben Baseball und sumo, der japanischen Form des Ringkampfes, ist kendô heute wohl eine der beliebtesten Sportarten in Japan. Auf dem Weg zur kendô-Halle erklärt mir Tanaka-sensei, dass kendô eine abgewandelte, moderne Version des traditionellen kenjitsu[37] sei, des Schwertkampfes der Samurai. Dabei ginge es nicht nur um die Art der Technik und des Stils, sondern vor allem auch um die Lebenseinstellung und die geistige Ausbildung des Menschen.

„Die Übenden sollen durch kendô vor allem Charakterfestigkeit, Entschlossenheit und moralische Stärke erlangen“, meint er.

Dass dieses wohl dringend nötig ist, sehe ich, als wir in die Halle eintreten, die mit tatami-Matten ausgelegt und leer ist. Nur in der Ecke sitzt ein Mädchen und hat den Kopf auf die Brust gelegt. Als wir uns die Schuhe ausziehen und die Halle mit einer Verbeugung betreten, bewegt sie sich nicht. Erst als wir sie laut begrüßen, wacht sie langsam auf. Ich wusste ja, dass Japaner überall in Zügen und Klassenzimmern schlafen können, aber dass es gelingt, im Schneidersitz einzudösen, das habe ich noch nicht erlebt. Da gehört schon sehr viel Entschlossenheit dazu.

Sie reibt sich müde die Augen und Tanaka-sensei stellt sie mir als Chihiro vor. Vielleicht liegt es an Chihiros etwas kräftigerer Gestalt und ihrem Gesicht, das mich an eine Mischung aus Panda und Kätzchen erinnert, aber sie ist mir augenblicklich sympathisch. Sie scheint nicht so schüchtern wie die anderen Schülerinnen zu sein und lacht und redet selbstbewusst

36 ken = Schwert, dô = Weg

37 kenjutsu = Schwertkunst (ken = Schwert, jutsu = Kunst)

mit Tanaka-sensei und mir. Sie scheint mir das erste Mädchen in dieser Schule zu sein, das sich nicht in eine der beiden Gruppen einteilen lässt. Weder ist sie krass geschminkt und macht nur Unsinn, noch ist sie extrem schüchtern und bringt kein Wort heraus.

„Da drin sind die kendô-Ausrüstungen", erklärt mir Chihiro und zeigt mir den Inhalt der Wandschränke. Mit einem shinai, einem Bambusschwert, schneidet sie sehr langsam ein paar Züge in die Luft und gibt es dann weiter an Tanaka-sensei, der auch ein wenig damit hantieren möchte.

Dann setzen wir uns auf die tatami-Matten und reden über den Club und den Trainingsablauf. Das Training ist jeden zweiten Tag in der Woche und anscheinend kommt Tanaka-sensei jedes Mal vorbei, um nach dem Rechten zu sehen. Zwar macht er kein kendô, aber jeder Club braucht einen Lehrer als Ansprechpartner. Wer denn dann den Unterricht macht, möchte ich wissen, und Chihiro erzählt mir von einem senpai[38] aus der 2. Klasse, der das Training übernehmen würde. Wahrscheinlich würde er heute auch kommen.

„Wahrscheinlich? Ich dachte, er ist der Lehrer und wir trainieren jeden zweiten Tag...", frage ich verwirrt.

„Ja, das tun wir auch", meint Chihiro aber sie sei sich nicht sicher, ob er heute kommt. Seltsam...

Mit Tanaka-sensei unterhalten wir uns noch lange über dies und jenes und dabei erfahre ich, dass er erst 24 Jahre alt ist. So jung und schon Lehrer? Auch Chihiro ist erstaunt und Tanaka-sensei fragt uns empört, ob wir ihn älter geschätzt hätten. Wir albern herum und mit Zeichensprache und Mimik geht das auch schon ganz gut.

Nach etwa einer Stunde des Wartens, kommt dann endlich Machida-senpai, das Oberhaupt des kendô-Clubs und mein zukünftiger Lehrer. Als ich ihn sehe, beschleicht mich jedoch augenblicklich das Gefühl, dass er zwar das Moralische im kendô lebt, sich jedoch nicht so viel aus dem Training an sich zu machen scheint. Er ist sehr schmächtig, trägt eine Brille und sein Blick verweilt konstant am Boden. Mit langsamer, sehr bedachter, leiser Stimme begrüßt er mich und setzt sich dann sichtlich bemüht in den seiza, den japanischen Fersensitz. Dort bleibt er wortlos sitzen und ein unangenehmes Schweigen tritt ein...

„Wir sind acht Schüler in diesem Club", sagt Machida-senpai dann langsam, als ich ihn vorsichtig nach der Anzahl der Mitglieder frage, um die Stille zu brechen. Nach meiner Frage, wo diese nun seien, wiegt er nur den Kopf leicht zur Seite und meint „sô~ ne", was nicht mehr bedeutet als „so, nicht wahr...".

38 Senpai = Anrede für höher eingestufte oder ältere Schüler

Langsam frage ich mich, ob Machida-senpai nicht allmählich mit dem Training anfangen möchte, doch er sitzt immer noch da, als sei es ihm unangenehm vor so vielen Leuten mit dem Training zu beginnen.
Irgendwann kommen dann noch zwei weitere Schüler vorbei, Fuda-senpai und Mari[39]. Sie wirken wie die Antagonisten zu Chihiro und Machida-senpai. Der Junge, Fuda-senpai, ist genauso aktiv und redselig wie Chihiro und versucht sogar ständig mit mir Englisch zu sprechen. Eine echte Seltenheit hier in Japan. Kumpelhaft boxt er Chihiro und dann tollen beide auf den Matten herum.
Mari hingegen ist genauso still wie Machida-senpai. Sie hat ein sehr langes, schmales Gesicht mit einem stetigen Lächeln auf den Wangen und nickt immer bedacht, wenn man sie anspricht.
Obwohl ihre Antworten immer sehr lange auf sich warten lassen, hat sie etwas Beruhigendes an sich und ich fühle mich dadurch gleich etwas wohler in meinem neuen Club.
Interessiert beobachte ich ihre Art, sich mit Machida-senpai zu unterhalten. Schräg gegenüber von ihm sitzt sie auf der Seite kniend. Während sich die beiden langsam und bedacht unterhalten, deuten sie immer wieder eine leichte Verbeugung an. Manchmal ist diese auch so klein, dass sie nur im Ausdruck des Gesichtes wahrnehmbar ist. Selbst die Art des Schauens, der Moment, in dem der Blick den Boden streift, wirkt wie eine respektvolle, untergebene Verbeugung. Mari bewundert ihren senpai, dass er so lange im seiza verweilen kann, woraufhin dieser nur verlegen abwinkt. Mit winzigen und doch hektisch erscheinenden Bewegungen schüttelt er den Kopf und winkt davor mit seiner Hand, die Handfläche zur Seite, die Fingerspitzen nach oben zeigend. Eine sehr japanische Art des Bescheidenseins
Als Chihiro und Fuda-senpai aus lauter Langeweile beginnen, mit dem shinai-Bambusschwert und einem kleinen Softball Baseball zu spielen, schlägt Tanaka-sensei vor, in die Nebenhalle zu gehen. Er möchte mir etwas zeigen.
Wir schieben die Trennwände der Halle ein wenig zur Seite und als ich in die andere Hallenhälfte blicke, traue ich meinen Augen nicht. In der Nebenhalle stehen etwa ein Dutzend großer, bauchiger taikô-Trommeln in allen erdenklichen Formen. Einige etwas größer, andere etwas schmaler und höher, wieder andere recht klein und zierlich. Ich bin begeistert.
„Der taikô-Club ist eines der Markenzeichen unserer Schule und jeder, der will, kann hier taikô spielen“, erklärt mir Tanaka-sensei. Er gibt mir

39 In Japan werden Jungen meist mit ihrem Nachnamen angesprochen, während man bei Mädchen beim Vornamen bleibt.

Ein professioneller taikô-Trommler bei einem Konzert

zwei Holzstöcke aus einer dafür bereitstehenden Kiste und fängt selbst an, auf den Trommeln herumzuschlagen. Erst leise und bedacht, dann ein wenig lauter und zielsicherer. Dann immer stärker und kräftiger. Der Bauch der Trommel vibriert, der tiefe Klang erschüttert die gesamte Halle und hallt aus den Ecken wider.

Da luken auch schon die Köpfe der anderen durch die Schiebetür der Trennwand und zaghaft gesellen sie sich zu den anderen Trommeln.

Auch ich soll es versuchen. Tanaka-sensei zeigt mir, wie ich die Stöcke halten muss und dass ich die Kraft nicht aus den Armen, sondern durch den weiten Schwung der Arme über den gesamten Körper aus der Erde herausholen soll.

„Dieses Lied heißt ‚Kanpai[40] Lager' und erzählt die Geschichte, wie das Lager-Bier aus Deutschland nach Japan gekommen ist", erklärt er mir und grinst. Ob wir viel Bier in Deutschland trinken würden, ist gleich darauf seine nächste Frage und ich frage mich, was das nun mit taikô zu tun hat.

Ich erkläre ihm, dass Bier zwar ein beliebtes Getränk in Deutschland sei, jedoch beispielsweise die Iren und Tschechen noch mehr trinken würden.

40 Kanpai = Prost!

Na dann Prost, denke ich, und präge mir die ersten Rhythmen des Liedes ein. Dann kann ich jedoch nicht anders, als absolut fasziniert meinen Mitschülern beim Spielen der gigantischen Trommeln zuhören. Der Klang ist einfach unglaublich und Dolby Surround dagegen ein Witz.
Chihiro wirft ihre Arme weit hoch in die Luft und lässt sie in einem Halbkreis mit vollem Schwung wieder nach unten donnern. Der Lederbezug des holzigen Trommelbauches vibriert. Die Stöcke werden abgefedert und wieder werden die Arme wie von alleine nach oben geworfen, um schließlich wieder mit voller Wucht in das Donnern des Hohlkörpers einzustimmen. Mit offenem Mund staune ich und wünsche mir, ewig hier stehen zu können und dem phänomenalen Donnerklang lauschen zu können.
Doch da ebbt der Klang auch schon allmählich wieder ab und langsam verstummen die vibrierenden Körper. Was nun folgt, könnte wohl nicht typischer japanisch sein: Obwohl mir das Trommeln der Schüler den Atem geraubt hat, legen alle verschämt ihre Stöcke beiseite und wollen am liebsten einen Schleier des Vergessens über die ganze Angelegenheit legen. Sie wären ja so schlecht und könnten das alles gar nicht. Die Lieder hätten sie alle falsch gespielt und überhaupt hätten sie das ja noch nie richtig gelernt. Falsche Bescheidenheit par excellence.
„Hat es dir gefallen?“, fragt mich Tanaka-sensei und ich bejahe begeistert. „Dann kannst du ab jetzt immer in diese beiden Clubs kommen und mitmachen, wenn jemand da ist.“
Wenn jemand da ist und wenn jemand etwas macht, das hatte er vergessen zu erwähnen. Denn schon packen alle wieder ihre Sachen zusammen. Pünktlich, denn soeben erklingt eine schlafliedähnliche Melodie aus den Lautsprechern des Schulgebäudes, die ansagt, dass die Schule nun offiziell zu Ende ist. Es ist zehn nach fünf. Viele Clubs werden noch lange bis in die Nacht fortdauern, nicht jedoch unserer. Offenbar gibt es nicht nur zwischen dem Niveau der Schulen große Unterschiede, sonder auch zwischen den Clubs.
Während es beispielsweise spezielle Auswahlverfahren und Rekrutierungstage für den Volleyball-Club gibt, ist der kendô- und auch der taikô-Club offen für alle Interessierten. Dadurch wird er jedoch auch nicht sonderlich ernst genommen, wie ich in den darauffolgenden Wochen feststelle. So ziehen wir beispielsweise die Trainingsausrüstung nur an, um ein Gruppenfoto zu machen, ansonsten verbummeln wir die Zeit in unseren Schuluniformen. In diesen machen wir entweder kein Training oder üben für eine Viertelstunde den Angriff beim kendô, den

wir jedoch sehr langsam und bedacht machen, um unsere Uniformen nicht zu verschwitzen.
Von den acht Mitgliedern werde ich in all der Zeit nur Chihiro, Mari und die beiden senpais kennenlernen. Meist ist nur Machida-senpai da. Ab und zu kommt Tanaka-sensei vorbei, plaudert mit uns und spendiert uns Softdrinks. Dann trommeln wir ein wenig auf den taikôs herum und ich lerne ein paar neue Lieder. In den Prüfungswochen und in den Ferien fällt der Club ganz aus, was bei den meisten anderen Schulclubs nicht der Fall ist. Vielleicht, so denke ich mir mit der Zeit, ist der kendô- sowie auch der taikô-Club nur eine Art von Alibi-Club für einige Schüler. Dafür haben wir jedoch viel Spaß, indem wir mit den Stöcken herumalbern, uns vom Unterricht erzählen oder manchmal einfach nur schlafen. Zwar fehlt mir mein gewohntes Taekwondo-Training aus Deutschland, aber dafür lerne ich hier viel Japanisch.
Im geschützten Raum der kendô-Halle kann ich mit Chihiro und Mari über vieles reden und bekomme auf alles eine Antwort. Dies ist in meiner Klasse nicht unbedingt der Fall. Häufig bekomme ich keine Antwort auf meine Fragen und sehr oft werde ich einfach überhört oder ignoriert. Besonders Fragen nach der eigenen Meinung scheinen in der Klasse fast tabu zu sein und vielen Schülern scheint es auch schlicht zu peinlich zu sein, mit mir zu sprechen. Vielleicht verstehen sie mich bisher jedoch einfach auch nicht und sind zu schüchtern nachzufragen.
Sicher wird es jedoch einfacher werden mit meinen Klassenkameraden ins Gespräch zu kommen, wenn sich mein Japanisch verbessert. Ich muss also noch viel lernen, denke ich, und motiviere mich selbst.

Zu Hause sehe ich seit sehr langer Zeit wieder einmal meinen Gastvater, der heute vergleichsweise früh von der Arbeit kommt. Es ist zehn Uhr abends!
„Tadaima“[41], ruft er leise, als er durch die Haustür kommt, doch keiner außer mir antwortet ihm mit dem in Japan normalerweise obligatorischen „okaerinasei!“, der japanischen Version für „Willkommen zu Hause“.
Neben unserem ersten Kennenlernen zwischen Tür und Angel ist es das erste Mal in den drei Wochen, in denen ich nun schon in Japan bin, dass ich ihn sehe. Leise holt er sich etwas aus dem Kühlschrank und mümmelt stumm am Esstisch sein Abendessen, während der Rest der Familie Fernsehen sieht. Immer wieder schaut er scheu zu seiner

41 In Japan sagt man, wenn man nach Hause kommt „tadaima“ (wörtl. „gerade eben“), die zu Hause gebliebenen erwidern hingegen „okaerinasai“ (wortwörtl. „komm' bitte nach Hause“).

Familie und verschwindet dann schnell nach oben in sein Zimmer, während die anderen quietschigen, schrillen, von Popstars moderierten Kochsendungen lauschen.
Otôsan wirkt wie ein Geist, der ab und an im Haus herumschwebt und von keinem der übrigen Familienmitglieder beachtet wird. Offenbar ist ihm diese Situation auch sehr wohl bewusst und vielleicht auch unangenehm, jedoch kann oder will er wohl nichts daran ändern. Ich finde das sehr befremdlich.
Ich habe schon oft über die „Spezies“ des japanischen Ehemannes und dessen Funktion gelesen, aber trotzdem schockiert mich dieser Umstand doch ein wenig.
Laut vieler Japan-Reiseführer leben japanische Männer mehr an ihrem Arbeitsplatz als zu Hause. Nach der Arbeit fühlen sie sich meist noch verpflichtet, mit Kollegen einen trinken zu gehen. In der Regel kommen sie erst sehr spät wieder nach Hause und sehen ihre Frau und ihre Kinder nur an den Wochenenden.
Manchmal, wenn nachts keine Bahnen mehr fahren, kann es auch vorkommen, dass die japanischen Geschäftsmänner in kleinen Pensionen oder in sogenannten Schlafboxen übernachten und von dort aus am nächsten Morgen direkt zur Arbeit gehen.
Eigentlich besteht ihr Leben daraus, ihrer Firma zu dienen und das verdiente Geld dann an ihre Ehefrau abzugeben. Natürlich haben dabei manche auch außereheliche Liebschaften, aber solange der Mann sein Gehalt artig nach Hause bringt, muss die Ehefrau dies tolerieren. Nach dem Eintritt in die Ehe ist ihre Funktion nun nicht mehr die der Geliebten, sonder die der Mutter, der okâsan. Ihre Funktion ist nunmehr eine andere. Diesen unsichtbaren Vertrag zwischen den Eheleuten sehe ich auch bei meinen Gasteltern. Otôsan ist von früh bis spät in seiner Firma, wo er im mittleren Management tätig ist und falls ich ihn einmal zu Hause ankommen sehe, geht er sofort in sein Zimmer. Doch bis ich ihn das nächsten Mal sehe, werden ohnehin ganze anderthalb Monate vergangen sein. Denn auch am Wochenende geht er früh zum Sport und bleibt den ganzen Tag über fern. Es ist fast so, als würde er sich vor seiner Familie verstecken, die ihm fremd geworden zu sein scheint.

7

Taikengakushu. Das hatte ich schon einmal in der Klassenlehrerstunde gehört und konnte nichts damit anfangen. In unserem ersten „Long Home Room“ würde ich es nun jedoch verstehen und auch, was solch ein „Long Home Room“ denn eigentlich ist.

Nach der dritten Stunde Unterricht gehe ich zusammen mit den anderen Erstklässlern hinunter in die Sporthalle. Wie an meinem ersten Tag auch, sitzen wir alle auf dem Boden und ich warte darauf, dass die Lehrer endlich mit ihren Ansprachen beginnen. Doch nichts dergleichen. Stattdessen wird uns ein animierter Film gezeigt, bei dem es darum geht, älteren Menschen zu helfen, nett zu Kindern zu sein und keine Tiere zu quälen. Noch verstehe ich nicht so recht, welchen Sinn dieser Film haben soll und hoffe inständig, dass diese „Tugenden“ auch ohne diesen Lehrfilm in den Köpfen der Schüler verankert sind. Doch dann hält Kôchô-sensei eine Ansprache über die Wichtigkeit, anderen zu helfen und erklärt die Abläufe des taikengakushu. Ich verstehe immer noch nicht, was dieses taikengakushu nun sein soll. Aber zumindest weiß ich nun, dass wir uns jede Woche mit den anderen Erstklässlern zum „Long Home Room“ in der Sporthalle treffen werden, um dort schulspezifischen und organisatorischen Neuigkeiten zu lauschen.

Dass das taikengakushu eine Art soziales Praktikum für die Schüler darstellt, erklärt mir im Anschluss Tanaka-sensei. Dabei werden die Schüler in Kleingruppen eingeteilt und sollen für zwei Tage in einem Kindergarten, einem Altersheim oder auch einem Schrein oder Tempel helfen.

„Ihr werdet dem Sôsensha helfen, einem kleinen Schrein am Rande der Stadt“, meint Tanaka-sensei.

Nachdem er mir alle nötigen Informationen gegeben hat, erkundigt er sich nervös, wie meine erste Woche war und ob es mir in der Schule gefallen würde. Begeistert bejahe ich und teile ihm mit, dass mir alles sehr gefallen würde. Ich füge vorsichtig hinzu, dass es etwas schwer sei, mit den Schülern in Kontakt zu kommen, da die meisten sehr schüchtern seien. Er lächelt nervös und erklärt mir, dass die meisten wahrscheinlich etwas Angst vor mir hätten. Ich bin baff, so monströs kann ich doch gar nicht wirken? Dennoch kann ich es auch ein wenig verstehen. Genauso wie mir die Japaner alle sehr anders und merkwürdig erscheinen, muss ich wohl auch ein sehr eigenartiges Bild für sie abgeben. Als ich Tanaka-

sensei vorsichtig frage, ob denn auch er Angst vor mir hätte, wird er noch nervöser und meint peinlich berührt: „Ja, ein bisschen."
Unglaublich! So groß und so blond bin ich doch auch wieder nicht, dass sogar ein sieben Jahre älterer Lehrer Angst vor mir zu haben braucht. Schnell versichere ich ihm, dass dies nicht nötig wäre und er keine Angst vor mir zu haben bräuchte. Er nickt heftig, was wieder mehr nach tausend Mini-Verbeugungen aussieht.
„Sie helfen mir wirklich sehr, mich hier einzuleben, und ich bin Ihnen wirklich sehr dankbar", versuche ich ihn zu beruhigen, was er mit ganz viel Kopfschütteln verneint und mir versichern möchte, dass er das alles ganz schlecht machen würde. Diese Bescheidenheit ist unglaublich und für mich kaum nachvollziehbar.
Dann geht auch schon der Unterricht weiter und Tanaka-sensei wünscht mir viel Glück und Spaß beim taikengakushu und verschwindet dann schnell.
Wir haben wieder Hauswirtschaftslehre, und wie man uns gebeten hatte, habe ich einen Pudding und einen Löffel dabei. Gummihandschuhe konnte ich leider nicht im Supermarkt finden.
„Das macht gar nichts", erklärt unsere Lehrerin und teilt gleich darauf weiße OP-Gummihandschuhe aus, die wir uns anziehen sollen. Ich bin schon sehr gespannt, was wir mit den Puddings machen sollen.
„Bildet bitte Paare", ruft die Lehrerin in die unruhige Klasse, „wir werden nun erst mal ein Video anschauen."
Damit schaltet sie den Fernseher ein und es läuft wieder solch ein Zeichentrickstreifen für Kleinkinder an, wie wir ihn schon in der Sporthalle gesehen haben. Der Film zeigt das Leben von älteren Menschen. Die Sprache ist kinderleicht, die Hauptfiguren einprägsam, das Thema offensichtlich. Sogar ich verstehe es. Es geht einfach darum, dass ältere Menschen auch ein Recht haben, in Würde zu leben, dass dies jedoch für manche recht schwer ist. Dass man sie als jüngerer Mensch gut behandeln und ihnen helfen soll. Irgendwie nicht viel neues, aber vielleicht geht es auch gar nicht darum. Vielmehr denke ich, dass es das Thema einfach nochmal ins Bewusstsein rufen und denen eine Unterstützung sein soll, die ihren Freiwilligendienst im Altersheim machen werden.
Dann sollen wir alle versuchen, mit Hilfe des Löffels an unsere Partner den Pudding zu verfüttern. Dies soll veranschaulichen, wie man Alte füttern muss und wie schwierig das eigentlich ist. Meine Klasse scheint davon allerdings nicht so viel zu halten, denn die meisten essen ihren Pudding selbst oder schlafen.

Ich glaube jedoch nicht, dass es sich dabei um generelles Desinteresse handelt und die Schüler einfach keinen Sinn für soziale Themen haben. Vielmehr vermute ich, dass sie langsam genug von den zusätzlichen Programmpunkten der Schule haben, die die Schüler neben dem Unter-richt motivieren und prägen sollen. Denn wie ich im Laufe der Zeit feststellen soll, finden diese klassenübergreifenden Treffen in der Turnhalle mindestens einmal die Woche statt. Dabei werden meist viele Reden gehalten, Standpauken abgegeben, Filme angeschaut oder es kommen Gäste von außerhalb. Eigentlich könnte das interessant sein, aber die meisten Schüler nutzen diese Zeit zum Schlafen, denn reden dürfen sie dabei ja nicht.

Ein paar Tage später ist es soweit und mit meinem kleinen Fahrrad nehme ich den weiten Weg bis zum Schrein auf mich. Sehr schnell komme ich an den Rand der Stadt, die Umgebung wird immer ländlicher, die Straßen hügeliger. Außer ein paar kleinen Gartenhütten gibt es hier kaum Häuser und zum ersten Mal seit ich in diesem fremden Land angekommen bin, verspüre ich eine wunderbare innere Ruhe und Gelassenheit. Die Stille, die aus den Wäldern dringt und das saftige Grün der Felder ist einfach wunderbar und beruhigen meinen von neuen Eindrücken getriebenen Geist.
Der Himmel ist eisig-blau und die Morgenluft angenehm kühl auf der Haut. Leise Vogelgeräusche dringen aus dem Dickicht, an dem sich die Landstraße vorbei schlängelt. Auf der anderen Seite der Straße liegen Felder, soweit das Auge reicht. Kein Großanbau, nur viele kleine Privatgrundstücke mit ein paar Gemüsesorten darauf. Über den Feldern hängen lange Seile, an denen Schellen, kleine Glöckchen und Muscheln befestigt sind. Ihr leises Klingeln im Wind soll die Vögel abschrecken.
Hier und da sehe ich alte Menschen Unkraut jäten und den Acker bearbeiten. Als ich vom Fahrrad absteige und sie nach dem Weg frage, bemerke ich voller Erschrecken, dass ihr Rücken kaum noch aus der gebückten Haltung herauskommt. Fast im 90-Grad-Winkel zur Erde stehen sie da, die Hände hinter dem Rücken verschränkt, den Kopf zu mir nach oben gedreht. Lange haben sie hier in der Sonne gestanden, über Jahre das Unkraut gezupft und ihre Felder bestellt. Das ledrige Gesicht einer alten Frau, die ich frage, ist sonnengebräunt und von runzligen Falten übersät. Sie kneift ihre Augen zusammen und deutet mir still, dass ich mich auf dem richtigen Weg befinde. Ein uraltes, klein geschrumpftes Wesen an Frau und eine blonde Riesin in heimatlicher Schuluniform inmitten von Grün, welch seltsames Bild!

Als ich weiterfahre, denke ich daran, dass die japanische Landwirtschaft ähnliche Probleme hat wie die Deutsche. Meist sind es nur noch die Alten, die die Felder bestellen. Die Jungen hingegen ziehen in die großen Städte und suchen dort Arbeit. Keiner möchte sich mehr der mühevollen Arbeit unter brennender Sonne aussetzen.
Großbauern bestellen die Felder mit viel Düngemittel und Pestiziden, um so viel Gewinn wie möglich aus dem nur spärlich vorhandenen Ackerland in Japan zu machen. Kleinbauern können sich dabei kaum noch über Wasser halten und sind immer häufiger auf andere Einnahmequellen angewiesen.
Langsam biege ich in einen kleinen Hain ein und da thronen vor mir auch schon massive, steinerne Stufen, die zu einem Schrein hinauf führen. Das muss der Schrein sein, in dem wir unseren Freiwilligendienst leisten sollen, denke ich und schließe mein Fahrrad ab. Bedacht steige ich die Stufen hinauf. Neun, zehn, elf... ich zähle zweiundvierzig Stufen, bis ich oben angekommen bin.
Zwischen hohen Pinienbäumen breiten sich die tiefen Dächer des Sôsensha in alle vier Himmelsrichtungen aus. Das Dach ist mit grauen Ziegeln bedeckt, das Gebäude selbst ist aus grau-braunem Holz. Inmitten der hohen Bäume am Rande des Waldes liegt der Schrein recht versteckt und ist mit seinem winzigen Bodenterrain auch recht klein und unscheinbar. Trotzdem fällt mir der sanfte, gepflegte Stil des Gartens auf, bei dem nichts dem Zufall überlassen ist. Selbst Reisig, das unordentlich auf dem Boden gestapelt ist, scheint wohlbedachtes Chaos widerzuspiegeln.
Es ist ganz still. Außer einer Klassenkameradin namens Noriko ist noch keiner da. Sie sitzt ganz ruhig auf einem Baumstumpf und ist in ihr Handy vertieft. Als ich auf sie zukomme, blickt sie auf und ihre kleinen Zöpfe, die wie bei Pipi Langstrumpf zu beiden Seiten abstehen, schwingen im lauen Wind. Wahrscheinlich hat sie solche shintô[42]-Schreine schon viel zu häufig gesehen, als sie wirklich interessant zu finden. Aber als ich den Schrein bestaune, stimmt sie wie ganz selbstverständlich in mein Staunen mit ein. So als wäre es der erste Schrein, den sie je in ihrem Leben gesehen hätte.
Allmählich trudeln die anderen Schüler ein und der Platz vor dem Schrein füllt sich mit Leben. Insgesamt sind wir sieben Mädchen und sieben Jungen.
Wir sind vollzählig, doch keiner außer uns Schülern scheint auf dem Gelände zu sein und so stehen wir einige Zeit unschlüssig herum.

42 Shintô = Der Shintoismus ist (zusammen mit dem Buddhismus) die verbreitetste Religion in Japan. Es ist eine pantheistische Religion mit vielen Gottheiten, die meist Naturgötter darstellen.

Da plötzlich kommt ein großer Japaner mit kahlem Kopf und einer hellbraunen shintô-Leinenrobe aus einem Nebeneingang heraus. Sein Gewand ist locker um den Körper gewickelt und hat diesen traditionellen, japanischen V-Schnitt, der viel Freiraum zulässt. Dazu trägt er weiße Socken, deren großer Zeh gesondert davon ist und nur von einer Schlaufe der geta, der Holzsandalen, gehalten werden. Die geta sind durch zwei separate Holzblöcke an der Sohle ein wenig erhöht und ich stelle mir vor, dass es ziemlich anstrengend sein muss, sich damit fortzubewegen. Mit diesen schlürft er gelassen in unsere Richtung, während er genüsslich an seiner Zigarette zieht.

Ein shintô-Priester, der raucht?! Das finde ich doch etwas eigenartig.

Aber da fällt mir ein, dass weder der Shintoismus noch der Buddhismus das Prinzip der Sünde kennen, wie es im Christentum gelehrt wird.

Selbst das Zölibat ist in den meisten japanischen Klöstern nicht Pflicht und Sexualität wird als nichts Schlimmes empfunden. Vielleicht gilt das gleiche auch fürs Rauchen und es wird bei den Priestern nicht als Sünde angesehen? Der Priester mustert mich lange, sagt jedoch nichts. Dann weist er die Jungen an, hinter dem Schrein den Hang bis zum Wald hin zu fegen, wir Mädchen hingegen sollen das Unkraut auf der Rasenfläche zupfen.

So sitzen wir also den ganzen Vormittag auf dem Rasen und zupfen mit den bloßen Händen Unkraut, was irgendwann einmal in Grasbüschel ausreißen ausartet. Währenddessen wird die Sonne immer heißer und strahlt uns auf den Rücken. Meine Mitschülerinnen legen sich ihre Handtücher auf den Kopf, um nicht braun zu werden. Blässe wird hier als schön angesehen. Ich hingegen rücke weiter in die Sonne und genieße die Wärme auf meiner Haut.

Gegen Mittag bringt uns der Mönch dann ocha zu Trinken und wir essen unsere obentô. Das obentô, das japanische Lunchpaket, ist etwas ganz Typisches in Japan. Meist wird es morgens von den Müttern für die Kinder und die Ehemänner hergerichtet, die diese dann mit zur Schule oder zur Arbeit nehmen. Der Fantasie sind bei dieser Art von Lunchpaketen keine Grenzen gesetzt. Meist liegen neben Reis eingelegtes Gemüse, Fisch in Herzform oder auch kleine, süß-saure Hähnchenschlegel bereit. Tintenfischröllchen, sushi oder gesüßtes Omelett nach japanischer Art sind weitere Varianten. Manch hingebungsvolle Mutter steht für das obentô jeden Morgen für Stunden in der Küche. In jedem Haushalt sieht das jedoch anders aus. In meinem Fall hole ich mir jeden Morgen Reis aus dem Reiskocher, nehme eingefrorene obentô-Beilagen aus der

Tiefkühltruhe und mache diese in der Mikrowelle warm. Manchmal gibt es auch nichts mehr, dann nehme ich nur Reis mit oder kaufe mir etwas in einem Conbini unterwegs. Gegessen wird natürlich – was sonst – mit Stäbchen.

In unserer Mittagspause werde ich dann von drei Mädchen her gerufen, die auf dem hölzernen Rundgang des Schreins sitzen. Sie heißen Hiraku, Chi und Miku und ich würde sie intuitiv in die Gruppe der Kurzröckler und Kajal-Tinterinnen einordnen. Sie stellen mir wieder die üblichen Fragen, und nach einer Weile albern wir schon richtig herum, bis die Mittagspause beendet ist.

„Bleib doch bei uns", meint Hiraku lieb und ich freue mich sehr über ihre Aufgeschlossenheit. Denn in Japan erscheint es mir noch nicht sehr leicht, Freunde zu finden, und meist kommt die Initiative eines Gesprächs nicht von japanischer Seite. Vielleicht sind sie einfach zu schüchtern?

Hiraku jedenfalls ist alles andere als schüchtern und scheint das Leittier des Dreiergespanns zu sein. Sie hat ein unglaublich rundes Gesicht und zwei rötlich gefärbte Pferdeschwänze. Zusammen geben die drei Freundinnen das Bild von Orgelpfeifen ab – Miku ganz klein und zierlich, Hiraku mittelgroß und etwas mollig, Chi fast so groß wie ich und irrsinnig dünn.

Hiraku, Chi und Miku bei der Mittagspause im Sôsensha

„Wollen wir nach dem Putzen purikura machen?“, fragt Hiraku ganz aufgeregt, „da gibt es eine ganz große Spielhalle hier ganz in der Nähe.“
Sehr erfreut stimme ich zu. Mir sind diese kleinen bunten Fotos mittlerweile schon ganz ans Herz gewachsen und bald möchte ich auch mit einem purikura-Album beginnen. Denn die riesigen purikura-Alben, die meine Mitschülerinnen fleißig pflegen und die kein Fleckchen unbeklebtes Weiß mehr übrig lassen, spornen mich an, noch mehr purikura anzufertigen und zu sammeln.
Somit helfe ich den Dreien beim Putzen und bin sehr froh über die Abwechslung zum Grasrupfen. Denn hier im Rundgang des Schreins ist es ihre Aufgabe, den Boden nass zu wischen. Dabei gehen die Japaner anders vor, wie ich alsbald feststelle. Und das hat bei weitem einen höheren Spaßfaktor und ist obendrein anstrengender für alle Muskelpartien.
Erst taucht man seinen Lappen in das Wasser, geht in die Hocke und platziert dann den Lappen auf dem Boden, wobei man ihn mit beiden Händen festhält. Einatmen. Ausatmen. Um nicht zu stolpern, gilt es, sich zu konzentrieren.
Dann reißt man das Hinterteil in die Höhe, hält gleichzeitig den Lappen mit den Händen fest und rennt den Flur entlang – den Lappen auf den Boden gepresst, der dadurch befeuchtet wird. Auf der anderen Seite angekommen, dreht man sich um und wischt im Rückgang den noch trockenen Bereich daneben. So geht es hin und her. Reihe für Reihe.
Manchmal, wenn man sich nicht genügend konzentriert oder die Muskeln schon langsam müde werden, schwankt man oder die Arme knicken ein. Beides hat einen Sturz nach vorne zur Folge, bei dem man, wenn man Pech hat, mit dem Gesicht im schmutzigen Lappen landet. Der Spaßfaktor dabei ist riesig!
So vergeht der Nachmittag und wir vier haben wirklich mächtig Spaß und lachen viel. Bei den drei Mädchen fühle ich mich richtig wohl und angenommen und dieses Gefühl verstärkt sich noch, als wir am Ende des Tages zu einer großen Spielhalle fahren, um purikura anzufertigen. Sie sind unglaublich nett, lustig, hören mir zu und ich kann mich mit ihnen unterhalten.
Als wir dann nach Hause fahren, bin ich überglücklich, dass wir uns so gut verstehen, gleichzeitig bleibe ich jedoch auch noch etwas vorsichtig. Noch möchte ich mir nicht zu früh Hoffnungen machen, Freundinnen hier in Japan gefunden zu haben. Denn trotz allem habe ich irgendwie ein seltsames Gefühl...

Dieses Gefühl bereitet mich jedoch trotzdem nicht auf den nächsten Tag vor. Denn als ich die drei Mädchen freudig am Sôsensha begrüße, schauen sie alle beschämt auf den Boden und sagen kein Wort. Ich werde komplett von ihnen ignoriert. Immer wieder versuche ich, ein Gespräch zu beginnen und werde überhört. Ich frage, was los ist und erhalte ein leises „nichts" als Antwort. Dann rücken die drei enger in ihren Kreis und reden nur noch miteinander, beachten mich gar nicht und lassen mich außen vor. Ich verstehe das nicht. Das hatte ich dann doch nicht erwartet, doch anscheinend war meine anfängliche Vorsicht nicht grundlos. Was ist nur in sie gefahren? Habe ich etwas Falsches gesagt, das sie verletzt hat? Es ist, als hätte der Tag gestern niemals stattgefunden und ein Schleier des Vergessens wäre darüber gelegt worden.

Vielleicht ging es ihnen nur darum, einmal purikura mit einer gaijin[43] zu machen, überlege ich mir, und in meinem Bauch sammeln sich Wut und Enttäuschung. Ich verstehe es nicht!

Nachdem ich es noch ein paar Mal versuche und immer noch keine Reaktion kommt, geselle ich mich wieder zu den Grasrupferinnen und grüble darüber nach, was zwischen gestern und heute geschehen sein könnte.

Als ich es am Abend noch einmal versuche und frage, was sie die Woche über machen würden, erhalte ich nur eine schnelle Antwort: „Baito."

Also wieder dieses baito[44]. Vielleicht ist es nur eine Ausrede, trotzdem finde ich es erstaunlich, wie viele junge Japaner hier arbeiten. Ganz anders als in Deutschland scheint es hier überall Bedarf zu geben, und besonders in den vielen Conbinis und den Restaurantketten arbeiten fast ausschließlich junge Leute. Es gibt sogar extra Zeitungen, die ganz in blauer Tinte gedruckt sind und ausschließlich Nebenjobs aus der Region drucken. Fast jeder, der möchte, kann einen Minijob haben.

Trotzdem zeigt diese scheinbar unbegrenzte Verfügbarkeit von Nebenjobs auch ein Problem auf dem japanischen Arbeitsmarkt. Zwar ist es für viele Schüler und Studenten bequem, an Nebenjobs zu kommen, dennoch gibt es auch eine Gruppe in der japanischen Gesellschaft, die komplett von solchen Arbeitsangeboten abhängig ist: die sogenannten „Freeter".

Das Wort wurde in den 90er Jahren geprägt, als die Arbeitslosigkeit aufgrund der damaligen Wirtschaftsrezession sehr hoch war. Es ist eine japanische Wortkreation aus dem Englischen freelancer (Selbstständiger) und dem Deutschen „Arbeiter".

43 Gaijin (eigentlich *gaikokujin*) ist die etwas umgangssprachlichere, unhöflichere Bezeichnung für Ausländer

44 Kurzform von *arubaito*, das sich vom deutschen Wort „Arbeit" herleitet

Ursprünglich sollte dieser Ausdruck denjenigen gelten, die sich nicht in das strenge, traditionelle Gefüge der Arbeitswelt einlassen wollten, bei der es nur darum geht, sein Leben der Firma zu widmen. Sie wollten ihr eigener Herr sein und unabhängig von einer Firma leben. Eine Art 68er-Einstellung in der japanischen Arbeitswelt.

Heute bilden die Freeter in Japan verstärkt eine Gruppe von jungen Menschen, die entweder ohne Abschluss sind oder nach ihrem Abschluss keinen Arbeitsplatz finden konnten. Häufig warten diese jungen Menschen auch nach ihrem Abschluss, um in ihren gewünschten Beruf zu kommen – und warten so ewig, bis sie gänzlich unattraktiv für den Arbeitgeber geworden sind.

Von Arbeitgeberseite aus werden diese Massen an Nebenjobs allerdings auch gefördert. So werden heute ganze 36% der Arbeitsstellen in Japan von Zeitarbeitsfirmen besetzt, wohingegen es gerade mal 16%[45] in Deutschland sind – ich finde, diese Zahlen sprechen für sich.

Je nach Art des Jobs verdienen die Freeter jedoch manchmal sehr gut dabei und bleiben trotzdem so lange wie möglich bei den Eltern wohnen, um ihren Verdienst in private Luxusgüter und die neueste Mode investieren zu können. Andere wiederum ziehen auch ein Leben außerhalb der elterlichen vier Wände vor. Oft leben sie dann am Rande der Armut und nächtigen teilweise wie Obdachlose in Zelten oder Schlafboxen.

Was wohl Hiraku, Chi und Miku für Gesichter machen würden, wenn sie auf einmal in Schlafboxen wohnen müssten? Ich empfinde Wut und ihre Umgangsart enttäuscht mich doch sehr. Was ich noch nicht weiß, ist, dass mir Absagen von japanischer Seite noch sehr häufig über den Weg laufen werden. Vielleicht weniger grausam als bei Hiraku, Chi und Miku, aber dennoch irritierend und kränkend. Über die Verschlossenheit der Japaner gegenüber Ausländern wusste ich jedoch Bescheid und darauf habe ich mich nun einmal eingelassen, versuche ich mich zu trösten. Darüber zu lesen und es selbst zu erleben ist zwar etwas anderes, aber jetzt heißt es, durchhalten und daran lernen. Vielleicht knacke ich ja noch die japanische Schutzschale, aber bis dahin heißt es erst einmal, mein Sprachverständnis zu verbessern. Ich lasse mich nicht unterkriegen.

45 Zahlen aus 2010, ohne Gewähr

8

So vergeht die Zeit und mein Japanisch verbessert sich zunehmend. In den Schulpausen unterhalte ich mich wie wild mit meinen Klassenkameradinnen und während des Unterrichts lerne ich Japanisch.
Bald werden wir Zwischenexamen haben, doch darüber mache ich mir keine Sorgen, da ich nur jene mitschreiben muss, deren Unterricht ich verstehe. Also Englisch und Mathe. Außerdem ist der Unterricht für deutsche Gymnasial-Verhältnisse sehr einfach und meine Noten werden sowieso nicht berechnet.
Die Examen finden jeweils alle in einer Woche statt, meist zwei an einem Tag. Danach ist unterrichtsfrei, damit die Schüler sich auf die Tests der nächsten Tage vorbereiten können.
Dies sowie den weiteren Ablauf der Woche, kündigt uns Tanaka-sensei in einer Unterrichtsstunde namens sôgô an. Sôgô bedeutet so etwas wie Zusammenkunft oder auch Einheit und bisher ist mir noch nicht klar, was diese Stunde bezwecken soll.
Tanaka-sensei schreibt etwas verdeckt auf die eine Tafelseite, dann schreibt er die Zahlen eins bis 41 auf die andere Tafelseite. Anschließend sollen wir alle unsere Namen neben eine der 41 Nummern schreiben. Was das soll, sehe ich, als er die beiden Tafelhälften zuklappt und nun unsere Namen neben ganz anderen Nummern stehen, die Tanaka-sensei verdeckt auf die andere Tafelseite geschrieben hatte.
Irgendwie macht das Ganze für mich jedoch noch keinen rechten Sinn. Erst als die Schüler sich erheben und ihre Tische und Stühle im Klassenzimmer herumtragen, verstehe ich, dass jede dieser Nummern einem bestimmten Ort im Klassenzimmer zugewiesen ist. Das heißt, wir haben jeweils einen neuen Platz im Klassenzimmer erhalten.
Mir gefällt das sehr, da man so die Gelegenheit hat, mit vielen aus der Klasse in Kontakt zu kommen, meine ich später zu Nosomi, meiner neuen Tischnachbarin.
„Sô ne~", bejaht diese und lächelt nur scheu. Nosomi ist eine der Langrockträgerinnen und trägt eine dicke Brille.
Ich sitze mitten in der Klasse und schaue mich um. Auf meiner anderen Seite sitzt ein Junge namens Takahashi-kun[46]. Er ist mir schon häufig aufgefallen, da er den Unterricht nur dann nicht zu stören scheint, wenn er schläft. Ansonsten schreit er immer im Unterricht herum oder legt

46 *-kun* = Anrede für Jungen oder junge Männer

seine Füße auf den Tisch. Mit seiner Clique raucht er in der Mittagspause heimlich auf dem Balkon, was natürlich strengstens verboten ist. Seit ein paar Tagen hat er sich wieder etwas Neues einfallen lassen, was gegen die Schulregeln verstößt – er hat sich ein riesiges Loch in das linke Ohrläppchen machen lassen und dehnt dieses nun zu einer Art Tunnel, indem er nach und nach einen immer dickeren Metallstecker hineinschiebt. Nun, wo ich neben ihm sitze, kann ich das ganze Prozedere, was solch ein Loch mit sich bringt, aus der Nähe betrachten. Das ist jedenfalls ein spannenderer Zeitvertreib, als dem Unterricht zu lauschen, den ich entweder nicht verstehe oder der etwas durchnimmt, was ich schon vor Jahren in der Schule hatte.

Das Ohrloch hat bereits einen Durchmesser von etwa 5 Millimetern und ist rot entzündet. Offenbar schmerzt es ihn sehr, denn in jeder 10-Minutenpause muss er den Metallstecker herausholen, das ganze mit Desinfektionsmittel einsprühen und dann langsam den Stecker wieder in den Ohrtunnel führen. Sein Geschrei dabei lenkt die Aufmerksamkeit der gesamten Klasse auf ihn. Zwar haben die Lehrer ihn schon längst deswegen zurecht gewiesen, aber mehr unternehmen sie dagegen nicht. Auch Manamis Zungenpiercing, das sie seit einer Woche hat, haben sie noch nicht entdeckt.

Mit Manami, Reika, Mai und Aki esse ich immer in der Mittagspause auf dem Flur vor dem Klassenzimmer. Während Aki und Mai meist sehr ruhig und schüchtern sind, springen Manami und Reika wie wild in der Gegend herum und machen Blödsinn. Heute ist Reika allerdings nicht da. Sie liegt krank zu Hause im Bett. Ruhig mümmeln wir daher an unseren obentôs, und ich versuche hier und da ein neues Thema in den Raum zu werfen. Irgendwie scheine ich dabei jedoch nur beim Thema Essen Erfolg zu haben. Denn das weiß mittlerweile auch ich: über Essen reden die Japaner, egal welchen Alters, liebend gerne und immer wieder.

Da kommt Manami eine Idee. Sie nimmt ihr Handy, steckt ihre Kopfhörer mit integriertem Mikrofon daran und ruft Reika an. Diese geht auch ran und klagt darüber, dass ihr im Bett langweilig sei, sie es jedoch noch eine Weile hüten müsse. Soweit so gut.

Dann filmt Manami die Klasse und uns beim Mittagessen, während sie mit Reika spricht, und erzählt ihr, was wir so machen. Eins zu eins wird das Bild von Reika übertragen und ich kann sehen, wie sie uns aus dem Bett zuwinkt.

Dies zeigt mir mal wieder den technischen Fortschritt in Japan und die enorme Offenheit der Japaner, gegenüber solchen Themen. Ich bin noch ganz elektrisiert von dieser High-Tech-Show, als plötzlich etwas anderes meine Aufmerksamkeit auf sich zieht: Im Klassenzimmer haben einige Mädchen und ein paar Jungen damit angefangen, Spraydosen aus ihren Taschen zu ziehen und sich damit die Haare schwarz zu sprühen! Damit das Zeug nicht in die Augen oder auf die weißen Hemden geht, haben sie sich in Plastiktüten gewickelt.

„Ich will das nicht! Ahh, nicht so viel“, klagen sie, und ich frage mich, warum sie es dann überhaupt machen. Warum um Gottes Willen sprüht man sich schwarzes Haarspray in der Mittagspause auf den Kopf?! Wenn man wieder gerne schwarze Haare möchte, warum färbt man sie dann nicht zu Hause mit etwas Schonendem? Neugierig frage ich Nô, deren Kopf gerade vornüber hängt und von Mama mit schwarzer Farbe besprüht wird.

„Ich will doch gar keine schwarzen Haare! Ich bin froh, wenn das Zeug sich schnell wieder raus wäscht!“, kreischt sie hysterisch und ich verstehe nur noch Bahnhof. Was soll das, frage ich mich und beobachte, wie die Hälfte meiner Klasse vornüber hängt und sich besprühen lässt. Als es zur nächsten Stunde klingelt, werden die Spraydosen und Plastiktüten eiligst versteckt, sodass der Lehrer sie nicht sieht. Sehr seltsam...

Am Nachmittag in der letzten Stunde ist wieder eines der Treffen in der Turnhalle angesagt, dem sogenannten „Long Home Room“. Heute sollen Gesundheitschecks stattfinden!

Mit Manami und Aki beim täglichen Mittagessen auf dem Flur

Wieder einmal müssen wir uns alle in Reih und Glied auf den Boden setzten. Nichts ist dem Zufall überlassen, denn auch hier haben alle ihre angeordneten Plätze. Da ich die Schülernummer 41 in der Klasse 1-5 bin, also die letzte in der letzten Klasse der ersten Stufe, sitze ich ganz hinten links.

Vor uns steht erst Kôchô-sensei am Mikrofon und weist uns mit väterlicher Strenge an, immer auf dem Schulweg aufzupassen, nicht leichtsinnig zu fahren und immer nach rechts und links zu schauen (hier herrscht ja Linksverkehr). Dann meint er, dass es ja besonders für die Mädchen schwer sei, da in Zügen oder Bahnen manche Männer handgreiflich werden würden. Wir sollten uns das nicht einfach gefallen lassen.

Einfach gefallen lassen, denke ich empört, das wäre ja noch schöner!

Aber anscheinend wissen viele Japanerinnen nicht recht mit den häufigen Übergriffen von Männern in den Zügen umzugehen. Besonders wenn die Züge in der Rushhour überfüllt sind, ist es oft auch sehr schwer, zu unterscheiden, ob jemand absichtlich grapscht oder es nur ein Versehen war.

„Wenn man euch belästigt, schreit nicht, sondern tretet den Männern einfach auf die Füße", rät Kôchô-sensei den Mädchen. Typisch Japaner, denke ich. Wenn man schreit, dann blamiert man sich und auch der andere verliert sein Gesicht. Doch nicht nur der andere, sondern auch das ganze Zugabteil wäre davon betroffen und bedrückt. Das kimoji ii, das gute Gefühl in der Gruppe, wäre zerstört. Daher macht man so etwas nicht.

Was anschließend nach der kurzen Rede des Kôchô-senseis geschieht, könnte nicht erschreckender für mich sein. In Japan habe ich mich schon so oft wundern müssen, doch das schockiert mich.

„Das ist absolut inakzeptabel!", schreit einer der Lehrer plötzlich durch das Mikrofon. Ich zucke zusammen. Neben ihm stehen weitere Lehrer und aus ihren Mündern ertönen lauthals Beschimpfungen gegen die Art, wie die Schüler ihre Uniformen tragen. Sie würden ihre Haare färben und einige Schüler wären sogar schon beim Rauchen erwischt worden. Mit diesen Vorwürfen haben sie ja auch Recht, denke ich, aber müssen sie deswegen gleich so laut herumschreien? Doch da wird das Geschrei der Lehrer nur noch lauter.

Zwar verstehe ich nicht mehr, worum es eigentlich geht, aber man sieht den Herren deutlich ihre Erregung an. Tanaka-sensei, der am Gang steht, mit den Händen am Rücken, lächelt mir peinlich berührt zu. Es scheint ihm unangenehm zu sein, dass ich von all diesem hier Zeuge werde. Ich hingegen finde es ziemlich aussagekräftig und ich bekomme das Gefühl, einen ganz essentiellen Part des japanischen Schulalltags mitzubekommen.

Es mag sein, dass meine Schule nicht die beste ist, da es eine öffentliche und keine private Schule ist. Trotzdem wird wohl das Prinzip, welches hier zu Tage kommt, bei den meisten japanischen Schulen gleich sein. Die Schule ist mit ihren Lehrern und Schülern eine Organisation, eine Gruppe, in der gelehrt, aber auch gelebt wird. Dafür bedarf es einiger Regeln, die eingehalten werden müssen. Es liegt an jedem einzelnen, die Schule nach außen hin gut zu repräsentieren und es gilt, seine individuellen Wünsche dem Wohl der Gemeinschaft unterzuordnen. Gute Schüler werden von der Schule unterstützt, doch noch wichtiger ist es, dass die Gruppe selbst gute Leistungen erbringt. Bestes Beispiel bei uns sind die Volleyballerinnen, die die Präfekturmeisterschaft erkämpft haben. Ihre Belohnung für das harte Training, ist der Stolz der gesamten Schule, der gesamten Gruppe. Genau darum geht es wohl. Für ihr hartes Training und ihre geringe Freizeit werden die Volleyballerinnen sogar etwas besser benotet. Dies ist der Dank für ihren Einsatz für ein gutes Ansehen der Schule.

Aber offenbar scheint dieses Prinzip, sich für das gute Ansehen der Schule einzusetzen, bei den meisten meiner Mitschüler nicht so gut angenommen zu werden. Im Gegenteil. Nach Ansicht der Lehrer verstoßen viel zu viele gegen die Schulordnung und das sei eine Schande für die gesamte Gemeinschaft. Sie zetern und schimpfen, kommen von der Bühne und untersuchen die Schüler der Reihe nach.

Unsere Nägel werden geprüft, ob sie lackiert oder zu lang sind. Dafür liegen auch schon Nagelscheren und Nagellackentferner auf dem Boden aus. Die Schüler und Schülerinnen mit Ohrlöchern werden lauthals beschimpft, was ihnen aber anscheinend kaum etwas auszumachen scheint. Allerdings scheint diesmal das laute Brüllen einiger älterer Lehrer zu helfen und sie krempeln widerwillig ihre Röcke nach unten, bis sie unter die Knie gehen. Die einzigen, die nichts zu befürchten haben, sind die Volleyballerinnen, da sie ohnehin die Röcke immer lang tragen und ihre Krawatten sauber binden. Auch sind sie die einzigen, die statt dunkelblauen Kniestrümpfen weiße tragen. Alle anderen tragen diese nur zu offiziellen Schultreffen.

In einer Ecke steht auch ein Stand mit einem Augenarzt, der die Schule besucht und der jeden einzelnen Schüler überprüft und seine Sehstärke misst.

Was ich bisher nicht wusste: Über die Hälfte, die eine Sehschwäche von B und mehr haben (mit A hat man keine Sehschwäche), trägt weder eine Brille, noch Kontaktlinsen. Ich bin also meist von mehr oder weniger Blinden umgeben!

Umso besser, schmunzle ich in mich hinein, wer weiß, wie befremdlich sie reagieren würden, wenn sie die tatsächlichen Kontraste zwischen mir und ihnen sehen könnten...

Über das laute Schimpfen ertönt plötzlich ein gewaltiger Schrei und ich sehe entsetzt, wie einige Lehrer Takahashi-kun aus der Halle schleifen. Erst wehrt er sich, dann strampelt er auf dem Boden herum und lässt sich dann nur noch von den Lehrern über den Boden schleifen. Ich bin geschockt. Geschockt, weil sie ihn so behandeln und geschockt, weil er sich so kindisch benimmt. Aber er strampelt weiter wie ein trotziger Dreijähriger.

„Die haben geraucht", meint Mama, als ich sie frage, was los sei. Dann muss sie Nô trösten, die in Takahashi-kun einen guten Verbündeten zum Stören des Unterrichts gefunden hatte. Offenbar liegt es also doch nicht an seinem Ohrloch, denke ich, und auch nicht daran, dass er immer im Unterricht stört oder schläft, und auch nicht an seinen rostrot gefärbten Haaren.

Was ist eigentlich mit den gefärbten Haaren, frage ich mich plötzlich und schaue mich nach meinen Mitschülerinnen um, deren Haare sonst auch alles andere als schwarz sind. Bis auf ein paar wenige Ausnahmen sind sie heute jedoch durchgängig kohlenschwarz. Da fällt es mir plötzlich wie Schuppen von den Augen und mir fällt das merkwürdigen Verhalten meiner Mitschüler aus der Mittagspause wieder ein. Deswegen haben sie sich also die Haare schwarz gesprayt und deswegen sind sie wohl froh, dass sich das Schwarz schnell wieder heraus waschen lässt. Denn nun wird die Farbe ihrer Haare geprüft und bei einigen bleiben die Lehrer ungläubig stehen und meinen, dass man noch ein wenig Braun oder Rot durchsehen würde und dass sie sie bis morgen ganz schwarz färben sollten. Als ob man eine Masse von Schülern haben wollte, die einer Armee von 400 gleich aussehenden Robotern ähnelt!

Als die Masse sich langsam und gedrückt wieder in die Klassenzimmer begibt, bin ich froh, dass mir keiner befohlen hat, mir die Haare zu schwärzen, zu glätten und kurz zu schneiden. Auch, dass ich mich keiner Augen-OP unterziehen muss, um dunkle Mandelaugen zu bekommen oder Hormone nehmen soll, die das Schrumpfen anregen. Glücklicherweise habe ich hier Ausländer-Bonus!

Doch obwohl bei sehr vielen Regelverstößen die Augen oft zugedrückt werden, sehe ich am nächsten Tag, dass es manche Dinge gibt, bei denen rigoros durchgegriffen wird.
Takahashi-kun und einige seiner Freunde fehlen im Unterricht. Stattdessen kommt in einer Pause Tanaka-sensei in Begleitung von Mr. Burns ins Klassenzimmer und räumt die Tische meines Sitznachbarn mit dem großen Ohrloch und noch drei weiterer aus. Ihre Bücherfächer werden ausgeräumt und als Nô lauthals nach Takahashi-kun fragt, gibt es keine Antwort. Nach den Weihnachtsferien werden drei der vier Jungen wieder zur Schule gehen dürfen, doch Takahashi-kun werde ich erst wieder ein halbes Jahr später sehen, als er in Bauarbeiterkleidung mit seinen neuen Arbeitskollegen mit einem Sprinter an einem Conbini hält, um etwas zu Trinken zu kaufen. Offenbar wird er ab sofort zu einem der vielen Freeter gehören. Ober er in einem Zelt schläft oder noch bei seinen Eltern wohnt, das werde ich wohl nie erfahren.

Doch auch darüber wird wieder der Schleier des Vergessens gelegt und ich höre nie wieder jemanden von Takahashi-kun sprechen. Stattdessen fangen in der nächsten Woche die Examen an und die ganze Schule scheint in Aufruhr.
Tanaka-sensei hatte mich zwar gefragt, welche Tests ich alle mitschreiben möchte, doch als ich als Fächer nur Englisch und Mathe angegeben hatte, hatte er gemeint, dass ich doch auch Erdkunde mitmachen könnte.
Erdkunde, hatte ich ein wenig erschrocken überlegt, und hatte an die vielen Stunden gedacht, in denen ich nur Japanischvokabeln während des Erdkunde-Unterrichts gelernt hatte. Trotzdem hatte ich zugesagt und Tanaka-sensei schien sichtlich erleichtert gewesen zu sein.
Am ersten Testtag schreibe ich also Englisch und Erdkunde mit, und wider Erwarten fällt mir Erdkunde fast leichter als Englisch. Denn obwohl das Englisch sehr einfach ist, besteht der Englischtest fast nur aus Übersetzungen ins Japanische – und wer weiß schon, was „wheelchair" (Rollstuhl) auf Japanisch heißt?!
In Erdkunde hingegen bekommen wir nur ein DIN A3-Blatt mit der aufgedruckten Weltkarte. Viele der Länder sind schon mit Namen versehen und wir sollen die ausfüllen, die fehlen. Vielleicht wusste das Tanaka-sensei und er hatte mir die Teilnahme am Test deshalb empfohlen. Denn seien wir mal ehrlich: Länder wie Indien, Russland, England, Australien oder auch Frankreich sollte man doch mit etwa sechzehn Jahren schon zuordnen können, oder?!

Einerseits bin ich erleichtert, andererseits bin ich entsetzt über das Niveau, auf dem hier abgefragt wird. Jedoch, so denke ich mir, kann man dies sicherlich nicht verallgemeinern. Sicherlich gibt es auch Schulen, in denen der Unterricht sehr viel anspruchsvoller ist. Denn es wird schon einen Grund haben, warum ich in der Stadtbibliothek oder in Bücherläden immer Schüler mit den Uniformen der Privatschulen sehe, nie jedoch Schüler aus unserer Schule. Das Niveau zwischen den unterschiedlichen Schulen hat ein großes Gefälle.

Ob man auf eine gute oder eine weniger gute Schule kommt, ist meist abhängig von den Eltern und der Schicht, der man zugehört. Was sich in Deutschland allmählich entwickelt, ist hier gang und gäbe. Eltern bemühen sich von früh an, ihre Kinder in einen guten Kindergarten zu schicken, in dem sie schon so früh wie möglich auf eine gute Grundschule vorbereitet werden und lassen sich das viel kosten. Auch für eine gute Grundschule geben die Familien ein Vermögen aus, je teurer, desto besser und desto strenger und schwerer ist die Schule. Nach dem gleichen Prinzip werden dann die Mittel- und die Oberschule bis hin zur Universität ausgesucht. Je besser, desto teurer, desto privater.

Unsere Schule ist eine öffentliche Schule und daher ist sie sicher nicht zu vergleichen mit den allgemeinen Vorstellungen im Ausland, wie Schule in Japan ist. Trotzdem bilden die öffentlichen Schulen wesentlich mehr japanische Jugendliche aus als die privaten. Dies sollte man sich vor Augen halten, wenn japanische Schüler als Bildungselite betrachtet werden.

Auch der Mathetest am nächsten Tag erscheint mir sehr einfach - bis die Textaufgaben beginnen. Freundlicherweise hatte mir der Mathelehrer zwar Zeichnungen gemalt, die den Inhalt des Textes erklären sollen, diese überfordern jedoch ziemlich mein Interpretationsvermögen.

„Zwölf kleine Kreise um einen großen Kreis... Zwölf Leute sitzen um einen Tisch – oder wie...?! Wie lautet die Frage?“, grummele ich vor mich hin.

Anschließend müssen meine Klassenkameraden noch Japanisch schreiben und ich werde ins Rektoratzimmer gerufen. Mit flauem Magen denke ich an die Standpauken, die die Schüler vor kurzem über sich ergehen lassen mussten und gehe die Treppen hinunter. Was mir wohl blühen wird?

Als ich zaghaft anklopfe, erwartet mich jedoch Kôchô-sensei ganz freundlich und bittet mich, Platz zu nehmen. Er möchte sich mit mir über meine bisherigen Erfahrungen austauschen und wissen, wie es mir in der Schule gefällt.

Sorgsam überlege ich. Es ist keine einfach zu beantwortende Frage, denn obwohl ich mich sehr um Kontakt mit meinen Mitschülern bemühe, bin ich noch nicht so recht mit ihnen warm geworden. Vielmehr scheine ich von ihnen als ein notwendiges Übel wahrgenommen zu werden, das nun eben in der Klasse sitzt und anders als alle anderen ist.

„Mir gefällt die Schule sehr und Ihre Schüler sind sehr freundlich", erkläre ich und versuche ihm, meine positive Grundeinstellung zu vermitteln. „Doch manchmal ist es auch ein wenig schwer, da viele sehr schüchtern sind und sich kaum trauen, mir zu antworten."

Er nickt verständnisvoll. Das sei die japanische Mentalität, meint er und sagt „ganbatte", was so viel heißt wie „viel Glück" oder „halte durch". Dann berichte ich von meinen Eindrücken über die letzten Gesundheitschecks in der Sporthalle und meine, dass das sehr ungewöhnlich für mich sei und wir so etwas in Deutschland nie machen würden. Er ist erstaunt und fragt, wie die Lehrer denn sonst die Schüler erziehen würden. Ich weiß es nicht und wiege den Kopf zur Seite.

„Wahrscheinlich ist das die Aufgabe der Eltern", meine ich dann und auch, dass es in Deutschland eigentlich ganz gut ohne die ganzen Schulregeln laufen würde. Wahrscheinlich läge das aber auch daran, dass es in Deutschland nur wenige Ganztagesschulen gäbe und die Schule daher nur ein Ort zum Lernen sei, jedoch nicht so etwas wie das zweite Zuhause für die Schüler. Er nickt und ist sehr interessiert. Dann will er wissen, wie denn das Schulsystem in Deutschland aufgebaut sei, und ich erkläre ihm den Unterschied zwischen Hauptschule, Realschule und Gymnasium.

Erst scheint er nicht zu verstehen, dann meint er aber erstaunt, ob das nicht unfair sei, wenn die Schüler schon in einem so jungen Alter in drei Lager aufgeteilt würden. Ich sage: „Sô desu ne~", was eigentlich nur meine Zustimmung ausdrückt, aber keine richtige Antwort bietet und ziemlich unparteiisch ist - eine typisch japanische Antwort eben.

Beim Abendessen mit okâsan, Hotaru und Akemi versuche ich von den Klausuren und dem Gespräch mit Kôchô-sensei zu erzählen, doch außer einem desinteressierten „mhm" erhalte ich keine Antwort.

Eigentlich bin ich schon fast daran gewöhnt, dass ich in meiner Gastfamilie keine Antwort bekomme, aber ich versuche es immer wieder, um mit ihnen ins Gespräch zu kommen. Hotaru antwortet generell nicht und scheint gedanklich meist irgendwo anders auf dieser Welt zu weilen. Ihr kann ich das jedoch nicht verübeln, da ich mittlerweile erfahren habe, dass sie auf eine Behindertenschule in Ôta geht, einer nahe gelegenen Stadt. An okâsans und Akemis Interesse zweifle ich hingegen langsam.

Denn auch von ihnen erhalte ich nur sehr selten eine Antwort und ein Gespräch entwickelt sich daraus so gut wie nie.

Dass okâsan unsere Beziehung allerdings doch nicht egal zu sein scheint, erfahre ich an diesem Abend, als sie plötzlich damit anfängt, mir den Unterschied zwischen „ohayô" und „ohayô gozaimasu" zu erklären.

Eigentlich weiß ich, dass beides „Guten Morgen" bedeutet, das eine nur etwas höflicher ist als das andere. Normalerweise, so habe ich das bisher gelernt, wird in der Familie oder bei Freunden „ohayô" verwendet, und bei Leuten, die man in Deutschland siezen würde, „ohayô gozaimasu".

Doch okâsan erklärt so wild und energisch, dass ich sie nicht verstehe. Was möchte sie mir sagen? Sie springt auf und versucht es noch schneller und aufgebrachter mit Gebärdensprache, fuchtelt wie wild mit den Armen herum und ihre Stimme ist noch lauter und aggressiver als sonst. Dies verwirrt mich umso mehr und ich verstehe noch weniger. Sie wiederholt dauernd „sutoresu, sutoresu", also, dass sie ganz viel Stress hätte und das „good-feeling" fehlen würde. Ich vermute das Schlimmste. Obwohl ich sie immer nach ihrem Befinden gefragt habe und die Vermutung hatte, dass etwas nicht in Ordnung sei, hatte sie bisher nie darauf reagiert. Jetzt scheint es jedoch aus ihr heraus zu brechen.

„Sutoresu, sutoresu", wiederholt sie immer wieder, und als ich sie erneut frage, warum, seufzt sie und gebietet Akemi, dass sie mir es auf Englisch sagen solle. Gott sei Dank war Akemi auch für ein Jahr in den USA.

Sie schlürft ihre Suppe weiter, als sie mir langsam in gebrochenem Englisch erklärt, dass ich nicht Teil der Familie wäre. Okâsan nickt ganz heftig, Akemis Gesicht hingegen ist ausdruckslos, fast gleichgültig.

„In Japan", so erklärt mir Akemi weiter, „gibt es grob gesagt, zwei Arten, zu sprechen. Eine sehr höfliche und eine familiäre."[47] Ich muss schlucken und erkläre vorsichtig, dass das alles für mich noch sehr neu sei, ich die Sprache noch nicht so gut beherrschen würde und ich sie nicht beleidigen wollte. Außerdem ergänze ich, dass ich einfach meine Gastgeschwister imitiert hätte, um von ihnen lernen zu können.

Da schreit okâsan fast schon, dass das ihre Kinder wären und ich nur ein Gast sei. Daher solle ich sie immer siezen, sonst würde das für sie sehr viel sutoresu bedeuten.

Außerdem sollte ich nicht mehr „daijôbu"[48] sagen, sondern nur noch „hai!"[49]. Offenbar suggeriert es wohl Ungehorsam oder zumindest

47 Grammatikalisch verändert sich das Hauptverb, wenn man jemanden siezt. So wird z.B. aus *da* (=sein) *desu* oder aus *suru* (=machen) *shimasu*.

48 daijôbu = in Ordnung / einverstanden / o.k.

49 hai = Ja! (daneben gibt es auch eine familiäre Form der Bejahung, das „ee")

keinen absoluten Gehorsam, wenn ich wie in Deutschland mit „okay“ antwort. Das Japanische hai ist unmissverständlicher, ergebener, und bei okâsan hört es sich fast schon militärisch-autoritär an. Ich solle nicht argumentieren oder erklären, es gilt zu akzeptieren, was sie sagt. Vielleicht, denke ich, habe ich sie durch mein schlechtes Japanisch so sehr verletzt, dass sie deswegen die ganze Zeit über so kalt zu mir war. Das möchte ich ändern.

„Hai!“, erkläre ich. „Wakarimashita“, ich habe verstanden, sage ich in höflicher Redensart. Innerlich schlucke ich allerdings heftig und denke nur noch, dass ich so schnell wie möglich hier raus möchte! Es tut weh, dass mir so klar gesagt wird, dass ich ein Fremder in ihrem Haus sei und es tut weh, dass ich als Fremdkörper das „good-feeling“ der Familie störe und ihr Stress bereite. Aber warum, frage ich mich, hat mich okâsan dann überhaupt bei sich aufgenommen? Besteht denn ein Austausch nicht darin, sich aufeinander einzulassen, frage ich mich.

Okâsan steht steif da und ihre Mundwinkel sind angespannt, ihre Augen aggressiv – und ich erinnere mich daran, dass sie von den anderen Austauschschülern im Croco Club immer „die Eisenmutter“ genannt wird. Wahrlich, wie eisern ist auch ihr Blick, der mich zum Fürchten bringt.

9

Nachdem die letzten Wochen im Sportunterricht Rennen auf der Tagesordnung stand, ist heute endlich einer der großen Tage im Schuljahr: Der alljährliche Schulmarathon.

In die Sportuniformen gekleidet, versammelt sich die gesamte Schule auf dem riesigen Sportplatz vor dem Schulgebäude, die Jungen auf der rechten, die Mädchen auf der linken Seite. Wieder ein Rede von Kôchô-sensei und dann darf der grimmige Mr. Burns, der eigentlich Kyôto-sensei heißt, auch etwas sagen.

„Strengt euch richtig an, ihr könnt das!“, ermutigt er die Schüler und spricht mit lauter, bestimmter Stimme durch das Mikrofon. Für meine Ohren hören sich seine Worte allerdings eher wie eine Drohung an, denn Mr. Burns lächelt so gut wie nie und sein Blick ist stets grimmig.

Als er fertig ist, löst ihn ein kleines Mädchen auf der aufgebauten Holztribüne ab. Aus der Musikanlage erklingt rhythmische Musik, gepaart mit quietschigen Kinderstimmen, die dazu singen.

„Und die Knie beugen!“, ruft das Mädchen laut und macht es uns vor, „die Hände dabei nach unten! Und jetzt wieder hoch, die Hände nach oben!“ und so geht es weiter. Eine ganze Schule, die Aufwärmgymnastik macht. Selbst die Lehrer, die am Rand stehen, beugen die Hüften.

Beim Anblick dieser schwarzhaarigen Masse, die da in Reih und Glied auf dem Sportplatz steht und Kniebeugen und andere Aufwärmübungen macht, fühle ich ein leichtes, freudiges Glückskribbeln im Bauch. Das alles sieht einfach zu ulkig aus und wirkt so unwirklich auf mich. Und dann auch noch diese Musik dazu. Sie erinnert mich an die vielen Kinderlieder, zu denen die Croco-Mütter immer tanzen und singen. Lass das Kind in dir leben - es ist einfach zum Schreien!

Endlich verstummt die Musik und das Mädchen klettert von der Bühne. Während die Jungen noch warten müssten, sollen die Schülerinnen sich an der Startlinie aufstellen. Dort stehen wir also und ich wundere mich, dass all meine Mitschülerinnen weiterhin in ihre Gespräche vertieft sind. Selbst als Kôchô-sensei schon die Pistole in die Hand nimmt und den Arm in die Höhe streckt, hört das Gequassel nicht auf.

Da ertönt auch schon laut der Schuss. Wie aufgeschreckte Hühner hüpfen die Mädchen auf und schauen sich verwirrt an. Dann scheinen sie zu verstehen, dass soeben der Startschuss erklang, und sie rennen lachend los – 6,5 Kilometer durch die Stadt.

Während ich die meisten meiner Klassenkameradinnen schon längst überholt habe, ziehen an mir immer mehr Mädchen mit hohen, weißen Kniestrümpfen und kurzen Jungenfrisuren vorbei. Sie sind unglaublich schnell, diese Volleyballerinnen. Kein Wunder, denke ich, für sie geht es hier schließlich auch um die Wahrung des guten Rufs ihres Clubs.
Verschwitzt rackere ich mich durch die schwüle Hitze der Straßen und als ich endlich an der Zielgeraden ankomme, sehe ich nur noch weiße Kniestrümpfe um mich herum. Die einzigen Nicht-Volleyballerinnen, die dort stehen, sind die Helferinnen, die mir meine Zielnummer in die Hand drücken. Immerhin, ich bin eine der ersten dreißig.
Da fällt mir ein extrem kleines, sehr dünnes Mädchen mit hochgestecktem Haardutt auf, um das sich die anderen scharen und ihr gratulieren. Obwohl sie die einzige Ausnahme unter all den Volleyballerinnen ist, ist sie auf den ersten Platz gelaufen. Sie heißt Tomomi, ist aus meiner Klasse und geht in den Leichtathletik-Club. Den ersten Platz hat sie in Bestzeit errungen, was ihr fast unangenehm zu sein scheint, doch dafür freuen sich alle anderen umso mehr für sie.
Langsam trudeln die letzten Mädchen ein, die die ganze Strecke im Schritttempo gegangen zu sein scheinen, um nicht in Schweiß auszubrechen. Das ist ja eine seltsame Einstellung, denke ich, doch da sehe ich schon die ersten Jungen, die erschöpft ins Ziel rennen. Obwohl sie später starten durften, überholen sie die langsamsten Mädchen!
Die Zeit vergeht. Wir sitzen am Wegrand. Während wir auf die Letzten warten, entwickelt sich zwischen Mama, Nô und mir ein Gespräch. Ich frage sie, welche der Lehrer sie am liebsten haben und welche sie gar nicht mögen. Auf die erste Frage gehen sie überhaupt nicht ein aber Tanaka-sensei und Suzuki-sensei hassen sie bis aufs Blut. Tanaka-sensei, das verstehe ich ja noch. So wie sie ihn im Unterricht ärgern, ist das ja offensichtlich. Aber warum sie Suzuki-sensei, den Sportlehrer, nicht mögen, das verstehe ich nicht.
„Sekushuaru harasumento", meint da Nô ganz wild. Suzuki-sensei betreibe immer sekushuaru harasumento.
Was das wohl sein soll? Doch als sie es noch einmal wiederholt, kommt es mir wie ein Schlag. Sie meint „sexual harassment", sexuelle Belästigung!
„Wie bitte, Suzuki-sensei belästigt euch?!", frage ich ungläubig und stelle mir erschreckt vor, wie Herr Quasimodo lüstern seine Schülerinnen begafft oder sie sogar begrabscht. Nô und Mama nicken beide.
Ungläubig schaue ich sie an. In Deutschland würde man einem solchen Lehrer doch sofort kündigen. Um ganz sicher zu gehen, frage ich später

noch Chihiro und Mari aus dem Kendô-Club und auch Aki und Mai. Alle bestätigen Quasimodos Übergriffe. Ich bin entsetzt und es scheint mir sehr schizophren, dass die Mädchen auf der einen Seite vom Rektor gewarnt werden, dass sie sich nicht auf dem Schulweg belästigen lassen sollen, auf der anderen Seite jedoch nicht einmal in ihrer eigenen Schule sicher sind.

Da springt Nô plötzlich freudig auf und begrüßt die letzten Eintrudler des Marathons.

„Endlich gibt es Essen", schreit sie begeistert, „wegen euch wäre ich beinahe verhungert, nur weil ihr so langsam seid!" Sie lacht laut und beschimpft die schnaufenden Jungen auf ihre verspielte Art.

Schuldbewusst und enttäuscht blicken die Jungen auf den Boden, als würden sie sich sehr dafür schämen, dass sie als Letzte im Ziel angekommen sind.

Dafür gibt es nun für alle Reis mit heißem Curry und einen Apfel zum Nachtisch. Indisches Curry ist hier in Japan sehr beliebt und wurde mit der Zeit gekonnt einjapanisiert, indem man ihm seine ganze Schärfe entzogen hat. Man kann es in jedem Supermarkt in Form von kleinen Brühwürfeln kaufen und so leicht selbst kochen.

Der Apfel hingegen ist ein echtes Highlight für mich. Denn Obst ist in Japan recht teuer, da es meist importiert werden muss und japanische Konsumenten sehr anspruchsvoll sind, was das Aussehen angeht. Das Obst muss makellos aussehen und darf keine Kratzer haben. In den Supermärkten liegen die einzelnen Obstsorten daher meist einzeln in weiche Plastikkissen verpackt und es kommt nicht selten vor, dass Obst als Gastgeschenk mitgebracht wird.

Nach dem Marathon soll am nächsten Tag das jährliche Schulfest stattfinden. Dafür habe ich in den letzten Wochen dem Event-Team schon viel beim Basteln der Plakate und Papier-Girlanden geholfen. Auch jetzt sitze ich wieder mit den Mädchen und Jungen zusammen und falte und schneide fleißig origami[50]-Papier, als auf einmal fünf Mädchen auf mich zugerannt kommen.

„Mona-san, Mona-san, kannst du uns ein bisschen Englisch beibringen?", rufen sie ganz aufgeregt und umkreisen mich. Überrascht von ihrer sehr freundlichen und offenen Art, frage ich sie, wie sie heißen und ob sie das mit dem Englisch ernst meinen.

„Ja, ja. Und kannst du uns bitte erzählen, wie es dort ist, wo du her kommst? Was ist da anders als in Japan?", erwidern sie ganz herzlich und ich kann es kaum glauben. Das ist das erste Mal, dass jemand ein

50 origami = jap. Papierfaltkunst

wirkliches Interesse am Ausland und auch an mir als Person hat (auch wenn ihre Fragestellung impliziert, dass sie keinen blassen Schimmer haben, wo Deutschland überhaupt liegt). Oder die Japaner trauen sich für gewöhnlich nicht Fragen über das Ausland zu stellen? Jedenfalls sind sie die Ersten, die mich ehrlich fragen, woher ich komme, wo ich in Japan wohne, was ich gerne esse (diese Frage muss bei Japanern immer irgendwann einmal auftauchen), was meine Hobbys sind und auch, wie meine Freundinnen in Deutschland so aussehen und was wir so unternehmen. Sie fragen alle wild durcheinander, so dass ich gar nicht weiß, wem ich zuerst antworten soll.

Ich erfahre, dass sie Keiko, Shôko, Mari, Eri und Hitomi heißen und aus der 3. Klasse sind. Sie wirken sehr aufgeweckt und ich finde alle fünf sehr hübsch. Ich würde sie zu der Gruppe der Kurzröcklerinnen zählen, doch haben sie dazu noch etwas Eigenes, Individuelles, was vielleicht daran liegt, dass sie schon etwas älter sind. Keiko und Hitomi könnten beinahe als Model durchgehen, so hübsche Gesichter haben sie. Hitomi ist etwas feiner, Keiko hat etwas mehr Sexappeal. Shôko hat rötliche Haare mit einem fast quadratischem Gesicht und sehr schmalen Augen. Ihr stetes schelmisches Grinsen macht sie mir sofort sympathisch. Auch Mari hat ein sehr feines und hübsches Gesicht und halblange Fransenhaare. Mit ihren etwa ein Meter und sechzig, ist sie die Kleinste unter ihnen. Eri hingegen ist beinahe so groß wie ich, hat kurze, schwarze Haare und eine rechteckige Brille mit dickem, schwarzen Rand, die ihr sehr gut steht.

Die Mädchen erzählen mir, dass sie nicht so gut in Englisch seien, es ihnen aber eigentlich Spaß machen würde und sie noch viel lernen wollen, bis sie im Frühjahr ihre Endklausuren haben. „Wir möchten ganz viel Englisch mit dir reden", meint Eri, spricht jedoch ausschließlich auf Japanisch mit mir. Sofort geben sie mir ihre Handy-Nummern und schreiben mir ihre Namen auf.

„Lass uns bald mal was zusammen unternehmen", meint Shôko und ich komme aus dem Strahlen nicht mehr heraus. Eine Japanerin, die von sich aus einen Vorschlag macht. Das ist mir seit dem taikengakushu nicht mehr begegnet! Im Gegenteil. Meist treffe ich auf Schweigen und gesenkte Blicke, wenn ich einen Vorschlag mache. Lange unterhalten wir uns noch, während wir Papierblumen basteln und diese auf das große Plakat kleben. Ob sie sich auf das morgige Schulfest freuen würden, frage ich sie.

„Naja", meinte Keiko, „auf die Reden vom Kôchô-sensei nicht so, dafür aber auf die Spiele am Nachmittag. Da kann man die Jungs immer in Aktion sehen." Sie grinst.

Eine typisch japanische Geste: Das Victory-Zeichen

„Perubesu~!!!“, schreien da die anderen und lachen lauthals. Keiko sei immer so pervers und würde ja so viele schlimme, unanständige Dinge mit ihrem Freund machen. Und so geht es weiter. Auf den Mund gefallen sind sie jedenfalls nicht und ich bin überglücklich mich einmal richtig unterhalten und ehrlich lachen zu können. Vielleicht sind meine Klassenkameradinnen mit ihren fünfzehn oder sechzehn Jahren einfach noch zu schüchtern, um sich mit einer Ausländerin normal unterhalten zu können, wer weiß...

Irgendwann verabschieden sich dann Hitomi und Shôko, da sie zur Arbeit müssen. Auch die anderen fahren eine nach der anderen nach Hause.

„Wir sehen uns morgen!“, rufen sie wie ganz selbstverständlich und ich bin gespannt ob sie mich dann noch kennen...

Doch im Gegensatz zu meinen bisherigen Erfahrungen springen sie am nächsten Tag gleich wieder auf mich zu und löchern mich mit weiteren Fragen. Was für ein Lieblingsparfum ich habe und welche Farbe meine Unterwäsche in diesem Moment hätte (!!!) – so langsam frage ich mich doch, ob nicht irgendein Junge sie mit diesen Fragen geschickt hat?

Doch ich werde bald merken, dass sie einfach immer so sind. Sie kennen keine Scheu und nehmen kein Blatt vor den Mund und genau das macht

sie mir so sympathisch. Sie machen nicht so große Unterschiede zwischen mir und ihnen, wie es meine Klassenkameradinnen tun, sondern geben mir eine Chance mich zu integrieren.
Zusammen gehen wir in die Sporthalle, die wir am frühen Morgen mit kunterbunten Plakaten und Girlanden behangen haben, und langweilen uns über die langatmigen Reden von Kôchô-sensei. Es ist doch immer wieder das Gleiche und so langsam verstehe ich, warum die meisten dabei schlafen. Schließlich beginnen endlich die Spiele.
„We are the champions", ertönt es laut aus den Musikboxen und herein rennen die Basketballer der Schule. Masaru vorneweg. Seine mit Muskeln bepackten Arme ragen aus dem weiß-roten Trikot und seine Haare stehen gekonnt in alle Richtungen ab. Ich grinse in mich hinein und denke daran, wie er an diesem Morgen besonders lange das Bad besetzt und sich noch umständlicher vor dem Spiegel geföont hatte.
Wenn es in japanischen Schulen so etwas wie einen oder mehrere Schulschwärme geben sollte, dann ist Masaru mit Sicherheit einer davon - und das weiß er. Die Mädchen, an denen er vorbei rennt, kreischen hysterisch und schreien entzückt seinen Namen. Selbst die Schüchternsten unter ihnen werfen ihm schmachtend-benebelte Blicke zu. Ein wenig später fragt mich sogar eine sehr schüchterne Klassenkameradin, ob ich bei Masaru zu Hause Bilder von ihm machen könnte und drückt mir eine Kamera in die Hand – ich soll den kompletten Film mit Bildern von ihm voll machen!!!
Ich komme mir wirklich vor wie in einem amerikanischen Teenie-Film. Die Jungen verharren auf dem Spielfeld in coolen Posen und aus der Menge heraus erhellen die Blitzlicht-Attacken der Handy-Kameras die Halle. Masaru spannt seine Muskeln an, fährt sich wie zufällig durch die Haare, macht ein ernstes, konzentriertes Gesicht.
Zu „We will Rock you" beginnen die Teams gegeneinander zu spielen und plötzlich bebt die ganze Halle von den Jubelschreien und dem Hüpfen der Schüler. Es ist ein tolles Gemeinschaftsgefühl, das plötzlich aus dem Nichts auftaucht und gar nicht zu der gewöhnlichen Schüchternheit der Schüler zu passen scheint.
Aber vielleicht, so denke ich, gilt das nicht in einer geschlossenen Gruppe, wo sich keiner blamieren kann und der Einzelne sich geschützt fühlt. In der Masse braucht keiner Angst zu haben, dass er etwas Falsches macht oder sein Gesicht verliert.
Bei den fünf Mädchen eingehakt, hüpfe ich am Spielfeldrand herum und sie bringen mir die verschiedensten Anfeuergesänge, Siegessprüche und

Gebärdentänze bei. Die japanische Fantasie kennt dabei keine Grenzen. Es ist einfach verrückt, schrill und urkomisch. Wenn man sich auf dieses sehr kindliche Verhalten einlässt, macht es vor allem eines: Spaß!
Da ist die Spielzeit auch schon wieder um. Masarus Team hat mit 40:19 gewonnen und lässt sich schwitzend feiern.
„Masaru kakko ii ne~“[51], meint Eri zu mir. Doch als sie meine verhaltene Reaktion darauf, sieht stoppt sie sofort ihren Jubelruf und beginnt stattdessen mit Buh-Rufen. Erschrocken bitte ich sie, damit aufzuhören.
„Ich wohne doch bei ihm und er ist jetzt schon sehr unfreundlich zu mir. Ich will nicht, dass sich das noch verstärkt“, erkläre ich Eri, die das auch einsieht.
„Aber er ist schon ein bisschen arrogant“, meint sie zu mir und insgeheim stimme ich ihr absolut zu. Zu Hause und auch in der Schule ignoriert mich Masaru bei jedem Wort, das ich sage, und reagiert immer genervt, wenn ich versuche, mit ihm ein Gespräch aufzubauen. Das führt dazu, dass ich ihm mittlerweile aus dem Weg gehe, was die Sache jedoch auch nicht unbedingt besser macht.
Beim anschließenden Armdrücken der Jungen und Mädchen gewinnt der Muskelbepackte jedoch glücklicherweise nicht.
„Ich habe ganz viel dafür gebetet, dass er nicht gewinnt“, meint Eri zu mir und grinst mich an. Offenbar hat sie auch ohne große Worte und ohne, dass wir uns lange kennen, verstanden, dass das Verhältnis zwischen Masaru und mir aus irgendeinem Grund angespannt ist.
Aber daran und an das unangenehme Gefühl, das ich habe, wenn ich bei meiner Gastfamilie bin, möchte ich gar nicht denken. Denn momentan fühle ich mich sehr glücklich von den fünf Mädchen angenommen zu werden – so ein Gefühl habe ich zum ersten Mal in Japan!
Denn von meinen Klassenkameraden wurde ich bisher nur als Fremdkörper behandelt. Ich bin hier keine Deutsche, denke ich mir den ganzen Tag über und imitiere das Verhalten meiner Mitschüler. Ich hüpfe mit ihnen im Schulgebäude herum, finde rosa Disney-Plüschtiere schön und schreie bei jedem noch so hässlichen Schlüsselanhänger, der mir gezeigt wird „chô~ kawaii!“, das ist ja alles so süß... Doch von meinen Klassenkameraden werde ich immer nur als Deutsche und Fremde wahrgenommen und eine Chance, mich zu integrieren, lässt mir bisher keiner.
Keiko, Shôko, Hitomi, Eri und Mari hingegen freuen sich, mich in ihre Gruppe zu integrieren und scheinen mich vollkommen zu akzeptieren. In

51 Masaru ist so cool, nicht wahr...

den folgenden Wochen werden wir viel miteinander im Schulhaus reden und ich werde oft bei ihnen in der Mittagspause essen. Nach meinen ersten drei langen Monaten in Japan kann ich endlich sagen, ich habe Freunde gefunden – endlich!

An diesem Abend wird meine Freude darüber jedoch wieder von meiner Gastfamilie getrübt, als mir okâsan sagt, ich solle ab sofort immer fragen, wenn ich duschen oder etwas essen wolle. Mal wieder schlucke ich und sage: „Hai!" Was ist nur los mit dieser Frau?
Als ich später am Abend wieder ihr ambitioniertes, rhythmisches Klappern der Tastatur im Wohnzimmer höre und mir dazu ihre verbissenen Mundwinkel vorstelle, bleibe ich lieber an meinem Schreibtisch sitzen, um etwas zu schreiben. Davor mache ich allerdings das Licht in der Toilette aus, das meine Gastgeschwister immer vergessen auszuschalten. Plötzlich ruft mich meine Gastmutter und ich lege alles nieder, um ins Wohnzimmer zu eilen. Denn das hatte sie mir auch gesagt: immer wenn sie ruft, soll ich alles stehen und liegen lassen und augenblicklich zu ihr kommen.
„Ich habe bei den anderen Croco-Familien ein bisschen herumgefragt, ob die am Wochenende vielleicht etwas mit dir unternehmen wollen", meint okâsan zu mir und schaut mich kaltherzig an.

Meine japanischen Mädels und ich: Shôko, Eri, Keiko, Yoshimi & Mari

Wieder dieser Kloß im Hals und mir wird seltsam. Habe ich sie mit meinem schlechten Japanisch so gekränkt, dass sie mich in eine andere Familie abschieben möchte? Nickend bedanke ich mich sehr höflich bei ihr, dabei fühlt sich mein Magen eher so an, als wollte er sich übergeben. Als ich dann wieder in mein Zimmer gehe, läuft sie mir hinterher und schnauzt mich plötzlich an, dass ich das Licht gefälligst ausmachen soll, sobald ich das Zimmer nicht benutzen würde. Um okâsan nicht zu erzürnen, hatte ich in der Eile vergessen, meine Schreibtischlampe auszuschalten.

Obwohl ich mich vielmals bei ihr entschuldige, schreit sie mich nur weiterhin mit aggressiver Stimme an, dass der Strom hier so teuer sei und auch das Wasser und das Gas.

Langsam merke ich, wie sich in mir alles verhärtet und ich mich immer dringlicher frage, warum diese Eisenmutter mich eigentlich bei sich aufgenommen hat. Den ganzen Tag über bin ich in der Schule und zu Hause mache ich das Licht aus, das meine Geschwister vergessen haben auszuschalten. Ich versuche im Haushalt zu helfen und traue mich kaum zu essen oder zu duschen, da ich immer erst fragen muss und mir die Eisenmutter einen immer dunkleren Blick zuwirft.

Wenn ich sie darauf anspreche, ob alles in Ordnung ist, bejaht sie oder antwortet nicht. Habe ich sie so sehr verletzt? Wahrscheinlich muss ich noch sehr viel über die japanische Kultur lernen...

Doch offenbar fällt es nicht nur mir schwer, das Verhalten der Japaner zu verstehen. Denn neben Farben singen und Kinderspielen erfahre ich diese Woche im Croco-Club auch, dass vier der insgesamt acht Austauschschüler Probleme in ihren Gastfamilien haben und ernsthaft die Familie wechseln wollen. Die Familie wechseln, überlege ich mir, das kommt für mich überhaupt nicht in Frage. Ich möchte doch schließlich meine Gastfamilie und damit auch die japanische Kultur verstehen lernen und mich anpassen. Würde ich die Familie wechseln, so hätte ich immer das Gefühl, dabei versagt zu haben. Nein, denke ich trotzig, ich will es wissen und werde es schaffen, mich bei den Kanekos wohl zu fühlen.

Mit diesem Gefühl breite ich in der Nacht meinen futon auf den tatami-Matten aus und liege noch lange in der Dunkelheit des Hauses wach und überlege.

Hätte ich gewusst, was noch alles auf mich zukommen wird, ich hätte sofort den Telefonhörer genommen und bei Kôrin-san einen Wechsel beantragt. Ich hätte meinen Stolz und meinen Ehrgeiz vergessen und eingesehen, dass man nicht alles aushalten muss...

10

Mit der Einstellung, noch viel mehr über die Mentalität der Japaner und deren mir noch unbegreiflichen Widersprüche zu lernen, radle ich in den kommenden Wochen mit meinem Mini-Fahrrad durch die japanische Welt. Die Blätter der Bäume sind schon lange braun, und auch an das Tragen meines marinefarbenen Schulblazers habe ich mich schon längst gewöhnt.

Da steht es eines Tages ganz unterwartet vor mir: Ein kleines, kakifarbenes, fast unscheinbares Plakat in einem verdunkelten Ladenschaufenster. Darauf steht mit dicken, weißen Buchstaben „GO!GO!7188"[52].

Ungläubig springe ich von meinem Drahtesel und betrachte das Plakat von der Nähe. Tatsächlich! Es sind GO!GO!7188, die japanische Pop- und Rock-Band, die ich schon seit langem höre und die mir bisher wie etwas Außerirdisches vorkam – etwas, von dem es nur schwer ist, im Internet Informationen zu erhaschen oder CDs zu bekommen. Etwas, von dem ich weiß, dass es existiert, es jedoch nirgendwo sehen kann.

Die Band ist noch recht unbekannt und trotzdem schon so bekannt, dass selbst eine Deutsche wie ich von ihnen gehört hat. Und jetzt stehen sie plötzlich genau vor mir, spielen in einer nahe gelegenen Stadt, sind real, zeigen mir, dass sie tatsächlich existieren...

Fassungslos stehe ich vor dem Plakat und langsam füllt sich eine Kugel voller Glück in meiner Brust. Das kann doch kein Zufall sein, denke ich mir, ich muss da hin! Nur wie...?

In der Schule frage ich meine Klassenkameraden über das Konzert aus, aber keiner hat den Namen der Band je gehört oder weiß, wo es stattfindet und wo man Karten kaufen kann. Nur Kopfschütteln und ahnungslose Gesichter. Verzweifelt spreche ich jeden darauf an, der mir über den Weg läuft, als mir plötzlich meine Drittklässlerinnen über den Weg laufen. Ich frage sie und Mari hat den Namen der Band sogar schon einmal irgendwo gehört. Ich strahle.

„Das Konzert findet schon morgen statt, aber ich weiß nicht wo genau und wo ich Karten kaufen kann", erzähle ich ihnen aufgeregt. Sie beruhigen mich und nachdem sie sich lange beraten, was wohl zu tun sei, holt Shôko ihr Handy heraus und ruft irgendwo an. Nachdem sie zwei Mal weitergeleitet wird, kommt sie endlich an eine Stelle, die uns weiterhelfen kann. Als sie wieder auflegt, grinst sie freudig, hebt die Daumen und meint: „Very good!"

52 sprich: Go!Go! nana-ichi-hachi-hachi

Ich erfahre, dass das Konzert an der Universität in Ôta ist und den ganzen Tag dort ein Fest stattfinden wird. Die Karten könnte man dort kaufen. Begeistert danke ich ihnen und frage sie spontan, ob sie mitkommen wollen. Sie kennen die Band nicht und es ist ihnen zu teuer, aber dafür verabreden wir uns für den Sonntag zum karaoke. Ein Wochenende voller Highlights, freue ich mich. Da klingelt es schon wieder zum Unterricht.

Am nächsten Tag, einem Samstag, fahre ich mit dem Fahrrad zum Bahnhof und nehme den Zug nach Ôta.
Okâsan hatte nichts dagegen eingewandt, als ich sie fragte, ob ich zu dem Konzert gehe könnte, und auch nichts dagegen, dass ich erst spät wieder zurückkommen würde. Vielmehr schien sie fast ein bisschen froh darüber zu sein. Das einzige, was sie mir eindringlich erklärt hatte, war, wo ich das Fahrrad am Bahnhof abstellen sollte, damit es nicht von der Polizei abgeschleppt werden würde. So stelle ich also meinen Drahtesel auf eine Art Fahrradfriedhof neben dem Bahnhof, in dem hunderte von Fahrräder wie Zinnsoldaten nebeneinander stehen. Fahrrad gefahren wird hier in Japan wenigstens viel!
Als ich im Zug sitze, gesellt sich eine Gruppe Jugendlicher zu mir, deren Modegeschmack nicht modern-japanischer sein könnte.
Die Klamotten sind wild übereinander gezogen. Das rosa Spitzenunterhemd über die rote Lederweste, die Tiger-Leggins unter das hellblaue Tüllröckchen. Die 60er-Jahre Ohrringe zu jeder Menge Make-up und toupierten Haaren, die man vor lauter bunter Haarspängchen kaum noch sieht. Gerade eben bin ich noch angetan von der vielen Kreativität, die die Mädchen hier zeigen, da muss ich auch schon wieder entsetzt wegschauen. Eine dicke Japanerin im hautengen Minikleid mit Tigermuster, die mit ihren schwarzen High Heels durch den Zug wankt, gibt mir den Rest. Manchmal ist zu viel des Guten einfach zu viel. Aber, denke ich, für modegeschmackliche Tiefflieger kann dieses Land ja nichts...
Alle tippen sie wie wild in ihre Handys, die nicht weniger unauffällig eingekleidet sind, und reden dabei aufgedreht durcheinander. Ich überlege schon, ob sie auch zu dem Konzert wollen, doch da steigen sie schon alle eine Station vor Ôta aus.
Dann wohl nicht, denke ich. Doch falsch gedacht. In Ôta schickt mich der Schaffner wieder eine Station zurück. Anscheinend bin ich zu weit gefahren, denn die Universität Ôta soll in der Nähe der Station sein, an der die kreativ gekleideten Mädchen ausgestiegen sind.
Also fahre ich wieder zurück und frage zwei der weniger beängstigend gekleideten Mädchen, die dort am Wegrand stehen, nach dem Weg. Sie

lächeln mich freundlich an und laden mich ein, ihnen zu folgen. Sie sind Studentinnen an der Uni Ôta und auch sie gehen zum Konzert.
Es nieselt ein bisschen. Kaum haben wir uns auf den Weg gemacht, hält plötzlich ein großer, schwarzer Sprinter direkt vor uns an und die Tür springt auf. Im Bauch des Wagens kauern ein paar Männer in lässigen Klamotten und dunklen Sonnenbrillen neben gestapelten Gitarren und Teilen eines Schlagzeuges.
„Hey Akiko, Miki, springt rein! Wen habt ihr denn da noch mitgebracht?"
Der junge Mann mit der coolen Sonnenbrille kennt offenbar meine Begleiterinnen, die lachend in den Wagen hüpfen. Sie fahren zur Uni und auch ich soll einsteigen. Ein bisschen unsicher steige ich ein und setzte mich neben einen anderen jungen Mann auf den Boden des Wagens.
Mal wieder muss ich viele Fragen beantworten. Und während ich wieder einmal meine Geschichte zum Besten gebe und ihnen erkläre, was ich hier in Japan mache und woher ich komme, schaue ich mich im Wagen um. Mit all den Instrumenten, Kabeln und Mikrofonen sieht dieser fast aus wie ein Bandwagen. Auch die drei Typen im Wagen wirken nicht wie normale Studenten oder Konzertbesucher. Einer raucht im Auto, sein Gesicht ist voller Piercings und seine Haare sind orange gefärbt. Alle tragen sie sehr coole und lässige Kleidung. Auf den Sonnenbrillen steht Gucci.
Satoshi, der junge Mann, der uns in den Wagen gerufen hat, kauert neben mir und ich frage ihn neugierig, warum sie denn die ganzen Instrumente dabei hätten.
„Mein Freund hier, der am Steuer sitzt, ist ein guter Bekannter von Akko. Wir helfen ihm die Instrumente für das Konzert am Abend aufzubauen", meint er lässig und zeigt auf den Fahrer. Der nickt mir lächelnd zu.
„Akko?", frage ich und kann es kaum glauben. „Die Akko?"
„Ja, die Akko von GO!GO!7188", antwortet er und grinst
Unfassbar! Ich sitze also in einer Art Bandwagen mit Leuten, die eine der Sängerinnen von GO!GO!7188 persönlich kennen und für die sie die Instrumente aufstellen! Unglaublich!
Als ich sie frage, ob es noch Karten gäbe, werde ich allerdings enttäuscht. „Alles ausverkauft", meint Satoshi und legt den Kopf zur Seite. Aber ich sollte es trotzdem mal an dem Kartenstand an der Uni versuchen.
Zu diesem begleiten mich netterweise die beiden Mädchen, als wir an der Uni ankommen. Die Männer packen ihre Instrumente und Kabel aus und tragen sie in die große Sporthalle, wo das Konzert am Abend stattfinden soll.

Inständig bete ich, dass es noch Karten gibt und ich habe Glück, denn es werden offenbar noch viele an der Abendkasse verkauft. Freudig halte ich meine Karte in beiden Händen und bedanke mich vielmals bei den zwei Mädchen, die sich gleich darauf kichernd verabschieden. Wirklich sehr nett und hilfsbereit, diese Japaner.

Allmählich dringen wieder leichte Sonnenstrahlen durch die dicken Wolken und den Nachmittag über schaue ich mich neugierig auf dem Uni-Gelände um. Die Universität Ôta feiert ihr Jahresfest und überall stehen kleine Stände und Pavillons, die leckeres Essen und Getränke verkaufen.

An einem dieser Stände werde ich von einem dicken Japaner mit blond gefärbten Haaren angesprochen. Erst denke ich, er möchte mir etwas verkaufen, doch bald merke ich, dass er mich in seine kleine Runde von Freunden hinter dem Stand einladen möchte. Dort sitzen schon ein paar, trinken Bier und essen dango[53].

Vom Alkohol angeheitert stellt sich mir mein blonder Gastgeber als Hideko vor. Sein Kopf ist bereits knallrot und seine Wangen leuchten. Als er mir Bier und Sake anbietet, lehne ich höflich ab und lasse mich stattdessen auf ein Softgetränk einladen. Mir ist die ganze Situation unheimlich und noch bin ich etwas misstrauisch, da ich diese ganzen Männer nicht kenne und sie ohne Ausnahme betrunken sind. Doch als sie dann noch eine ältere, kleine Oma in ihr Trinkgelage einladen und diese mit schnellen Schlucken beginnt die erste Bierdose zu leeren, fühle ich mich sicherer. Es ist ein Fest und ich bin dazu eingeladen, denke ich mir und entspanne mich.

Hideko ist ein witziger Kauz und gibt sein Bestes, um uns zum Lachen zu bringen. Er scheint mir der Kopf der Gruppe zu sein und auch der, der anschließend alles bezahlt. Wer seinen Namen nicht mehr weiß, nennt ihn senpai, wahrscheinlich weil er Einladender ist und man höflich sein möchte.

„Unser Motto ist ‚shaberu mae ni nonde!', trink' bevor du sprichst!", hickst Hideko mir zu und die Gruppe stößt grölend an. Auch die Oma pichelt fleißig mit und ich bin verwundert, wie viel sie in ihrem Alter noch verträgt.

Vergnügt schaue ich in die Runde und beobachte das japanische Trinkverhalten.

---

53 dango = jap. Süßigkeit (Klöße aus Reismehl, die auf Holzspießen serviert und mit verschiedenen Zutaten belegt werden. z. B. süße Bohnenpaste oder einem Sirup aus gezuckerter Sojasoße)

Mit jeder neuen Dose Asahi[54] wird das Grüppchen lauter und ungezügelter. Was mich wundert ist, dass die meisten Gruppen, die ich bisher in Japan erlebt habe, immer sehr heterogen aufgebaut sind. Sei es in der Schule, im Club oder im Croco Club. Meist gibt es ein oder zwei Köpfe, die auf eine fast hyperaktive Art und Weise die Gruppe animieren. Der Rest der Gruppe lässt sich mitziehen und kichert nur schüchtern in die Handtüchlein hinein oder – im Falle dieser Männer – nickt artig, trinkt und sagt nichts.

Selbst in den meisten japanischen Soaps sehe ich diese Aufteilung der Rollen innerhalb der Gruppe. Immer gibt es ein oder zwei Animateure, von denen sich der Rest der Gruppe ziehen lässt. Jedoch frage ich mich, wer dabei Führer und wer Geführter ist? Führt der Animateur die Gruppe oder drängt die Gruppe die aktivste Person dazu, Animateur zu werden? Hideko jedenfalls fühlt sich anscheinend sehr wohl als Animateur, stellt sich aufgedreht in Pose und jedes zweite Wort, das er sagt ist „exaaaaaakutoooo“ (exakt).

Mir wird jede Menge Essen und Trinken angeboten und ich probiere neugierig von einem der dangos. Als ich in den weißen Reiskloß beiße, muss ich stocken und weiß erst nicht, ob ich lachen oder weinen soll. Der dango ist aus einer zähen, kaugummiartigen Reismasse geformt, die omochi heißt. Sie ist sehr labbrig, schmeckt gewöhnungsbedürftig nach nichts und die Konsistenz erinnert an einen schwabbeligen Stierhoden. Nur die violette Bohnenpaste namens anko, die auf den dangos liegt, verleiht dem Ganzen einen süßlichen Geschmack.

Lange kaue ich auf dem Zeug herum und Hideko fragt mich immer wieder, ob es mir schmecken würde. Offenbar scheinen alle Japaner zu denken, Ausländern schmecke ihr Essen nicht. Möglicherweise hat er Recht, denn noch bin ich mir nicht so sicher, was ich von dem Geschmack halten soll.

Doch als ich den zweiten Reiskloß von dem Holzspießchen beiße, empfinde ich die Konsistenz auf einmal als zweitrangig und in meinem Gaumen entfaltet sich der volle Geschmack der süßen Bohnenpaste. Es schmeckt einfach himmlisch und mit einem Mal weiß ich, dass ich meine neue Lieblingssüßigkeit gefunden habe. Oishiiiii~.

So vergeht der Nachmittag. Hideko schenkt mir ein riesiges Winnie Puh Stofftier und ich weiß, dass die Mehrzahl der Japanerinnen bei solch einem Geschenk total aus dem Häuschen fahren würden. Also tue ich so, als würde ich mich unglaublich freuen und schenke ihn später einfach Akemi.

54 Asahi = jap. Biermarke

Offenbar werden Japaner unglaublich spendabel, wenn sie betrunken sind, und ich habe fast das Gefühl, Hideko möchte, dass ich das komplette Angebot an japanischen Essen einmal probiert habe. Ich muss ihn zügeln und ihm erklären, dass ich nicht so viel Essen kann wie er – kein Wunder, er ist ja auch in etwa doppelt so breit wie ich. Und halb so groß!
Als die Sonne langsam untergeht, verabschiede ich mich fast schon wehmütig von ihnen. Mit ihrer liebenswürdigen, ausgelassenen Art sind mir besonders Hideko und die Oma in der kurzen Zeit ans Herz gewachsen. Ich habe unglaubliche Offenheit und Großzügigkeit erlebt und ich scheue mich daran zu denken, dass es vielleicht morgen, wenn sie nüchtern sind, auch wieder anders sein könnte. Denn ich habe schon oft gelesen, dass Japaner alle Hüllen fallen lassen, sobald sie in der richtigen Umgebung alkoholisiert sind. Am nächsten Tag wird jedoch der allgemeine Schleier des Vergessens über jeglichen trunkenen Fehltritt gelegt. Ob dies wohl ein allgemeiner Schutzmechanismus der Gruppe ist, damit der einzelne sein Gesicht nicht verliert...?
In der Zwischenzeit hat es angefangen zu nieseln und über den matschigen Boden laufe ich in Richtung Sporthalle und stelle mich in der Schlange an, die schon auf den Einlass wartet.
Entzückt betrachte ich meine Karte und stelle mit Freuden fest, dass ich in der zweiten Reihe stehe. Das wird ja ein richtiges Kuschelkonzert, wenn es insgesamt nur dreihundert Karten gibt...
Von kuscheliger Stimmung ist allerdings nichts zu spüren, als ich nach langem Anstehen endlich in der Halle bin und das Konzert beginnt. Das lässt die Musik nicht zu, die GO!GO!7188 gleich darauf beginnt, zu spielen.
Aus der abgedunkelten Halle erscheint ein einzelnes Licht auf der Bühne und mit ihm erklingt ein erster, metallener Gitarrenschlag. Ich denke an Satoshi und seine Freunde, die die Instrumente aufgebaut haben und lausche entzückt den Worten des Drummers Turkey.
Das sanfte Licht des Konzertstrahlers, das allein auf ihn gerichtet ist, schimmert an seinen Schlagzeugstöcken wider. Vor ihm kann ich zwei weitere Gestalten im Dunkeln stehen sehen. Turkey begrüßt alle, reißt ein paar flotte Sprüche und dann geht es los. Seine Schlagstöcke trommeln leise vibrierend auf dem Schlagzeug und beben dann immer wilder werdend auf den kleinen Trommeln herum, fliegen vom Crashbecken zum Floortom, während er mit den Füßen das Hi-Hat des Schlagzeugs spielt.
Plötzlich leuchten zwei weitere Strahler auf und auf der linken Seite taucht Yuu, die Leadsängerin, im strahlenden Licht auf. Klein und süß steht sie

da und zupft auf ihrer rosa Gitarre. Ihre hohe Stimme erklingt hell durch die gesamte Sporthalle. Sie wirkt ruhig, schüchtern und zerbrechlich, ihre Stimme jedoch schwingt voller Kraft und Stärke.

Ihre Antagonistin Akko schlägt auf der anderen Seite der Bühne lauthals in ihre elektrische Gitarre, wirbelt ihre langen, schwarzen Haare im Headbang herum, geht ganz in ihrem Spielen auf. Ihre Bewegungen zu ihrem Gitarren-Schrubben gleichen einer Python im Liebesspiel. Rhythmisch, wild, Erregung in jeder Ader – bis sie zubeißt. Die Halle schwingt in purer Begeisterung.

Ich kann es kaum glauben, dass ich wirklich hier bin. Hier in Japan, auf solch einem Konzert. Eine Band, von der ich bisher nur über Mund-zu-Mund-Propaganda von Japan-Fans gehört habe, deren Musik man nur über irgendwelche ominösen Internetseiten ergattern konnte. Ich bin begeistert.

Entgegen meinen Vermutungen hüpfen auch die Zuhörer wild zu der Musik. Eigentlich hatte ich gedacht, dass die Japaner bestimmt zu schüchtern dazu seien, doch in den ersten zwei Reihen pogen die Männer sogar und werfen sich heftig gegeneinander. Ich lache vor Freude auf und hüpfe begeistert in der schwarzhaarigen Masse zu der Musik... Es ist ein einfach einmaliges Konzert!

„Shaberu mae ni nonde! – Trink bevor du sprichst!“

Auch am nächsten Tag hält diese Freude an, als ich mich gegen Mittag mit meinen Drittklässlerinnen zum karaoke vor einem großen, europäisch anmutenden Haus treffe. Es ist das größte karaoke-Haus der Stadt. Weiß gestrichen, mit türkisen Fensterläden und Dachziegeln, die aus Plastik gegossen zu sein scheinen, sieht das Haus aus wie eine Schwarzwaldhütte, die frisch aus Tôykôs Disneyland importiert wurde.

Endlich einmal sehe ich die Mädels in ihrer Freizeitkleidung. Keiko trägt einen grauen Schlabberpulli und die dazugehörige Schlabberhose aus Stoff. Es sieht aus wie ein Schlafanzug, ist jedoch ein Hausanzug, den ich hier schon an vielen Jugendlichen gesehen habe. Er sieht unglaublich bequem aus.

Shôko, Eri, Hitomi und Mari hingegen tragen, obwohl sie heute einmal nicht uniform gehen müssen, fast alle das Gleiche. Verschiedene Oberteile lässig übereinander gezogen, in kakigrün, schwarz und braun. Dazu Jeans. Alles möglichst weit, so dass kaum Rundungen zu sehen sind. Dieser weite Kleidungsstil scheint recht beliebt in Japan, wie ich immer wieder beobachten kann. Wahrscheinlich liegt das daran, dass die meisten Japanerinnen eben kaum Rundungen haben und dies durch die weite Kleidung nicht so auffällt.

Mir gefällt dieser Stil an Japanern jedoch sehr. Es sieht lässig aus und gleichzeitig stilvoll und wohl überlegt. Ich denke an die auffällig gekleideten Mädchen aus dem Zug nach Ôta und stelle fest, dass diese Form der Kleidung auch für japanische Augen ungewohnt sein muss und bei weitem nicht als normal angesehen wird. Vielmehr gehören diese Mädchen wohl zu einer recht großen Gruppe in Japan, den J-Rock und J-Pop Fans. Doch auch diese Gruppe ist nicht immer gleich. Vielmehr gibt es Nuancen, Schattierungen zwischen normal und extreme.

Die Mädchen aus der 3. Klasse sind jedoch für ihr Alter und für japanische Verhältnisse recht normal gekleidet und auch ihr Musikgeschmack entspricht dem, was gerade in den Charts läuft. Dies bemerke ich, als wir mit dem Singen beginnen. Zunächst geben wir jedoch an der Rezeption des karaoke-Hauses unsere Namen und unser Alter an und es wird ein Zimmer gesucht, in das wir alle hineinpassen.

Das karaoke-Zimmer ist in schummriges Licht gehüllt. Die mit Polstern bezogenen Bänke umringen einen kleinen Tisch. An der Wand hängt ein großer Bildschirm und massive Lautsprecher.

Eigentlich kann man sich Getränke, Cocktails und ganze Mahlzeiten auf das Zimmer bestellen, doch wir packen unser Mitgebrachtes aus dem Conbini aus und verteilen wie wild die Süßigkeiten untereinander.

Nach meinem Geschmack schmecken die meisten nicht-traditionellen japanischen Süßigkeiten hier nicht wirklich. Meist sind sie viel zu süß und beim Anblick der leuchtenden Neonfarben fragt man sich, ob die Bonbons, Lutscher und das Konfekt nicht vielleicht doch direkt neben einem Atom-Endlager hergestellt wurden. Aber ich denke, worauf es den Japanern beim Kauf dieser Süßigkeiten viel mehr ankommt, ist ihre ausgesprochen schöne und farbenfrohe Verpackung. Klein muss es sein. Einzeln verpackt muss es sein. Mit Glitzer und lachenden Hundebildern darauf. Ebenso scheint das Austauschen dieser Kleinigkeiten den Japanern noch mehr Spaß zu machen, als der Verzehr an sich.
Shôko sucht mit der Fernbedienung das erste Lied aus und beginnt mit Keiko den größten Ohrwurm zu singen, den die japanische Medienwelt in dieser Zeit zu bieten hat: Hana[55] von der fünfköpfigen J-Pop Band Orange Range. Neben den Untertiteln wird das Video der Band gezeigt, das nicht typischer japanisch sein könnte.
„Ich werde zu einer Blume“, singt der Sänger, während Bilder einer japanischen Soap gezeigt werden. Gefühlvolle, fast theatralische Szenen des japanischen Familienlebens, des japanischen Alltags. Die Liebe zwischen Eltern und Kind, die Probleme in der Schule, die Tragik in der Ehe und die anschließende Versöhnung. Die japanischen Soaps bieten nicht viel Neues. Im Vergleich zum richtigen Leben sehen hier jedoch alle Menschen schön aus, tragen frisch gebügelte Blusen, sind immer frisch frisiert, und Schauspielerinnen und Schauspieler stellen die Rolle der japanischen Frau und des japanischen Mannes perfekt dar.
Die Frau ist sanft, lieb und auf Details bedacht. In Großaufnahme wird ihre Anmut gefilmt, wie sie ein Taschentuch zusammenfaltet oder wie sie die Stäbchen akkurat neben den Schälchen zurecht legt. Der Mann hingegen wird als der heroische Beschützer der Familie dargestellt, der sein Bestes gibt, der Familie ein gutes Leben zu ermöglichen, sich jedoch gleichzeitig nicht emotional verschließt und seiner Familie gegenüber Gefühle zeigen kann. Das japanische Kind wird meist mit einer etwas frechen, gleichzeitig süßen Figur symbolisiert, die mit einer kindlichen Intelligenz und natürlichem Feingefühl gesegnet ist. Trotzdem, das traditionelle Familienmodell Japans ist eben auch nur ein Modell und die Realität sieht meist anders aus.
Das nächste Lied ist weniger schnulzig, sondern absolut poppig. Zu der hohen, quietschigen Mädchenstimme der Sängerin hüpfen wir auf den Bänken herum. Hier in dieser kleinen Kammer, geschützt vor der Welt,

55 hana = jap. Blume

Karaoke mit den Mädels: Von anime-Songs bis zu „Last Christmas“

können sich die Japaner offenbar gehen lassen. Wie verrückt tanzen wir und hüpfen und lachen und singen. Total verrückt und einfach herrlich. Beim Singen habe ich zwar noch ein paar Probleme, so schnell die japanischen Schriftzeichen zu lesen, doch lasse ich mich dadurch nicht entmutigen und mache einfach mit so gut ich kann.
Als ich ein paar englische Lieder anrege, schalten die Mädels das einzige Lied ein, das sie auf Englisch können: „Last Christmas“ von Wham!
Dieses Lied ist nach meiner subjektiven Einschätzung das beliebteste und meist gespielte englische Lied in Japan. Im Winter dudelt es von morgens bis abends in jedem Kaufhaus und in allen Supermärkten. Beim karaoke wird es gerne rund ums Jahr gesungen. Dieses Lied wird mein absolutes Japan-Trauma sein, denke ich bei mir und singe belustigt die Strophen.
Danach erklingt wieder ein japanisches Lied und so geht es weiter. Je poppiger, desto besser. Nach sechs Stunden karaoke haben wir die gesamten japanischen Charts hoch und runter gesungen. Was mich dabei erstaunt, ist die scheinbare Autonomie der japanischen Musikindustrie gegenüber der englischsprachigen Musik aus dem Rest der Welt. Die Mädchen kennen so gut wie keine ausländischen Bands und auch sonst höre ich kaum englische Lieder auf den japanischen Straßen oder im Fernsehen. Es wird so gut wie ausschließlich heimische Musik gespielt. Deutschland ist dagegen das krasse Gegenteil.

Schließlich, nach sechs Stunden Singen, sind unsere Stimmbänder erschöpft und wir bezahlen für die Zeit, die wir das Zimmer belegt haben. Im Vergleich zu den recht hohen Preisen in Japan, zahlt jede Einzelne von uns dabei umgerechnet nur etwa 7 Euro, was ziemlich günstig ist.
„Das liegt daran, dass hier nach Zeit verrechnet wird und nicht nach Personen", erklärt Eri, „da wir so viele sind, wird es so billig."
Langsam trudeln wir durch die Innenstadt und betrachten die Schaufenster. Da sehe ich auf einmal eine große pachinko-Halle an einer Straßenecke und ich flehe meine japanischen Freundinnen an, einmal hineinzugehen. Das muss gesehen sein!
Pachinko sind Geldspielautomaten in Form eines senkrecht gestellten Labyrinths. Der Spieler erwirbt an der Kasse eine Hand voll kleiner Metallkügelchen, die er oben in den Automaten hineinwirft. In einer immensen Geschwindigkeit rasseln die Kugeln durch das Labyrinth und verschwinden dabei in Löchern. Die meisten sind dabei Nieten, ein paar wenige hingegen geben neue Kugeln aus oder verändern die Form des Labyrinths. Die Kugeln prasseln mit einem irrsinnigen Geräuschpegel in die Automatenausgabe und der Spieler hat die Wahl, entweder damit weiterzuspielen oder die Kugeln in einen Gewinn umzutauschen.
Da in Japan mit Ausnahme der staatlichen Lotterie und des Wettsystems, Glücksspiele mit Geldgewinnen verboten sind, bestehen die Preise meist aus großen Stofftieren, Parfums, Rasierklingen oder ähnlichen Preisen bis zu 10.000 Yen[56].
„Es gibt aber auch kleine Feingold-Barren, die man gewinnen kann", meint da Hitomi. „Manchmal gibt es um pachinko-Hallen sogar kleine Läden, bei denen man diese gegen Bargeld umtauschen kann. Oft verhindert ein Sichtschutz dabei, dass Käufer und Verkäufer einander sehen. So umgehen die Japaner das Verbot von Geldgewinnen." Hitomi grinst mich vergnügt an und fügt dann ganz schnell hinzu: „Aber das sind ganz schlechte Menschen, die das spielen. Die sind alle süchtig danach!"
Obwohl wir noch nicht volljährig sind, trauen wir uns einige Schritte in die Halle hinein, um den Spielenden bei ihrer Sucht zuzusehen. In langen, hell beleuchteten Reihen sitzen die Menschen vor den Automaten und zocken. Der Lärm ist ohrenbetäubend, man versteht sein eigenes Wort nicht mehr. Ab und zu ertönt eine Durchsage, die sich nach Werbung anhört. Auch gibt es wahrlich genug Werbung in Form von bunten Plakaten mit Bikini-Mädchen, die überall in der Halle hängen.
Mit hypnotisierten, leer wirkenden Blicken starren die Spieler auf die fallenden Kugeln. Neben ihnen, auf dem Boden, stehen kleine

56 in etwa 80 Euro

Plastikkörbe voller ergatterter Metallkugeln, bereit zum Austausch gegen einen Gewinn.
Da drängt Mari auch schon zum Verlassen der Halle: „Wir dürfen hier doch gar nicht sein", meint sie verschüchtert und ich erhasche noch einen letzten Blick von den Spielenden. Bei ihrem Anblick kann ich mir schon vorstellen, warum Minderjährigen das Spielen mit diesen Automaten verboten ist. Zwar sitzen hier und da auch einige normal wirkende Hausfrauen, doch die meisten Spieler wirken schon etwas krank, verwahrlost und nicht gerade wohlhabend.
Vielleicht sagt Hitomi deswegen, dass pachinko nur „schlechte" Menschen spielen würden. Wobei ich denke, dass sie damit die Underdogs der japanischen Gesellschaft meint und nicht wirklich schlechte Menschen.
Pachinko-süchtige Underdogs, schrille J-Rock-Fans, das traditionellen Familienmodell Japans, J-Pop-singende Schulmädchen, sich ihrer Arbeit hingebende Arbeitnehmer und abwesende Familienväter, unabhängig lebend wollende Freeters - Japan hat viele Gesichter und wirkt im Ganzen doch als ein Einzelnes. In jeder Gruppe verhält man sich anders und doch scheint es einen gemeinsamen, unausgesprochenen Zensus zu geben, der japanweit gilt.
Als Ausländerin sehe ich nur die unbegreifliche Vielfalt von unterschiedlichsten Lebensweisen, die wie verschiedene, kleine Puzzleteilchen wirken. Jeden Tag sammle ich ein weiteres Puzzlestück, doch noch begreife ich nicht die allgemeingültige Schnittstelle, die aus all den Teilchen ein Gesamtbild macht.

11

Als ich fröhlich vergnügt aus diesem ereignisreichen Wochenende in die nächste Woche starte, ahne ich noch nicht, welch dramatische Wendung diese für mein Leben in Japan haben wird.
Der Schultag ist fast schon ein wenig normal geworden und nun, am Abend geselle ich mich zu okâsan, Masaru und Hotaru, die vor dem Fernseher sitzen und eine der vielen Kochshows anschauen. Draußen ist es bereits dunkel und die eisige Novemberluft bildet bereits leichte Nebelschwaden in den engen Gassen. Da es in japanischen Wohnungen keine Heizungen gibt, wickeln wir uns dick in Decken ein und sammeln die Wärme im Wohnzimmer. In meinem Zimmer hingegen muss ich Handschuhe und eine Mütze tragen, um nicht zu frieren.
Als ich einmal jemanden gefragt habe, warum das so sei, hat man mir erzählt, dass man schlechte Erfahrungen mit Holzöfen gemacht hätte. In Japan hätte man große Angst, dass die ohnehin sehr zerbrechlich gebauten Häuser abbrennen würden. Ich hatte mich an die wunderbare Erfindung namens Zentralheizung erinnert und mich nur noch gewundert, warum das keine Alternative sei. Aber vielleicht sind die Japaner die Kälte im Haus einfach gewöhnt und die Investition in eine Zentralheizung ist ihnen zu teuer.
Im Fernsehen kreischt eine der Pop-Sternchen zum hunderttausendsten Mal, wie lecker das doch schmecke, was der Fernsehkoch ihr serviert und wedelt dabei ganz aufgeregt mit den Armen. Mich langweilt zwar das ewige Soap- und Show-Geschehen im Fernsehen und ich würde mich lieber mit meiner Gastfamilie unterhalten, aber diese schaut nur ganz gebannt auf die Glotze. Das ist eben Alltag.
„Tadaima!“, ruft es da aus der Wohnungstür. Es ist Akemi, die von der Arbeit nach Hause kommt. Sie wirkt müde. Kaum sieht sie jedoch Masaru, beginnt sie, ihn mit wutverzerrtem Gesicht anzuschreien. Es geht um ihren Roller, den Masaru benutzt, seit er den Rollerführerschein und Akemi ihr Auto hat. Mehr verstehe ich bei der Geschwindigkeit ihres Gebrülls nicht mehr. Masaru gibt sich gleichgültig und antwortet ihr nicht, schaut weiter in die Glotze. Als alles Schreien nichts hilft, versucht Akemi ihren kräftigen Bruder vom Sofa zu zerren, damit er endlich den Roller richtet.
Da geschieht etwas, was ich noch nicht erlebt habe und bisher auch nicht bei Geschwistern beobachten konnte. Ich bin entsetzt.

Masaru brüllt auf einmal genervt zurück, boxt Akemi zur Seite und rennt in sein Zimmer. Akemi hinterher. Vom oberen Stock höre ich nur noch lautes Getrampel und Schreie. Die dünnen Wände scheinen vom Krachen der Möbel zu zittern. Akemis schrille Schreie ertönen bis zu uns nach unten und machen mir ein wenig Angst. Geheul, Geschrei, ein lautes Krachen. Plötzlich ist alles ruhig. Nichts mehr... Dann trampelt es wieder die Treppe hinunter und Akemi stürzt mit tränenverschmiertem Gesicht ins Wohnzimmer. Da hat sie Masaru auch schon von hinten am Arm gepackt. Sie tritt ihn, kämpft sich frei, er hat sie wieder und schlägt sie mit voller Wucht zu Boden.

Die ohrenbetäubende Lautstärke scheint okâsan nicht zu stören, sie schaltet nur den Fernseher lauter. Ich sitze mit angezogenen Beinen da und kann mich vor Schrecken kaum noch bewegen, weiß nicht, was ich tun soll. Am besten nichts. Erst als Masaru seine Schwester an den Haaren am Boden herumzerrt, greift okâsan endlich ein.

„Yamete!“[57], brüllt sie laut und schaut dann weiter Fern. Wutverzerrt verschwindet Masaru in seinem Zimmer, während Akemi unaufhörlich weiterkreischt und sich allmählich in einem leisen Schluchzen beruhigt.

In meinem Gesicht steht pures Entsetzen. Es ist mir einfach unbegreiflich, wie junge Erwachsene sich so streiten können. Und besonders das Verhalten von okâsan erschreckt mich. Zwar habe ich schon einmal gelesen, dass japanische Mütter ihre Kinder einfach schreien lassen, wenn sie klein sind und ihnen nur Aufmerksamkeit schenken, wenn sie etwas gut gemacht haben, damit diese zu Leistung und Erfolg motiviert werden – aber Akemi und Masaru sind nunmal keine Kleinkinder mehr!

Dass Masaru ein gewisses Gewaltpotenzial in sich hat, hatte ich schon bemerkt, als ich einmal in sein Zimmer gegangen war. Ich erinnere mich haargenau, so geschockt hat mich das, was ich dort gesehen hatte: Es war an einem Samstagnachmittag gewesen, als alle Familienmitglieder aus dem Haus waren. Neugierig war ich in den ersten Stock geschlichen, da ich wissen wollte, wie es bei meinen Gastgeschwistern und Gasteltern im Zimmer aussieht. Bisher hatte mir keiner diesen Teil des Hauses gezeigt und es würde auch das erste und einzige Mal bleiben, dass ich im oberen Geschoss war. Das beste Licht hatte es nicht auf meine Gastfamilie geworfen und danach war ich nicht sehr glücklich darüber gewesen, dass meine Neugierde nun befriedigt war.

Otôsans Zimmer bestand aus einem unbezogenen Doppelbett, einem leeren Schrank und einem riesigen Berg an Wäsche, der auf dem Boden

57 yamete! = Hör(t) auf!

verstreut lag. Ansonsten nichts. Wenn otôsan mal wieder nicht da ist, schläft okâsan hier, ansonsten nächtigt sie auf dem Sofa im Wohnzimmer.
Hotarus Zimmer war überfüllt mit DVDs, Videos und Postern von Smap!, einer japanischen Pop-Band, die auch in Serien und Kochsendungen auftritt und das einzige Hobby von Hotaru zu sein scheint. Dazu ein Bett und jede Menge frischer Wäsche auf dem Boden.
Im Vergleich zu der bisher sehr lieblos erscheinenden Einrichtung war Akemis Zimmer recht schön und mädchenhaft eingerichtet. Zwar lagen auch hier alle Kleider auf einem Haufen auf dem Boden aber hier gab es neben dem Bett wenigstens noch einen kleinen Schreibtisch, der über und über mit Mädchenzeitschriften und Disney-Merchandise zugedeckt war. Auch lagen ein paar vereinzelte Bücher auf dem Boden – die einzigen, die ich im ganzen Haus finden konnte.
Soweit so gut. Doch nachdem ich Masarus Zimmer gesehen hatte, war mir alles Schönreden vergangen. Masaru hat ein Hochbett in seinem Zimmer und wieder waren alle Kleider auf dem Boden verstreut. Wieder war der Kleiderschrank vollkommen leer. Neben der Tür hing eine Pinnwand mit Fotos von seinem USA-Austausch und als ich genau hinsah, verschlug es mir wirklich die Sprache: Masaru posierte in Gangster-Rapper-Kleidung mit ein paar US-amerikanischen High School Jungs, die Gewehre in den Händen hielten. Ein anderes Bild zeigte seinen Freund, wie er einem anderen die Pistole an die Schläfe hält. Auf einem anderen Foto zieht ein Freund gerade sein bestes Stück aus der Hose und posiert damit. In den Blicken der Jungen konnte ich nichts als Kälte und Aggression sehen. Sie machten mir Angst.
Wie diese Aggression aussieht, wenn sie ausbricht, konnte ich nun also an diesem Streit zwischen Geschwistern sehen, denke ich mir fassungslos. Mir wird mulmig zumute. In was für eine Familie bin ich hier nur hineingeraten, frage ich mich unaufhörlich, während ich versuche, mich auf die stumpfe Dramaturgie im Fernsehen zu konzentrieren. In was für einer Familie bin ich hier nur gelandet?

„Es wird immer schlimmer in meiner Familie“, erzähle ich Hagen beim Croco-Treffen am anderen Tag. „Ich habe immer mehr Angst vor diesen Leuten und fühle mich immer unwohler zu Hause“, schütte ich ihm mein Herz aus. „Irgendwie weiß ich auch nicht, was ich machen soll... Ich fühle mich wie ein Fremdkörper in dieser Familie und dass ich alle so höflich ansprechen und bei allem fragen muss, verbessert das nicht gerade...“

„Mhm, ja, ich kann dich verstehen aber möchtest du denn die Familie wechseln?", fragt er. Ich weiß es nicht genau. „Ich rate dir, dass du dich mit ihnen arrangierst, denn es gibt kaum Familien hier, die ein Gastkind aufnehmen würden", meint Hagen und schaut mich mitleidig an. Wir müssen beide an Frauke denken, die vor einigen Wochen aus ihrer Gastfamilie „geflüchtet" war, wie sie sagt.
Ihre Gründe, die Familie zu verlassen, waren jedoch wenigstens nicht persönlicher Art. Vielmehr hatte sie sich unwohl gefühlt, da das Haus ihrer Gastfamilie offenbar so verdreckt war und überall im Haus Hundescheiße herumgelegen haben muss. Frauke wohnt jetzt übergangsweise zusammen mit Sven, der auch eine neue Familie sucht, bei Kôrin-san in Tôkyô und geht nicht zur Schule. Es ist unsicher, ob sie in Japan bleiben kann oder nicht frühzeitig nach Deutschland zurückkehren muss. Bei dem Gedanken überkommt mich ein Schauern und ich weiß, dass ich alles bloß das nicht will. Meine Eltern wären zwar sicher erleichtert, wenn ich wieder bei ihnen wäre, doch möchte ich ja schließlich richtig Japanisch lernen und das geht am besten vor Ort in Japan.
Mit wachen Augen schaue ich die ehemalige Gastmutter von Frauke an, die mir schräg gegenüber im Croco-Kreis sitzt. Sie wirkt müde und traurig, ihre Augen jedoch strahlen wie immer eine gutmütige Wärme aus. Sie ist heute alleine ohne ihre Kinder beim Treffen und mir scheint es, als sei es ihr sehr unangenehm, dass Frauke gegangen ist.
Für japanische Verhältnisse bedeutet dies wohl eine Schande, sein Gesicht zu verlieren oder so etwas ähnliches, grüble ich, während okâsan an der Reihe ist, sich mal wieder vor der Gruppe vorzustellen. Diesmal auf Spanisch. Mich beunruhigt, dass sie meinen Namen nicht erwähnt, als sie die Mitglieder ihrer Familie aufzählt. Sonst hatte sie das immer getan und Hagen wirft mir einen verwunderten aber vielsagenden Blick zu.
Allmählich wird mir immer bewusster, dass ich eigentlich die Familie wechseln möchte, aber mein Stolz mir das verbietet. Auch habe ich Angst, dass es keine freien Gastfamilien gibt und ich dann nach Deutschland zurück muss. Ich beobachte weiterhin Fraukes ehemalige Gastmutter. Sie war mir von Anfang an sympathisch und ich weiß, wie viel sie für Frauke getan hat, wie nett sie zu ihr war. Doch wenn ich mich an Fraukes Erzählungen erinnere, warum sie gewechselt hat, werde ich unsicher. Hundescheiße im Haus...? Dennoch, denke ich entschlossen. Ich möchte lieber in einem verdreckten, verwahrlosten Haus wohnen, als in einer Familie, die seelisch verdreckt zu sein schein. Ob Fraukes frühere Gastmutter wohl wieder jemanden bei sich aufnehmen würde...?

So sitze ich da und grüble über eine Möglichkeit, die Gastfamilie zu wechseln. Es gibt immer Tiefpunkte bei solch einem Austausch, versuche ich mich zu ermutigen, ich muss einfach dringend mit okâsan über unser Zusammenleben und unsere Beziehung sprechen. Obwohl ich versuche, so freundlich und höflich zu sein wie sie es mir gesagt haben, komme ich mir immer vor, als mache ich alles falsch. Das kann so nicht weitergehen!

Doch die nächsten Tage ist immer etwas anderes los, so dass ich mich nicht traue, das Thema bei okâsan anzusprechen. Mal streitet sie sich mit Masaru, dann ist sie von der Arbeit gestresst, dann kommt sie erst sehr spät nach Hause.
Eines Abends, als ich überhaupt nicht damit rechne, setzt sie sich zusammen mit Masaru mir gegenüber an den Tisch. Ihre Blicke sind kalt und ich weiß sofort was los ist. Ihre Haltung, die Art, wie sie sitzen und mich anblicken, fühlt sich an wie eine eisige Mauer, an der mein Blick abprallt und mir den Atem verschlagen lässt.
Wortlos zeigen sie mir Bilder von den vorherigen Austauschschülern, die, wie ich später erfahre, immer nur für ein paar Wochen zu Besuch waren. Okâsan erzählt mir, wie sie waren und da unterbricht sie Masaru und meint auf Englisch mit schneidender Stimme, ich sei einfach nur langweilig und würde viel zu wenig mit Freunden unternehmen. Mit Mühe versuche ich, meine Fassung zu bewahren und erwidere, dass ich doch Freundinnen hätte und auch etwas mit ihnen unternehmen würde.
„Das ist zu wenig“, unterbricht mich Masaru. Ich bräuchte viel mehr Freunde und außerdem wären die Drittklässlerinnen nur noch dieses Jahr in der Schule und würden im März ihren Abschluss machen.
„Dann bist du ganz alleine“, meint er gehässig.
Ich schlucke. Das weiß ich selbst, aber könnte er mir das nicht ein wenig freundlicher sagen, denke ich, und in mir kocht die verzweifelte Wut.
„Außerdem bist du total unfreundlich zu den Schülern und alle haben Stress mit dir. Du bist überhaupt nicht natürlich“, meint er mit einem hämischen Grinsen. Langsam bekomme ich doch feuchte Augen. Wie kann das sein? Wer sagt so etwas von mir? Warum soll ich unfreundlich sein? Ich wehre mich gegen Masarus Vorwurf, da ich wirklich mein Bestes gebe, um mich anzupassen. Außerdem, woher will er das denn wissen, frage ich mich. Dabei frage ich mich eindringlich, ob er mich vielleicht von seinen Freunden beschatten lässt oder ob ich bei dieser ganzen verqueren Situation langsam paranoid werde.

„Unsere Familie hat auch total Stress mit dir, weil du nicht natürlich bist", meckert er weiter. Bei seiner aggressiven Art kann ich kaum noch antworten. Mit Angst denke ich an das zurück, was er mit Akemi gemacht hat.
Mir ist bewusst, dass ich hier in Japan nicht so bin, wie ich es in Deutschland wäre. Denn wenn ich mich hier so verhalte wie in Deutschland, heißt es, dass ich unhöflich bin und mich mehr auf die japanische Kultur einlassen muss. Also versuche ich so gut es geht, die japanischen Manieren zu imitieren und lerne Verhaltensweisen auswendig, versuche sie zu verstehen. Doch wie kann ich mich natürlich geben, wenn ich gleichzeitig so tun soll, als wäre ich eine Japanerin, frage ich mich. Was sie da von mir verlangen, scheint mir sehr schizophren zu sein. Es heißt, ich sei hier nicht in meiner eigenen Familie, sondern müsse alle siezen und bei allem, was ich tue, fragen. Gleichzeitig soll ich natürlich sein. Mir wird die Logik dahinter nicht ersichtlich.
Mit leiser Stimme entschuldige ich mich für alles und erkläre langsam, dass es mir auch sehr schwer fallen würde, natürlich in dieser Familie zu sein, da sie mir eigentlich Angst machen würde.
Die beiden schauen sich an, dann fragt okâsan mit lauter Stimme, ob ich die Familie wechseln wollte. Mit Schrecken denke ich an die Worte von Hagen, dass es keine anderen Familien gäbe und an Frauke, die vielleicht wieder nach Hause fliegen muss. Blitzschnell sage ich „nein!", doch die beiden überlegen schon, welche Familie für einen Tausch in Frage kommen würde.
Eindringlich frage ich sie, welches Verhalten sie denn gerne an mir sehen würden, da ich nun komplett verwirrt sei.
Sie überlegen. Ich soll nicht im Haushalt mithelfen, sondern einfach nur natürlich sein, gleichzeitig soll ich sehr höflich sein und am allerwichtigsten: Bei den Croco-Treffen soll ich als Vorzeige-Austauschschülerin auftreten und ausgesprochen nett und höflich zu den Mitgliedern sein.
Daher weht also der Wind, denke ich mir, und langsam beginne ich zu verstehen. Offenbar geht es hier nicht um mich, sondern vielmehr darum, wie meine Gastfamilie vor den Mitgliedern beim Croco-Treffen dasteht.
„Es ist uns egal, was du den ganzen Tag über machst und du brauchst dich auch nicht an- und abzumelden. Du hast bei uns ein Dach über dem Kopf, aber jeder hier hat sein eigenes Leben und wir wollen uns nicht um dich kümmern. Du musst selbst sehen, dass du Gesprächspartner draußen findest", erklärt mir Masaru mit zugekniffenen Augen. „Aber es ist ganz wichtig, dass du nett zu den Croco-Mitgliedern bist, denn die

sind diejenigen, die sich für das Ausland interessieren und gerne mit dir Englisch üben möchten. Halte dich an sie. Sie sind die Kunden."

Mir fällt es wie Schuppen von den Augen. Sie sind so nett, mir ein Bett und Essen zu gewähren, aber sie wollen keinen großen Kontakt zu mir. Okâsans einzige Motivation ist die Bewunderung und Anerkennung durch die Croco-Frauen, die es schätzen, dass sie so viele Ausländer beherbergt.

Es ist der schwärzeste Tag in meinem Leben und ich habe das Gefühl, vollkommen allein in diesem fremden Land zu sein. Einer Familie ausgesetzt, die keinerlei Interesse an meiner Person hat.

„Wakarimashita", erwidere ich und lächle mit letzter Kraft. „Ich werde versuchen, natürlich zu sein und noch später nach Hause zu kommen und den Croco-Mitgliedern noch mehr vom Ausland zu erzählen, damit sie ihr Geld nicht umsonst zahlen."

„Nicht versuchen", schnauzt Masaru mich an, „du sollst es so machen!"

Als ich später schlaflos in meinem Zimmer liege, nehme ich mir fest vor, das Verhalten meiner Gastfamilie nicht mehr persönlich zu nehmen und die Croco-Mitglieder als meine „wahre" Gastfamilie anzusehen. Als Menschen, die an mir Interesse haben und denen ich erzählen kann, was ich denke und was ich erlebt habe und die sich auch für mein Heimatland interessieren.

Wie gut, denke ich bei mir, dass ich zusammen mit Steffi eingeladen wurde, in der nächsten Woche mit Hagens Klasse einen Ausflug nach Tôkyô zu machen. Das lenkt mich wenigstens von meiner fatalen Wohnsituation ab und bringt mich auf andere Gedanken. Außerdem werde ich dann erst sehr spät nach Hause kommen, was meine Gastfamilie ja befürwortet. Denn ich komme bereits jetzt immer erst gegen 18 Uhr nach Hause und ich frage mich nun ernsthaft, was ich denn nach der Schule und dem Club sonst noch alles machen könnte, um noch später zu Hause anzukommen.

An diesem Abend werden meine gesamten Vorstellungen von Japan zerstört und ich merke, dass es nicht nur spannend und exotisch ist, in eine gänzlich andere Kultur einzutauchen, sondern vor allem schonungslos. Wortlos muss ich diese großen Unterschiede einfach hinnehmen, denn verstehen tue ich dieses Verhalten nicht mehr.

12

Die Zeit nach der Schule und dem Club schlage ich nun tot, indem ich mich in Gespräche mit meinen Mitschülern verwickle, mit Unbekannten in der Stadt spreche, in die Bibliothek gehe oder stundenlang in Kaufhäusern herumlaufe. Die meisten meiner Klassenkameraden müssen nach der Schule oder dem Club arbeiten, und wenn ich könnte, würde ich ebenfalls eine Arbeit annehmen. Hauptsache, ich komme so spät wie möglich nach Hause. Es ist eine schreckliche Zeit.

Das Verhältnis zu meiner Gastmutter wird immer schlimmer, so dass ich Ende November eine verzweifelte Mail an Kôrin-san schreibe und ihn um eine Möglichkeit bitten, die Familie wechseln zu dürfen. Leider ist er sehr eng mit okâsan befreundet und so werde ich nie eine wirklich vernünftige Antwort von ihm erhalten. Ich halte es langsam nicht mehr aus.

Doch endlich bricht der Tag an, an dem wir nach Tôkyô fahren. Mit Steffi und Hagen treffe ich mich früh morgens am Bahnhof von Isesaki, um von dort aus zu Hagens Schule zu laufen. Alle haben wir unsere Schuluniformen an und bestaunen uns gegenseitig. So lustig, wie Hagen und Steffi in ihrer Schuluniform auf mich wirken, so muss ich wohl auf meine Klassenkameraden wirken. Steffi hat einen grün-braun-karrierten Faltenrock an, dazu eine beige Bluse mit einer grün-braun-karrierten Schleife und einem gleichfarbigen Blazer. Hagen hingegen geht ganz in Schwarz. Schwarze Anzughose und schwarzer Blazer mit hohem Kragen. Dazu ein weißes Hemd. Wir sehen einfach echt außerirdisch aus!

Wie Außerirdische schauen uns auch die US-amerikanischen Englischlehrer an, die schon im Aufenthaltsraum der Schule warten. Erst als wir ihnen erklären, dass wir keine Lehrer, sondern Schüler sind, nicken sie verständnisvoll. Sie hätten schon gedacht, wir seinen so verrückte Japan-Fans, die sich im Kostümverleih Schuluniformen besorgt hätten.

Wir unterhalten uns und offenbar hat Hagens Schule neben uns und den ausländischen Lehrern der Schule noch viele andere Ausländer aus anderen Schulen eingeladen. Wir werden in Gruppen aufgeteilt und auf zwei japanische Schüler kommt immer ein Ausländer. Die Schüler sollen so motiviert werden, ihr gelerntes Schulenglisch in die Praxis umzusetzen und Spaß an der Sprache finden, indem sie sich mit uns unterhalten. Dafür nimmt die Schule extra einen Tagesausflug nach Tôkyô in Kauf.

Ich bin den beiden Schülern Kenta und Taiki zugeordnet, zwischen denen ich später im Reisebus sitze. Taiki ist ein kleiner, etwas dicklicher Junge,

der auf der gesamten Fahrt neben mir schläft oder mit seinem Handy spielt. Kenta hingegen erlebe ich als einen sehr netten Reisebegleiter und nachdem er seine starke Nervosität überwunden hat und seine Hände nicht mehr vor Aufregung zittern, freunden wir uns langsam an. Kenta ist so groß wie ich, hat schlimme Akne und ist ausgesprochen nett.
Zunächst füllen wir zusammen einen Zettel aus, den die Schule für ihre Schüler vorbereitet hat. Es sind Fragen zu meiner Person und meinen Hobbys, die Kenta mir nun vorsichtig auf Englisch stellt. Wahrscheinlich soll das eine Hilfe sein, miteinander warm zu werden, denke ich vergnügt und antworte in langsamem, sehr verständlichem Englisch, so dass Kenta meine Antworten zu Papier bringen kann. Nach einer Weile entsteht daraus eine richtige Konversation und ich merke, wie es Kenta zunehmend mehr Spaß zu machen scheint, sein Englisch einzusetzen.
Schon lange sind wir aus der ländlichen Gegend heraus und um uns herum reihen sich immer mehr Häuser aneinander. Nach jedem Kilometer wird die Umgebung noch moderner. Interessiert hört sich Kenta meine ersten Eindrücke an, die ich empfand, als ich zum ersten Mal von Tôkyô in Richtung Kiryû fuhr. Da ertönt auch schon die Stimme des Klassenlehrers aus dem Lautsprecher des Busses: „Wir kommen nun langsam ins Zentrum von Tôkyô und ihr könnt schon langsam eure Sachen packen. Wir steigen erst am kôkyo, dem Kaiserpalast aus. Dort

Park um den kôkyo, der Palast des japanischen Kaisers

werden wir eine kurze Führung haben und dann habt ihr noch eine halbe Stunde frei. Seid bitte pünktlich wieder am Bus!“

Vor dem Bus wartet schon eine kleine Japanerin, die um die sechzig ist und die uns in einem recht guten Englisch begrüßt. Schnellen Schrittes führt sie die Gruppe über den Parkplatz und wir überqueren die riesige Rasenfläche, die vor dem kaiserlichen Palast liegt.

Ich hatte mir den kaiserlichen Palast etwas spektakulärer vorgestellt, doch es ist einfach nur ein riesiges altjapanisches Anwesen, das kaum hinter den hohen Pinienbäumen zu sehen ist und von einem Wall umgeben wird.

„Der Kaiserpalast ist für die Öffentlichkeit nur an zwei Tagen im Jahr zugänglich, nämlich am Kaisergeburtstag, dem 23. Dezember, der auch ein nationaler Feiertag ist, und an Neujahr. Aber Sie können gerne Fotos auf der nijûbashi machen, da sind sie dem kôkyo am nahesten“, weist uns unsere kleine Führerin an.

Also machen wir alle fleißig Fotos auf der doppelten Brücke, der nijûbashi, die sich über den alten Wall biegt und den Weg zum gigantischen, türkisen Metalltor ebnet, das in den kaiserlichen Palast führt.

Der Kaiserpalast befindet sich auf einer kleinen Erhöhung. Von hier aus hat man einen sehr schönen Blick über weite, fein gepflegte Rasenfelder, auf denen vereinzelt hohe Pinienbäume die Äste gen Himmel strecken. Direkt am Rande des Rasens reihen sich gigantische, modern-blitzende Bürogebäude aneinander, die das Anwesen umgeben. Traditionelles Altertum gegen Moderne. Auf seltsame Weise strahlt der begrenzte grüne Fleck inmitten dieser Großstadt eine besondere Weite aus. Der graue Himmel mit den tief stehenden Wolken verstärkt diesen Eindruck noch mehr. In Japan, besonders aber in Tôkyô, sind diese kleinen Oasen, die inmitten gigantischer Hochhäuser stehen, keine Seltenheit. Es ist bewundernswert, wie die Japaner in ihnen Ruhe finden und Tradition leben, während direkt daneben Bürogebäude in den Himmel ragen.

„Wir nehmen diese Gebäude gar nicht wahr, sondern lassen uns einfach auf die Absolutheit der Natur ein, wenn wir in einer solchen grünen Oase sind.“ Kenta scheint offenbar meine Verwunderung bemerkt zu haben. Das ist schön, denke ich und komme ins Träumen. Sich einfach in der Gegenwart befinden, mit Präsenz wahrnehmen, was gerade von Wichtigkeit ist. Das Schöne sehen und alles andere ausblenden können. Wenn das die Japaner wirklich können, müssen sie dann nicht glücklichere Menschen sein?

„Wie Sie sicherlich alle wissen ist der amtierende tennô[58] Kaiser Akihito, der bereits im 16. Jahr der heisei[59]-Ära regiert", unterbricht mich unsere Führerin jäh in meinen Tagträumen. Noch heute wird der Kalender in Japan nach den Regierungsjahren des amtierenden Kaisers geführt, erinnere ich mich. Wir schreiben also die 16. heisei-Ära.
„Tennô Akihito hat zwei Söhne und eine Tochter. Sein ältester Sohn Naruhito ist Kronprinz und hat mit seiner Frau Masako eine kleine Tochter, Aiko", berichtet unsere Führerin weiter und ihr Gesicht wird plötzlich sehr unglücklich, als sie fortfährt.
„Leider gibt es keinen männlichen Nachkommen in der gesamten Königsfamilie. Auch der jüngere Bruder von Kronprinz Naruhito hat nur zwei Töchter. Das ist eine sehr schwere Situation für unser Land. Zwar gibt es schon Überlegungen, ob nicht vielleicht doch Prinzessin Aiko nachfolgende Kronprinzessin werden könnte, doch noch wollen wir auf einen männlichen Nachfolger hoffen. Die ganze Nation betet für unsere kaiserliche Hoheit, dass sie endlich einen Sohn gebärt."
Schrecklich, denke ich mir, solch ein veraltetes System, indem es immer noch eines männlichen Erben bedarf, der den Thron besteigt. Es wäre zwar ungewöhnlich, aber offenbar gibt es keine Regel, dass das kaiserliche Oberhaupt immer ein Mann sein muss. Immerhin gab es in der japanischen Geschichte bereits zehn Kaiserinnen. Die letzte Kaiserin hieß Go-Sakuramachi und regierte in der Edo-Zeit[60] zwischen 1762 und 1771.
Doch die Gebete der Japaner sollten erhört werden. Hisahito wird das jüngste Kind des Prinzen Akishino und seiner Frau Kiko heißen – und es wird ein Junge sein. Nach seinem Onkel Naruhito wird Hisahito dann also Kaiser werden. Somit braucht sich Japan keine Gedanken mehr über eine mögliche Herrschaft einer Kaiserin zu machen.
Wir fahren weiter zum Stadtteil Asakusa, um dort den Asakusa-jinja zu besichtigen, einen der wohl berühmtesten Shintô-Schreine. Wie wir erfahren, werden in ihm die drei Männer verehrt, die für den Bau des benachbarten buddhistischen Tempels verantwortlich gewesen sein sollen, dem Sensô-jii. Hier wird mal wieder sichtbar, wie reibungslos die zwei unterschiedlichen Religionen des Shintoismus und des Buddhismus in Japan nebeneinander praktiziert werden können. Die meisten Japaner

58 tennô = jap. Kaiser in Japan
59 heisei = jap. „Frieden überall"
60 Als Edo-Zeit wird der Abschnitt der japanischen Geschichte zwischen 1603 und 1868 bezeichnet und ist nach dem damaligen Namen der Hauptstadt Edo (heute Tôkyô) benannt.

Der Sensô-jii, einer der berühmten buddhistischen Tempel in Tôkyô

bekennen sich sogar zu beiden Religionen und zelebrieren je nach Festart entweder nach der shintoistischen oder nach der buddhistischen Methode. Wenn Katholiken und Protestanten ebenso verwoben miteinander wären, hätte es in der Geschichte sicherlich weniger Probleme und Blutbäder gegeben.

Zusammen mit Hagens und Steffis Gruppe pilgern wir zum Hauptgebäude des Sensô-jii und werfen dort jeweils 100 Yen in eine kleine, hölzerne Box. „Das ist das Mindeste, was man macht, wenn man hier ist“, bekomme ich von Kenta erklärt. Nun dürfen wir die Box schütteln und ein kleines Stöckchen daraus fischen. Auf dem Hölzchen ist eine Zahl eingraviert, die wir an einem kleinen Ständchen gegen ein Stück Papier austauschen, welches uns unsere Zukunft für das nächste Jahr voraussagt.

„Deine Zukunft für das nächste Jahr sieht mittelmäßig aus“, übersetzt mir Kenta die komplizierten Zeichen auf dem Stück Papier. Beim Gedanken an meine momentane Situation zu Hause bin ich froh, dass auf dem Papier nicht „sie werden das nächste Jahr nicht erleben“ steht.

„Möchtest du deine Zukunft verbessern?“, fragt Kenta da.

„Natürlich, wenn das geht“, antworte ich verwirrt. Ich habe noch nie von einem Orakel-Urteil gehört, das man nachträglich noch verbessern kann - aber offensichtlich sind die Japaner in dieser Hinsicht unkonventioneller.

Kenta führt uns zu einer Ecke der Tempelanlage, an der viele Bäume stehen, die schon alle mit Papier behangen sind.
„Wenn du mit deiner Zukunft nicht zufrieden bist, kannst du das Papier zusammenfalten und es dann an einen Baum hängen. Dann werden deine Gebete von den Göttern erhört und deine Zukunft wird sich verbessern."
Kenta führt es mir mit seinem Papier vor, das er längs faltet und dann an einen der Äste hängt. Ich tue es ihm gleich und falte die Hände zusammen, um für eine bessere Zukunft in meiner Gastfamilie zu beten. Schaden kann es sicher nicht.
Wir kommen zur Mitte des Tempelplatzes, wo ein kleiner Brunnen steht, in dem hunderte von Räucherstäbchen kokeln. Um ihn herum stehen bereits einige Passanten und räuchern sich ein, fegen mit den Händen den Rauch über ihren Kopf, um von ihm gereinigt zu werden. Ich bekomme kaum noch Luft bei all dem Rauch und meine Augen brennen. Inständig hoffe ich, dass meine Uniform nun nicht nach Qualm stinkt und meine Lehrer nicht denken, ich würde rauchen. Das wäre schon eine Ironie des Schicksals, wenn mir deswegen das Gleiche passieren würde wie Takahashi-kun. Ein wahrhaft „heiliger" Rausschmiss.
Die ersten Mitglieder unserer Gruppe quengeln schon über Hunger, und so gehen wir durch das gigantische Tempeltor, dem hôzômon, und landen

Orakel-Zettel sollen die Zukunft verbessern oder Wünsche erfüllen

in einer jahrmarktartig anmutenden Einkaufspassage, die sich direkt in der Tempelanlage befindet.
Für 850 Yen schlürfen wir köstliche udon, japanische Weizennudeln, in uns hinein und da bemerke ich erst, wie ausgehungert ich von der langen Fahrt war. Udon schmeckt einfach himmlisch und wie die ramen-, soba- oder somen-Nudeln darf man sie genüsslich schlürfen. Hier in Japan ist das erlaubt und zeugt von gutem Appetit und dass es den Gästen schmeckt. Außerdem, so bemerke ich, nachdem ich mich erst einmal ordentlich an den heißen Nudeln verbrenne, kühlt das Schlürfen die Nudeln ab. Es ist eine wahre Kunst, die Nudeln auf die Stäbchen zu nehmen, sie am Mund anzusetzen und beim Schlürfen so auszuatmen, dass man die Nudeln mit der ausgeatmeten Luft kühlt.
Gesättigt und zutiefst zufrieden schlendern wir später an den Verkaufsständen vorbei und ich erinnere mich an Nôs Worte: „Omiage! Du musst unbedingt omiage kaufen, das ist ganz wichtig!“
Omiage sind kleine Mitbringsel, die bei keiner Reise, und sei sie noch so klein, fehlen dürfen. Meist bestehen sie aus etwas zu Essen oder kleinen Magneten für den Kühlschrank mit Bildern des Ortes, an dem man war. So suche ich also pflichtbewusst eine große Packung traditioneller Süßigkeiten für meine Klasse, meine Drittklässlerinnen und meine Familie aus und dann steigen wir auch schon wieder in den Bus.
Keine zwei Minuten später steigen wir in einem anderen Stadtteil Tôkyôs namens Akihabara aus. Akihabara ist das Technik-Viertel Tôkyôs und hier kann man in zahlreichen Läden alles kaufen, was die Technik zur Zeit zu bieten hat. Noch nie habe ich eine derartige Ansammlung an Handys, Computern, Musikgeräten, Konsolen, Fernsehgeräten oder Satellitenschüsseln gesehen. Überall blinkt es hell, ertönen schrille Werbesongs aus großen Lautsprechern und stehen Verkäufer in Uniform zur Beratung parat. Die Jungs können sich vor lauter Freude über die vielen Konsolenspiele nicht mehr halten und gutmütig trotte ich ihnen hinterher. So muss sich Mann wohl fühlen, wenn er mit Frauen Klamotten shoppen geht. Zu guter letzt machen wir auf meinen Wunsch hin noch purikura als Andenken. Die japanischen Jungs interessiert so etwas eher wenig und sie machen purikura meist nur mit ihren Freundinnen oder ihrer Familie. Dann schlängelt sich unser Reisebus auch schon durch die engen Straßen Richtung Heimat.
Erschöpft von den vielen, ergreifenden Eindrücken lassen wir uns in die weichen Sessel des Busses fallen und meine beiden Gruppenmitglieder schlafen sofort ein. Diese Fähigkeit der Japaner, überall sofort einschlafen zu können, ist einfach beneidenswert.

Lange lasse ich den Tag in Gedanken Revue passieren und schaue nach draußen. Da rutscht Kentas Kopf auf meine Schulter. Er schläft tief und fest, seine Augenlider zucken. Vielleicht träumt er sogar. Ich weiß nicht, was ich tun soll, möchte ihn jedoch nicht wecken. Sicherlich müsste ich mir seine peinlich berührten Entschuldigungsreden anhören, wenn er nun erwachen würde. Daher bleibe ich ganz ruhig und lasse seinen Kopf auf meiner Schulter gewähren.

Er wacht erst auf, als langsam wieder die Hügel von Gunma-ken auftauchen, blinzelt und reibt sich verschlafen die Augen. Entgegen meiner Vermutung kümmert er sich überhaupt nicht darum, dass er mir gerade so nahe gekommen ist und entschuldigt sich mit keinem Wort. Vielmehr scheint es total normal zu sein oder er ignoriert es einfach, damit keine peinliche Stimmung zwischen uns entsteht. Beides würde wahrscheinlich zur japanischen Mentalität passen.

Trotzdem habe ich mit Kenta an diesem Tag einen neuen Freund in Japan kennengelernt und im Laufe dieses Jahres werde ich ihn noch häufig bei verschiedenen Treffen und Festen sehen.

Nach Hause komme ich glücklicherweise sehr spät und auch am nächsten Tag muss ich okâsan nicht sehen, da sie offenbar über Nacht weg gewesen war. Beruflich, wie mein Gastvater sagt, der ausnahmsweise einmal zu Hause ist. Vielleicht verpassen sie sich ja extra, überlege ich, doch eigentlich ist es mir mittlerweile ziemlich egal. Erst am Abend sehe ich okâsan wieder, als wir zum Croco-Club fahren.

In der Besprechungsrunde berichtet okâsan dann auf einmal, dass ich so arm dran sei und so einsam wäre und ob sich nicht eine der Croco-Familien erbarmen würde, gelegentlich etwas mit mir zu unternehmen. Verwirrt schaue ich sie an und verstehe sofort, dass sie versucht eine neue Gastfamilie zu akquirieren.

Es ist ein Gefühl, als würde man auf einem Bazar verkauft werden und ich muss mich zusammenreißen, die Familien freundlich und glücklich anzulächeln. Wer möchte schon ein trauriges Gesicht bei sich aufnehmen.

Als das Treffen zu Ende ist und die meisten Familien schon nach Hause gegangen sind, kommt eine Japanerin mit ihrer kleinen Tochter auf uns zu. Ich soll sie Mi-chan[61] nennen, ihre Tochter heißt Miki.

„Möchtest du das nächste Wochenende zu uns kommen?“, fragt Mi-chan und selbstverständlich bejahe ich und bedanke mich fleißig, wie es von

61 -chan = jap. Verniedlichungsform eines Namens. Meist für Kindern oder jungen Frauen

mir verlangt wird. Ich freue mich sehr über die Einladung und darüber, wenigstens ein Wochenende weniger bei den Kanekos zu sein. Langsam jedoch bekomme ich Bedenken, wo ich an Weihnachten wohl sein werde. Das Schlimmste wäre wohl, noch bei den Kanekos zu sein und mit ihnen an Heiligabend bei einer Kochshow vorm Fernseher einzuschlafen.
Okâsan gebietet mir, mich mit der alten Gastmutter von Hagen und von Frauke zusammenzusetzen und gemeinsam planen wir dann, was nun wohl die beste Lösung für meine Wohnsituation wäre. Offenbar scheint es nun klar zu sein, dass ich die Gastfamilie wechseln werde.
Sachiko, die frühere Gastmutter von Frauke, meint, dass sie mich gerne aufnehmen würde, doch ginge es momentan nicht. Ihr Sohn befände sich in seinen Abschlussklausuren und da dürfe es absolut kein Stress im Haus geben.
„Aber du kannst auf jeden Fall ab Mitte Februar zu uns ziehen bis zum Ende deines Austausches“, meint sie sehr freundlich zu mir. Das ist eine wunderbare Neuigkeit und freut mich, denn Sachiko scheint sehr nett zu sein. Es bleibt nur die Unsicherheit, wie es bei ihnen aussieht. Wird es wirklich so unglaublich schmutzig sein, wie es Frauke gesagt hat? Liegt überall Hundekot? Werde ich dort leben können? Da gibt es nur eines: Versuchen!
Allerdings erst ab Mitte Februar, ich schlucke heftig. Soll ich bis dahin etwa noch okâsan ausgesetzt bleiben? Ich weiß nicht, ob ich das aushalte.
Noch ist nichts geklärt, doch der Tag der Entscheidung ist gekommen. Ich werde diese Familie verlassen und in eine andere wechseln. Welche Familie und wie lange sie mich aufnehmen wird, das ist noch unklar. Es ist Dezember, zwei Wochen vor Weihnachten, und ich packe meinen Rucksack für ein Leben als Streunerin, um von einer Familie zur nächsten zu pendeln.

二

Familie Streunerleben

Auf der Suche nach einer neuen Familie

1

Bis Weihnachten sollte ich also ein Wochenende bei Mi-chans und eines bei Sachikos Familie verbringen. Unter der Woche würde ich noch bei den Kanekos schlafen, doch würde ich sie kaum sehen, da ich nur noch sehr spät nach Hause kommen würde. Auch beschließe ich, dass ich okâsan von nun an für mich selbst nur noch Trampa nennen würde, da sie für mich mehr ihren Croco-Namen als ihre Rolle als Mutter symbolisiert.
Nicht nur der Taifun, der in meiner Gastfamilie herrscht, ist Grund zur Beunruhigung für meine Eltern in Deutschland. Auch in Japan selbst herrscht momentan ein schwerer Taifun namens Tokage, Eidechse. Es sei der schlimmste seit über zwanzig Jahren, berichten die Nachrichten. Von bereits 95 Toten ist die Rede.
Bis auf heftige Regenschauer bekomme ich allerdings hier im Landesinneren noch nichts davon mit. Dafür ergießt sich einer dieser Schauer umso stärker über mir, als ich gerade mit dem Fahrrad auf dem Weg zu Mi-chan bin. Triefend nass komme ich an dem vereinbarten Platz am anderen Ende der Stadt an und schüttele mich erst einmal wie ein begossener Pudel trocken. Der Regen Anfang Dezember ist eisig kalt und ist nah an der Grenze, zu Schnee zu frieren. Glücklicherweise muss ich jedoch nicht allzu lange auf Mi-chan warten, die mit ihrer kleinen Tochter Miki an der Hand soeben die Straße entlang gelaufen kommt. Ihr weißer, großer Regenschirm lässt die dicken, aggressiven Wassertropfen geschmeidig abperlen.
„Wir wohnen gleich um die Ecke, da kannst du dich abtrocknen", verspricht mir Mi-chan und wir gehen ein Stück, bis wir vor einem dieser großen, europäisch wirkenden Plastikhäuser stehen. Hier wohnt also die Familie Matsubara.
Als ich eintrete, bin ich erst einmal sehr über die hohen, hellen Räume erstaunt. Das Haus und die Einrichtung sehen ganz anders aus, als all die Wohnungen, die ich bisher in Japan gesehen habe. In der Mitte des Wohnzimmers, dessen Wände mit dem darüber gelegenen Stockwerk verbunden sind, steht ein dunkles Klavier. Küche und Wohnzimmer sind miteinander verbunden und durch die großen Fenster strahlt das helle Licht, das sich nun sanft seinen Weg durch die Wolken bahnt. Die Räume sind fast leer, alles ist sehr spärlich eingerichtet und Mikis Spielsachen in Wandschränke verstaut, vor den Blicken der Besucher geschützt. Die wenigen Möbel sind aus stilvollem, wohligwarmem Holz gezimmert.

Bei den häufig völlig zugestellten, fast schon vermüllt wirkenden Wohnungen vieler japanischer Familien, steht Leere und Platz in Japan für Wohlstand. Offenbar ist die Familie Matsubara etwas wohlhabender und sie scheint mir auch etwas gebildeter zu sein, da ich hier zum ersten Mal Bücher stehen sehe, die keine manga oder Zeitschriften sind. Und tatsächlich, als ich Mi-chan später nach ihrem Beruf frage, meint sie, dass sie als Grundschullehrerin arbeiten würde und ihr Mann Mathematiklehrer an der Oberschule sei.
Im Gegensatz zu den Kanekos herrscht hier ein weicher und freundlicher Umgangston. Der Vater erklärt seiner kleinen Tochter verschiedene Dinge, die Mutter fragt mich nach meinen Hobbys und über Deutschland aus. Ich freue mich, dass sie sich so für mich zu interessieren scheinen und denke gleichzeitig etwas verbittert an die Kanekos, die mich in den vier Monaten noch nicht einmal gefragt haben, ob ich Geschwister habe. Augenblicklich fühle ich mich wohl in dieser Familie. Ob sie mich wohl aufnehmen würden, frage ich mich heimlich, und nehme mir vor, mich im Laufe der zwei Tage vorsichtig an diese Frage heran zu tasten.
Es klingelt und eine andere Croco-Familie und Mi-chans Mutter stehen vor der Tür. Als ich die Oma sehe, bin ich maßlos entzückt. Es ist das erste mal, dass ich eine Japanerin in einem echten kimono sehe. Der erdfarbene kimono-Stoff wird unterstrichen von Motiven fallender Blätter und weißgrauer Kraniche, dem japanischen Symbol für Glück und ein langes Leben. Die obâsan ist unglaublich nett und in ihrer Hand trägt sie ein kleines Bambuskörbchen mit einem Snack für den Nachmittag. Zu grünem Tee und Kaffee setze ich mich mit den beiden Müttern, der Oma und den drei Kleinkindern auf den tatami-Boden und betrachte staunend obâsans Mitbringsel. Gekochte, in Würfel geschnittene Süßkartoffeln und Eier. Ist Ostern, frage ich mich beim Anblick der gekochten Eier und probiere eine der süßen Kartoffeln. Der Geschmack ist himmlisch...!
Während die Kinder sich mit sich selbst beschäftigen, betrachten die Frauen ganz begeistert meine Fotos aus Deutschland und stellen unglaublich viele Fragen. Gegen Abend gehen die Gäste nach Hause und ich helfe Mi-chan beim Kochen des Abendessens. Wenigstens darf ich mich hier im Haushalt ein wenig nützlich machen.
Da plötzlich wird mir schwindelig und ich fühle mich, als ob der Boden unter mir wackeln würde. Meine Knie fühlen sich an wie Wackelpudding und zittern leicht. Habe ich jetzt schon Kreislaufschwierigkeiten, Stresssymptome oder Angstausbrüche, frage ich mich verwirrt und verstehe meinen eigenen Körper nicht mehr. Doch da bemerke ich, dass auch die anderen bleich vor Schrecken sind und bewegungslos dastehen.

„Jishin!", schreit Miki und verkriecht sich heulend unter dem Tisch. Und schon geht wieder ein starker Ruck durch das Haus. Die Erde donnert und es ist das erste Mal, dass ich ein Erdbeben miterlebe. Es hört nicht mehr auf. Wie in einem Spiegelkabinett bewegt sich die Erde nach links und rechts und ich weiß nicht mehr, wo oben und unten ist, habe meine Mitte verloren.
Doch obwohl der Boden unter mir wackelt und die Wände zu vibrieren scheinen, habe ich keine Angst. Im Gegenteil, ich bin einfach nur erstaunt und fühle mich durch die hohen Räume und die spärliche Einrichtung recht sicher. So ist wenigstens die Wahrscheinlichkeit geringer, dass uns etwas auf den Kopf fällt.
Plötzlich hört das Beben auf. Gespannt steht die Familie in der Mitte des Raumes und horcht in die nachrückende Stille. Nichts. Ich atme leise aus.
Dann gibt es noch einmal ein Beben, diesmal schwächer, dafür immer und immer wiederkehrend. Selbst als ich schon im Bett liege, vibriert die Erde weiter. Als es mich schließlich in den Schlaf wiegt, bin ich mir nicht sicher, ob der Boden immer noch unter mir wackelt oder ob ich es nur träume.
Es ist das schwerste Beben seit dem verheerenden Erdbeben 1995 in Kôbe, bei dem über 6.400 Menschen ums Leben kamen. Damals hatte das Beben eine Stärke von über 7 auf der Richterskala[62]. Wie wir später in den Nachrichten erfahren, hatte dieses Beben seine schlimmsten Auswirkungen in der Nachbarprovinz Niigata, wo es 6,6 auf der Skala erreichte.
„Gott sei Dank haben wir nur leichte Auswirkungen des Bebens erlebt. Das waren schon 5,75 in Kiryû!", höre ich den Vater zu Mi-chan sagen. Es ist eine wahrlich bewegende Erfahrung für mich, eine traumatische für die Japaner.
Nachdem wir also die Nacht über durchgeschüttelt werden, gibt es schon sehr früh morgens Frühstück, da Mi-chan zur Schule muss. Ausnahmsweise muss sie heute, an einem Sonntag, Unterricht geben.
Für Yutaka, den Vater, und mich steht hingegen ein Besuch im Kinderhort der kleinen Miki an. Mittlerweile habe ich die Kleine in mein Herz geschlossen. Obwohl sie erst vier Jahre alt ist, wirkt sie schon wie sechs und ruft mich immer lieb onêsan, die japanischen Bezeichnung für größere Schwester. Ich bin gerührt.
Ich spiele viel mit ihr und als ich in mein Tagebuch schreibe, setzt sie sich neben mich und beginnt ebenso, ihren Tag auf ein Papier zu bringen.

62 Die Erdbebenstärke richtet sich nach der JMA-Richterskale (Japan Meteorological Agency), die von 0 – 7 geht. Das Beben von Kôbe war das erste Erdbeben, das mit 7,3 die Höchstzahl überschritt.

Dabei bringe ich ihr die hiragana bei, die sie noch nicht schreiben kann. Der Kinderhort, in den Miki jeden Tag nach dem Kindergarten geht, feiert an diesem Tag sein 20-jähriges Jubiläum und überall sind Spielstände und Essensgelegenheiten aufgebaut. Nachdem ich ein wenig mit den Kindern Memory gespielt habe und unsagbar viele Fragen über mich und Deutschland beantworten musste, unterhalte ich mich mit Yutaka lange über japanische Bräuche und Feste.
„Kennst du das 7-5-3-Fest?“[63], fragt er mich neugierig und als ich mit großen Augen den Kopf schüttle, spricht er freudig weiter: „Das ist ein Fest, das den Übergang vom Kleinkindalter ins Kindesalter einleiten soll. Bei Jungen wird es im Alter von drei und fünf gefeiert, bei Mädchen im Alter von drei und sieben. Es wir jedes Jahr am 15. November gefeiert. Miki ist erst im Dezember vier geworden, deshalb haben wir das Fest erst dieses Jahr gefeiert.“
Mit stolzem Lächeln erzählt Mikis Vater, wie er mit seiner Frau und Tochter, die beide im kimono gekleidet waren, zum Schrein gegangen sei. Dort hätten sie für das Wohlergehen ihrer Tochter gebetet.
„Ich hab' auch chitoseame bekommen“, ruft Miki ganz munter dazwischen.
„Das sind die obligatorischen weiß-roten Zuckerstangen, die die Kinder an diesem Fest immer bekommen“, erklärt Yutaka, als ich ihn fragend anschaue.
Da kommt auf einmal eine alte Dame auf uns zu und begrüßt Yutaka und Miki ganz herzlich und stellt sich mir als die Lehrerin von Miki vor. Wieder die gleichen Fragen. Wie ich heiße, woher ich komme...
„Oh, aus Deutschland also! Wir üben gerade die traditionelle Tee-Zeremonie, den chadô[64]. Möchten Sie kommen und uns zuschauen?“
Mit einem ruhigen, weisen Lächeln verbeugt sich die alte Dame, als wir zustimmen und uns bedanken, und trippelt auf ihren kleinen Holzsandalen anmutig aus dem Zimmer den langen Flur entlang. Wir folgen ihr und bleiben an einem mit tatami-Matten belegten Raum stehen. Durch die offene Türe erkenne ich schon zwei Frauen, die eine Art Trockenübung der Tee-Zeremonie durchführen.
Unsere Schuhe vor der Türe ausziehend, verneigen wir uns tief, als wir in das Zimmer treten. In traditionellen Tee-Zeremonieräumen ist der Eingang normalerweise nur einen Meter hoch, so dass man automatisch mit einer sehr respektvollen Haltung eintreten muss. Nicht jedoch hier. Der Übungsraum ist mit tatami ausgelegt, an der Wand hängt eine lange

63 sprich: shichi-go-san
64 cha = Tee, dô = Weg

Schriftrolle und ein ikebana[65]-Gesteck schmückt die kahle Ecke des Raumes. Außer ein paar harten Kissen, die in einer Reihe auf dem Boden liegen, und den Teezeremonie-Utensilien, befindet sich sonst nichts im Zimmer.
Mit einer Geste deutet uns die alte Dame, uns im seiza, dem japanischen Fersensitz, der Reihe nach auf die Kissen zu setzen. Dann ruft sie einige Schüler hinzu, die sich ebenfalls zu uns auf die Kissen setzen. Als der letzte mit einem leisen Geräusch die Schiebetür schließt, wird es ganz ruhig und die Dame deutet uns, dass es nun anfängt.
Mit einem leisen Schlurfen robbt eine der beiden übenden Frauen auf den Knien zu uns. Sie ist nun unsere Gastgeberin und wir verbeugen uns voreinander und drücken so unsere hohe Wertschätzung aus. Dann robbt sie zu der großen Schriftrolle, wo schon verschiedene Tee-Utensilien bereitliegen: Teeschale, Teedose mit grünem Pulvertee, Bambusteelöffel und ein Teebesen.
Ein eiserner Kessel mit Frischwasser steht schon auf dem Kohlebecken, das den Gästen gegenüber steht. Griffbereit daneben ist eine Gebrauchtwassergefäß.
In langsamen, bedächtigen Robbbewegungen trägt unsere Gastgeberin auf Knien die Gegenstände aus der Zimmerecke zum Kessel, bis sie alle in einer Reihe vor uns liegen. Ihre Bewegungen sehen gekonnt und ruhig aus, jeder Schritt sitzt, nichts ist der Willkür überlassen. Gleichzeitig jedoch erscheint jede Bewegung frei und rein zufällig. Vielleicht ist das gerade das Paradoxe, das in der japanischen Kunst zu liegen scheint, überlege ich. Nichts ist perfekt, solange es perfekt ist! Und gleichzeitig darf es auch nicht fehlerhaft sein. So ist es auch in der japanischen Blumenkunst oder in der Kalligraphie. Die vollkommene Schönheit ist nicht schön. Es bedarf immer einem Punkt der Flucht, der Unvollkommenheit, des sichtlichen Fehlers, der Leere, um das Bild vollkommen zu machen.
Unsere Gastgeberin nimmt den Schöpflöffel vom Kessel und platziert ihn links vor ihn auf einen Untersetzer. Dann verbeugen wir uns wieder. Die Gebrauchtwasserschale und die Teeschale rückt sie bis auf die Höhe ihrer Knie, das Döschen mit dem Teepulver legt sie zwischen Teeschale und sich selbst. Mit feinen Händen zieht sie das lila Seidentuch, das an ihrem Gürtel hängt heraus. Langsam und bedacht faltet sie es und reinigt damit das Döschen. Sie stellt es neben den Frischwasserkessel und faltet das Tüchlein wieder. Sie nimmt den Bambuslöffel, reinigt auch diesen und legt ihn zum Teedöschen. In tiefer Ehrfurcht bewundere ich diese feine Kunst und diese irrsinnige Geduld.

65 ikebana = japanische Kunst des Blumenarrangierens

Als nächstes nimmt unsere Gastgeberin mit der linken Hand den Schöpflöffel, um mit der rechten den Deckel des Kessels abzuheben, das erhitzte Wasser abtropfen zu lassen und ihn dann auf dem Untersetzer abzusetzen. Bedacht schöpft sie einen Schluck heißes Wasser in die Teeschale, nimmt den Teebesen aus Bambus und macht ihn durch das Rühren im heißen Wasser geschmeidig. Durch das Schwenken wird auch die Teeschale warm. Anschließend gießt sie das Wasser in die Gebrauchtwasserschale.

Mir, als ungeübter Europäerin, schlafen langsam die Füße ein und ich bemühe mich unauffällig, meine Zehen leicht zu bewegen. Sie scheinen noch zu leben, beruhige ich mich, und betrachte weiter staunend das Geschehen.

Mittlerweile hat unsere Gastgeberin die Teeschale mit einem weißen Leinentuch gereinigt und weist uns mit einem feinen Lächeln an: „Dôzô okashi o". Dies bedeutet soviel, als dass wir nun die Süßigkeiten essen dürfen.

Die alte Dame nimmt den kleinen Teller, welcher vor ihr steht und auf dem eine Kirschblüte aus Marzipan liegt. Mit dem kleinen Tüchlein reinigt sie das Bambuslöffelchen, das vor ihr liegt, und trennt damit ein Stückchen des Marzipans ab. Nachdem sie es sich in den Mund geschoben hat, gibt sie den Teller weiter. Auch ich habe vor mir ein Tüchlein und einen Bambuslöffel liegen und tue es ihr gleich. Das Marzipan schmeckt herrlich süß und muss unbedingt ganz aufgegessen werden, bevor der Tee getrunken wird. Das Süße soll den Geschmack des Tees unterstreichen und ihm die Bitterkeit nehmen.

In der Zwischenzeit hat unsere Gastgeberin schon mit ihrem Bambuslöffel das Teepulver aus der Dose genommen und es in die Teeschale gefügt. Dazu gießt sie einen Schöpflöffel voll heißen Wassers und verrührt das Ganze anschließend mit dem Teebesen. Sie rührt so lange, bis der Tee langsam leicht schäumt und eine dickliche Konsistenz annimmt, deren Farbe der junger Bambusblätter ähnelt.

Sie überreicht die Schale der alten Dame, die diese mit einer ehrenvollen Verbeugung annimmt. Mit einer Geste entschuldigt sie sich bei uns, dass sie als erste den Tee nimmt und dreht die Schale drei mal in ihrer Hand, während sie die schön verzierte Keramik bewundert. Dann nimmt sie schlürfend drei kleine Schlucke, nimmt ihr Tüchlein wieder in die Hand und dreht die Schale wieder drei Mal, wobei sie mit dem Tuch über den Rand der Schale wischt. So wird sie gesäubert und kann an den Sitznachbarn weitergereicht werden.

Zum Ende der Zeremonie verbeugen wir uns wieder gegenseitig und wir Gäste verlassen rückwärts robbend das Zimmer, wobei wir uns wieder in das Zimmer hinein verbeugen.
„Das war wirklich eine ganz tolle und einzigartige Erfahrung", meine ich zu der alten Dame und bedanke mich herzlich. Sie erklärt uns, dass die beiden Frauen schon seit über drei Jahren bei ihr lernen würden, aber lange noch nicht gut genug seien. Ob das nun japanische Bescheidenheit ist, weiß ich nicht. Jedenfalls zeigt es mir einmal mehr, welche Perfektion die Japaner in ihrer Kunst verlangen.

Zum Abendessen haben wir uns mit Mi-chan zum kaitensushi verabredet. Staunend setze ich mich mit den Matsubaras an einen Vierertisch, der direkt neben dem Fließband steht. In der Mitte des Fließbandes stehen die Köche und bereiten im Eiltempo sushi zu. Wie im Schlaraffenland fahren an uns bunte Teller mit japanischen Köstlichkeiten vorbei. Maki-sushi, nigiri-sushi, oshi-sushi, sashimi, Salat, Obst und auch Nachtisch tuckern an uns vorbei und wir nehmen uns, worauf immer wir Lust haben.
Die Preise definieren sich hier nach der Anzahl der gegessenen Teller und nach deren Farbe. Mi-chan gibt mir einen der goldenen Teller, die teuerste Farbe, und meint, ich solle unbedingt probieren. Ich betrachte diese japanische Köstlichkeit und schwanke zwischen Skepsis und Ekel. Es ist ein glibberiges Ding, das nach Schnecke aussieht und in Algengras zu einem sushi gewickelt ist.
Als ich frage, was es ist, meint Mi-chan „kaki no sushi desu", Austern-sushi also. Natürlich will ich ihre Gastfreundschaft nicht beschämen und esse mit zusammengekniffenen Zehen das sushi. Es ist widerlich zäh und schmeckt grauenhaft bitter. Ich könnte heulen!
Dieser widerliche Geschmack bleibt mir selbst dann noch im Mund, als ich am späten Abend noch in das ofuro steige, das heiße Bad im Hause der Matsubaras. Es ist das erste Mal und es fühlt sich richtig gut an.
Gründlich wasche ich mich vorher mit Seife in der Nasszelle und nehme dann den Deckel von der Wanne. Im Gegensatz zu normalen Badewannen ist das ofuro tiefer und kürzer, so dass man zwar nicht die Beine ausstrecken kann, dafür aber bis zum Hals im heißen Wasser sitzt. Es ist angenehm warm und ich spüre den ganzen Stress der letzten Monate langsam von mir abgleiten.
Ich denke nach. Über die letzten Wochen, die letzten Monate. Über das Verhältnis mit den Kanekos und über die Möglichkeiten, eine neue Gastfamilie zu finden. Bei den Matsubaras fühle ich mich unglaublich

wohl und schon in der kurzen Zeit habe ich die Familie sehr in mein Herz geschlossen. Leider, leider kann ich nicht bei ihnen bleiben, seufze ich. Denn als ich Mi-chan vorsichtig gefragt hatte, warum sie bei Croco sei und ob sie sich irgendwann einmal vorstellen könnte, auch ein Gastkind aufzunehmen, hatte sie geantwortet, dass sie erst seit ein paar Wochen bei Croco sei und sie und ihr Mann so viel arbeiten würden, dass sie kaum Zeit für ihre eigene Tochter hätten. Schade, dann muss ich wohl weiter suchen, denke ich mir und tunke meinen Kopf unter Wasser. Als ich wieder auftauche und mir das Gesicht reibe, sehe ich plötzlich lange, schwarz-glänzende Schimmer im heißen Wasser baden. Es sind die schwarzen Haare von Miki und ihrem Vater, die vor meinen Augen hin und hertreiben. Die beiden waren vor mir im ofuro und ihre Haare kräuseln sich nun auf der blanken Wasseroberfläche um mich herum. Woher die wohl kommen, frage ich mich, doch ich will es lieber gar nicht wissen. Irgendwie ist es ja schon ein wenig eklig sich im gebrauchten Wasser von anderen einzuweichen, aber das angenehm ermüdende Gefühl nach dem Bad, ist Grund genug, das ofuro trotzdem zu nutzen. Angenehm erschöpft von dem Tag falle ich in tiefe Träume, um dann am anderen Morgen wieder zur Schule zu fahren.

2

In der Nacht und auch in den nächsten Tagen gibt es immer wieder kleinere Nachbeben, und besonders in der Schule kann ich mir beim Anblick meiner sich hysterisch unter ihren Tischen verkriechenden Klassenkameradinnen das Lachen kaum verkneifen. Das Verhalten ist maßlos übertrieben für das leichter werdende Beben, und doch zeigt es das tiefe Trauma, das die Japaner in Bezug auf Erdbeben und Taifune haben. Es ist einfach eine immer wiederkehrende Gefahr.

Die Tage unter der Woche halte ich wieder bei den Kanekos aus, doch schon am Ende der Woche sollte ich wieder eine andere Familie besuchen. Diesmal sollte es die ehemalige Gastfamilie von Frauke sein.

In der Schule lenke ich mich mit den Weihnachtsbasteleien ab, die ich mit meinen Klassenkameradinnen in den Pausen bastle und übe ein wenig kendô und taikô. Doch innerlich bin ich aufgeregt und gespannt zugleich auf das Wochenende. Mein Gefühl sagt mir, dass ich bei der Familie Yoshida eine Chance habe und dass sie mir sehr sympathisch sein würde. Trotzdem habe ich Bedenken wegen der vielen, schrecklichen Dinge, die Frauke mir von dieser Familie erzählt hat. Nun gut, aber Frauke ist auch nicht gerade einfach, beruhige ich mich immer wieder. Sei du selbst und nimm dein Leben in die Hand! Du hältst es bei den Kanekos nicht mehr länger aus, dann suche dir gefälligst eine neue Familie, motiviere ich mich selbst!

Und endlich kommt der Donnerstag, an dem mich Sachiko, die ehemalige Gastmutter von Frauke, von der Schule abholt. Etwas verunsichert begrüßt sie mich und wir laden mein Fahrrad in den Kofferraum. Beim Anblick ihres Autos geht mir instinktiv das Herz auf. Keine niegelnagelneue, blankpolierte Riesenkarosse wie bei den Kanekos, die den beruflichen Status von okâsan repräsentieren soll, sondern ein altes, niedriges Töfftöff mit ungeputzten Scheiben und vereinzelten Beulen im Lack. Im Auto unterhalte ich mich sehr lange und gut mit Sachiko und sie ist erstaunt, wie viel Japanisch ich schon spreche und verstehe. Das gibt mir neue Hoffnung.

Sachikos Haus liegt am Rande der Stadt, mit dem Fahrrad etwa eine Dreiviertelstunde von meiner Schule entfernt. Über drei Stockwerke erschließt sich das Haus und ist gleichzeitig ganz schmal, so dass es so wenig Grundfläche wie möglich verbraucht. Die Architektur ist irgendwie seltsam anzusehen. Nebenan ist ein Anbau, der aussieht wie eine Hütte mit Plastikvordach.

„Da hat mein Ex-Mann seine Praxis drin. Er ist Krankengymnast...", meint Sachiko. Ich bewundere sie, dass sie so dicht neben ihrem Ex-Mann leben kann und sie lacht mich nur nervös an und meint etwas gehässig: „Der hat ja nur seine Praxis da. Leben tut er mit seiner neuen Frau und dem Baby woanderes. Das ist aber auch in der Nähe."

Interessanter Einstieg in die Familie, denke ich und betrete den Eingang des Hauses. Ich ziehe meine Schuhe im Flur aus und betrete dann auch schon das Wohnzimmer. Neugierig schaue ich mich um. In der Mitte des engen Wohnzimmers steht ein traditioneller, niedriger Tisch, der kohatsu. Um ihn herum liegen gemütliche Kissen und an den Wänden stehen niedrige Regale, auf denen hunderte von Zeitschriften, Rechnungen und sonstiger Krimskrams übereinander gestapelt sind. Die Küche ertrinkt in ungespülten Töpfen und Schälchen und ich entdecke keine Stelle, die nicht mit irgendetwas voll gestellt ist. Es herrscht pure Unordnung, ist aber dennoch mit etwas Nachsicht und Schönreden mit „gemütlich" zu beschreiben. In der Ecke entdecke ich plötzlich den kleinen Bello, den humpelnden Dackel der Familie, der mich aus seinem kleinen Laufkäfig direkt hinter der Türe angafft. Er jault und wedelt mit dem Schwanz und freut sich, mich zu sehen. Der Laufkäfig hat keinen Boden und der Fußboden wird nur mit kleinen, auslegbaren Klebewindeln geschützt. Noch sehe ich nirgendwo Hundescheiße liegen, so wie Frauke es berichtete. Es riecht nur ganz leicht nach Hundeurin.

Da trampelt plötzlich jemand die Holztreppe herunter und ich bemerke, dass die Wände so dünn sind, dass das Haus dabei leicht wackelt. Ein Wunder, dass dieses Haus das Erdbeben überlebt hat, denke ich mir, als eine junge Frau mit blondgefärbten Haaren durch die Tür lugt. Es ist eine Freundin von Sachiko und sie sieht mich misstrauisch an, als sie sich an den Tisch setzt und sich eine Zigarette ansteckt. Sachiko macht eine Tüte Knabberzeug auf und schenkt uns grünen Tee ein, der jedoch schon so oft aufgebrüht wurde, dass er fast nur noch nach heißem Wasser schmeckt.

Da fängt die Blondgefärbte an, mit Sachiko über Frauke zu sprechen und fragt sie, ob sie nun wieder jemanden aufnehmen wolle, nach all dem Stress, den sie mit ihr hatten. Offenbar weiß sie nicht, dass ich sie verstehe. Ich frage mich, was sie wohl arbeitet oder ob sie überhaupt arbeitet, denn normalerweise findet man in Japan mit solchen gefärbten Haaren keine vernünftige Arbeit und irgendwie erscheint sie mir auch ein wenig verwahrlost. Sachiko hingegen wirkt wie eine ganz normale Japanerin. Dunkelbraune halblange Haare, um die vierzig, ein liebes Gesicht mit intelligenten, lustig-listigen Mandelaugen. Sie ist Krankenschwester und arbeitet sich als Alleinerziehende für ihre vier Kinder die Seele aus

dem Leib. Ich bin erstaunt und gerührt zugleich, dass sie in solch einer Situation überhaupt ein Gastkind bei sich aufnimmt.
Als sie von Frauke erzählt, wirkt sie geknickt und verletzt. Sie berichtet ihrer Freundin ein bisschen von ihrem Abschied und mir fällt auf, dass sie das in einem relativ neutralen Ton sagt und ich finde es recht beruhigend, dass sie sonst nichts Negatives über Frauke sagt.
Dann zeigt Sachiko mir mein Zimmer. Wir gehen die hölzerne Treppe in den ersten Stock hinauf, in dem sich vier Zimmer und eine Toilette befinden. Jedes Zimmer gehört einem anderen Kind und hat eine integrierte Leiter, die in den zweiten Stock führt. Dieser ist einfach nur eine Art Schlafebene, auf der die Betten stehen. Die einzelnen Schlafebenen sind jeweils durch ein Loch in der Wand miteinander verbunden.
„Früher sind die Kinder dann immer von einem Schlafzimmer zum anderen gegangen und haben sich gegenseitig besucht", erzählt Sachiko lächelnd. Jetzt sind die Löcher mit Handtüchern behangen, um wenigstens ein bisschen Privatsphäre zu gewährleisten.
Ich darf in dem Zimmer von Kaori schlafen, dem dritten Kind der Familie. Kaori ist so alt wie ich, macht momentan einen Austausch in den USA und kommt im Juni zurück nach Japan. Ich freue mich schon jetzt, sie kennen zu lernen.
Die Zimmer neben mir gehören Risa, der 14-jährigen Tochter und Shôta, dem 19-jährigen Sohn der Familie.
Schmunzelnd denke ich an Frauke und ihre Worte. Anscheinend hat der gute Sohn, der fleißig auf seine Endklausuren lernen sollte, trotz allem ein ausgiebiges Sexualleben. Bei den dünnen Wänden und dem nur mit einem Handtuch behangenen Durchgangsloch, sollte ich mir wohl schleunigst Ohropax besorgen.
Da ruft es plötzlich fröhlich von unten: „Tadaima~!"
„Das ist Risa", meint Sachiko erfreut und ruft aufgeregt zu ihr hinunter, dass ich schon da sei. Eine Millisekunde später luken drei Mädchenköpfe mit kurzgeschnittenen, schwarzen Haaren durch die Wohnzimmertüre und schauen zu uns nach oben. Freudig rufe ich die Treppe hinunter und stelle mich vor. Auch die drei Mädchen rufen freudig ihre Namen. Dann verschwinden sie wieder im Wohnzimmer und ich höre nur ein schrilles Kreischen „Mona kawaii!!".
Schnell schäle ich mich aus meiner Schuluniform und wechsele die Klamotten, dann gehe ich runter. Die drei Mädchen sitzen schon vor dem Fernseher und unterhalten sich lachend. Sie sind alle groß und schlank, haben kurze Jungenfrisuren und tragen die Sportuniformen

ihrer Schule. Die größte unter ihnen ist Risa. Mit ihren vierzehn Jahren ist sie fast so groß wie ich und spielt passenderweise im Volleyball-Club ihrer Mittelschule.

Es entsteht eine locker-lustige Konversation und ich bin überglücklich, dass ich mich so gut mit Risa verstehe. Sie wirkt kaum wie vierzehn, eher wie sechzehn, und hat für eine Japanerin ein recht männliches Wesen. Zwar hat auch sie einen Rattenschwanz an Hello Kitty-Anhängern an ihrem Handy, aber dafür macht sie dreckige Witze und knufft gerne mal kameradschaftlich ihre Schulfreundinnen.

Ob sie gerade vom Sport kommen würden, da sie ja ihre Schuluniformen gar nicht tragen würden, frage ich sie. Risa verneint. In ihrer Grundschule trüge man die Uniform nur zu offiziellen Anlässen, sonst jedoch immer die Sportuniform.

„Bist du auch in einem Club an deiner Schule?", fragt sie mich neugierig und ich erzähle ihr von kendô und taikô.

„Leider finden die Treffen immer sehr unregelmäßig statt und meistens sitzen wir nur rum und unterhalten uns. Ich glaube, im kendô haben wir noch nie richtig trainiert und wenn, dann immer in Schuluniform. Und naja, in Schuluniform kann man doch nicht richtig trainieren!", klage ich und schwärme ihr dann vom Volleyball-Club vor.

„Ja, die Volleyballerinnen an eurer Schule sind wirklich sehr gut. Ich überlege auch, ob ich nach der Mittelschule auf die Kiryû Kôkô gehen soll, aber ich habe gehört, dass das Auswahlverfahren für den Club sehr schwer sein soll", seufzt Risa und meint dann: „Wenn man in der Kiryû Kôkô vom Volleyball-Club angenommen wird, dann ist der Weg in die Schule kein Problem mehr. In Japan ist es sogar so, dass viele Schüler nur die Oberschule besuchen, um in einen bestimmten Club zu kommen und da trainieren zu können."

Das würde einiges erklären, denke ich mir. Vielleicht sind deshalb einige Schüler so desinteressiert am Unterrichtsgeschehen, weil sie nur wegen ihres Clubs in die Oberschule gehen. Mama zum Beispiel, die Volleyballerin in meiner Klasse. Sie kommt aus Isesaki und schläft unter der Woche extra in einem Schülerwohnheim in Kiryû, nur um auf diese Schule gehen und Volleyball trainieren zu können. Der tägliche Weg von Isesaki wäre zu weit, da sie immer schon morgens um 7 Uhr in der Turnhalle sein muss. Das nenne ich mal Passion.

Gegen Abend gehen die beiden Freundinnen von Risa und wir beide in den großen Supermarkt, der praktischerweise direkt gegenüber des Hauses liegt, und kaufen Essen ein.

Wir kaufen Erdbeermilch der Marke Meiji, die auf jedem Softdrink zu stehen scheint. Das Getränk schmeckt unglaublich süß und ist lecker, auch wenn ich stark vermute, dass die Milch nie im Leben eine richtige Erdbeere gesehen hat.

„Eigentlich dürfen wir das nicht, weil es so ungesund ist", grinst Risa mich an. Daher müssen wir den ganzen Liter auf einmal austrinken, bevor wir wieder zu Hause sind. Nach jedem Schluck wird uns schlechter und lachend drängen wir uns gegenseitig die Flasche auf. Die gemeinsame Übelkeit, die wir empfinden, als wir wieder im Wohnzimmer sitzen, macht uns zu Verbündeten und ich wünsche mir, dass ich diese Familie nie wieder verlassen muss. Trotz all dem Dreck im Haus und Fraukes schlechten Erfahrungen, fühle ich mich geborgen und gemocht in diesem Haus. Etwas, das bei den Kanekos unvorstellbar war.

Obwohl wir gerade einen Liter atomar-strahlender Erdbeermilch auf einmal geext haben, hat Risa Hunger. Mit ein paar schnellen, gekonnten Griffen formt Sachiko kleine Dreiecke aus Reis, die sie mit einer eingelegten Pflaume, umeboshi, füllt und mit getrockneten Algenblättern umwickelt. Diese kleinen Reisbällchen namens onigiri schmecken wunderbar und beide sind ganz verwundert, als ich ihnen erzähle, dass ich sie zum ersten Mal esse.

„Aber das ist doch etwas ganz Typisches in Japan. Hast du das auch noch nie bei den Kanekos gegessen?", fragt Risa ganz erstaunt. Ich verneine. „Und natto?" Ich schüttele den Kopf, auch wenn ich nicht weiß, was dieses natto sein soll. Risa schaut mich mitleidig an und wirft ihrer Mutter einen vielsagenden Blick zu. Was das wohl zu bedeuten hat? Offenbar habe ich durch die Kanekos nicht sehr viel von Japan mitbekommen, soviel ist sicher.

Die missmutigen Gesichter der Familie Kaneko bekomme ich gleich darauf wieder zu sehen, als wir zum Croco-Treffen fahren. Ich fühle mich etwas zwischen den beiden Familien hin und her gezogen, obgleich ist weiß, dass ich nicht mehr zu den Kanekos gehöre. Okâsan zählt mich auch nicht mehr zu ihrer Familie hinzu, als sie mit dunklem Gesicht ihre Familienmitglieder auf Chinesisch aufzählt. Hagen schaut mich fragend an. Als Sachiko dann nach einem kurzen Stocken auch mich zu ihren Familienmitgliedern zählt, schaut er mich noch verwunderter an. Auch ich weiß nicht mehr, was ich glauben soll. Habe ich etwa die Familie schon gewechselt, ohne dass ich etwas davon weiß?! Ich kann Hagen nur ein leichtes Schulternzucken kommunizieren, als wir auch schon wieder nach Hause fahren.

Nur eine Sache gibt mir Genugtuung. Okâsan scheint es zwar vollkommen egal um mich zu sein, doch scheint es ihr trotzdem sehr unangenehm vor den Gruppenmitgliedern zu sein. Vielleicht hat sie dadurch ihr Gesicht verloren? Das Gesicht vor der Gruppe zu verlieren, ist wohl eine der größten Schanden in Japan. Vielleicht ist es undankbar, denke ich mir, doch irgendwie bin ich schadenfroh, bin gehässig und froh darüber, dass mein monatelanges Unwohlsein in dieser Familie nun gerächt wird. Doch wie wird es weitergehen, fragt gleichzeitig eine leise Stimme in mir. Bei wem werde ich bleiben? Sachikos Familie kann erst ab Mitte Februar und auch nur dann, wenn der ältere Bruder mit mir einverstanden ist. Es bleibt die Unsicherheit...

Als wir wieder zu Hause ankommen, fängt Sachiko an, Fleischklöße zu braten, während ich Risa folge, die mich an der Hand nimmt und mit mir zwei Häuser nach nebenan geht. Wir treten in den Flur des großen, einstöckigen, sehr traditionell wirkenden Nachbarhauses ein. Es ist vollkommen aus Holz und scheint schon sehr alt und heruntergekommen zu sein. Dielen fehlen, tatami-Matten sind verkratzt, das Reispapier vor den Fenstern zerlöchert.

Im Eingang des Hauses stehen schon viele Schuhe und im Wohnzimmer sitzt eine große Familie an einem niedrigen kohatsu, der sogar eine Öffnung in den Boden hat, so dass man normal die Füße nach unten baumeln lassen kann. So sitzt man fast wie auf einem normalen Stuhl, nur eben auf dem Boden. Als ich mich zu den anderen setze, bemerke ich, dass die Öffnung im Boden angenehm warm ist, da unten eine kleine Glut brennt.

Risa stellt mich vor und ich lerne auf einen Schlag die komplette Nachbarfamilie kennen: Da ist zum einen der Vater. Sein schiefes Lachen enthüllt eine große, dunkle Lücke an der Stelle, wo eigentlich sein Vorderzahn sein sollte. In Boxershorts sitzt er am gedeckten Tisch und hält das kleine Baby Miyu-chan, das unaufhörlich weint.

„Sie hat Schnupfen", meint er und spült ihre Nase aus, indem er den Nasenschleim mit seinem Mund heraussaugt. Die elterliche Liebe geht schon sehr weit, denke ich angewidert und lächle verstört. Und dass Liebe auch durch den Magen geht, sehe ich, als er das Zeug auch noch herunterschluckt. Igitt!!

„Willst du auch mal?", fragt er mich und grinst mich schelmisch an.

„Du bist so eklig! Hör auf damit!", schreit da Gott sei Dank schon Risa dazwischen und ich bin froh, dass ich mich um diese tolle Gelegenheit drücken kann, einem Baby die Nase auszusaugen.

Da weint Miyu-chan wieder. Jedoch diesmal wegen ihrer beiden Brüder, dem fünfjährigen Ren und dem dreijährigen Taiki.
„Hört doch auf, Miyu-chan zu ärgern", schimpft da die Mutter, die zusammen mit der kleinen Oma und einem riesigen Topf das Wohnzimmer betritt. Die Jungs wollen nicht horchen und erst als ihr Vater sie von Miyu-chan wegdrückt, hören sie auf, an ihr zu zerren und spielen auf den tatami-Matten Fangen.
Die Mutter stellt sich mir als Ai-chan vor. Sie hat ein gutmütiges Gesicht und verwaschene, aschblond gefärbte Haare, die sie praktisch zu einem Pferdeschwanz nach hinten gebunden hat. Wie auch ihr Mann und die drei Kinder ist sie recht gut genährt.
Risa meint, ich solle raten, wie alt die beiden sind. Ich überlege. Den Vater würde ich auf etwa 38 und die Mutter auf 32 tippen, sage aber eine optimistische Zahl von 35 und 30. Da lacht der Vater lauthals los und meint, das würde ihm immer passieren. Als ich erfahre, dass beide erst 28 sind, dreht es mir erschrocken den Magen um. Beide sehen schon so verbraucht aus!
Wahrscheinlich ist die Oma, die hinter der Mutter her schlurft, auch keine 85, sondern 60, denke ich mir. Zusammen mit der blonden Freundin von Sachiko setzt sie sich an den kohatsu und beide stecken sich Zigaretten an.
„Du sollst doch nicht immer so viel rauchen", meint Ai-chan zu der Oma. Doch diese zuckt nur mit den Achseln und antwortet trotzig mit tiefer, krächzender Stimme: „Ist mir doch egal. Ich bin doch eh schon so alt, da kann ich doch machen, was mir gefällt."
Ai-chan seufzt und steckt sich selbst eine Zigarette an.
Es ist wie in einem Schauspiel, denke ich, das ist doch alles nicht echt, irgendwann muss ich doch erwachen. Doch ich erwache nicht und langsam lerne ich diese leicht verwahrlost erscheinende Familie näher kennen. Sie leben im Chaos, geben wahrscheinlich ihr meistes Geld für Essen aus und im Haus wird trotz der Kinder unaufhörlich geraucht. Und trotz allem sind sie irrsinnig liebenswürdige und großzügige Menschen, die für die Yoshidas nicht nur Nachbarn, sondern fast eine Art Zweitfamilie sind. Man hilft sich gegenseitig aus, hütet mal die Kinder oder kommt zum Essen rüber. Ganz natürlich.
Auch mich nehmen sie wie ganz selbstverständlich in ihre Gemeinschaft auf und behandeln mich ganz normal. Es ist angenehm, einmal nicht wie ein Außerirdischer in diesem Land beobachtet zu werden.
Da kommt ein Junge in schwarzer Schuluniform herein, ruft „tadaima!" und wirft seine Schulsachen in die Ecke. Er hat eine kurzgeschnittene

Igelfrisur und ein braunes, breites Gesicht mit schmalen, gutmütig wirkenden Hundeaugen. Es ist Shôta, der Sohn der Yoshidas. Von ihm hängt es ab, ob ich bei ihnen bleiben kann oder nicht, denke ich und plötzlich bin ich etwas aufgeregt. Aber Shôta grüßt mich nur herzlich und macht sich gleich über das Essen her. Im Gegensatz zu Masaru wirkt er sehr gutmütig, still und gelassen. Er hält sich nicht für den Größten, scheint eher bescheiden und hat eine sehr positiv wirkende Ausstrahlung. Wir unterhalten uns wenig, und trotzdem verstehen wir uns gut.

Als dann auch noch Sachiko mit einer Pfanne voll Fleischklößchen kommt, sind wir acht Erwachsene mit drei schreienden Kleinkindern. Ich fühle mich wie in einer Großfamilie im Kongo und grinse glücklich in mich hinein. Was für ein kunterbunt plappernder und zwangloser Haufen, denke ich gerührt und beobachte mit Freuden die lustige Truppe.

Es wird spät bis wir ins Bett kommen und wohlig kuschle ich mich in die weichen Federn während ich das ruhige Atmen von Risa und Shôta neben mir durch die Handtuchwände höre. Durch die schmalen Öffnungen an beiden Wänden hört es sich so an, als lägen sie direkt neben mir. Ich fühle mich unwahrscheinlich geborgen zwischen ihnen, wie aufgenommen in eine neue Familie. Es ist schön! Und doch habe ich noch keine neue Familie und führe noch ein Leben als Streuner. Zu wem gehöre ich und wo kann ich bleiben...?

Ren und Taiki mit ihrem Vater

Am anderen Tag wird mir dieses Gefühlschaos noch umso bewusster. Wir haben Schule und mein Herz fühlt sich seltsam verlassen an, weiß nicht mehr, wohin es gehört. Oftmals kommen mir die Tränen, die ich mit Müh und Not unterdrücken kann. Der Kloß in meinem Bauch schmerzt. In der Pause flüchte ich mich auf die Mädchentoilette und starre verwirrt die Wand an. Ich hyperventiliere. Panik bricht in mir aus. Das kann doch nicht mehr so weitergehen, sage ich mir verzweifelt!

Kôrin-san hatte sich nur kurz bei mir gemeldet und geschrieben, dass sich Trampa um eine neue Gastfamilie für mich kümmern würde.

Worst case ever, denke ich mir erschrocken. Es kann doch nicht gut gehen, wenn ausgerechnet die Frau, wegen der ich die Familie verlasse, mir eine neue Familie sucht! Verzweifelt versuche ich, Kôrin-san anzurufen, doch auch telefonisch erreiche ich ihn nicht. In genau einer Woche ist Weihnachten und ich weiß immer noch nicht, wohin ich gehen kann.

Blass gehe ich wieder in Richtung Klassenzimmer, als mir Tanaka-sensei im Flur über den Weg läuft. Obwohl ich ihn bemüht fröhlich grüße, muss ich offenbar sehr schlecht aussehen, denn er fragt mich besorgt, wie es mir geht. Ich erwidere, dass es mir schon gut ginge und ich nur ein wenig erkältet sei. Er betrachtet mich mitleidig und ich habe das leise Gefühl, dass er mir diese Ausrede nicht abnimmt.

Vielleicht sollte ich ihn um Hilfe bitten, überlege ich, doch entscheide mich schnell dagegen. Er ist ja schon so immer so unsicher.

In der großen Mittagspause gehe ich wieder zu meinen Drittklässlerinnen und esse bei ihnen. Auch sie bemerken, dass etwas mit mir nicht stimmt und fragen nach. Diesmal erzähle ich ihnen jedoch, was mir wirklich auf dem Herzen liegt und verständnisvoll hören sie mir zu und trösten mich. Die kleine Mari nimmt mich sogar ganz liebevoll in den Arm, was normalerweise für Japaner gänzlich befremdend ist.

Ich bin ihnen sehr dankbar, dass sie mir zuhören und ich mit ihnen über meine Probleme reden darf, das habe ich bisher noch nicht als selbstverständlich in Japan erlebt. Normalerweise spricht mit mir keiner in der kokoro no kotoba, der Herzenssprache. Denn in Japan spricht man ausgesprochen selten über persönliche Angelegenheiten oder Probleme und es bedarf viel Vertrauen und Zeit, bis man miteinander in der sogenannten Herzenssprache spricht.

„Das liegt daran, dass die Fernsehserien und Soaps im japanischen Fernsehen immer mehr von den USA übernehmen. Jetzt werden auch hier ganz viele Emotionen gezeigt und die Charaktere in den Soaps reden über ihre Gefühle“, erklärt mir Mari und lächelt. „Wir schauen immer so viel fern zu Hause, das beeinflusst uns vielleicht, und jetzt wollen wir auch über Emotionen reden können wie die Amerikaner und Europäer. Deswegen wird die Herzenssprache auch immer mehr im Alltag angewendet und nicht nur im engsten Kreis der Vertrauten."

Diese klare Erläuterung von Mari verblüfft mich. Offenbar hat sie sich wirklich Gedanken dazu gemacht und die Unterschiede zwischen japanischen und westlichen Verhaltensweisen betrachtet. Meiner Meinung nach gehört schon sehr viel dazu, über sein eigenes Mutterland und über den Kontext, in dem man aufgewachsen ist, so zu reflektieren. Das sage ich Mari auch und sie lächelt verschüchtert und streitet dies ab.

Im Umkehrschluss bedeutet Maris Vermutung aber doch, dass Japaner wirklich anders denken als Europäer oder vielleicht auch Amerikaner, oder? Also doch. Ich bilde es mir nicht ein, sondern da gibt es also wirklich eine grundlegende Andersartigkeit. Diese wird möglicherweise für Ausländer umso verwirrender, sobald sie sich mit westlichen Verhaltensweisen mischt. Mal verhält sich der Japaner japanisch – was auch immer das ist – mal imitiert er westliche Verhaltensweisen. Und ich als Deutsche tue mir schwer, ihnen eine Schablone überzulegen, die mir ihr Verhalten erklären könnte. Verwirrend...

Wir reden über Weihnachten. Eri, Keiko und Shôko arbeiten, Mari und Hitomi werden mit ihren Familien und Freunden zum karaoke gehen. Eben ein ganz normales Weihnachtsfest in Japan.

Genau wie Ostern, Halloween oder der Valentinstag ist Weihnachten in Japan ein Import aus dem Westen beziehungsweise aus den USA.

Da der 24. Dezember kein Feiertag ist, wird also entweder ganz normal gearbeitet oder aber man feiert mit Freunden und der Familie. Für die Japaner ist das Weihnachtsfest nicht mehr als eine Gelegenheit, viel zu essen, zu feiern und zu konsumieren. Besonders die japanische Disney-Industrie macht zu Weihnachten wahrscheinlich den größten Umsatz von allen. Dann werden kleine Handtücher mit der Weihnachts-Mickey-Mouse verkauft, Schreibhefte mit den Disney-Prinzessinnen in einer Schneelandschaft und ein Winnie Puh auf einem Schlitten macht jede zweite Tasse unsicher.

Geschenke werden allerdings an Weihnachten nicht verteilt, außer manchmal an kleine Kinder.

„Wie feiert ihr denn Weihnachten in Deutschland?", fragen die Mädchen ganz neugierig und ich erzähle ihnen, wie meine Familie es normalerweise feiert. Ruhig, beschaulich, familiär.

„Apropos Weihnachtsfeier“, sage ich, da mir plötzlich einfällt, dass ich am nächsten Tag ja an einer Weihnachtsfeier teilnehmen werde. „Wir singen morgen bei der Weihnachtsfeier einer Musikschule in Isesaki. Vielleicht wollt ihr ja mitkommen?“, frage ich die Mädels.

Hagen hatte mir vor ein paar Wochen von seiner Lehrerin erzählt, die neben ihrer Lehrtätigkeit noch eine kleine Musikschule leitet. Für die Weihnachtsfeier dieser Musikschule hatte sie uns eingeladen zu singen, und so haben wir uns also an einem Sonntag davor bereits getroffen, um dafür zu üben. Neben Hagen und Steffi waren auch Kenta von der Tôkyô-Reise und noch ein paar andere japanische Jugendliche dabei. Es war ein wunderschöner Tag mit vielen lustigen Gesprächen und gutem Essen. Und auch nach der Weihnachtsfeier sollten wir das ein oder andere Mal von Lucy-sensei, Hagens Lehrerin, zu sich eingeladen werden.

Diese Weihnachtsfeier sollte morgen also stattfinden, aber meine Drittklässlerinnen müssen leider arbeiten. Ich gebe ihnen trotzdem die Einladungsflyer und obwohl sie mir abgesagt haben, kommen Eri und Shôko zu meinem Erstaunen trotzdem am nächsten Tag vorbei.

Natürlich hatte ich auch die Familie Yoshida zu der Weihnachtsfeier eingeladen, doch sie mussten alle arbeiten oder hatten Schulclub.

Haruka, die älteste Schwester, die ich am Abend nach der Weihnachtsfeier kennen gelernt hatte, hatte ich allerdings versprochen, ihr am Sonntag zu helfen. Sie müsse auf die Nachbarskinder aufpassen, hatte sie mir gesagt.

Also stehe ich am Sonntagmorgen um acht Uhr auf der Matte und nehme zusammen mit Haruka die drei kleinen Kinder von Ai-chan in Empfang. Bisher habe ich noch keine große Erfahrung mit Kleinkindern, doch im Laufe des Tages sollte ich lernen, wie man Windeln wickelt, streitende Brüder auseinander bringt und für Ruhe sorgt, wie man eine plärrende Miyu-chan beruhigt und Kleinkindern Grenzen setzt. Besonders der dreijährige Taiki und der fünfjährige Ren sind sehr anstrengend und treiben mich fast in den Wahnsinn.

Am Vormittag erledigen wir einige Einkäufe und gehen dann auf einen Spielplatz, der fast einem kleinen Freizeitpark gleicht. Während die Jungs Karussell fahren und schaukeln, schunkeln Haruka und ich abwechselnd die kleine Miyu-chan, die unruhig in unseren Armen schläft.

Haruka ist 23, hat lange schwarze Haare ohne Schnitt, ist meist ungeschminkt und wirkt etwas burschikos. Sachiko hatte gemeint, sie würde auf Frauen mit ganz kurzen Haaren stehen und Shôta scherzte, dass sie lesbisch sei. Ob das wirklich so ist, weiß ich nicht, und es ist mir eigentlich auch gleich. Ich finde Haruka einfach nur unglaublich nett und

mir imponiert es, wie sie sich durchsetzten kann. Mit selbstbewusster Stimme setzt sie den kleinen Jungen Grenzen, wenn sie ungehorsam sind oder stören. Sie erzählt mit lautem Lachen, wobei sie die Hand nicht vor den Mund hält. Das sieht man nur selten bei Japanerinnen. Haruka kann es sich jedoch leisten, da ihre Zähne von Natur aus recht gerade sind.
Sie knufft mich freundschaftlich und es ist einfach, sich mit ihr zu unterhalten und Witze zu reißen, selbst mit noch etwas beschränkten Sprachkenntnissen.
Sie meint, sie würde mehr nach ihrem Vater kommen als nach ihrer Mutter und ob ich ihn denn schon kennen gelernt hätte. Ich verneine.
„Otôsan ist ein Riesenaffe“, meint sie da lachend. „Er ist ganz groß und kräftig und ist Judo-Lehrer.“
„Aber ich dachte, er wäre Krankengymnast“, erwidere ich verwirrt.
„Ja, ja, das ist er ja auch und das macht er auch sehr gut, weil er so kräftig ist. Aber nebenher ist er halt Judo-Lehrer. Außer meiner Mutter und Kaori machen aus unserer Familie alle Judo.“ Dann meint sie, dass sie am Abend sogar noch eine Judo-Prüfung hätte. Verblüfft frage ich sie, ob sie sich nicht noch darauf vorbereiten müsse und ob sie nicht aufgeregt sei.
„Nööö... das wird schon“, grinst sie zurück und wirkt lässig.
Nachmittags fahren wir dann in ihrem hellblau-taubengrauen Wagen, der aussieht, als wäre er im zweiten Weltkrieg noch unter Beschuss geraten, zum Judo. Davor holen wir allerdings noch Wolle aus einem 100-Yen-Shop, was in Deutschland etwa dem 1-Euro-Läden entspricht.
„Wozu brauchst du denn die Wolle?“, frage ich sie und sie antwortet mir mit leicht errötetem Kopf: „Meine Freundin hat in zwei Tagen Geburtstag und ich möchte ihr einen Schal stricken.“
Mhm, ihre Freundin, überlege ich. Vielleicht haben Shôta und Sachiko doch nicht gescherzt, als sie meinten, sie sei lesbisch. Aber viel wichtiger finde ich die Frage, wie sie in zwei Tagen einen Schal stricken will?!
„Ooooch, das wird schooon...“, winkt Haruka ab. Und obwohl die Wolle noch nach zwei Tagen genauso unverstrickt ist wie am Anfang, finde ich sie richtig cool.
Im Judo-ka, der Judo-Schule, setze ich mich dann mit den drei Kleinen auf den Mattenboden am Rande der Halle, während Haruka sich umzieht. Noch kann ich die zwei Jungs beschäftigen und auch Miyu-chan schläft ruhig auf dem Boden neben mir. Als dann jedoch das Training beginnt und die Prüflinge sich erst aufwärmen und dann Runde für Runde Techniken und Würfe vorführen, wird es Ren-kun und Taiki-kun bald langweilig. Schreiend rennen sie herum und wollen sich prügeln.

Ich versuche sie mit kleinen Spielen zu beschäftigen und versuche alles, damit sie still sind, aber sie wollen sich einfach nicht beruhigen lassen. Als dann auch noch Miyu-chan aufwacht und zu weinen anfängt, bin ich vollkommen überfordert. Lieber Gott, lass mich bitte niemals Mutter von drei Kleinkindern sein, bete ich inständig!

Als Haruka meine Überforderung bemerkt, greift sie schnell ein und staucht die beiden Jungen zusammen.

„Ren-kun, Taiki-kun!! Haltet sofort die Klappe oder es setzt was! Ihr seid zwei ganz ungehörige Kinder und wenn ihr jetzt nicht sofort still seid, dann sag ich das eurer Mutter!!! Also, seid jetzt still!"

Augenblicklich sind die Jungen still und setzten sich brav an den Rand der Halle. Dieser Wortgewalt war ich nicht mächtig. Offenbar hat Haruka als älteste Schwester von vier Geschwistern eine gewisse Übung darin, wie man mit Kleinkindern umgeht.

Irgendwann sind die Prüfungen dann zu Ende und die Schüler verbeugen sich demütig vor den Lehrern. Es ist schon dunkel geworden und als wir endlich im Auto sitzen, werden alle plötzlich ganz still und müde. Die drei Kinder schlafen tief und fest im hinteren Teil des Wagens und auch mir fallen immer wieder die Augen zu. Auch Haruka gähnt und wirkt angestrengt von der Prüfung.

„Jetzt gibt's gleich was zu Essen", meint sie dann aber freudig und sieht gleich wieder etwas wacher aus. Und tatsächlich, wir fahren zu einem japanischen Restaurant, in dem die Gäste in abgetrennte Räume eingeteilt werden. Eine hübsche, kleine Bedienung führt uns durch lange Korridore mit dunklem Holzboden bis zu einer dieser kleinen Kabinen. Hier müssen wir wieder die Schuhe ausziehen, bevor wir die Holztür zur Seite schieben und auf die erhöhten tatami-Matten der Kabine klettern.

„Da seid ihr ja endlich!", begrüßt uns da auch schon der Vater der drei Kinder und seine Zahnlücke scheint vor lauter Grinsen zu leuchten. Im Raum sitzen noch einige andere Männer im Schneidersitz am Tisch. Alle haben sie verstaubte Blaumänner an und einige tragen Dreieckstücher auf dem Kopf. Als die Männer mich, das blonde außerirdische Wesen, sehen, wirken sie erst einmal sehr überrascht und dann entzückt. Wir bekommen reichlich zu essen und zu trinken und ich erlebe eine wohl typische Trinkerei und Esserei unter japanischen Bauarbeitern.

Die Männer lachen nach jedem Schluck lauter und ruppiger, reißen einen dreckigen Witz nach dem anderen und necken Haruka und mich schelmisch. Haruka weiß sich gut zu wehren, bei mir hingegen sind sie mit ihren Sprüchen noch etwas vorsichtig. Zu aufdringlich wollen sie dann wohl doch nicht sein.

Die Kinder hüpfen auf ihrem Vater herum und werden von seinen Kollegen wie ihre eigenen Neffen behandelt. Und als Ai-chan dann noch hinzukommt, ist besonders die kleine Miyu-chan wieder glücklich. Endlich kann sie sich wieder in die Arme ihrer Mutter schmiegen und schläft sofort ein.

Wieder einmal ein lustiger, geselliger Abend mit diesen seltsamen Nachbarn, denke ich mir und freue mich.

Als wir zu Ende geschmaust haben, meint Haruka zu mir: „Wir gehen jetzt noch in den onsen. Das ist doch kein Problem für dich, oder?"

„Problem? Für mich? Selbstverständlich nicht!" Es ist das erste mal, dass ich in einen onsen, eine der heißen Quellen gehen sollte, und das lasse ich mir natürlich nicht entgehen.

Im alten, staubigen Bauwagen der Männer fahren wir dann ein Stück in die Berge hinauf, wo die meisten onsen zwischen den Baumwipfeln versteckt liegen. Es gibt sie in jeder Größenordnung. Mal winzig kleine, private Becken, die mitten in der Natur liegen, mal große onsen-Ketten, deren Becken für eine große Schar an Kunden gedacht sind. Auf dem Parkplatz einer solchen modernen onsen-Kette steigen wir aus und während wir an der Kasse warten, hoffe ich inständig, dass es kein gemischtes onsen ist. Die meisten onsen sind zwar heutzutage nach Geschlechtern getrennt, doch es gibt auch noch einige, die gemischt sind.

„Das sind aber meistens die kleineren, die in privater Hand liegen", beruhigt mich Haruka, als ich sie danach frage.

„Aaaach, Mona-chan, du kannst trotzdem gerne mit uns kommen", lacht da einer der Männer, der unser Gespräch mitbekommen hat.

„Nein danke, lieber nicht", winke ich lachend ab und stelle mir mit Grauen vor, wie ich in einem überfüllten Becken mit furzenden, betrunkenen Bauarbeitern sitze – und das auch noch nackt!

Denn in die Bäder des onsen geht man ausschließlich nackt. Wie beim heimatlichen ofuro wäscht man sich vorher an Duschbrausen außerhalb des Beckens mit Seife und Shampoo. Danach erst begibt man sich langsam in das heiße, ungechlorte Thermalwasser und genießt die wohltuende Wärme.

Als ich mich ausgezogen habe, trete ich ein wenig nervös in die Badehalle. Es ist recht ruhig, die Luft ist angenehm warm und in den Becken dösen nur ein paar wenige ältere Frauen. Es gibt ein großes Becken, das sogar über eine kleine Brücke nach draußen führt. In einer Ecke steht ein seltsames großes Holzfass auf einer Erhöhung. Früher gab es darunter ein Feuer, heute wird es elektrisch erhitzt. Über eine kleine Leiter kann man oben hinein klettern und sich wie in einem Topf „kochen" lassen.

In einem kleinen Nebenzimmer reihen sich die Duschköpfe an der Wand nebeneinader und ich sehe schon Haruka und Ai-chan auf niedrigen Plastikschemeln sitzen und sich mit der zur Verfügung stehenden Seife einreiben. Ai-chan hat ihre kleine Tochter auf dem Schoß, die fröhlich an den Brüsten ihrer Mutter herumknetet, während sie gewaschen wird.
Etwas unbeholfen tapse ich zu ihnen und setze mich ebenfalls auf einen Schemel, um mich zu waschen. Was wohl die Japanerinnen beim Anblick einer nackten Europäerin denken? Heimlich mustere ich die Japanerinnen und stelle fest, dass die meisten sehr, sehr dünn und schmal sind und ihre weiblichen Rundungen nur ansatzweise zu sehen sind. Bei anderen wiederum ist alles einfach nur rund und hängt ein wenig. Etwas dazwischen entdecke ich nicht. Ich habe noch nie in meinem Leben Asiatinnen nackt gesehen, daher bin ich besonders über ihre sehr festen, hellbraunen Brustnippel erstaunt. Im Unterschied zu Europäerinnen ist ihre Haut um den Intimbereich, die Achseln und eben auch die Brustwarzen leicht dunkelbräunlich anstatt hellrosa. Offenbar hätten japanische Frauen es jedoch gerne andersherum, denn selbst dagegen hat die Schönheitsindustrie in Japan etwas parat! In Drogeriemärkten und Beauty-Shops habe ich schon oft Cremes gesehen, die beim Auftragen auf die dunkle Haut den Intimbereich und die Achselhöhlen heller und pinker färben sollen. Genau wie der Kleber, mit dem die Japanerin ihre Augenlider hoch kleben kann, um größere Augen zu bekommen, schmiert sie sich Creme an die Achseln und Schamlippen, damit sie in einem hellen rosé erstrahlen. Man möchte eben dem europäischen Model möglichst gleich kommen...! Neugierig beobachte ich heimlich weiter. Keine der Frauen hier ist im Intimbereich rasiert und wenn sie aus dem Wasser kommen, verdrehen sich die glatten schwarzen Haare lang ineinander zu einem kleinen Zöpfchen. Es sieht irgendwie lustig aus. Auch finde ich es interessant, dass die Japanerinnen untereinander überhaupt keine Scheu zu haben scheinen, sich nackt zu zeigen. Dem anderen Geschlecht gegenüber sind die meisten Japanerinnen hingegen sehr verklemmt. Dabei haben Japanerinnen jedoch offenbar eine andere Vorstellung von dem, was ihnen peinlich ist und was nicht. Ich denke an die Mädchen aus meiner Klasse. Viele tragen die Röcke so kurz, dass man manchmal ihre Unterwäsche sehen kann. Dies scheint ihnen jedoch überhaupt nichts auszumachen. Wird hingegen ihr Bauch sichtbar, sind sie peinlich berührt und werden rot. Das sei zu sexy, wurde mir einmal gesagt.
Hier im onsen ist das Nacktsein jedoch ganz normal und üblich. Als mal wieder einzige Ausländerin weiß ich aber, dass auch ich neugierig

gemustert werde. Allerdings sind die Japaner sehr geschickt und subtil, was das Hinterherschauen angeht. Auf der Straße, wie auch im onsen. Man bemerkt es einfach nicht und doch spüre ich, dass mir hinterher geschaut wird. Im Laufe der Zeit mache ich mir einen richtigen Sport daraus, Japaner zu entlarven, wenn sie mir hinterher schauen. Die meisten erschrecken sich dabei furchtbar und schauen dann ganz peinlich berührt weg.

Als wir uns eingeseift und die Haare mit Shampoo gewaschen haben, gibt mir Haruka ein kleines weißes Handtuch, was für alle Gäste bereitliegt.

„Das kannst du einfach mit ins Becken nehmen", meint sie, als ich sie fragend anschaue.

Wir steigen ins Becken und sinken tief bis zum Hals in das sehr heiße Wasser. Ein echtes „Aaaaah"-Gefühl. Erholend, entspannend. Das kleine Handtuch benässen wir und legen es uns auf das Gesicht oder den Nacken. Wenn es gerade nicht gebraucht wird, falten wir es zusammen und tragen es auf dem Kopf. Es ist ein wahrlich entspannendes Gefühl, das jeglichen Stress aus dem Körper entlässt. Draußen steigt in der eisigen Nachtluft der Dampf auf. Für Bruchteile schließe ich die Augen, komme zu mir selbst, und es fühlt sich an wie eine Ewigkeit. Es ist gut, denke ich, und versuche nicht an die Kanekos zu denken, sondern ganz im Hier und Jetzt zu verweilen.

Es ist jedoch Haruka, die das Gespräch über die Kanekos zu suchen scheint und sie fragt mich nach meinen Erfahrungen bei ihnen. Ich versuche sachlich zu bleiben, möchte nichts Böses über die Kanekos sagen, da ich weiß, dass es über den Croco-Club sowieso wieder bei ihnen landen würde.

„Ich glaube, zwischen Trampa und mir hat es einfach nicht gepasst", meine ich. „Wahrscheinlich meint sie es gar nicht böse, aber ich habe mich einfach immer sehr unwohl in ihrer Gegenwart gefühlt und hatte auch Angst vor ihr."

„Mhm, ja, das kenne ich. Viele sagen, dass Trampa ihnen Angst machen würde... Vielleicht hat Frauke auch nicht so zu uns gepasst, und wir nicht zu ihr. Sie hatte auch gar kein großes Interesse, an unserem Familienleben teilzunehmen", erwidert Haruka und nickt langsam. „Aber ich kann mir gut vorstellen, dass du gut zu unserer Familie passen würdest", meint sie da. Als ich sie dies sagen höre, könnte ich vor Freude jauchzen.

„Ich würde mich total freuen, wenn ich zu eurer Familie wechseln könnte", rufe ich mit leuchtenden Augen aus, stocke dann aber kurz und meine mit etwas leiserer Stimme: „Und meinst du, wegen Shôta... meinst du, es ist auch für ihn kein Problem? Er schreibt doch seine Klausuren..."

„Ach, der Shôta... Nein, glaub mir, das ist für uns alle kein Problem. Wir würden uns alle sehr freuen, wenn du zu uns kommen würdest."
Ich kann es nicht glauben und bin einfach überglücklich. Warum ich dann nicht sofort zu ihnen wechseln könne, frage ich sie dann.
„Naja, Shôta braucht einfach im Januar und Februar noch seine Ruhe wegen seinen Endexamen", meint Haruka, „aber wir haben dich über dieses Wochenende schon richtig mögen gelernt und würden uns freuen, wenn du zu uns kommst."
Die Zukunft ab Mitte Februar ist gerettet!! Jetzt kann mir nichts mehr passieren, denke ich und lächle Haruka dankbar an. Mit einem Seufzer tauche ich glücklich in das tiefe, warme Thermalwasser, zu einem Ort, wo es ganz ruhig wird und die Erleichterung zu Hause ist.

3

„Unsere liebe Tochter,
gibt es schon was Neues wegen einem Familienwechsel? Weißt du schon, wo du Weihnachten sein wirst? Wir machen uns wirklich große Sorgen um dich und haben uns jetzt mal selbst ein wenig umgehört. Dieser Herr Kôrin meldet sich ja gar nicht und wir sehen es auch nicht gerne, wenn diese Eisenmutter jetzt nach einer neuen Familie für dich suchen soll. Das kann nicht gut gehen! Am besten wäre wohl, wenn du aus diesem ganzen Croco-Ding raus kämst, also sozusagen weg aus der Fuchtel dieser Eisenmutter.
Wir haben mal Max gefragt, der hat ja drei Monate in einem japanischen Zen-Kloster meditiert und kennt auch einige Japaner. Hier in Deutschland kennt er einen Rôshi, einen Meister im Zen-Buddhismus, der in Deutschland ein Kloster hat. Vielleicht können wir über ihn eine Gastfamilie für dich finden, die nichts mit Croco zu tun hat und die vielleicht ein bisschen gebildeter ist. Oder zumindest eine bessere Diskussionskultur beherrschen als diese Kanekos...! Das ist einfach überhaupt nicht in Ordnung, was die da treiben! Mal sehen, ob Max diesen Rôshi erreicht und ob der jemanden in Kiryû kennt. Könnte ja sein, dass wir Glück haben...“

Raus aus der Croco-Gemeinschaft, überlege ich, als ich in der Bibliothek meine E-Mails checke. Ich bin wieder in meiner wöchentlichen Routine, nach der Schule die Zeit totzuschlagen, um nicht nach Hause zu den Kanekos müssen.
Ohne die Croco-Leute, das wäre ein großer Schritt. Einerseits ein Schritt in die Unabhängigkeit, andererseits ein Schritt in das Auf-sich-allein-gestellt-sein. Aber ich weiß, das meine Eltern Recht haben. Solange ich unter dem Einfluss von Trampa stehe, habe ich keine Ruhe. Und bis Mitte Februar halte ich es auf keinen Fall mehr bei den Kanekos aus. Jeder Tag mehr mit Trampa und Masaru ist ein schlimmer Tag. Wenn wir wirklich eine Familie über diesen Zen-Priester finden, wo ich für die nächsten zwei Monate bleiben könnte, dann wäre das wunderbar.
„Apropos Zen-Buddhismus“, lese ich da in einer weiteren Mail von meinen Eltern, die gerade in diesem Moment aufpoppt.
„Wie wäre es denn, wenn du einen 10-Tages-Meditationskurs über Neujahr machen würdest? Wir haben da von einem anderen Bekannten

ein Meditationszentrum in Kyôto empfohlen bekommen. Der Kurs geht zehn Tage und beginnt ein paar Tage nach Silvester. Frag doch mal nach, ob du das machen kannst. Das würde dir sicherlich sehr gut tun und dann bekämst du wenigstens mal was Gesundes zum Essen. Nicht immer nur Reis mit Majonäse, wie bei den Kanekos..."

Typisch meine Eltern, denke ich schmunzelnd. Aber warum eigentlich nicht? Ich kenne die indische Meditationstechnik, die dort gelehrt wird, habe sie schon selbst in einem Jugendkurs in Deutschland praktiziert. Damals waren es allerdings nur drei Tage.

Sofort schreibe ich eine Mail an Kôrin-san und frage ihn, ob ich für zehn Tage nach Kyôto reisen darf. Denn eigentlich ist es für Austauschschüler verboten, alleine zu verreisen. Dann suche ich die Internetseite des Meditationszentrums auf und melde mich ohne weiter zu überlegen zu dem Meditationskurs an. Es sind zehn Tage weniger mit Trampa und allein das ist schon gut!

Die nächsten Tage sollten die letzten Tage vor den Winterferien werden. Dabei sollte es sehr irritierend für mich sein, dass am 23. Dezember mit dem kaiserlichen Geburtstag ein nationaler Feiertag ist und wir frei haben. Am 24. Dezember hingegen sollte ich ganz normal zur Schule gehen. In der Schule beschenken wir uns mit Kleinigkeiten und Selbstgebasteltem und putzen das Schulgebäude im Großputz bevor die Schule für zwei Wochen geschlossen wird.

Auch bekommen meine Klassenkameraden ihre Zwischenzeugnisse, die auf großen DIN A3-Blättern geschrieben sind und Punkte von hundert bis null beinhalten. Hundert Punkte entspricht in Deutschland einer Eins, null Punkte einer Sechs. Alles unter 35 Punkten gilt als nicht bestanden.

Kôrin-san hat auf meine Mails noch immer nicht reagiert. Doch dann, am Abend vor Weihnachten, am Geburtstag des Kaisers, sollte ich um 22 Uhr abends von Trampa erfahren, dass ich am anderen Tag direkt nach der Schule zu den Yoshidas fahren sollte. Ich dürfte bei ihnen Weihnachten feiern. Auf die Frage, wie lange ich bei ihnen bleiben könne, gibt es keine Antwort.

Also packe ich in der Nacht vor Weihnachten so viele Dinge wie möglich in meinen Rucksack und fahre am 24. Dezember nach der Schule zum Hause der Yoshidas mit der Hoffnung, so lange wie möglich bei ihnen bleiben zu können.

Als ich in das Haus eintrete und rufe, ist nur Risa da. Verschlafen kommt sie die Treppe herunter und ruft sogleich ihre Mutter an.

„Okâsan, wo bleibst du?! Ich hab' Hunger! Und Mona-chan ist auch schon gekommen", nörgelt sie ins Telefon. Offenbar ist es wirklich gang und gäbe in Japan, dass Kinder im Haushalt nicht viel mithelfen und ausschließlich die Mutter dafür zuständig ist.

Und tatsächlich, keine Viertelstunde später kommt Sachiko nach Hause und kocht sogleich für uns udon-Nudeln.

Wir essen und als es zu dämmern beginnt, fahren wir kurz zu Sachikos blondgefärbter, rauchender Freundin, um ihren beiden Kindern gefüllte Nikolausstiefel aus rotem Plastik zu schenken und die größere der beiden Kinder, die neunjährige Kana-chan, abzuholen.

Wieder zu Hause angekommen, formen wir kleine Pizzen und bereiten eine Platte voll sashimi, rohem Fisch, zu. Dazu jede Menge Reis, geschnittenes Gemüse und Algenblätter, aus denen wir mit den Händen temaki formen. Als alles fertig ist, haben wir unglaublich viel Essen, welches unglaublich durcheinander aussieht und unglaublich lecker ist.

Bald kommen Shôta und seine Freundin Yumi-chan hinzu. Yumi-chan ist klein und süß, aber nicht unbedingt die Schönheit per se. Dann klopft der Bruder von Sachiko an. Die Familie nennt ihn Yon-chan, und er wirkt sehr unsicher, trägt Glatze und seine leicht schielenden Augen rahmt eine dicke Brille ein.

Irgendwann später kommt auch Haruka von der Arbeit und gesellt sich ein in die trunkene Schmauserei. Es ist einfach ein schönes, zwangloses Essen mit Familie und Freunden und ich fühle mich sehr wohl. Fast erinnere ich mich gar nicht daran, dass Weihnachten in Deutschland ein so besinnliches Fest ist.

Es wird später und der kleinen Kana-chan fallen schon fast die Augen zu. Noch hält sie sich jedoch mit aller Kraft wach, da bald schon der Weihnachtskuchen kommen soll, das Highlight des Abends!

Da klopft es auch schon wieder und ein hübsches Mädchen mit Schuluniform und sehr breitem Gesicht begrüßt uns fröhlich. Es ist eine Schulfreundin von Kaori, der zweitältesten Schwester des Hauses, die gerade in den USA ist. In ihren Händen hält sie den großen Weihnachtskuchen, der wohl nicht süßer und nahrhafter aussehen könnte. Sahnehäubchen über Sahnehäubchen, rosa Lebensmittelfarbe über Zuckerguss. Wie die meisten „Kuchen“ in Japan gleicht er eigentlich eher einer Sahnetorte.

„Tadaima!“, ruft sie, „hier kommt endlich der Kuchen! Entschuldigung, es hat ein wenig länger gedauert wegen der Arbeit.“ Aufgeregt klatschen wir alle in die Hände und begutachten die Torte.

„Sugoiii, sugoiii!“, bewundern wir die Kalorienbombe. Ich finde es so schön, wie sich Japaner über alles so sehr freuen können.

„Schnell, schalte das Licht aus!", ruft Sachiko ihrem Sohn zu und zündet die Kerzen auf dem Kuchen an.
Als das Licht erlischt, erstrahlt das unaufgeräumte Wohnzimmer mit den vielen Menschen auf einmal in wohlig warmem Schein, und obwohl jeder zum Besten geben muss, wie schön doch alles sei und alle „sugoi" und „yokatta ne~"[66] rufen, wird es plötzlich ganz ruhig in mir. Zum ersten Mal an diesem 24. Dezember fühle ich, dass Weihnachten ist. Zumindest Weihnachten, wie es in meiner Vorstellung existiert. Ruhig, beschaulich, familiär.
Keine Minute später rufen jedoch alle „Meriii Kurisumasu!"[67] und wir blasen alle die Kerzen aus. Das Licht wird wieder angeschaltet und sofort ist die weihnachtliche Stimmung verschwunden und die japanische Weihnachts-Party geht weiter.
„Lasst uns Jan-ken-Poi spielen. Wer gewinnt, darf sich als erster ein Stück herausschneiden", schlägt Sachiko vor und sofort wirft die Gruppe ihre Fäuste in die Luft und ruft laut: „Jan-ken-Poi".
Ob wohl das Schere-Stein-Papier-Spiel in Japan deswegen bei jeder Gelegenheit gespielt wird, weil man so keine Entscheidungen fällen muss? Mit Schere-Stein-Papier ist jede Entscheidung immer dem Zufall überlassen und das gute Gruppengefühl wird nicht beschädigt.
Nach diesem Kuchen fühle ich mich, als würde ich selbst das Jesuskind austragen, so voll bin ich. Doch nach einer kurzen Verschnaufpause kommt der wirklich spannende Teil des Abends, der mir endgültig zeigt, dass dies hier kein Fest, sondern eine Party ist. Über eine kleine Wandtüre im Hinterhaus, die ich bis dahin gar nicht wahrgenommen hatte, treten wir aus dem Haus heraus und machen einen großen Schritt über das dreckige, feucht-nasse Nichts, das zwischen unserem Haus und dem Nachbarhaus liegt. Das Nachbarhaus ist eigentlich nur ein Anbau und gleicht zum Teil einem Bretterverschlag. Bisher dachte ich, es wäre die Krankengymnasten-Praxis des Familienvaters. Doch diese macht nur einen Teil des Anbaus aus. Der andere Teil besteht aus einem sehr großen Raum, der mit grünen Trainingsmatten ausgelegt ist. Vielleicht hat der Vater hier einmal die Judo-Stunden gehalten, überlege ich. Zu gerne würde ich ihn einmal sehen, diesen Vater, diesen großen Affen, wie Haruka sagt.
Im Raum stehen hier und da Kisten und Gegenstände, die man nicht mehr braucht und längst vergessen zu haben scheint, und in der Mitte des Raumes steht eine alte, abgewetzte Tischtennisplatte.

---

66 yokatta ne~= entspricht etwa „wie gut/schön, nicht wahr?"
67 Meri Kurisumasu = engl. Merry Christmas

„Wir spielen an Weihnachten immer Tischtennis", meint Haruka zu mir und ich vermute, dass sie auch nur an Weihnachten in diesen Raum gehen. Denn als ich meine weißen Socken betrachte, sehen die lange nicht mehr weiß aus, sondern tragen eine dicke schwarze Staubschicht, die sich stetig in meine Füße einmassiert.
So spielen wir bis tief in die Nacht hinein Tischtennis, bis wir alle vor lauter Bewegung und lauter Lachen nicht mehr können. Shôta zockt uns alle ab! Bis auf ein leises, stolzes Grinsen lässt er sich jedoch nichts anmerken. Haruka hingegen schreit aufgeregt bei jedem verlorenen Ball und schimpft spielerisch über ihren Bruder.
Tischtennis an Weihnachten, das habe ich auch noch nie erlebt. Aber ich bin glücklich und dankbar für jeden Moment, den ich hier in Japan sein darf. Es ist einfach alles so anders hier und obwohl es auch schwer für mich ist, ist es immer wieder eine sehr gute Erfahrung und erweitert meinen Horizont.
„Morgen früh müssen wir wieder um vier Uhr aufstehen", meint Chihrio dann irgendwann gegen zwei Uhr nachts zu mir. Erschrocken schaue ich sie an. „Wir haben gerade besprochen, dass wir morgen früh Skifahren gehen. Du, Risa und ich."
Warum nicht spontan sein, denke ich und sage „super!". Trotzdem finde ich die frühe Uhrzeit doch etwas zynisch. „Aber wo können wir denn fahren? Es liegt doch gar kein Schnee und ich habe auch keine Skier!"
„Mach' dir keine Sorgen, du kannst die von Kaori benutzen. Ihr müsstet ungefähr die gleiche Schuhgröße haben. Und wegen dem Schnee, morgen soll es wahrscheinlich schneien." Herrlich, dieses tiefe Vertrauen in die Unsicherheit! In Deutschland würde man sich wohl Wochen vorher erkundigen, um bis zur letzten Meeresspiegelhöhe zu wissen, wie viel Schnee liegen wird. Dann würde man Tage vorher mit dem Packen beginnen und die Skier ausgiebig mit Bienenwachs polieren. Man würde sich Sorgen machen, ob es genug Schnee geben wird, ob die Sonne scheint und ob man nun Schutzfaktor 30 oder doch lieber 50 einpacken soll. Jedoch nicht bei den Yoshidas.
In den letzten beiden Stunden der kurzen Nacht träume ich dann von Verbrennungen im Gesicht und an den Armen durch zu geringen Sonnenschutzfaktor - bis um 4 Uhr der Wecker leise beginnt zu piepen. Hellwach sitze ich auf. Wahrscheinlich bin ich so übermüdet, dass es schon wieder in das Gegenteil umschlägt.
Im Haus ist es ganz still. Ich warte. In der Küche hole ich mir etwas zu trinken und frage mich, ob ich Haruka vielleicht doch falsch verstanden

Skifahren mit Risa und Haruka in den Bergen von Kiryû

habe und wir doch nicht um vier Uhr losfahren. Es wäre ja auch irgendwie seltsam gewesen, denke ich und lege mich wieder Schlafen.
Bis um sieben Uhr dann ein lauter Schrei durch das Haus hallt: „Ahh! Wir haben verschlafen!!" Es ist Haruka, die sogleich durch das Haus poltert und laut an Risas und meine Türe klopft: „Risa-chan, Mona-chan, wacht auf, wir müssen los!"
Schnell machen wir uns fertig, packen die Skier und Skianzüge in Harukas Nachkriegsauto und eine halbe Stunde später sind wir auch schon auf der Straße.
Während Risa grimmig hinten weiterschläft, hören Haruka und ich japanische Rockmusik, um wach zu werden. An einem Conbini kaufen wir süßen Eiskaffee und als wir langsam die kurvigen Berge hochfahren und der Verkehr immer weniger zu werden scheint, fängt es doch tatsächlich an zu schneien.
„Puh, da hatten wir jetzt aber echt Glück", meint Haruka und wirkt so, als wäre es eigentlich eher unwahrscheinlich gewesen, dass es schneien würde. Ich lache und bezeichne sie freundschaftlich als verrückt.
„Tjaaaa, so bin ich halt", grinst sie und singt laut zu den Liedern im Radio.
Je höher wir kommen, umso mehr Schnee liegt, und als wir nach etwa zwei Stunden an einer der Skipisten ankommen, hört es sogar auf zu

schneien und ein paar Sonnenstrahlen treten durch die dicken, weißen Wolken. Perfekt.

Die Skier von Kaori passen mir wider Erwarten bestens und so heizen wir den gesamten Vormittag über weißen Neuschnee durch die Berglandschaft von Gunma-ken.

Die Japaner lieben Skifahren und Snowboarden, und besonders auf der nördlichsten Hauptinsel Hokkaido und auch in den japanischen Alpen, im Landesinneren der Hauptinsel Honshû, haben sie jede Menge Möglichkeiten dazu. Nicht umsonst war Japan schon zwei Mal Gastgeber bei den Olympischen Winterspielen.

Als ich durch die weiße Landschaft düse, merke ich plötzlich, dass ich mit Skibrille und der dicken Mütze kaum noch als Europäerin zu erkennen bin. Nur meine Größe ist noch ein wenig verdächtig, ansonsten bin ich nicht von den Japanern um mich herum zu unterscheiden. Ich bin einer von ihnen und plötzlich merke ich den großen Unterschied zu sonst. Ich spüre keine Blicke mehr im Rücken, ich werde übersehen, nicht beachtet. Man schneidet mich, ohne sich entschuldigend umzudrehen. An der Warteschlange des Skilifts stehen die Japaner vor und hinter mir aufrecht, gelassen, normal. Nicht wie sonst angespannt, leicht gekrümmt, ängstlich.

Nur langsam bemerke ich, warum ich mich auf einmal anders fühle als sonst. Der Unterschied ist, dass ich mich einfach normal fühle unter den Japanern.

Dementsprechend fühle ich mich sonst wohl nicht normal, stelle ich mit Erschrecken fest, während ich am Skilift warte. Sonst fühle ich mich als Fremdkörper beobachtet. Ich hatte mich fast schon daran gewöhnt, doch jetzt, wo ich wieder Normalität erfahre, erkenne ich den Unterschied umso stärker.

Wie wohl Ausländer sich in den japanischen Alltag integrieren können, ohne sich ständig als Ausländer zu fühlen, frage ich mich und finde doch keine Antwort. Auch wenn sie noch so gutes Japanisch sprechen, ihr Aussehen bleibt doch immer fremdartig.

Umso mehr genieße ich die unerwartete Normalität und Gleichgültigkeit der Japaner mir gegenüber und fahre gelassen weiter, bis wir zu Mittag essen.

„Geht ihr wieder fahren“, meint Haruka nach dem Essen, „ich bin todmüde und werde hier ein bisschen warten.“ Dann legt sie ihren Kopf auf den Tisch und schläft solange, bis wir am Nachmittag die Piste wegen verstärktem Schneefall verlassen müssen.

Bald geht es wieder zurück, und nachdem wir uns in einem nahe gelegenen onsen aufgewärmt haben, liegt so viel Schnee, dass Haruka plötzlich das Fluchen anfängt: „Kuso[68]! Ich hab´ meine Sommerreifen noch drauf'!"
Was?! Ich bin lebensmüde mit einer solchen Frau mitzufahren, denke ich panisch, und gemeinsam überlegen wir, welche Straßen wir wohl am besten fahren könnten, um keine Straßengrabenopfer zu werden.
Mit biegen und brechen fahren wir also mit fünfzig Stundenkilometern auf der Autobahn und werden spät abends von der erleichterten Sachiko im trauten Heim begrüßt.
Aufatmend mache ich innerlich drei Kreuze und bin gleichzeitig sehr dankbar für diesen wunderschönen Tag. Diese Yoshidas sind schon besonders. Besonders anders. Und glücklicherweise besonders anders als die Kanekos!

68 kuso = Scheiße

4

Auch über die Neujahrstage kann ich bei den Yoshidas bleiben und von Kôrin-san, der sich endlich bei mir meldet, erfahre ich, dass ich auf gar keinen Fall wieder zu den Kanekos muss. Allerdings ist noch keine andere Familie gefunden worden, bei der ich bis Mitte Februar bleiben kann.
„Warum kann Mona-chan denn nicht einfach die ganze Zeit bei uns bleiben. Shôta stört das doch nicht beim Lernen“, hatte Risa ihre Mutter gefragt. Doch die hatte nur unentschlossen und zögerlich den Kopf zur Seite gelegt und „so ne~“ gesagt.
Also werden wir wohl weiter nach einer Übergangsfamilie suchen müssen, denke ich bedrückt. Gleichzeitig bin ich jedoch sehr erfreut, als ich in Kôrin-sans E-Mail lese, dass ich die offizielle Erlaubnis der Austauschorganisation habe, zum Meditationskurs zu gehen. Auch die Zusage zum Kurs selbst finde ich alsbald in meinem Posteingang. Also geht es Anfang Januar für zehn Tage nach Kyôto zum Meditieren. Ich freue mich. Aber davor steht erst einmal der Jahreswechsel bevor.

Am Morgen bin ich früh morgens zum kendô gefahren, um mit den anderen aus meinem Club den obligatorischen Neujahrsputz in der kendô-Halle zu verrichten. Zwar ist die Halle sonst auch immer blitzblank geputzt, doch nun gibt es wirklich kein einziges Fleckchen mehr, das nicht nass gewischt wurde.
Danach waren wir gemeinsam zum Neujahrs-Bowling gegangen und haben uns für Neujahr alles Gute gewünscht und uns verabschiedet. Der kendô-Club sollte erst wieder nach den Winterferien stattfinden und ich frage mich schon jetzt, was ich mit all dieser freien Zeit anstellen soll, wenn wir plötzlich keine Schule und keinen Club haben.
Doch als ich gegen Mittag wieder nach Hause komme, erwartet mich keine Langeweile. Denn bei den Yoshidas herrscht wieder einmal „Full House“.
Auf dem Parkplatz vor dem Haus sitzen schon viele Freunde der Familie, darunter auch die Familie von Ai-chan und der qualmende Blondschopf mit ihren Kindern. Freundlich grüße ich sie und frage sie, was hier vor sich gehe.
„Wir machen omochi[69] für Neujahr“, meint Ai-chan, und als ich sie fragend anschaue, erklärt sie weiter, dass dies eine Neujahrstradition in

69 omochi oder mochi = japanische Reisklöße

Japan sei. Jedes Jahr, kurz vor Neujahr, macht man üblicherweise omochi, die klebrigen Reisklöße, die ich schon auf dem Konzert von GO!GO!7188 gekostet hatte.
Als ich Ai-chan frage, wie man diese zubereitet, meint sie nur: „Das wirst du gleich sehen."
In dem Moment springt die Tür des Anbaus auf und ein großer, kräftig gebauter Mann im Muskelshirt tritt heraus. Sein Gesicht ist kaum hinter dem riesigen Holzstapel zu sehen, den er auf den Armen trägt.
„Das ist Risas Vater", meint Ai-chan, „hast du ihn schon kennen gelernt?"
Das habe ich nicht und ich möchte mich gerne bei ihm vorstellen.
„Hachimemashite"[70], sage ich zu ihm und stelle mich vor. Risas otôsan ist wirklich ein Riese. Er ist fast einen Kopf größer als ich, ist sehr kräftig gebaut und hat eine kurzgeschnittene Soldatenfrisur. In seinem Gesicht sehe ich die Ähnlichkeiten zu Haruka und auch zu Shôta. Kein Wunder, hat Sachiko vier Kinder mit ihm, denke ich, er ist wirklich ein recht attraktiver Mann. Aber irgendwie macht er einem mit seinem goliathaften Aussehen auch ein wenig Angst.
„Ach, du bist also Mona-chan", lacht er freundlich und klopft mir mit seinen großen Händen kräftig auf die Schulter, als würde er mit seinem Sohn sprechen.
„Sachiko hat mir schon von dir erzählt und ich freue mich, dass du jetzt bei uns bleibst. Kann ich dir noch meine Frau vorstellen, das ist Misori-chan mit unserer kleinen Aka-chan." Er zeigt auf eine sehr jung aussehende Frau mit hellbraun gefärbten Haaren, die einen kleinen Säugling an ihrer Brust hält und mir scheu aus ihrer Ecke zunickt. Bewundernswert, dass otôsan mit seiner neuen Frau und seiner kleinen Tochter hier ist. Direkt vor den Augen seiner Exfrau. Otôsan scheint mir meine Bedenken anzusehen. „Keine Sorge", sagt er und klopft mir wieder auf die Schulter, „bei uns ist es immer lustig."
Da bin ich mir ganz sicher. Lebhaft versichere ich ihm daher, dass ich mich auch schon sehr bei ihnen eingelebt hätte und frage ihn dann, ob ich ihm beim Feuer machen helfen kann. Das kann ich und so zünden wir ein großes, offenes Lagerfeuer auf dem Vorplatz des Hauses an. Offenbar scheint das hier kein Problem zu sein und auch die parkenden Autos mit ihren Benzintanks, die überall herum stehen, scheinen keinen zu stören.
„Ich pass' schon drauf auf", versichert mir otôsan, „aber jetzt geh´ erst mal mit Haruka mit und holt den Reis."

---

70 hachimemashite = wortw. „ich sehe Sie zum ersten mal", Redewendung, wenn man jemanden neu kennenlernt

Aus der Küche holen wir die erste Fuhre Reis aus dem Reiskocher und füllen ihn in einen großen, hölzernen Bottich. Der Reis muss richtig lange eingeweicht und gekocht sein.

„Shôta, mach' du das, du bist doch so stark", ruft Haruka ihrem Bruder zu und schiebt ihm einen großen Holzhammer entgegen. Zusammen mit dem Holzbottich sieht beides aus wie ein gigantischer Mörser. Otôsan kommt noch hinzu, um seinem Sohn zu helfen. Alle schauen wir gespannt und freudig zu, wie Shôta den schweren Holzhammer in die Hände nimmt und nun mit voller Wucht auf den gekochten Reis im Bottich schlägt. Als der Hammer wieder in die Luft saust, bückt sich otôsan schnell und wendet den Reis. Dann schlägt der Hammer wieder zu. Und wieder wird der Reis gewendet. Wieder der Hammer. Es ist ein Hin und Her auf Zeit. Voller Anspannung betrachten wir dieses Spiel und haben Angst, dass otôsan irgendwann der Hammer auf den Kopf oder die Hände saust.

Die Reismatsche wird klebrig und heftet immer stärker aneinander, so dass sich daraus langsam eine teigartige Masse entwickelt. Nach jedem Schlag wird sie fester und kaugummi-artiger. Schließlich ist aus ihr ein weißer, klebriger Teig geworden, den wir Frauen zu kleinen Klößen kneten und mit verschiedenen Zutaten füllen können.

„Probier mal das zusammen mit omochi", meint Risa und reicht mir eine verschlossene, quadratische Plastikpackung.

Mit dem Riesenmörser wird der Reis zu einer zähen Masse geschlagen

Neujahrsbrauch: Wie aus weichgekochtem Reis omochi entstehen

„Was ist das denn?", frage ich und sie meint: „Natto."
Nun sollte ich also endlich dieses ominöse natto probieren, von dem in so vielen Touristenführern gewarnt wird. Anscheinend soll es für den ausländischen Gaumen grauenhaft schmecken und nur die wenigstens Nicht-Japaner würden es mögen. Aber das hat man mir ja von den umeboshi auch schon gesagt und ich habe diese eingelegten Pflaumen lieben gelernt. Daher öffne ich zuversichtlich die Packung.
Es ist ein beige-bleiches Gemisch aus fermentierten Sojabohnen, was sich mir da erschließt. Ich soll den Inhalt des beigefügten Senfs und die Sojasoße hinzufügen und dann alles kräftig umrühren. Dabei entstehen lange, zähe Fäden zwischen den Bohnen und das Gemisch fängt an, eine braune, senfgelbe Farbe anzunehmen und vom Rühren zu schäumen.
„Das kannst du am besten zu Reis oder auch omochi essen", meint Risa und ich probiere es zu den frisch gemachten omochi.
Beim ersten Bissen verdrehen sich mir die Augen und am liebsten würde ich diese widerliche Pampe gleich neben meinen Füßen wieder ausspucken. Die fermentierten Sojabohnen haben einen Geschmack, der unbeschreiblich ist! Kalt, schleimig wie Rotz, irgendwie nach Frischhefe schmeckend. Unvorstellbar widerlich.
„Wie ist es?", fragt Risa und schaut besorgt.

„Es geht schon", meine ich und probiere tapfer einen weiteren Happs. Bist du lebensmüde, frage ich mich selbst, als ich noch einmal auf dem Zeug herumkaue und es auf meinem Gaumen verteile. Diesmal schmeckt es aber nicht mehr so widerlich, sondern einfach nur interessant.
„Omoshiroi da..."[71], meine ich zu Risa und probiere noch einmal. Plötzlich hat sich mein Gaumen an den seltsamen Geschmack gewöhnt und ein süßliches Gefühl durchdringt mich. Es schmeckt mir! Dieses natto-Zeug schmeckt mir einfach. Es ist einfach göttlich!
„Mhm, oishii da!"[72], rufe ich und Risa schaut mich nur noch mit großen, ungläubigen Augen an. Ihr Mund steht wortlos offen. Dann grinst sie und lacht auf einmal: „otôsan, otôsan!! Schau mal, Mona-chan schmeckt natto!!" Seither sind umeboshi, omochi und auch natto meine absoluten Lieblingsspeisen in Japan.
Das Lagerfeuer brennt allmählich herunter und birgt nur noch heiße Glut, auf die nun Grillfleisch gelegt wird. Wir sitzen auf dicken Ästen an der glimmenden Wärme, essen und erzählen durcheinander. Es ist gemütlich und vertraut. Einfach und familiär. Mir gefällt die unkompliziert wirkende Art, wie die Familien hier zusammen ihr Leben gestalten. Wie sie füreinander da sind und sich gegenseitig helfen.
Als es dunkler und kälter wird, leert sich allmählich der Platz und Risa und ich kuscheln uns in eine Decke. Die kleine Kana-chan kommt in die Mitte und wird von uns gewärmt. Wir reden lange über dies und das und fragen Kana-chan nach ihrer Grundschule aus. Es ist gemütlich.
Irgendwann werden wir von Sachiko unterbrochen, die mich schon im Haus gesucht hatte: „Ich habe vorhin Trampa angerufen und wir fahren nachher noch zu ihr, dann kannst du deine restlichen Sachen abholen." Ich bin verblüfft und schaue sie mit offenem Mund an. Heißt das, sie nimmt mich nun doch für die ganze Zeit auf?
„Nein, nein. Erst ab Mitte Februar. Wir müssen eben noch eine Möglichkeit finden, bei wem du in der Zwischenzeit bleiben kannst." Irgendwie verstehe ich dieses Verhalten nicht, aber mir soll es erst einmal Recht sein. Hauptsache ich muss nicht mehr vom Inhalt eines einzigen Rucksacks leben und muss auch nicht mehr zu Trampa zurück.
Am frühen Abend fahren wir also zum Haus der Kanekos. Als Trampa uns aufmacht und mich sieht, zeigt ihr Blick nichts als pure Abneigung und mit kalter Stimme erlaubt sie mir, meine Sachen aus meinem ehemaligen Zimmer zu holen. Während die beiden Frauen sich über dies und jenes

71 Omoshiroi da = es ist interessant
72 oishii da = es ist lecker

unterhalten, packe ich schnell meine restlichen Sachen zusammen, um so zügig wie möglich aus diesem unglückseligen Haus herauszukommen.
Als ich endlich alles beieiander habe, schaut Trampa noch einmal in das Zimmer und meint dann, ich hätte noch nicht alles mitgenommen. Was habe ich denn vergessen, frage ich mich verwundert. Da stellt mir Trampa den Mülleimer vor die Füße, in dem sich noch ein paar zerknüllte Blätter Papier befinden.
„Und was ist damit?!“, fragt sie mit lauter, energischer Stimme. Ich merke, wie Sachiko unruhig wird und mir leise zuflüstert, ich solle onegai shimasu sagen.
Onegai shimasu sagt man, wenn man eine Bitte ausdrückt und ist eine der Redewendungen, die zu fast jeder Situation zu passen scheinen. Vor allem drückt es Respekt gegenüber der anderen Person aus. Ich soll also Trampa darum bitten, dass ich ein paar Papierknüllen bei ihr lassen darf.
„Onegai shimasu“, sage ich also, verbeuge mich und bedanke mich dann höflich dafür, dass ich die vier Monate bei ihnen wohnen durfte.
„Mhm“, nickt Trampa nur streng und sagt dann: „Hitori de ganbatte ne…“, ich solle nun allein zurecht kommen.
Allein, wiederhole ich in Gedanken, als wir wieder im Auto sitzen und gen Heimat fahren. Ich fühle mich sehr erlöst, ja fast schon beflügelt, und mir wird klar, dass Trampa da etwas sehr Essentielles gesagt hat. Denn allein war ich. Noch nie habe ich mich so alleine gefühlt, wie in der Zeit bei der Familie Kaneko. Dies ist jedoch ab heute vorbei, denn glücklicherweise sind nicht alle Japaner so und bei den Yoshidas fühle ich mich sehr viel wohler und von der Familie angenommen. Es ist einfach natürlich und menschlich bei ihnen.
So natürlich, dass ich am Abend, als ich in meinem Zimmer bin, neben mir die Freuden der Natur zu hören bekomme. Frauke hatte offenbar Recht gehabt, als sie meinte, dass Shôtas Freundin recht laut sei. Die beiden treiben es stundenlang im Nebenzimmer und auch als ich schlafen gehe, wackelt noch immer das ganze Obergeschoss.
Wie im Hasenstall, denke ich, und verfluche mich dafür, dass ich mir kein Ohropax besorgt habe. Selbst nachts werde ich immer wieder wach und im Halbschlaf bin ich mir nicht so sicher, ob die Erde wieder bebt oder ob es einfach die beiden sind, die es im Nachbarzimmer treiben.

Am letzten Tag des Jahres steht dann auch endlich ein Neujahrsputz bei den Yoshidas an. Dringend notwendig, wie ich finde, denn im Haus ist es nicht nur chaotisch, sondern vor allem auch sehr dreckig.

Risa und ich putzen die Fenster im ganzen Haus und jedes Mal, wenn wir die Lappen waschen, müssen wir gleich darauf neues Wasser holen. Es ist purer Dreck, den wir da aus den Ritzen der Fenster kratzen und nach jedem neuen Wischen kann man ein bisschen mehr durch die milchigen Fenster schauen. Als wir die Vorhänge abhängen, erlebe ich zum ersten Mal in meinem Leben, dass Vorhänge kleben können. Das viele Bratfett des Gasherdes hat sich das ganze Jahr über an ihnen festgeklebt.
Das Haus ist einfach so verdreckt, dass es erst nach einem ganzen Tag des Putzens und Schrubbens so aussieht wie ein wenig geputztes Haus in Deutschland unter dem Jahr. Es wirkt fast so, als wäre der Neujahrsputz der einzige Hausputz überhaupt in einem kompletten Jahr.
Als das Haus endlich einigermaßen sauber ist, wird es schon dunkel und wir gehen zusammen zu den Nachbarn. Dort warten auch schon Ai-chan und ihre Familie, die wie meistens zusammen mit ein paar anderen Freunden um den kohatsu sitzen.
Den letzten Tag des Jahres verbringen wir wieder mit viel gutem Essen, Gesprächen, Lachen und Spielen mit den Kindern. Um Mitternacht wird mit sake[73] angestoßen und wir rufen uns fröhlich ein „oshôgatsu omedetô" zu, ein fröhliches Neues Jahr.
Sachiko fragt mich, wie man denn in Deutschland Neujahr feiern würde und ich erzähle, dass man normalerweise Feuerwerke und Raketen anzünden würde. Das gäbe es in Japan auch an einigen Orten, meint Sachiko, doch normalerweise sei es eher unüblich. So verbringen wir Silvester bei den Nachbarn und gehen auch relativ früh zu Bett. Im Vergleich zu Silvester in Deutschland finde ich das relativ unspektakulär.
Statt eines Feuerwerks gehen wir dafür am nächsten Morgen in einen shintoistischen Schrein. Es ist der erste Tag des Jahres, der in Japan gefeiert wird und weniger die Nacht davor.
Schon am großen Tor des Schreines ist alles voller Menschen, viele davon in traditionellen Festgewändern und kimonos. Das leise Gemurmel der schön frisierten Frauen, das Lachen der Kinder, der weiche Schnee, der auf den Steinfiguren des Schreins ruht – das alles wirkt einfach traumhaft auf mich.
Unsere kleine Truppe reiht sich brav in eine Schlange von Menschen ein, die Schritt für Schritt zum Haupteingang des Shreins führt. Noch sehe ich nicht, was vor mir passiert, doch höre ich in regelmäßigen Abständen eine Glocke ertönen, deren Klang durch die kahlen Baumwipfel mit den Schneehäubchen rasselt.

73 sake = jap. Reisschnaps

Als wir an der Spitze der Schlange ankommen, sehe ich dann endlich die Glocken, die dafür verantwortlich sind. Sie sind an einigen Bändern befestigt, an denen wir nun läuten. Dann klatschen wir zwei Mal in die Hände, halten sie gefaltet und sprechen leise unseren Wunsch für das kommende Jahr aus. Danach werfen wir ein paar Yen in eine hölzerne Spendenbox, die direkt darunter steht. Und schon kommt die nächste Familie dran.

„Schaut mal, was ich hier habe", ruft Ai-chans Mann triumphierend, als wir einige Schritte weiter wieder zum Stehen kommen. Aus Ai-chans Tasche zieht er ein paar Holzpuppen, die in Plastik eingepackt sind. Sie ähneln ein wenig den russischen Babuschka-Puppen und bestehen nur aus einem runden Kopf, der nach unten hin breit wird, so dass man ihn hinstellen kann. Das Gesicht, das darauf in rot, schwarz und weiß gemalt ist, gleicht einer geisterhaften Maske. Dort, wo die Augen sein sollten, sind zwei große, weiße Pupillen aufgemalt.

Jeder von uns bekommt einen solchen Kopf und der Vater erklärt uns, warum wir eines der Augen schwarz ausmalen sollen: „Die schwarze Pupille repräsentiert euren Wunsch, den ihr euch gerade gewünscht habt. Erst, wenn dieser Wunsch in Erfüllung geht, dürft ihr das andere Auge schwarz ausmalen."

Akribisch male ich also mit einem schwarzen Edding das linke Auge meines Kopfes aus und wünsche mir ganz fest, dass die kommende Zeit in Japan eine wunderschöne wird und sich meine bisherigen Erfahrungen mit meiner ehemaligen Gastfamilie nicht wiederholen.

Dann machen wir uns wieder auf den Weg nach Hause und halten noch kurz an einem Conbini an, um massenweise Neujahrskarten zu kaufen. Die sind meist mit wunderschönen weißen Kranichen verziert und nennen sich nengajô. Diese beschreiben wir zu Hause mit immer und immer gleichen Sätzen, die viel Glück und Freude im Neuen Jahr ausdrücken sollen. Neujahrskarten sind in Japan ein Muss und werden an so viele Menschen wie nur möglich geschickt.

Und so sollte selbst ich ein paar Tage später eine Karte von Tanaka-sensei erhalten. Trotz allem Seltsamen und Unverständlichen denke ich mir glücklich, als ich die Karte in meinen Händen halte, die Japaner sind einfach doch sehr aufmerksam, freundlich und detailbewusst.

5

Es ist sehr früh am ersten Sonntag des Jahres. Langsam brechen die kalten Strahlen der winterlichen Sonne durch den Morgen und glitzern auf dem frischen Januarschnee. Nach knappen elf Stunden Fahrt in einem wackeligen Nachtbus, komme ich endlich am Hauptbahnhof von Kyôto an, der ehemaligen Hauptstadt Japans.

Alles an meinem Körper tut mir weh und eilig ziehe ich mir noch einen weiteren Wollpulli über, bevor ich aus dem miefigen Rumpf des Busses steige. Ich bin übernächtigt und fröstle leicht, als ich meinen kleinen Rolli aus dem Bus hole.

„Pass bitte auf dich auf und melde dich, wenn du in Kyôto angekommen bist“, hatte mich Sachiko gebeten, als sie mich am Abend zuvor zum Busbahnhof in Kiryû gefahren hatte. Noch ist es allerdings zu früh, um sie anzurufen.

Die Stadt liegt verschlafen in der Morgenruhe und nur hier und da bauen bereits einige fahrende Händler ihre Stände neben den vielen Schreinen und Tempeln auf. In diesen ist schon lange Leben eingekehrt und aus einigen Tempelhallen höre ich dumpfe Gesänge von Mantren, während in anderen Tempelanlagen gerade der Hof gereinigt wird.

Kyôto wird auch als die Stadt der tausend Tempel bezeichnet und gilt als kulturelles Zentrum Japans. Wegen dem hohen kulturellen Erbe seiner 1.600 buddhistischen Tempel und 400 Shintô-Schreine sowie seiner etlichen Paläste und Gärten wurde Kyôto, ungleich der meisten anderen Städte, im Zweiten Weltkrieg von größeren Bombardements verschont.

Man sagt, Kyôto sei auch das Zentrum des chadô und des ikebana, und tatsächlich, als ich in die kleinen Gässchen komme, in denen sich Tempel neben Wohnhäuschen und kleinen Schreinen reihen, entdecke ich viele Blumengestecke vor den Eingängen der Häuser. Es sind die speziellen Neujahrs-ikebana, die zu Beginn des Jahres aufgestellt werden und die meist mit Pinienzweigen oder auch dicken, spitz abgeschnittenen Bambus-Spießen arrangiert sind. Sie stehen vor Privathäusern, aber besonders an den alten Holzeingängen der Schreine und Tempel. An den Gemäuern der buddhistischen Tempel wehen überall bunte Fahnen leise in der kalten Morgenbrise. An den uralten Holzeingängen hängen hölzerne, rot-weiße Gebetstafeln, auf denen mit schwarzer Tinte tiefgründige Orationen geschrieben stehen. Weiß und Rot sind die Farben für Neujahr, sie stehen für Glück und Neuanfang.

Zwillingspaar im Neujahrs-Kimono am Kyôtoer Hauptbahnhof

In der Nähe des Busbahnhofes ragt der große Hauptbahnhof Kyôtos in den eisblauen Himmel. Auch jetzt, zu dieser frühen Stunde, herrscht schon eiliger Verkehr. Dabei ist doch Sonntag! Ich schüttle verständnislos den Kopf. Doch die Japaner kennen keinen Feiertag wie unseren Sonntag, an dem die Geschäfte geschlossen haben, und man besser zu Hause bleibt. Im Gegenteil! Der Sonntag ist der Tag, an dem man mit der Familie oder mit den Freunden Shoppen geht.

Der Hauptbahnhof ist einfach riesig und metallen-glänzende Glastürme ranken einer neben dem anderen in die Höhe. Am Eingang stehen zwei große, beleuchtete Plakatwände mit zwei lebensgroßen Plastik-Figuren des manga-Klassikers „Kimba der weiße Löwe", die darauf posieren. Typisch Japan, denke ich. Ihre „Nationalhelden" haben sie einfach immer und überall um sich.

Während ich meinen Rolli in ein Schließfach quetsche, fällt mir auf, dass hier in Kyôto erstaunlich viele Frauen mit kimonos herumlaufen. Sicherlich werden in Kyôto häufiger traditionelle Gewänder getragen, doch die Neujahrsgebete, die noch bis zum 7. Januar anhalten, verstärken dies bestimmt.

Ich habe einen ganzen Tag Zeit, bis ich gegen Nachmittag in das etwa einundeinhalb Stunden entfernte Dorf Mizuho fahren muss, um zum Kloster zu gelangen. Also besorge ich mir einen Stadtplan, und als ich ihn studiere, verzweifle ich fast. Es gibt so viele wunderbare Sehenswürdigkeiten hier und ein Kulturerbe reiht sich an das nächste. Man könnte wohl Wochen in Kyôto verbringen und hätte noch nicht alle Tempel, Schreine, Paläste und Gärten gesehen. Es gilt also, sich den Tag weise einzuteilen.

Was ist am nächsten, überlege ich mit einem Blick auf die Karte. Direkt hinter dem Hauptbahnhof liegt ein großer, buddhistischer Tempel mit dem Namen Tôji, was übersetzt Tempel des Ostens bedeutet. Er ist der Haupttempel eines der Zweige des Shingon-shû. Shingon-shû. Was soll das denn sein, frage ich mich und blättere in meinem Reiseführer herum?

Ich lese: „Der Shingon-shû (wörtl.: Schule des wahren Wortes) ist eine von Kûkai (buddhistischer Mönch, 774 - 835) gegründete Schule des japanischen Buddhismus. Diese Schule hat ihren Ursprung im chinesischen Mizong bzw. im indischen Sanskrit im Vajrayana oder Tantra. Der Shingon-shû wird auch als der esoterische Buddhismus (Mikkyô) bezeichnet."

Kôbô Daishi, so wird dieser buddhistische Mönch, der in China lernte, neben „Kûkai" heute auch bezeichnet. Überall im Land sieht man seine Statuen, meist mit einem Wanderstock und einem großen, schattenspendenden Hut auf dem Kopf.

Dieser Mönch verdiente sich seinen postum verliehenen Ehrentitel wirklich auf unterschiedliche Weise, denke ich, als ich weiterlese: „Seine Biographie und Gestalt ist ebenso vielseitig wie spannend. So erfand Kûkai als Dichter und Denker das japanische Silben-Alphabet und enthüllte verborgene religiöse Geheimnisse, die er als einen esoterisch-mantrischen Strom in den Buddhismus einfließen ließ."

Die Studienhalle des Tôji-Tempels enthält die ältesten, noch erhaltenen Statuen des Shingon-shû, doch leider bleiben diese Tempelareale für mich als Besucher verschlossen.

Während ich, in meinen Reiseführer versunken, zum Tempel stapfe, entgeht mir beinahe das Wahrzeichen des Tempels, die fünf-stöckige Pagode, die ich schon von Weitem sehen kann. Das nationale Kulturgut ist etwa 57 Meter hoch und damit die größte Pagode in ganz Japan. Das turmartige Bauwerk, dessen einzelne Geschosse durch hervorragende Gesimse voneinander getrennt sind, ragt majestätisch in die Höhe und scheint eine uralte Geschichte aus der Edo-Zeit zu erzählen, in der es wieder aufgebaut wurde.

Verträumt wandere ich eine Zeit lang durch die große Tempelanlage und denke an das Gelesene. Obwohl ich die uralten Statuen nicht einsehen kann, entdecke ich doch in jeder Ecke bronzefarbene Figuren von allen möglichen Göttern und Mönchen. Einige groß, andere klein. Manche in Menschenform, andere in Tiergestalt. Viele von ihnen haben rote Mützen auf dem Kopf oder eine Art Latz oder Umhang. Was das wohl bedeuten soll, frage ich mich? Sollen die Götter nicht frieren oder warum bekommen sie rote Mützen angezogen?

Vor jeder der Figuren steht ein kleiner, metallener Kasten für Räucherstäbchen und Spenden. Ruhig betrachte ich einige ältere Japaner, die mit gefalteten Händen ihre Gebete zu den Göttern schicken, während der meist scharfe Rauch der Stäbchen in ihre Nasen strömt.

Es ist eine schöne, sehr ruhige Atmosphäre. Ganz ungewöhnlich im Vergleich zu dem, wie ich Japan bisher erleben konnte.

Während ich in der Tempelanlage herum spaziere, bemerke ich, dass japanische Tempel hier nicht nur aus einem Gebäude bestehen wie beispielsweise bei den meisten Kirchen in Deutschland, sondern eher einen Komplex bilden aus vielen kleinen Gebäuden, Türmchen und Gebetsecken mit Statuen, die auf einem großen Gelände stehen. Die liebevoll gepflegten Gartenteile des Geländes sind nicht betretbar und das ganze Gelände umgibt meist eine dicke Betonmauer, die das Anwesen abgrenzt. Über ein großes Tor, das nachts wieder geschlossen werden kann, betritt man das Gelände.

Als ich mich am Buddhistischen satt gesehen habe, mache ich mich auf, den shintoistischen Fushimi Inari-Schrein zu besichtigen, der weiter östlich liegt. Fushimi, so heißt der Stadtteil, in der der Schrein liegt, so lese ich. Inari hingegen, ist der Shintô-Gott oder die Shintô-Göttin der Fruchtbarkeit, des Reises und der Füchse.

„Der Füchse?“, frage ich mich erstaunt und erinnere mich, dass ich tatsächlich schon an vielen religiösen Orten Fuchsstatuen gesehen habe. Ich schlage die Bezeichnung für Fuchs, kitsune, nach und lese: „Kitsune sind die Vertrauten der Gottheit Inari und dienen ihr als Boten. Sie werden oft den buddhistischen daikinis, den Himmelstänzerinnen, gleichgesetzt. Die kitsune werden in Legenden meist als dem Menschen wohlwollend beschrieben und gelten als Glücksbringer. Doch oft können schon kleine Störungen in der Beziehung zu den Menschen zu katastrophalen Wendungen führen, die am Ende ungut für die Menschen ausfallen.“

Irgendwie scheint die ganze japanische Mentalität diesen kitsune gleichzukommen, überlege ich und ich entdecke erstaunliche Parallelen zu den

zwischenmenschlichen Beziehungen der Japaner. Es wird enormer Wert auf Formalitäten gelegt, jede Nuance, jede Wahl der Worte ist von größter Bedeutung und kann zu einer fruchtbaren Beziehung führen oder aber auch zu einem Beziehungsabbruch oder einer Katastrophe. Oftmals sind daher Beziehungen und Zusammenarbeit zwischen verschiedenen Parteien eine Arbeit von vielen Jahren, sei es zwischen Privatpersonen oder aber auch zwischen Organisationen und Firmen. Eine gute Beziehung kostet Mühe, Feingefühl und vor allem Zeit und kann leicht durch Kleinigkeiten wieder zerstört werden. Es ist das uchi, das aufgebaut werden muss! Uchi, ein seltsames Wort. Haus, zu Hause, Familie, Ausdruck des Ichs. Das uchi hat viele Übersetzungen und doch bedeutet es nur eines: Die Zugehörigkeit zu einer Gruppe, dem zu Hause, dem uchi! Ein Mensch kann vielen uchis angehören. Der eigenen Familie, des Schulclubs, der Klasse. Im weitesten Sinne ist auch das japanische Volk an sich, seine Regierung im Vergleich zum Ausland, ein uchi. Es sind die vielen kleinen Gruppen in der großen Gruppe, von der die Rede ist. Je kleiner die Gruppe, je enger das Band zwischen den Gruppenmitgliedern, je stärker das uchi, desto vertrauter ist man untereinander. Doch bis dahin ist es ein langer Weg. Ist der Japaner nicht im uchi, reagiert er misstrauisch und befremdlich. Alles jenseits seiner Komfortzone erscheint ihm unheimlich. Dies würde auch das reservierte, zum Teil sehr nervöse Verhalten der meisten Japaner gegenüber dem Ausland erklären, überlege ich.
„Höflichkeit und Feingefühl für den anderen, ist ein Zeichen der Liebe und des Respekts", hatte mir eine japanische Freundin einmal erzählt. Platt gesagt: In Japan umarmt man sich nicht, wenn man Zuneigung ausdrücken möchte, sondern verwendet eine Höflichkeitsform mehr, verbeugt sich tiefer und schenkt kleine Aufmerksamkeiten bei jeder Gelegenheit. Doch gilt das auch bei der jüngeren Generation? In meiner Schule kann ich nichts von dem erkennen. Nur Hysterie, Kreischen und Übertreibung. Nicht Nuancierung, Feingefühl und Höflichkeit.
Während ich tief in meinen Gedanken versunken bin und über meine Klassenkameraden nachdenke, wandere ich den langen Weg Richtung Schrein entlang. Von weitem sehe ich schon die beeindruckende Allee der „tausend scharlachroten Shintô-Tore", den torii, die sich dicht hintereinander den Hügel hinauf schlängeln. Diese Allee von torii ist das Markenzeichen des Fushimi Inari Schreins.
Im Schatten der torii angekommen, bleibe ich staunend stehen. Es ist einfach nur beeindruckend. Mit pechschwarzen Sockeln stehen die Tore da, ihre scharlachroten Dächer, die sich eins neben das andere reihen,

lassen nur wenig Licht durchdringen. Es ist ganz still und ich habe Glück, dass momentan keine Horden von Touristen durch den Schrein strömen. Langsam wandere ich unter den torii hindurch, den Hügel hinauf, bis hin zum Hauptgebäude des Schreins. Das wenige Licht, das durch die Spalten der Dächer auf den Boden fällt, ist scharlachrot gefärbt.
Es war einmal ein Mann namens Hata-no-iroka, der dem mächtigen Hata-Klan angehörte, gehe ich in Gedanken die Geschichte des Schreins durch. Eines Tages, als er im Wald zur Jagd ging, fand er ein Körbchen mit omochi, welche er an einen Baum hing und mit seinen Pfeilen durchbohrte. Daraufhin verwandelte sich die omochi in einen weißen Schwan, der anmutigen seine Flügel schwang und hoch hinaus davonflog. Seit diesem Tag nahm die Macht des rivalisierenden Kada-Klans stetig ab und Hata-no-iroka nahm voller Dankbarkeit die Suche nach dem Schwan auf.
Auf der Spitze dieses Hügels soll er ihn im Jahre 711 wiedergefunden haben und voller Dankbarkeit den Göttern diesen Schrein erbaut haben, so zumindest die Legende des Fushimi Inari-Schreins.
Nach gefühlten zwei Kilometern komme ich atemlos oben auf der Spitze des Hügels an und bewundere das Hauptgebäude und die große bronzene Fuchsstatue, die dort steht und in deren Maul ein Schlüssel steckt. Es ist der Schlüssel für die heiligen Reislager, wie ich aus meinem Reiseführer erfahre.
Der Schnee glitzert und entzückt blicke ich über die gesamte Stadt. Der Himmel ist glasklar, allmählich geht die Sonne in ein kühles Nachmittagslicht über. Es ist ein wunderschöner Ausblick!
Nach einer angenehmen Weile des Betrachtens, fühle ich mich jedoch plötzlich innerlich gehetzt. Ich habe nicht mehr so viel Zeit und ich möchte doch noch gerne so viel wie möglich von dieser eindrucksvollen Stadt sehen. Also laufe ich schnellen Schrittes wieder die vielen steinernen Stufen hinunter und nehme am Fuße des Hügels einen Bus zum Kyôto Gosho, dem kaiserlichen Palast in Kyôto.
Der Kaiserpalast war seit der Heian-Zeit im Jahre 794 der offizielle Regierungssitz des Tennôs. Erst in der Meiji-Restauration[74] im Jahre 1868 verlegte die kaiserliche Familie ihren Sitz nach Edo, dem heutigen Tôkyô.

---

74 Die Meiji-Restauration bezeichnet den politischen Umbruch und den Beginn einer neuen Regierungsform, mit der die rasante Modernisierung und Verwestlichung der japanischen Gesellschaft begann. Die Meiji-Zeit beendete die fast 270 Jahre währende Herrschaft der Tokugawa-Shôgune, die der Kriegerkaste der Samurai angehörten und eine feudale Regierungsform innehatten.

Tempel und Schreine in Kyôto

Die Gärten des kaiserlichen Palastes sind für die Öffentlichkeit zugänglich, doch als ich endlich an den hohen Mauern des kaiserlichen Blocks ankomme, dämmert es bereits und außer dicken, schwarz-hölzernen Toren und verwinkelte Tempelanlagen im Inneren der Mauern sehe ich kaum etwas. Im Dunkeln des riesigen Gartengeländes verstecken sich uralte, steinerne Dämonenfiguren, die die Eingänge vieler kleiner Gebetsecken bewachen. Ein steinernes Shintô-Tor liegt neben dem anderen in der Dunkelheit verborgen und in der tiefer werdenden Schwärze des Nachmittags mutet der Garten still und unheimlich an.
Mit einem schnellen Blick auf die Uhr gebe ich seufzend auf, den kaiserlichen Palastgarten zu erkunden. Ich habe keine Zeit mehr und fahre zurück zum Hauptbahnhof. Von dort nehme ich den Zug nach Sonobe, das etwa eine Stunde entfernt liegt. Während ich aus dem Fenster schaue, wird die Umgebung immer ländlicher und am nahen Horizont sehe ich schon die ersten Berge, auf denen kahl der Winterschnee im Dunkeln leuchtet.
Endlich in Sonobe angekommen, nehme ich einen Bus zur dreißig Minuten entfernten Mizuho Station. Es wird immer ländlicher und je weiter ich mich von der Zivilisation entferne, desto mulmiger wird mir. Es ist pechschwarze Nacht, als ich an der Station ankomme. Im Bushäuschen stehen ein paar Wartende, die nicht in das Umfeld zu passen scheinen. Es sind einige Japaner mit Rucksäcken und sogar ein paar vereinzelte Ausländer kann ich unter ihnen entdecken. Sie scheinen alle auf dasselbe in der Dunkelheit zu warten. Das müssen Leute vom Meditationszentrum sein, denke ich mir aufgeregt, und fühle mich sehr erleichtert. Leute, die sich, wie ich auch zum Kurs angemeldet haben. Warum sonst sollten hier Ausländer mitten in der Kyôtoer Pampa herumstehen.
Lächelnd bestätigt mir eine junge Japanerin meine Vermutung und meint: „Der Herr da drüben hat schon beim Zentrum angerufen und sie sind auf dem Weg uns abzuholen. Ich hoffe nur, dass wir alle in den Wagen passen."
Doch diese Sorge erübrigt sich, als der große, dunkelblaue Kleinbus des Meditationszentrums aus einem kleinen Wäldchen erscheint, in den wir alle samt unserem Gepäck bequem hineinpassen. Während wir einsteigen, beobachte ich das Grüppchen. Es ist ein buntgemischter Haufen, die meisten zwischen dreißig und fünfzig, Männer wie Frauen. Viele haben lockere Trainingskleidung an und irgendwie fällt mir eine Andersartigkeit bei den Japanern unter ihnen auf. Sie wirken offener, irgendwie weniger japanisch, weniger ängstlich. Von einigen erfahre ich,

dass sie schon einmal oder auch mehrmals im Ausland waren. Vielleicht sind sie dadurch auf diese Meditationsart aufmerksam geworden, die aus Indien kommt?

Durch dichte Wäldchen, reißendes Gebirgswasser und entlegene Reisfelder fahren wir mit dem Kleinbus immer höher und tiefer in die Wildnis hinein. Der Fahrer meint, wir seien schon die dritte Fuhre an Meditationsschülern, die er an diesem Tag zum Zentrum fahren würde.

Irgendwann kommen wir an zwei großen Holzhütten an, drum herum ist nichts als Grün. Ruhe. Im vorderen Haus befinden sich die Küche und die beiden Essstuben. Über einen hübsch gepflegten Weg, auf dem sich schon Fußstapfen im hohen Schnee abzeichnen, geht es zum Hinterhaus. Dieses ist wesentlich größer und in ihm werden wir meditieren und auch schlafen. Wir werden in Zimmer aufgeteilt und packen unsere Sachen aus. Männer und Frauen werden streng getrennt. Es gibt sogar für beide Geschlechter eine extra Eingangstür in das Meditationsgebäude und auch die täglichen Mahlzeiten nehmen wir getrennt ein. Während der zehn Tage soll es so wenig wie möglich Ablenkung geben.

Als schließlich alle Schüler am Abend angekommen sind, versammeln wir uns zum ersten Mal in der großen Meditationshalle, die sich direkt über dem Dach des Hinterhauses befindet. Wir sitzen im Schneidersitz auf Kissen oder mit den Knien auf kleinen Holzsockeln. Auf der einen Seite sitzen die Männer, auf der anderen die Frauen.

Unsere erste Begrüßung findet auf Japanisch und Englisch statt, da doch etwa zehn Prozent Ausländer sind. Unsere Meditationsleiterin, die vorne auf einem Kissen sitzt, erklärt uns, dass es sich bei dieser Meditationsrichtung um eine der ältesten Meditationstechniken aus Indien handelt und diese vor über 2.500 Jahren von Gotama Buddha wiedergefunden und auch von ihm gelehrt wurde.

Ruhig erklärt sie uns den Ablauf der nächsten zehn Tage: „Wir werden nun gleich die erste Meditationssitzung machen, bei der wir für die Neulinge die Technik zum ersten Mal erklären. Aber keine Sorge, in den nächsten Tagen werden wir langsam, Schritt für Schritt die Technik erlernen. Probiert erst einmal. Wenn es nicht gleich funktioniert, regt euch nicht auf, gebt den Gefühlen, die aufkommen einfach keine Energie, keine Aufmerksamkeit. Nach dieser ersten Sitzung werden wir für die nächsten zehn Tage nicht mehr reden. Das betrifft auch die Körpersprache. Ihr sollt euch ganz auf euch selbst, auf euren Geist konzentrieren können und von so wenig wie möglich abgelenkt werden. Das Schweigen gilt ab der ersten Meditationssitzung heute Abend und geht dann bis zur letzten in zehn

Tagen. Am Abend wird es für die Neulinge einen sogenannten Lehrer-Diskurs geben, bei dem wir Kassetten mit Erklärungen der Meditation anhören werden. Es sind immer die gleichen Vorträge, in jedem Land, in jedem Zentrum, um zu vermeiden, dass die Lehre verändert wird. Die Schüler, die schon einmal einen zehn-Tages-Kurs absolviert haben, können frei wählen, ob sie die Kassetten mit anhören oder in der Zeit in ihren Zimmern meditieren. Die Tage werden sich wie folgt gestalten," meint sie und ließt einen langen Zeitplan vor: „Um 4 Uhr wird mit einem Gong durch die Räume gegangen und ab 4:30 Uhr finden die ersten zwei Stunden Gruppenmeditation statt. Dann gibt es Frühstück und danach wird bis zum Mittagessen um 11 Uhr wieder in der Halle meditiert. Nach dem Mittagessen gibt es die Einzelgespräche mit den Lehrern und diejenigen unter euch, die gerade keine haben, können Pause machen. Ihr könnt im Garten spazieren gehen oder schlafen. Nur solltet ihr das Gelände nicht verlassen, keinen aufreibenden Sport betreiben und bloß nicht lesen, schreiben oder sonstiges in der Art. Das ist strengstens verboten und ihr tut euch damit auch nichts Gutes. Ab 13 Uhr meditieren wir dann wieder bis zur Teepause um 17 Uhr. Für die neuen Schüler gibt es in dieser noch Obst, die Schüler, die schon einmal einen zehn-Tages-Kurs absolviert haben, sollten fasten. Anschließend gibt es noch eine Meditation bis zum Lehrer-Diskurs um 19 Uhr. Nach einer weiteren Meditation gibt es dann noch Raum, um Fragen zu stellen oder aber ihr könnt schon zu Bett gehen. In jedem Fall ist ab 21:30 Uhr das Licht aus und Schlafenszeit."

Das werden zehn sehr anstrengende Tage, denke ich und schon jetzt kribbeln mir meine Füße vom langen Sitzen. Unter meinen Pobacken bewege ich meine Zehen leicht und langsam wachen sie wieder auf. Das Blöde daran ist, dass sie nun nicht mehr kribbeln aber dafür nur noch schmerzen!

Wir beginnen mit der Einführungsmeditation und erhalten die ersten Erklärungen. Zunächst kann ich mich nur wenig konzentrieren und meine Gedanken schweifen immer und immer wieder ab. Hin zu meiner Klasse, hin zu der Zeit bei den Kanekos, hin zu den Yoshidas, hin zu Deutschland, meiner Familie und meinen Freunden dort, hin zu der Frage, wo ich in den nächsten Monaten bleiben werde.

Meine Füße schlafen mir immer wieder ein und mein ganzer Rücken tut mir weh vom langen Sitzen. Morgens, wenn wir schon um halb fünf in der Meditationshalle sitzen und uns wegen des Schnees draußen in Decken einwickeln, nicke ich immer wieder vor Müdigkeit ein. Aller Anfang ist schwer.

Doch im Laufe der zehn Tage fällt es mir immer leichter, mich zu konzentrieren, mein Atem wird immer ruhiger, all meine Gedanken scheinen aus meinen Kopf verflogen zu sein. Wenn ich sitze, schlafen mir vielleicht wieder die Beine ein, aber ich beachte es nicht mehr. Aus heftigen Schmerzen im Rücken wird ein wohlig warmes Kribbeln im ganzen Körper, das sich anfühlt wie ein Strahlen von innen heraus und ich höre mein Blut im Ohr rauschen. Doch ich achte nicht darauf. Ich achte nur auf meinen Atem, auf mein Sein im Jetzt. Die Meditation wird immer leichter und doch gibt es immer wieder Rückschritte, in denen alles so schwer zu sein scheint wie noch nie und ich am liebsten aufspringen und schreien möchte. Bei denen ich am liebsten durch den kalten Schnee des Waldes rennen und gegen Bäume schlagen möchte. Bei denen die Energie in mir zu stark scheint und ich diese Kraft kaum mehr aushalten kann. Wie mir geheißen wird, versuche ich diese Gefühle zu ignorieren und sie nicht zu bewerten. Was zählt ist das Hier und Jetzt, was zählt ist die Leere im Sein.

Nach einigen Tagen kommt eine fremde Frau in unser Zimmer. Sie ist schon eine alte Schülerin, die den Kurs schon öfters absolviert hat und darf daher den Kurs später beginnen. Irgendwie fühlt sich ihre Präsenz für mich seltsam an und ich habe das Gefühl, dass sie mit einigen persönlichen Problemen zu kämpfen hat. Als wir nach den zehn Tagen endlich wieder sprechen dürfen, spreche ich sie an und sie stellt sich mir als Chinatsu vor.

„Das bedeutet ‚tausend Sommer'", meint sie und wir freunden uns schnell an. Sie wohnt bei ihren Eltern in Tôkyô und ist Anfang dreißig. „Viel zu spät um noch nicht verheiratet zu sein", meint sie und grinst etwas traurig. Ob sie das wohl als Problem die ganzen Tage über mit sich geschleppt hat? Sie lädt mich zu sich nach Hause ein und dankbar nehme ich ihre Einladung an. Wahrscheinlich ist die Einladung nur eine Höflichkeitsgebärde und nur so daher gesagt, aber wer weiß...

Die zehn Tage Meditation haben mir sehr gut getan und als wir am letzten Tag wieder reden dürfen, fühlt sich das laute Durcheinanderplappern der Schüler fast wie eine Vergewaltigung meiner Ohren an. All die Anspannung, der tiefe Stress der vergangenen Monate scheinen an mir abgeblättert zu sein und ich fühle mich wie ein Rohdiamant, der bereit ist, wieder von neuem vom Leben geschliffen zu werden.

Gegen Nachmittag des zehnten Tages verlassen wir mit ruhigen Herzen das Zentrum in den Bergen und machen uns gemeinsam auf den Weg zurück nach Kyôto. Dort steige ich, wie vor zehn Tagen auch, in den

Nachtbus ein und mein Weg führt mich wieder zurück nach Kiryû. Der Alltag steht mir wieder bevor.
Doch ich fühle mich ruhig, besser vorbereitet für das was kommen mag, gelassen mit mir und der Welt. Fast bedarf es keiner Erklärungen mehr, keiner Worte mehr für das, was um mich herum geschieht. Ich fühle mich einfach zufrieden und ruhig. Die zehn Tage waren eine einzigartige Erfahrung und ich fühle mich motiviert, die Meditation aufrecht zu erhalten.

Als ich früh am nächsten Morgen mit Sack und Pack wieder bei den Yoshidas ankomme, erwartet mich jedoch erst einmal eine kleine Überraschung. Bello, der Dackel der Familie, hatte sich als eine Bella entpuppt und drei junge Welpen geworfen. Ob das nun eine erfreuliche Nachricht ist, darüber bin ich mir noch nicht sicher. Denn kleine Hunde müssen bekanntlich genau wie große Hunde aufs Klo - und Hundescheiße macht sich nun einmal nicht sonderlich gut in der Wohnung.
Eilig und doch innerlich gelassen, ziehe ich meine Schuluniform an und radle sogleich zur Schule. Es ist mein erster Schultag im neuen Jahr und auch er bringt eine schöne Überraschung mit sich. Ab sofort darf ich beim Englisch-Unterricht der Zweit- und Drittklässler mitmachen. Offenbar haben meine Lehrer eingesehen, dass der Unterricht der Erstklässler einfach zu leicht für mich ist.
Interessanterweise reagieren meine Mitschüler in keinerlei Weise komisch darauf, dass ich meditieren war. In Deutschland hätte es wohl lange Gesichter und Grimassen gegeben, doch offensichtlich ist die Meditation in den japanischen Köpfen stärker verankert als im Westen. Im Gegenteil, meine Mitschüler reagieren anerkennend und bewundern mich dafür, dass ich die zehn Tage durchgehalten habe.
Entweder ist heute der Tag der vielen Überraschungen oder aber ich habe in den letzten zehn Tagen sehr viel verpasst, denke ich mir, als am Abend dann ein plötzlicher Anruf von Kôrin-san kommt. Sachiko reicht mir den Hörer und wirkt ganz aufgeregt, offenbar ist es eine gute Nachricht.
„Wir haben nun eine Übergangsfamilie für dich gefunden, bei der du bis Mitte Februar bleiben kannst“, meint Kôrin-san am anderen Ende der Leitung, nachdem er sich kurz erkundigt, wie es mir in Kyôto ergangen war.
„Deine Eltern kennen offenbar einen japanischen Mönch in Deutschland und der wiederum kennt jemanden in Kiryû. In Rücksprache mit der deutschen Austauschorganisation haben wir jetzt mit dieser Familie

Kontakt aufgenommen." Gespannt halte ich den Atem an und lausche seinen Worten, als er weitererzählt: „Die Familie heißt Yamamoto und besteht aus einem älteren Ehepaar. Sie sind schon recht alt, um die siebzig oder achzig. Aber es sind sehr, sehr einflussreiche Leute mit viel Geld", fügt er mit nachdrücklicher Stimme hinzu. Was er mir damit wohl nun sagen möchte? Mir ist es doch vollkommen egal, wie reich sie sind, Hauptsache, ich fühle mich bei ihnen wohl.
„Sie haben auch eine Tochter, die ist aber auch schon älter und wohnt nicht mehr zu Hause aber offenbar trotzdem in der Nähe", berichtet Kôrin-san weiter, „die Yamamotos wollen dich gerne für eine Zeit lang bei sich aufnehmen, aber du musst wissen, dass der Mann Krebs hat und es daher nur für zwei Monate sein kann."
„Oh, das tut mir leid. Aber trotzdem, das ist ja schön, dass ich überhaupt bei ihnen bleiben kann", antworte ich, froh, eine Übergangsfamilie zu haben, „ab wann kann ich denn zu ihnen gehen?"
„Gleich morgen. Ich habe schon alles mit Sachiko besprochen, sie wird dich dann nach der Schule zu den Yamamotos fahren."
Gleich morgen, denke ich überrascht, die Japaner sind wirklich spontan. Als ich den Hörer wieder an Sachiko weiterreiche, blicke ich erst einmal dumpf gerade aus. Morgen schon...
„Ich freue mich schon, wenn du wiederkommst", meint Risa leise und mit einem kindlichen Lächeln zu mir und schlürft ihre Suppe weiter.
„Ich mich auch", antworte ich gerührt, „aber nun steht erst einmal ein weiterer Schritt in meiner Zeit in Japan an." Sachiko lächelt zufrieden und nickt uns ermunternd zu: „Sô desu ne ~."

三

Familie Yamamoto

Das traditionelle Japan in der Oberschicht

1

Wie verabredet holt mich Sachiko am anderen Tag mit dem Auto von der Schule ab, um mir den Weg zu den Yamamotos zu zeigen. Ich kenne die Gegend. Das Haus steht nahe des Stadtviertels, in dem die Kanekos wohnen. Trotzdem ist es noch weit genug entfernt, um ihnen nicht zufällig irgendwo über den Weg zu laufen. Wie bei den Kanekos auch, ist die Gegend eine reiche mit schöneren Häusern und mehr Platz. Allerdings sind diese keine Neubauten, sondern die Häuser zeugen von einem schon etwas älteren Baujahr. Die Häuser überleben hier offenbar doch die ersten zehn Jahre, denke ich und widerlege somit das Gelesene.
Wir biegen in den hinteren Teil einer Häuserreihe ein und bleiben auf einem großen Parkplatz stehen. Dass es sich hier nicht um einen normalen Parkplatz handelt, wird mir schnell klar. Vielmehr befinden wir uns schon auf dem Grundstück der Familie Yamamoto. Ich schaue mich um: Auf der einen Seite des Parkplatzes steht ein großes, quadratisches Haus mit Spitzdach. Es ist in etwa so groß wie das gesamte Anwesen der Yoshidas mit Anbau zusammen. Hier müssen die Yamamotos wohnen, denke ich. Doch als ich dorthin laufe, ruft mich Sachiko zurück: „Das ist nicht ihr Wohnhaus, wir müssen da rein", sie zeigt auf ein sehr langes, einstöckiges Gebäude mit einem flacheren Spitzdach. Dieses sieht noch ein wenig traditioneller aus als das große, quadratische Haus. Mit dem übereinandergelegten, flachen Spitzdach und Wänden, die nicht aus Plastik gegossen zu sein scheinen, wirkt es fast schon ein wenig antik. Eine hohe Betonmauer und sauber geschnittene, dichte Hecken rahmen das Haus und den Garten ein.
„Diese Familie ist sehr, sehr, sehr reich", flüstert Sachiko ehrfürchtig, als wir zu dem Wohnhaus gehen. „Dem Mann gehörte eine kimono-Fabrik in Kiryû und das alles hier gehört ihnen."
„Was ist aus der Fabrik geworden? Existiert sie noch?" frage ich, doch sie zuckt nur die Schultern: „Ich weiß es nicht. Aber das Haus da drüben," sie zeigt auf das große, quadratische Haus am anderen Ende des Parkplatzes, „das war früher mal das Büro."
Mir wird schon etwas mulmig, als wir an das hölzerne Tor treten und Sachiko in überaus respektvollem Ton nach den Hausbewohnern ruft. Wer mögen diese Leute sein, frage ich mich, und noch viel wichtiger, wie höflich muss ich zu ihnen sein. Wenn sie so reich sind, dann sind sie es sicherlich gewohnt, dass man immer in der höflichsten und

respektvollsten Art und Weise mit ihnen spricht. Ich frage mich, ob mein Japanisch dem gewachsen ist.
Da geht auch schon die hölzerne Schiebetür des Wohnhauses auf und eine kleine, etwas pummelige Frau mit dicken, lila Brillengläsern tritt heraus. Sie trägt einen langen, dunkelblauen Rock und eine lila geblümte Daunenjacke, die sie sich über den rosa Kaschmirpulli gestülpt hat. Um ihren Hals hat sie sich aus einem mit Rosen bestickten Seidentuch eine Schleife gebunden. Auch ihre Hausschuhe lassen ihr den Anschein einer typischen Oma geben. Lila Halbschuhe mit fester Sole und gutem Stand.
„Hajimemashite. Yoroshiku onegai ne~[75]", begrüßt sie uns, und ihre runden Wangen grinsen freundlich, so dass ihre Augen noch schmaler werden. Ich mag sie sofort. Frau Yamamoto ist schon fünfundsiebzig und eine richtige Oma, wie sie im Buche steht.
„Nenn' mich doch obâsan", meint sie, als ich sie immer wieder mit Yamamoto-san anrede. „Ich bin doch jetzt sozusagen deine japanische Oma", grinst sie und führt uns ins Haus. Hinter der Eingangshalle, in der wir unsere Schuhe ausziehen, befindet sich gleich das große Wohnzimmer mit der integrierten Küche. Die großen Fenster geben den Blick frei in einen wunderschönen, sehr gepflegten japanischen Garten. Die Fenster lassen nur ein fahles Licht in das Innere des Hauses und so ist es relativ dunkel. Vor dem laufenden Fernseher steht ein Schaukelstuhl, in dem still eine fast unsichtbare Gestalt kauert. Es ist Herr Yamamoto, von dem ich weiß, dass er erst kürzlich eine Magenoperation hinter sich gebracht hat. Sein Gesicht ist eingefallen, sein Körper gespenstisch dünn und doch merkt man, dass er einmal ein sehr würdevoller, gut aussehender Mann gewesen sein muss. Sein Blick ist gütig und wohlwollend, gleichzeitig jedoch auch sehr fern von allem, was um ihn herum vor sich geht.
Obâsan stellt uns vor und Sachiko und ich verbeugen uns tief vor ihm. Lächelnd nickt er zurück und starrt dann wieder auf seinen Fernseher.
„Wir hatten sehr viel Glück und einen sehr, sehr guten Arzt", meint obâsan und bietet uns Tee an. Wir trinken und unterhalten uns ein wenig. Doch ich merke Sachiko an, dass sie sich sehr unwohl in diesem mächtigen Haus fühlt und sie auf jedes Wort acht gibt, das sie sagt. Sie nickt hektisch und lacht immer ganz nervös, während sie jedes Wort, das obâsan sagt, mit einem wohlwollenden Kommentar bestätigt. Da reiht sie ein „ah, sô

75 (Dôzo) yoroshiku onegai (shimasu) = verschiedene Bedeutungen, z.B. Schön Sie kennenzulernen / ich bin in Ihrer Schuld / Ich zähle auf Sie / Auf gute Zusammenarbeit / Bitte helfen Sie mir. Soll maßgeblich die Bitte um eine gute, gegenseitige Zusammenarbeit ausdrücken, bei der beide Parteien aufeinander achten und sich helfen. Diese Floskel wird sehr, sehr häufig verwendet.

desu ka?“[76] hinter ein „sugoi desu ne~“[77], hinter ein „yokatta desu ne~“[78]. Alles ziemlich hohle Floskeln, wie ich finde, die inhaltlich nicht sehr viel aussagen. Doch sie tragen zur guten Beziehung bei.

Jedoch scheint es mir, als würde sich obâsan nicht wirklich viel aus diesen Höflichkeitsfloskeln machen, ja, als wäre sie ihrer fast leid. Und als Sachiko nach der ersten Tasse Tee geht und mich verabschiedet, scheint obâsan fast ein wenig erleichtert zu sein.

Sie zeigt mir mein Zimmer und wir gehen in einen anderen Teil des Hauses, der fast einem Museum gleicht und insgesamt so groß ist wie das gesamte Erdgeschoss der Yoshidas. Der Flur ist mit dunklem Holz ausgekleidet, hinter den traditionell bemalten Schiebetüren verbergen sich tatami-Räume, in denen verschiedene Bilder, Porzellan, Puppen, kunstvoll bemalte Stellwände und ähnliche Kostbarkeiten ausgestellt sind. Dieser Teil des Hauses wird offensichtlich nie benutzt und scheint mehr als Abstellraum für wertvolle Kunst zu dienen.

Der letzte Raum des langen Flures ist das Gästezimmer. Auch dieser Raum ist ausschließlich mit tatami-Matten belegt und vor den Glasfenstern klebt milchiges Reispapier. Es ist mit einem futon, einem kleinen Holzregal, einem niedrigen Tisch und sogar einem kleinen Fernseher ausgestattet. Für meine Kleider holt obâsan noch einen Holzständer, auf dem man normalerweise kimonos aufhängt. Toilette und Waschbecken befinden sich gleich neben dem Zimmer. Das Allerwichtigste jedoch: in jedem Raum gibt es elektrische Heizkörper. Und das ist für japanische Verhältnisse nicht gerade üblich. Ich bin begeistert, ja, ich komme mir fast so vor wie in einem japanischen ryôkan[79].

Ich stelle meine Koffer ab und dann folge ich obâsan, die das Abendessen vorbereiten möchte. Aufgeregt frage ich sie immer wieder, ob ich etwas helfen könne, aber sie beruhigt mich nur und sagt: „Du bist noch neu hier und das ist doch immer so am Anfang. Ich werde dir nach und nach zeigen, wie alles geht und wo alles ist. Dann kannst du mir helfen.“ Und dann stellt sie lauter kleine Porzellanschälchen auf den Tisch, die gefüllt sind mit kalten Beilagen. Eingelegter Rettich, mit Sesam verfeinerter Spinat, Algen, gekochte Süßkartoffeln, umeboshi, eingelegter Ingwer, kleine Fischlarven, Salat, gesäuerter Fisch. Dazu schenkt sie uns miso-Suppe in schwarz-rote Schälchen ein und bittet mich, jedem Reis in extra Porzellanschälchen zu schöpfen.

76 Ah, sô desu ka? = ach, so ist das? (höflich)
77 sugoi desu ne = das ist toll/großartig, nicht wahr? (höflich)
78 yokatta desu ne = Gott sei Dank/das ist gut, nicht wahr? (höflich)
79 Ryôkan = traditionell eingerichtetes, japanisches Hotel/Herberge

„Nur ein bisschen", korrigiert sie mich freundlich, als ich die Schälchen voll machen möchte. „Man soll nicht vom Reis satt werden, sondern von den Beilagen."

Das ist wohl der kleine aber feine Unterschied zwischen Arm und Reich hier, denke ich mir. Bei den Yoshidas, aber auch bei den Kanekos, werden die Schälchen bis zum Rand gefüllt. Reis ist eben billiger als Beilagen.

Es ist gerade einmal sieben Uhr und es tut gut, mal wieder verhältnismäßig früh zu Abend zu essen. Mit obâsan unterhalte ich mich über meinen Austausch und ojîsan[80] beobachtet mich stumm und neugierig und hört zu. Er sagt selten etwas, aber ich fühle mich sehr wohl in seiner Gegenwart. Er scheint ein sehr gutes, beruhigendes Herz zu haben und scheint nichts von mir zu erwarten.

Ich erfahre, dass ihm wegen seines Magenkrebses der gesamte Magen entnommen werden musste und er daher nur sehr wenig auf einmal essen darf, da sonst sein Körper nicht mit der Verdauung hinterher kommt. Daher muss er fünf Mal am Tag eine sehr kleine Malzeit einnehmen, und auch seine Auswahl dabei ist begrenzt. Während wir uns unterhalten, lugt er immer wieder neidisch zu unseren Tellern herüber und wirkt fast ein wenig enttäuscht, als er auf seinen eigenen, kleinen Teller und seine winzige Schale Reis schaut. Der Arme!

„Und Sie kennen also den Rôshi aus Deutschland?", frage ich neugierig, „waren Sie denn schon einmal in Deutschland oder woher kennen Sie ihn?"

„Ach nein, Mona-chan, aber wir haben gute Beziehungen zum buddhistischen Zen-Kloster hier in Kiryû. Früher sind wir da immer regelmäßig zum Beten und zum Meditieren hingegangen. Und der Leiter des Klosters, der kennt den Rôshi aus Deutschland," erwidert obâsan, „aber in Deutschland, da waren wir trotzdem schon einmal. Wir haben da das Noishuwansutain Schloss gesehen." Sie meint wohl das Schloss Neuschwanstein, denke ich und muss unweigerlich grinsen.

„Ja, wir waren eigentlich schon überall auf der Welt. Vor allem aber lieben wir Hawaii. Meine Freundinnen und ich lernen auch den hawaiianischen Tanz hier in einer Schule in Kiryû."

In Japan gibt es aber auch wirklich alles, und für jede Randgruppe gibt es ein Angebot. Selbst im kleinen Örtchen Kiryû!

Wir sind noch beim Essen, da wird die Haustüre aufgeschoben und eine junge Frau mit halblangen, braun-schwarzen Haaren und Brille tritt ein. Sie hat ein freundliches und offenes Lächeln und stellt sich mir als Kumiko vor. Sie ist die Tochter von obâsan.

80 ojîsan = Anrede für Opa

Während ojîsan sich wieder in seinen Schaukelstuhl setzt und stumm in den Fernseher glotzt, holt auch sie sich eine Schale Reis und beginnt zu essen. Obâsan bleibt noch ein wenig bei uns und beginnt Kleiderhaken mit bunten Bändern zu umwickeln.

„Das ist eines meiner Hobbies, ich mag die bunten Farben so", meint sie zu mir und gibt Kumiko ein Zeichen, dass sie sich auch noch miso-Suppe holen soll.

Kumiko hat ein sehr offenes Wesen und scheint genau hinzuhören, wenn ich ihr etwas erzähle. Noch nie hat mich jemand hier in Japan so dezidiert nach meiner Meinung und meinen Eindrücken gefragt wie sie. Normalerweise hat man ja in Japan keine eigene Meinung – zumindest drückt man diese nicht aus.

Mir fällt auf, dass Kumiko immer erst etwas sagt, wenn man mit der Erzählung fertig ist. Denn meist unterbrechen Japaner mich immer mit einem „eh" oder „sugoi desu ne~", um zu Verstehen zu geben, dass man der Erzählung auch wirklich zuhört. Ob die Japaner dabei jedoch wirklich zuhören, das habe ich mich schon das ein oder andere Mal gefragt. Kumiko hingegen hört mir aufmerksam zu und gibt mir dann erst eine Antwort.

Wir verstehen uns sehr gut und als obâsan und ojîsan schon gegen acht Uhr zu Bett gehen, unterhalten wir uns noch bis tief in die Nacht. Ich erfahre, dass sie schon fünfundvierzig ist, finde aber, dass sie aussieht wie Mitte dreißig. Sie wohnt in einem Appartement in der Nähe und ist geschieden. Kinder hat sie keine.

„Weißt du, ich habe damals bei der Familie meines Mannes gewohnt. Sie haben ein großes Unternehmen und da musste ich viel mithelfen." Sie holt ein Fläschchen sake aus dem Schrank und schenkt sich ein. Dann fragt sie mich plötzlich, ab wie viel Jahren man in Deutschland Alkohol trinken dürfte. Als ich ihr erzähle, dass man Getränke mit wenig Alkohol ab sechzehn und Hochprozentiges ab achtzehn Jahren trinken dürfte, strahlt sie mich begeistert an: „Dann kannst du ja auch sake mittrinken!" Sofort holt sie mir auch ein Schälchen heraus. „Trinkst du ihn lieber warm oder kalt?"

Sake kann man in Japan auf zwei unterschiedliche Arten trinken. Entweder eisgekühlt oder aber leicht erhitzt. Ich bin mir unsicher, was ich besser finde, möchte aber gerne probieren.

„Was findest du denn besser?", frage ich.

„Naja, mir schmeckt er warm sehr gut, aber ich glaube, für dich ist er kalt erstmal besser. Das steigt dann nicht so schnell zu Kopf." Erstmal? Ob sie wohl vor hat, mit mir jeden Abend bei sake zu versacken?

„Trinkst du gerne sake?“, frage ich sie.
„Oh ja, ich liebe sake!“ Ihre Augen leuchten. „Ich trinke eigentlich jeden Abend so ein bis zwei Schälchen davon, dann kann ich besser schlafen.“
Oh je, hoffentlich hat sie kein Alkoholproblem, denke ich mir und nicke lächelnd.
Der sake schmeckt durch die Eiswürfel leicht wässrig und nur wenig nach Alkohol. Irgendwie erfrischend und doch finde ich, schmeckt er nicht unbedingt nach mehr. Aber das ist sicherlich Geschmacksache.
„Naja, also mein Mann…“, fängt da Kumiko wieder an zu erzählen. „Weißt du, ich musste damals viel in dem Unternehmen seiner Eltern mithelfen, aber ich war damals krank und konnte nicht so viel helfen. Naja…“, sie nimmt einen großen Schluck, „und deswegen hat er sich dann von mir getrennt.“
Ich bin entsetzt und beschimpfe unbekannterweise ihren Ex-Mann.
„Ja, du hast ja schon Recht. Und ich bin auch ehrlich gesagt froh, dass ich nichts mehr mit ihm zu tun habe. Naja, und danach bin ich erstmal für ein halbes Jahr nach Neuseeland gezogen.“ Ich hebe erstaunt die Augenbrauen: „Ein halbes Jahr?“
„Ja, das war in etwa so ein Austausch wie jetzt bei dir. Nur dass ich eben damals fünfunddreißig war und bei einer Gastfamilie gelebt habe.“
Ich bin beeindruckt. Für eine Japanerin ist das wirklich ein gigantischer Schritt. Und dann auch noch in diesem Alter. Vielleicht ist ihre Art der Kommunikation deshalb so anders, überlege ich und spreche sie darauf an.
„Ja, das kann schon sein. Ich habe auch das Gefühl, dass man in Neuseeland, aber auch in Europa, vielleicht genauer hinhört und nicht jedes Gespräch mit leeren Floskeln füllt, wie es häufig in Japan der Fall ist.“
Sie lacht, als ich sie frage, ob sie das Ausland mögen würde.
„Ja, ich mag das Ausland und reise auch sehr gerne. Jetzt gebe ich auch immer wieder Privatunterricht für Bekannte und Freunde und bringe ihnen Englisch bei.“ Sie nimmt noch einen Schluck sake und reißt dann die Augen weit auf: „Ah, das habe ich ja total vergessen dich zu fragen! Ich gebe jeden Samstagnachmittag Englischunterricht für obâsan und ihre Freundin Sato-san. Es wäre klasse, wenn sie ein bisschen bei dir ihr Englisch üben könnten, also sozusagen, um den Ernstfall zu proben.“ Das klingt, als sei Englisch der absolute Katastrophenfall und alle Ausländer Monster, denke ich belustigt, nicke jedoch interessiert.
„Würdest du dir vielleicht samstags die Zeit nehmen und mit uns Englisch üben? Das wäre wirklich toll und die beiden könnten glaube ich sehr

viel von dir lernen. Bei mir wechseln sie immer wieder so schnell ins Japanische über."
„Natürlich, gerne", ich kann meine Freude kaum verbergen, „ich habe zwar noch nie unterrichtet, aber dabei kann ich ja sicherlich auch einiges lernen."
Also ist der Englischunterricht für den Samstag abgemacht, und nach diesem Gespräch sitze ich fortan fast jeden Abend mit Kumiko beisammen und unterhalte mich mit ihr. Sie ist eine wirklich kluge Frau und wir verstehen uns sehr gut. Auch bin ich froh um ihre Gesellschaft, da obâsan und ojîsan meist schon sehr früh schlafen gehen. Es ist eben nicht zu verleugnen, dass die beiden alt sind.

An diesem Samstag findet also unsere erste Englischstunde statt. Zunächst kommen jedoch am Morgen zwei chinesische Masseure, die obâsan für Stunden von oben bis unten durchmassieren, während ojîsan ein paar Steps auf seinem Hometrainer macht. Die Masseure kommen mehrmals die Woche und massieren obâsan wie auch ojîsan den halben Mittag. Diese Masseure sind jedoch nicht die einzigen, die hier täglich ein und aus gehen. Da sind zum einen der Gärtner und die Haushaltshilfe, die einmal die Woche kommen. Dann bringt jeden zweiten Tag ein externer Koch bestelltes Essen und ständig kommen Vertreter von verschiedenen Firmen vorbei, um obâsan ihre Ware zu verkaufen. Schuhe, Blusen, Kaschmirware oder Broschen – Edelware vom Feinsten. Die Händler kommen extra mit der bestellten Ware vorbei, und obâsan begutachtet sie zusammen mit ihren Freundinnen, probiert sie an und meistens kauft sie sie dann auch. Bei den Preisen wird mir allerdings schlecht. 400.000 Yen, etwa 3.500 Euro, für ein Jäckchen mit Perlenbestickung. Da kann man nur den Kopf schütteln.
Als die Masseure sich daran machen, ojîsan zu massieren, helfe ich obâsan beim Kochen des Mittagessens. Heute gibt es tempura, und ich sehe zum ersten Mal, wie das geht. Eigentlich ist es recht einfach. Verschiedene Gemüse und Riesenschrimps werden in eine Wasser-Mehl-Mischung getunkt und dann in heißem Fett frittiert. Zusammen mit Reis und Sojasauce schmeckt das nach mehr.
Dazu bereitet obâsan noch extra für mich ein japanisches Omelett zu. Dies ist jedoch ganz anders als alle Ei-Variationen, die ich je gegessen habe. Aus Zucker, Sojasauce und Eiern rührt sie eine Masse und brät diese zu einem Pfannkuchen. Als Pfannkuchenfüllung gibt es ein Reis-Hühnchen-Gemisch und über die zugeklappte Ei-Tasche gibt obâsan als

Verzierung rote Ketchupstreifen. Ei mit Zucker und Sojasauce, ob das wohl schmeckt? Als dann jedoch Kumiko mit obâsans Freundin Sato-san kommt und wir mit dem Essen beginnen, kann ich mich kaum noch halten. Es schmeckt einfach herrlich!

Sato-san ist etwas kleiner als obâsan, sieht ihr jedoch mit ihrer dicken Brille und ihrem rot-braun gefärbten Kurzhaarschnitt recht ähnlich. Wie ich bald erfahre, ist sie eine der besten Freundinnen von obâsan und kommt mehrmals die Woche zu Besuch. Nach den üblichen Fragen zu meiner Person und zu Deutschland, schaut sie mich dann plötzlich ganz schelmisch an und fragt: „Sag mal, Mona-chan, was hast du denn eigentlich für eine Blutgruppe?"

Blutgruppe??? Hab ich mich im Haus geirrt und mir soll hier Blut abgezapft werden? Oder noch besser eine Organspende für ojîsan? Als Sato-san mein entsetztes Gesicht sieht, fügt sie schnell als Erklärung hinzu: „Weißt du, in Japan sind die Blutgruppen sehr wichtig. Man sagt, sie sagen so viel über den Charakter eines Menschen aus wie das Horoskop."

Erleichtert schnaufe ich auf und sage ihr meine Blutgruppe. Glücklicherweise haben wir viele Mediziner in der Familie und daher weiß ich auch meine Blutgruppe, denn ich bin mir sicher, dass sehr viele Deutsche dabei passen müssten.

„Du hast Blutgruppe A, Rhesus positiv!", ruft Sato-san da schon erfreut aus. „Das ist ja wunderbar! Wir sind auch alles A positiv! Die haben sowieso den besten Charakter, sagt man."

„Den besten Charakter?", frage ich erstaunt. Mir kommt das ganze Gespräch gerade mal wieder so typisch Japanisch vor. Könnte mich mal jemand aufklären?!

„In Japan herrscht der weit verbreitete Glaube, die Blutgruppen würden etwas über die Persönlichkeit der Menschen aussagen", erklärt mir daraufhin Sato-san. „Man sagt, Menschen mit Blutgruppe A seien sehr ehrlich, kreativ und sensibel, aber auch sehr anspruchsvoll, angespannt und stur. Menschen mit B sind sehr wild und aktiv, aber gleichzeitig auch egoistisch und unberechenbar. Blutgruppe 0 bedeutet, dass man einen recht geselligen und optimistischen Charakter hat, allerdings auch unhöflich und arrogant sein kann. A ist besser als B, B ist besser als 0 und AB-Leute sind ganz unberechenbar." Ich glotze nur noch dumm und kann nicht wirklich glauben, dass Sato-san das offensichtlich wirklich ernst meint.

„Und generell gilt, dass Rhesus-Faktor positiv immer besser ist als Rhesus-Faktor negativ. Also hast du wie wir die beste Blutgruppe von allen", Sato-san strahlt mich glücklich an und ich denke mir nur „Auweia". Gut, dass ich nicht eine andere Blutgruppe angegeben habe, sonst hätte sie mich vielleicht gleich rausgeschmissen.

„Also die meisten Japaner haben ja Blutgruppe 0, das ist aber nicht so gut. Deshalb sind so viele hier in Japan auch so unhöflich und arrogant", Sato-san rückt ihre Brille zurecht. Unhöflich und arrogant, frage ich mich bestürzt und weiß nicht, ob ich dem Recht geben soll oder nicht. Denn einerseits erlebe ich die Japaner im Gegensatz dazu als sehr höflich und sehr zuvorkommend, andererseits habe ich auch noch nie eine Kultur gesehen, die so unhöflich und rücksichtslos sein kann wie die der Japaner – wenn sie denn einmal unhöflich sind. Japan hat eben immer diese beiden Gesichter. Entweder ganz oder gar nicht. Paradoxien und Gegensätze scheinen zwei ihrer liebsten Hobbys zu sein!

„Aber nicht alle Japaner glauben daran, nicht war, Sato-san", meint Kumiko da schon beschwichtigend und betont mit Nachdruck, „aber leider immer noch sehr viele... das geht manchmal sogar soweit, dass im Vorstellungsgespräch nach der Blutgruppe gefragt wird und man nicht angenommen wird, wenn man eine ‚schlechte' Blutgruppe hat. Selbst Kinder werden manchmal schon im Kindergarten wegen ihrer Blutgruppe gehänselt."

„Und warum soll denn gerade Blutgruppe A so gut sein?", frage ich erstaunt. Das ganze beginnt langsam interessant zu werden.

„Naja, ich weiß es nicht genau", meint Kumiko, „aber ich denke, das liegt daran, dass Blutgruppe A genau das symbolisiert, wie die Japaner sich selbst gerne beschreiben: ruhig, perfektionistisch und sensibel. Im Job werden genau diese Eigenschaften gesucht. Außerdem neigt die japanische Gesellschaft ja auch dazu, alles zu vereinheitlichen. Am besten soll alles gleich aussehen. Deswegen haben wir ja auch Uniformen und so weiter... Jedenfalls meinen einige Leute deswegen auch, dass es am besten wäre, wenn alle die gleiche Blutgruppe hätten, also A positiv. Menschen mit einer anderen Blutgruppe passen da einfach nicht ins Gesamtbild und werden dann eben ausgeschlossen. Naja, aber wer weiß das schon... das ist nur meine Vermutung, nicht wahr... Außerdem ist es immer ein guter Eisbrecher, wenn man jemanden nach seiner Blutgruppe fragt", schließt Kumiko mit ihrer Erklärung und nickt versöhnlich zu Sato-san herüber. Typisch Japaner, denke ich hingegen und bin gleichzeitig etwas schockiert. Blutgruppenrassismus der lieben Gruppe wegen. Langsam frage ich mich, wie weit man dieses Spiel „die Gruppe ist der wichtigste Teil im Leben eines Japaners" noch treiben kann.

„Fangen wir doch mit dem Englischunterricht an“, beendet obâsan da abrupt das Thema. „Kumiko muss schließlich danach noch zu einer anderen Familie zum Unterrichten.“

Also setzen wir uns in einem halb abgetrennten, leicht erhöhten tatami-Zimmer an den niedrigen Tisch und wiederholen eine Lektion aus dem Lehrbuch. Wie zu erwarten, ist es sehr, sehr leichtes Englisch und doch bin ich begeistert, wie motiviert diese beiden alten Damen sind, in dem hohen Alter noch Englisch zu lernen. Wenn meine Klassenkameraden nur halb so motiviert wären...

Kumiko erklärt die Grammatik und übersetzt ins Japanische. Ich bin das Versuchsobjekt, an dem die beiden Damen ihr Englisch ausprobieren können und das ihnen in langsamem, sehr deutlichen Englisch antwortet. Es macht Spaß und die Stunde vergeht wie im Flug, so dass Kumiko mich fragt, ob ich in den kommenden zwei Wochen den Englischunterricht für sie ganz übernehmen könnte, da sie nach Hawaii in den Urlaub ginge. Klar, gerne!

Am Abend, als Kumiko schon gegangen ist, versuche ich dann mit Mühe und Not, die Zeitung zu Lesen, die täglich auf der Kommode der Yamamotos liegt. Es ist ein schönes Gefühl, einmal in einer Familie zu wohnen, in der Zeitung gelesen und Nachrichten geschaut wird.

Da steht irgendetwas von einem Treffen zwischen dem russischen und dem amerikanischen Präsidenten, und auch wenn es schwer ist, merke ich, wie ich schon den groben Inhalt des Textes entziffern kann. Doch über zwei Dinge stolpere ich immer und immer wieder. Der Text ist gespickt mit dem katakana-Zeichen „RO“ und dem kanji für Reis. Wird über Reis verhandelt? Reis aus den USA nach Russland? Das macht irgendwie keinen Sinn... Mein verzweifeltes Gesicht scheint wohl ojîsan gesehen zu haben, der gerade gemütlich zum Kühlschrank tippelt, um sich seine letzte Ration Essen für heute zu holen.

„Das kannst du wirklich schon lesen? Das ist aber sehr schwer...“, meint er und ich nicke nur und zeige ihm das „RO“ und den „Reis“.

„Was soll das denn bedeuten? Geht’s da um Reisexport nach Russland?“

Er lacht. „Nein, nein, so ist das nicht. Das sind die beiden Abkürzungen für Russland und die USA. RO steht für Russland und das kanji für ungekochten Reis für die USA.“ Ich sehe ihn verwirrt an.

„Reis steht für die USA?“, frage ich ihn. Er grinst nur, gibt mir aber keine Antwort und beginnt dann leise vor sich hin zu essen.

Also schaue ich im Wörterbuch nach. Das Zeichen für (ungekochten) Reis hat verschiedene Aussprachen (kome, mei, bei, me). Wegen dem „me“ in

A-me-ri-ka wird also das Zeichen für ungekochten Reis als Erklärung für die USA gegeben. Noch Fragen? Alles klar, oder?!

Obwohl die japanische Sprache nur die Gegenwart und die Vergangenheitsform kennt und beispielsweise die Schwierigkeit im Umgang mit den Artikeln, wie ihn viele Ausländer beim Deutschen haben, wegfällt, sind es immer genau diese Aspekte im Japanischen, die mich zur Verzweiflung bringen.

Japanisch ist nicht nur einfach eine andere Sprache. Es ist vor allem eine andere Denkart. Mein Lieblingsbeispiel dazu ist das „ki o tsukete", das japanische Pendant zu „pass auf dich auf". Wortwörtlich bedeutet es jedoch „schalte deinen Geist ein" und wird eigentlich immer angewandt, wenn jemand sich verabschiedet oder sich entfernt.

„Schalte deinen Geist ein..." Es ist wohl klar, dass diese Ausdrucksweise einer ganz anderen Denkweise bedarf, als das, was wir in romanischen oder germanischen Sprachen gewohnt sind.

2

Für die „Long Home Room"-Stunden in der Schule lassen sich die Lehrer immer etwas anderes einfallen. So staune ich nicht schlecht, als ich zum Wochenbeginn mit meiner Jahrgangsstufe in die Sporthalle komme. Diesmal hatte man uns gesagt, wir sollten unter allen Umständen weiße Socken anziehen und nicht die dunkelblauen, die wir sonst anhaben. Also haben wir einen offiziellen Anlass mit externem Besuch.

Hatten wir in den letzten „Long Home Room"-Stunden mal Informationsveranstaltungen über die Klassenfahrt nach China gehört oder auch mal „Leon der Profi" angesehen, damit die Schüler mal einen ausländischen Filmklassiker zu sehen bekommen, so steht heute etwas wirklich Besonderes an. Rund ein Dutzend Vertreter von Hochschulen und Ausbildungsstätten haben sich in der Sporthalle verteilt und kleine Stände mit Informationen aufgebaut. Wie immer gibt es eine Ansprache des Rektors, der die Besucher aufs Höflichste willkommen heißt und die Schüler mahnt, dass sie etwas aus dieser Chance machen sollten. Dann dürfen wir uns an den Ständen über eine mögliche weiterführende Ausbildung informieren.

Eigentlich ist mir die ganze Veranstaltung ziemlich egal, da ich meinen Abschluss sowieso in Deutschland machen werde. Daher trotte ich einfach immer hinter meinen beiden Klassenkameradinnen Namiko und Emi-chan her.

„Was interessiert euch denn so? Wisst ihr schon, was ihr einmal werden wollt?", frage ich sie, und ihre einstimmige Antwort ist: „Krankenschwester". Also gehen wir zu dem Stand, an dem eine Frau über die Ausbildung zur Krankenschwester informiert und hören ihr zu. Dabei fällt mir auf, dass der Krankenschwesternstand bei den Mädchen der beliebteste ist. Fast über die Hälfte der Schülerinnen nennen diesen als allerersten ihrer Wünsche. Die Jungen hingegen interessieren sich hauptsächlich für das Militär und das Ingenieurwesen. Ob wohl Japan eine Militärpflicht hat, frage ich mich neugierig und stupse heimlich Namiko an. Die schaut mich bei der Frage nur entgeistert an. Kein Wunder, es ist ja auch recht abwegig beim Krankenschwesterstand über den Militärdienst Japans nachzudenken. Namiko verneint und meint, dass es einen Freiwilligendienst gäbe. Dann dreht sie sich wieder um, um den Erzählungen der Medizinerin zu lauschen.

Ich langweile mich. Warum gerade Krankenschwester, frage ich mich, das ist das Letzte, was ich studieren möchte.

Nach einer gefühlten Ewigkeit gehen wir dann aber weiter zur Tourismusbranche. Das ist ja gleich viel interessanter, denke ich freudig, vielleicht spricht die Frau am Stand sogar Englisch oder weitere Sprachen. Außerdem, die Schüler, die sich für die Tourismusbranche interessieren, haben bestimmt auch ein erhöhtes Interesse am Ausland. Vielleicht kann ich da ein paar neue, nette Bekanntschaften machen.

Doch falsch gedacht. Die Standfrau erzählt nur von tollen Stränden auf der südlichsten Hauptinsel Kyushu und Snowboard-Touren um Sapporo herum, das für sein alljährlich stattfindendes Schneefestival bekannt ist.

„Was ist denn mit Reisen ins Ausland? Würdet ihr gerne als Stewardess arbeiten oder Reisen im Ausland organisieren oder so?“, frage ich die beiden Mädels neben mir, doch die starren mich nur blass an.

„Nein, nein“, Emi-chan winkt heftig ab, „so was ist nur für ganz mutige Leute. Da musst du schon ein Harudoreina~ sein, wenn du so was machen möchtest! Es gibt auch extra Schulen dafür, aber hier geht's eigentlich nur um Inlandsreisen.“

Verständnislos nicke ich und schüttle innerlich nur noch den Kopf. Ein „Hardliner“ muss man also sein, um etwas mit dem Ausland zu tun zu haben. Das kann doch nicht ihr Ernst sein. Doch andererseits, wenn ich mir das Englisch der meisten Japaner anhöre und ihre enorme Schüchternheit mir gegenüber vor Augen halte, dann weiß ich, dass Emi-chan leider Recht hat. Freiwillig, und dann auch noch gerne etwas mit dem Ausland zu tun zu haben, das ist schon etwas Seltenes unter den Japanern.

Den Rest der Stunde lungern wir noch bei den Ständen der Feuerwehr, der Kindergärtnerinnen und der Altenpfleger herum und dann ist endlich Mittagspause. Irgendwie bezweifle ich langsam, dass auch nur einer meiner Klassenkameraden eine universitäre Laufbahn einschlagen will oder überhaupt studieren möchte. Vielleicht ist die Schule auch zu schlecht, überlege ich mir, so dass es ohnehin keinen Sinn hätte, sich mit dem Abschluss an einer Universität zu bewerben.

„Darf ich mal dein Wörterbuch ausprobieren“, unterbricht plötzlich jemand meine Gedanken, als wir wieder im Klassenzimmer sind. Der Junge, der vor mir auf seinem Platz sitzt, ist der Kleinste der Klasse und heißt Motegi-kun. Er hat eine unglaublich liebenswürdige und kindliche Art, die ihn mir sehr sympathisch macht. Im Vergleich zu den meisten meiner Klassenkameraden ist er einer der wenigen, die wirklich am Unterricht interessiert zu sein scheinen und immer mitschreiben.

„Natürlich“, sage ich und grinse ihn freudig an. Denn endlich ist jemand an meinem elektronischen Wörterbuch interessiert, in dessen Besitz ich

erst seit kurzem bin. Diese elektronischen Wörterbücher sind in Japan weit verbreitet, obgleich sie nicht ganz billig sind, und meist haben sie die Kombination „Japanisch – Englisch“. Meines ist jedoch besonders schlau und ich kann zwischen Englisch, Japanisch und Deutsch hin und her übersetzen. Sehr praktisch.
Ein solches elektronisches Wörterbuch ist eines der größten Geschenke, welches man sich in Japan erhoffen kann und ich empfehle es wirklich jedem, der vor hat, längere Zeit in diesem Land zu leben. Es vereinfacht das Nachschlagen ungemein und besonders bei der Suche nach unbekannten kanji erspart es unglaublich viel Zeit.
„Was möchtest du denn nachschlagen?“, frage ich meinen Vordersitzer, der schon fleißig auf das Wörterbuch eintippt.
„Schau mal. Wie spricht man das aus?“, Motegi-kun hält mir das Wörterbuch vor die Nase und ich muss zweimal lesen, um wirklich zu verstehen, was er mir gerade zeigt.
„Rehabilitationszentrum“, meine ich und wiederhole es noch einmal langsam für ihn zum lernen. „Re-ha-bi-li-ta-ti-ons-zen-trum. Warum möchtest du denn so was lernen?“
Und dann erzählt mir Motegi-kun aufgeregt, dass es sein größter Traum ist, Arzt zu werden. Er möchte den Menschen helfen und fände die Ärzte im Fernsehen immer so toll.
„Außerdem finde ich es ganz toll, dass du Deutsche bist“, er scheint vor Freude und Aufregung fast überzuschäumen, „denn Deutschland ist doch bekannt dafür, dass es die beste Medizin und die besten Ärzte hat. Nicht wahr?“ Er schaut mich mit großen Augen an und in ihnen kann ich wirklich diesen Lebenstraum erkennen. Offenbar liege ich doch falsch, was meine Vermutung über die Unis und die fehlenden Studienwünsche meiner Mitschüler angeht.
„Naja, ich glaube das Medizinstudium in Deutschland ist schon sehr gut“, überlege ich, „aber der Ruf der Ärzte war glaube ich schon einmal besser in Deutschland.“
„Ja, Deutschland ist doch eigentlich der Erfinder der Medizin“, meint Motegi-kun ganz begeistert, ohne auf mein Zögern einzugehen, „hier in Japan haben wir auch ganz viele medizinische Wörter, die eigentlich Deutsch sind.“
„Wirklich? Welche denn?“, das erstaunt mich nun doch sehr.
„Mhm, keine Ahnung... mal sehen, vielleicht karute oder purasta~. Ist das Deutsch?“ Ich denke nach, mit viel Fantasie könnten es die beiden deutschen Wörter „Karte“ und „Pflaster“ sein. Und tatsächlich, als wir im Wörterbuch nachschlagen bedeutet das Wort karute eigentlich

Krankenkarte und purasta steht für Pflaster oder gipusu für Gips.
So verbringe ich also die ganze Mittagspause damit, einjapanisierte deutsche Wörter in der Medizin zu finden.
Sehr praktisch, denke ich. Selbst wenn man nichts in Japan versteht, aber eine Diagnose beim Arzt ist wenigstens verständlich.
Motegi-kun ist wirklich ein nettes, sehr liebenswürdiges Kerlchen. Leider muss ich im Laufe der Zeit immer wieder erkennen, dass sein ambitioniertes Ziel, Arzt zu werden, beim Rest der Jungen nicht so gut ankommt. Ijime, heißt das in Japan, und wird von einigen Halbstarken meiner Klasse gegen das motivierte Kerlchen durchgeführt - für seinen Traum wird Motegi-kun also von seinen Gleichaltrigen gemobbt.
Nach dem Unterricht und dem alltäglichen Aufräumen gehe ich zum Lehrerzimmer. Tanaka-sensei hatte mich am Vormittag darum gebeten und mir gesagt, dass es nun endlich einmal geklappt hätte, und all meine Gastmütter Zeit gehabt hätten, sich zu einem Kennenlernen zu treffen. Man wolle gerne mit allen zusammen ein Lagegespräch führen und den Stand der Dinge klären. Meine Begeisterung darüber hält sich wahrlich in Grenzen...
„Huch, hast du mich erschreckt!“, ruft Tanaka-sensei erschrocken aus und hüpft dabei leicht in die Höhe. Gerade möchte ich am Lehrerzimmer klopfen, als er die Türe einen Spalt aufschiebt und den Kopf herausstreckt. Wieder sein süßes, nervös-unsicheres Grinsen.
„Gut, dass du schon da bist. Kaneko-san, Yoshida-san und Yamamoto-san sollten auch gleich kommen...“ Es entsteht ein unangenehmes Schweigen, das ich mit Fragen über die Drittklässler unterbreche. Denn diese werden in den nächsten Tagen mit ihren Abschlussprüfungen beginnen und müssen jetzt sehr viel darauf lernen.
„Ich hoffe, sie schaffen die Tests gut. Denn ich habe ja auch Freundinnen in der dritten Klasse“, erzähle ich ihm und ich bin mir sicher, dass er das schon lange weiß. Hier weiß immer sofort die ganze Schule, wenn ich etwas gesagt oder gemacht habe, und auch mit wem ich geredet habe oder mit wem ich befreundet bin. Ein stetiges leises Beobachten, das einem im Nacken hängt.
„Sô desu ne~“, meint Tanaka-sensei nur und lächelt wieder nervös. Was er wohl hat. Wahrscheinlich ist er einfach nur aufgeregt wegen dem Gespräch mit meinen Gastmüttern, denn genau in diesem Moment treten diese auch schon über den Haupteingang ein.
Umständliches Begrüßen. Tausend Höflichkeitsfloskeln. Immer wieder dasselbe. Dann gehen wir in das Zimmer des Rektors, obwohl dieser gerade nicht da ist, und nehmen auf den braunen Sofas Platz.

Es bedarf circa einer halben Minute, um zu klären, bei wem ich gewohnt habe und bei wem ich gerade wohne. Dann tritt Schweigen ein und sieben Menschen schauen sich fragend an. Drei Mütter, Tanaka-sensei, Mr. Burns im grauen Anzug, ein Lehrer, den ich nur vom Sehen her kenne und der selbst im Winter barfuß in seinen Sandalen herumrennt und ich. Sicherlich: Es gibt schönere Momente im Leben!

Insgeheim hoffe ich ja, dass Trampa sich wieder so daneben verhält und meine Lehrer sehen, warum ich die Familie gewechselt habe. Doch diesmal benimmt sie sich der Situation gemäß und schweigt einfach. Auch Sachiko schaut nur schüchtern auf den Boden, nickt und lächelt nach jedem gesagten Wort.

Schließlich unterbricht obâsan das seltsame Schweigen und erzählt in ihrer aufgeweckten Art, wie sie von mir erfahren und warum sie mich aufgenommen hätte.

„Unsere Familie reist sehr gerne und ich interessiere mich sehr für das Ausland. Außerdem dachte ich, Mona-chan ist ja so arm dran, wenn sie jetzt niemanden hat, bei dem sie in der Übergangszeit wohnen kann." Alle nicken verständlich und mir ist das alles einfach nur noch unangenehm. Wer hört schon gerne, dass er arm dran sei. Obâsan versteht sich gut mit meinem Klassenlehrer, lacht viel und meint, dass ich ja so ein gutes Kind sei.

„Ja, da stimme ich Ihnen sehr zu. Mona-san macht ihre Sache auch sehr gut in der Schule und ist sehr nett zu allen. Sie spricht immer mit allen Schülern und ihr Japanisch hat sich ja schon so gut verbessert. Wir sind sehr zufrieden mit ihr." Tanaka-sensei hört jetzt gar nicht mehr auf, mich zu loben und ich würde am liebsten im Sofa versinken. Ich fühle mich sehr unwohl und als wir uns endlich nach einer knappen halben Stunde verabschieden, kommt es mir vor, als seien bereits Stunden vergangen.

Ich finde dieses Treffen ziemlich sinnlos, doch ich weiß, dass es sehr wichtig für die Beziehung unter ihnen ist. Auch wenn es nicht wirklich etwas zu besprechen gibt, bei Japanern fördert der persönliche Kontakt ungemein die spätere Zusammenarbeit. Deshalb enden oft auch so viele Geschäftsbeziehungen, die nur über das Telefon und über Mail gehen. Gerade für ausländische Geschäftspartner, die aus der Distanz agieren, ist das häufig ein Problem.

Nachdem wir uns alle wieder unglaublich formell und umständlich verabschiedet haben und die Lehrer außer Sichtweite sind, sagt mir Trampa, dass ich ab sofort nicht mehr zu Croco kommen bräuchte. Ihr Blick ist kälter als Eis, doch diesmal lasse ich mich nicht mehr davon abschrecken. Kein Croco mehr, denke ich, das kommt mir sehr gelegen! Je weniger ich Trampa sehen muss, desto besser! Denn obwohl ich es langsam schaffe, mich von ihrem eisernen Blick zu distanzieren, liegt da noch sehr viel Unverdautes in der Luft.

„Du wohnst ja jetzt nicht mehr bei einer Croco-Familie, daher brauchst du auch nicht zu Croco zu kommen", erklärt sie mir betont sachlich. „Das heißt natürlich, außer du willst unbedingt. Dann musst du aber ab sofort Mitgliedsgebühren bezahlen, da du ja nicht mehr bei einer Croco-Familie wohnst und somit ‚privat' da bist."

Privat? Bei dieser Dreistigkeit stellen sich mir die Haare auf. Dies zeigt mir noch einmal umso mehr, dass Croco anscheinend bisher mein Job sein sollte und Trampa mich nur deswegen bei sich aufgenommen hatte. Wieder fühle ich mich verletzt durch Trampa, doch diesmal bleibe ich standhaft. Mit einer leichten Verbeugung bedanke ich mich sehr höflich bei Trampa für das Angebot und sage ihr, dass ich diese Großzügigkeit leider nicht annehmen könne.

Die japanische Höflichkeit kommt mir mittlerweile wie ein Spiel vor. Ein Spiel, das ich zwar nicht wirklich ernst nehmen kann, doch in dessen Imitation ich tagtäglich besser werde. Und Tag für Tag nährt dieses Spiel meinen zynischen Humor, den ich stets in Gedanken pflege und ohne den mich dieses Land wohl irgendwann einmal in den Wahnsinn treiben würde!

3

Es ist also soweit. Die Tage werden langsam wärmer und die Drittklässler haben ihre Endprüfungen geschrieben.
Mit dem Bewusstsein, dass es unser letztes gemeinsames Mittagessen werden würde, gehe ich in der Mittagspause etwas traurig zu meinen Freundinnen in die dritte Klasse. Dort werde ich schon freudig von ihnen erwartet und werde sogleich neckisch von ihnen beschimpft.
„Warum bist du denn die letzten Tage nie zu uns gekommen? Hast du uns vergessen?“, ärgert mich Yoshimi und rückt einen Platz neben sich frei.
„Aber ihr hattet doch eure Abschlussprüfungen und musstet doch bestimmt total viel dafür lernen, oder? Da wollte ich nicht stören...“
„Aaaach“, lacht Keiko und winkt beschwichtigend ab, „das war nicht so viel. Eigentlich war es auch nichts anderes als die üblichen Tests und wir haben gar nicht so viel darauf gelernt.“ Ich bin erstaunt und denke an den Stress, den ein normaler Abiturient in Deutschland bei seinen Abschlussprüfungen hat.
„Wie zählen denn die Abschlusstests für euren Abschluss? Werden denn diese Prüfungen nicht besonders gewertet?“, frage ich in die Runde und erkläre erst einmal, wie das in Deutschland so abläuft. Ich erhalte staunende Gesichter.
„Nein“, meint Mari langsam und überlegt, „also hier werden eigentlich alle Tests des gesamten Jahres zusammen gewertet. Alle gleich. Man sollte eben nur schauen, dass man keine akaten hat.“ Akaten, die roten Punktezahlen. Also alles unter 35 Punkte, überlege ich, na, das ist dann wirklich nicht so sonderlich schwer. Denn selbst ich als Nicht-Muttersprachler habe das noch nie geschafft.
„Bei uns kommt es eher darauf an, dass wir in den Aufnahmeprüfungen bei den Unis gut abschneiden“, erklärt Mari weiter und packt ihr obentô aus. „Shôko, zum Beispiel. Die macht heute ihre Aufnahmeprüfung an der Krankenschwesterschule.“ Also wieder eine, die Krankenschwester werden will, denke ich, und auch ich packe mein obentô aus. Im Vergleich zu meinen sonst selbst gebastelten onigiris und Toasts ist dieses heute einmal etwas Besonderes. Denn obâsan hatte mir am Morgen zur Feier des Tages ein traditionelles obentô gemacht. Eingelegtes Gemüse, Reis mit Bohnen darin und umeboshi in einer obentô-Box aus hellem Holz. Dazu gekühlten grünen Tee aus der Thermoskanne.

„Oh, das ist aber altertümlich“, ruft Keiko gewitzt aus und zeigt auf meine Box. Denn normalerweise sind heute obentô-Boxen aus Plastik und mit vielen bunten Tierchen bedruckt.

„So was hatte meine Oma auch noch als Schulmädchen“, kichert Eri und als ich ihnen erzähle, dass es auch von meiner japanischen Oma käme, können wir uns vor Lachen nicht mehr halten.

Doch dann überfällt mich die Traurigkeit und ich sage ihnen, dass ich sehr traurig bin, dass sie gehen. Mari fragt mich, ob ich sabishii, also einsam wäre und ich verneine. Ich fühle mich nicht einsam, aber eben traurig, dass sie gehen. Doch die Mädchen schauen plötzlich ganz böse und enttäuscht und ich wundere mich. Sie wollen mir nicht recht glauben, dass ich nicht einsam bin und schalten auf taub. Das erscheint mir unverständlich.

„Was ist denn?“, frage ich und erhalte keine Antwort. „Also einsam bedeutet für mich, dass ich alleine bin und niemanden habe. Ich bin aber nicht einsam, sondern einfach etwas traurig, weil ich euch vermissen werde. Hab ich was Falsches gesagt?“, frage ich und fühle mich ganz verzweifelt. Warum sind sie denn auf einmal so böse, frage ich mich. Dann denke ich mir, was soll’s und sage: „Sabishii da yo...“[81] und plötzlich erhellen sich ihre Gesichter.

„Wirklich?“, fragt Yoshimi erleichtert und umarmt mich sogar vor Freude. Ich bin verwirrt. Erstens, da sie nur das Wort „sabishii“ hören wollten und zweitens, da Umarmungen in Japan normalerweise ein absolutes Tabu sind.

Später sollte ich jedoch erfahren, dass sabishii auch bedeuten kann, dass man jemanden vermisst und jemanden ins Herz geschlossen hat. Man sagt es, wenn man jemanden verlässt oder jemanden lange nicht mehr sehen wird.

Wir machen Abschiedfotos und Mari kullern sogar die Tränen über die runden Wangen, als sie mich herzlich drückt und alles Gute wünscht. Ich bin unendlich traurig, dass sie gehen und kann es gleichzeitig noch nicht ganz fassen. Sie werden alle auf verschiedene Unis und Schulen gehen und ich weiß, dass ich sie außerhalb der Schule nie mehr wieder sehen werde.

Und so sehe ich sie zum letzten Mal am Tag darauf, weit weg, auf der Bühne der Sporthalle. Es ist das yosenkai, die Abschiedszeremonie der Absolventen. Über der Bühne hängen die japanische Flagge, sowie die Flagge der Präfektur Gunma. Auf dem Rednerpult steht ein großes ikebana-Blumengesteck.

81 sabishii da yo = ich bin einsam

Gute Freundinnen: Der Abschied von den Mädels fällt schwer

Mit meinen Klassenkameraden sitze ich auf bereitgestellten Stühlen in der Halle, unsere Strümpfe sind dem Anlass entsprechend weiß, die Röcke lang. Die Drittklässler sitzen uns gegenüber, ebenfalls auf Stühlen und sehen so brav aus wie noch nie. Die Haare schwarz, die Nägel unlackiert, die Piercings entfernt.

Erst hält der Rektor mal wieder eine Rede, dann gibt der Schülerverein sein Programm zum Besten, welches er für diesen Anlass einstudiert hat. Es werden Sketche aufgeführt, Cheerleader-artige Tänze präsentiert, und ein paar der Schüler singen mit ein paar Hip-Hop-Liedern die Halle warm. Doch für das alles kann ich mich nicht wirklich begeistern, denn mein Blick liegt nur traurig auf den Drittklässlern und meine Gedanken schwelgen in den schönen Momenten, die wir in unseren zahlreichen karaoke-, purikura- und Shopping-Treffen verbracht haben. Ich werde sie vermissen, das steht fest, und zudem durchdringt mich eine leise Angst, dass meine einzigen Freundinnen in der Schule nun gehen. Zwar kann ich mich mit meinen Klassenkameradinnen auch unterhalten und ich strenge mich Tag für Tag an, mich mit ihnen anzufreunden, doch scheint mir das fast unmöglich zu sein. Es ist immer dasselbe, wenn ich sie frage, ob wir etwas unternehmen könnten. Sie kichern, meinen erst ja und eigentlich doch nein. Sie versuchen es zu vergessen und wenn ich sie wieder darauf anspreche, heißt es, sie hätten keine Zeit, aber vielleicht in ein paar Wochen. Bemüht man sich um sie und fragt sie einige Zeit später wieder nach einem Treffen, ist es auch gerade nicht passend. Keine Zeit, kein Geld, Arbeiten, Tests, man wohnt zu weit auseinander – sie haben tausend Ausreden und das kostet Kraft. Kraft, die mir langsam verloren geht, denke ich deprimiert, und schaue zu, wie nun die Absolventen einzeln von ihren Klassenlehrern auf die Bühne gerufen werden. Jeder einzelne von ihnen wird verabschiedet und mit einer tiefen Verbeugung zeigen sich Lehrer und Schüler ihren gegenseitigen Respekt und die Dankbarkeit für drei Jahre Schule. Zum Abschluss gibt es Blumen für die Klassenlehrer, die Schüler zupfen nervös an ihren Uniformen und bei den Schülerinnen fließen bächeweise die Tränen. Urkunden gibt es heute allerdings noch nicht. Diese werden erst bei einer noch offizielleren Zeremonie, dem sotsugyôshiki, übergeben, bei der auch die Eltern eingeladen sind.

Als alle Schüler sich verabschiedet haben, geht das Licht aus. Paarweise laufen die Absolventen durch die freie Mitte der Halle, an den Erst- und Zweitklässlern vorbei. Nach draußen ins Freie, in die Freiheit eines Absolventen. Mit lauten, heroisch klingenden Stimmen singen die Lehrer die Schulhymne, die Schüler selbst murmeln nur leise mit. Ich sehe meine fünf Drittklässlerinnen schüchtern an mir vorbei gehen, ihre Hände sind fest ineinander geklammert. Schließlich kann ich mich in der Dunkelheit der Halle nicht länger mehr halten und die Tränen fließen und leise flüstere ich zu mir selbst: „Sabishii…“

Für Shôko, Eri, Yoshimi, Mari und Keiko ist die Schule endgültig zu Ende, doch für mich und meine Klassenkameraden geht der Unterricht weiter. Bald sind auch unsere letzten Tests des Schuljahres, und von Tag zu Tag werden die Schüler stiller und bereiten sich in den dafür bereit gestellten Hohlstunden auf die näher rückenden Examen vor.

Für mich sind die Examen nicht so wichtig und auch nicht so schwer, da ich das meiste schon aus Deutschland kenne. Daher gebe ich meinen Klassenkameradinnen in der Mittagspause Mathe-Nachhilfe und schlage damit gleich zwei Fliegen mit einer Klappe. Erstens ist es eine gute Japanischübung für mich und zweitens verbessert es das Band zwischen meinen Klassenkameradinnen und mir. Doch bis zu einer wirklichen Freundschaft ist es in Japan ein langer Weg, der durch Kleinigkeiten bereits wieder zunichte gemacht werden kann. Daher gilt es, die Zeit walten zu lassen. Für mich als Nicht-Japanerin ist das nicht gerade einfach und ich bin unzufrieden. Unzufrieden, da ich nun keine richtigen Freunde mehr habe, mit denen ich etwas nach der Schule unternehmen könnte, und unzufrieden, da auch der kendô-Club keine wirkliche Alternative zur Freizeitgestaltung bietet. Denn meistens findet er nicht statt oder wir sitzen nur rum.

Eines Tages jedoch, als die Mittagspause langsam zu Ende geht, begegne ich einigen Volleyballerinnen auf dem Flur, die sich gerade für den Sportunterricht fertig gemacht haben. Ayaka, eine der kleinsten unter ihnen, mit einem fröhlich-schelmischen Gesicht, grüßt mich munter und fragt, was ich so mache. Wir unterhalten uns und schließlich fragt mich Ayakas Freundin Mihô, wie mir denn der kendô-Club gefiele.

„Also, um ehrlich zu sein, fällt der Club meistens aus und wenn wir uns mal sehen, machen wir kaum etwas", antworte ich etwas zögerlich, aber ehrlich. Als sie mich ganz fragend anschauen, füge ich jedoch noch schnell hinzu: „Aber es ist schon ok... dafür reden wir viel und ich mag die Leute aus dem kendô wirklich sehr." Wahrscheinlich wollten weder Ayaka noch Mihô wirklich die Wahrheit wissen, doch jetzt, wo ich sie ihnen sowieso schon erzählt habe, schlagen sie mir vor, dass ich doch in den Volleyball-Club kommen könnte.

„Wirklich? Ist das eurer Ernst?! Das wollte ich von Anfang an, aber man hat mir damals davon abgeraten...", ich bin völlig aus dem Häuschen. Vielleicht gibt es ja doch noch eine Möglichkeit für mich, in den Volleyball-Club einzutreten und dem kendô-Club zu entfliehen.

„Ja, klar! Warum denn nicht?", meint Mihô und scheint sich sehr zu freuen, dass ich so gerne zum Volleyball kommen würde.

„Naja, ich spiele zwar schon ganz okay, aber sicher nicht so gut wie ihr... und ihr seid ja Präfekturmeister."

„Ja, das waren wir mal. Aber seit kurzem leider nicht mehr... Aber wenn du Volleyball spielen möchtest, dann komm doch einfach zu uns. Frag' aber vorher noch mal Ito-sensei, ob das in Ordnung ist und wann du kommen kannst." Mit einem kindlichen Lachen beseitigt Ayaka meine Zweifel vollständig. Ito-sensei, so heißt der Volleyball-Lehrer also. Ich frage die beiden, wo ich ihn finden kann und sie meinen, er sei der Klassenlehrer der 1-2. Also die Klasse drei Zimmer neben uns, denke ich und finde es seltsam, dass er mir bisher noch nie aufgefallen war.

Ich überlege keine Sekunde länger, bedanke mich vielmals bei den beiden Mädchen und laufe schnurstracks zum Klassenzimmer der Klasse 1-2. Und genau rechtzeitig, denn Ito-sensei kommt gerade den Gang entlang. Er ist recht groß und trägt einen hellblauen Trainingsanzug mit dunklen Streifen. Seine schwarzen Haare sind etwas länger als gewöhnlich und

stehen durch die Dicke der Haare etwas nach oben ab. Ich finde, er ist ein sehr hübscher Mann und ich würde ihn auf Anfang dreißig schätzen.
Freundlich grüße ich ihn und stelle mich ihm vor. Natürlich kennt er meinen Namen schon längst und nickt nur. Für meine Bitte habe ich nur wenig Zeit, denn gleich beginnt auch bei mir wieder der Unterricht. Daher ignoriere ich die neugierigen Blicke der anderen Schüler und erzähle ihm mein Anliegen.
Ito-sensei scheint gänzlich anders als Tanaka-sensei zu sein. Er ist weder nervös, noch unsicher. Stattdessen blickt er mich nur ruhig und gelassen an und hört mir zu. Dann sagt er zu meinem großen Erstauen einfach nur „hai" und nickt. Wie, einfach ja, ich kann es nicht ganz glauben und frage nach. „Ja, du kannst zum Volleyball kommen. Aber besser wäre es, wenn du erst nach den Tests kommen würdest, zum Beginn der Ferien also. Denn während der Testtage findet kein Club statt." Mit diesen Worten schiebt er die Klassenzimmertüre ganz auf und geht zu seinem Pult. Glücklich und auch etwas verwirrt danke ich ihm, verbeuge mich artig und beeile mich, um in meine Klasse zu kommen. Gerade rechtzeitig, denn als ich mich auf meinen Platz setzte, kommt der Lehrer herein.
Überglücklich sitze ich da und kann mir das Grinsen nicht verkneifen. Jetzt geht das Training richtig los – Volleyball-Team, ich komme!

4

Es ist der 3. Februar, und als ich freudig von der Schule komme, gibt es bei den Yamamotos eine Überraschung für mich.

„Heute ist setsubun", eröffnet mir obâsan und ich schaue sie irritiert an.

„Setsu-was?", frage ich.

„Das wirst du gleich sehen. Wir warten nur noch auf Kumiko, dann können wir anfangen", meint sie geheimnisvoll und kramt derweil in einer Schublade herum. Dann fischt sie eine zusammengelegte Papiermaske heraus und reicht sie mir. Es ist die Maske eines freundlich grinsenden Teufels, die man sich mithilfe von Gummibändern an die Ohren klemmen kann. Was das nun wohl wieder wird, frage ich mich neugierig, muss jedoch nicht lange auf die Antwort warten, denn da kommt auch schon Kumiko nach Hause.

„Da bist du ja", ruft obâsan freudig und zieht sich schnell die Maske auf das Gesicht. Ich kann mir das Schmunzeln kaum verkneifen. Mit ihrer runden Gestalt, die in einen Schlafanzug-yukata gewickelt ist, und dem freundlichen Grinsen der Maske sieht sie einfach urkomisch aus und alles andere als bösartig. Eher wie eine kleine, runde Fastnachtshexe.

„Weißt du, was setsubun ist?", fragt mich Kumiko und als ich verneine, erklärt sie mir, dass dies das Ritual für den Wechsel der Jahreszeiten sei, das nach dem traditionellen japanischen Kalenderjahr immer am 3. oder 4. Februar stattfände. Nach dem Mondkalender sei es das traditionelle Neujahr in Japan.

„Heute ist der letzte Tag der ‚Großen Kälte' und mit diesem Brauch beginnt die Frühlingszeit und es wird wärmer. Das hoffe ich zumindest..." Sie lacht und gibt mir eine Schale mit gerösteten Sojabohnen. Dann geht obâsan als Teufel verkleidet hinaus und stellt sich in den Garten.

„Oni wa soto! Fuku wa uchi!", ruft Kumiko, nimmt eine Hand voll Bohnen und wirft sie in Richtung obâsan. Dämonen hinaus, das Glück hinein, übersetze ich und tue es Kumiko gleich. Dieses Bohnenverstreuen wird mame-maki genannt. Damit soll die Vertreibung der Dämonen für den nächsten Jahresabschnitt symbolisiert werden, wenn die Dunkelheit der Nächte langsam weniger wird. Mir kommt dieser Brauch sehr bekannt vor, denn auch die ursprüngliche Bedeutung des deutschen Faschings beinhaltet die Vertreibung der Dämonen aus der kalten Jahreszeit. Wenn nötig mit Pauken und Trompeten.

Nach kurzer Zeit kommt obâsan wieder ins Haus und dann bekommen wir von ihr kleine, dreieckförmige Plastiksäckchen, in die ebenfalls geröstete mame, Sojabohnen, gefüllt sind. Auch was nun geschieht, erinnert mich stark an den deutschen Fasching.

„Wir werfen die Bohnen nun zweimal in eine Richtung im Haus, die Glück brachte und zweimal in eine, die bisher Unglück brachte", erklärt mir obâsan und fügt dann grinsend hinzu: „Normalerweise wirft man ja die Bohnen einfach so, aber im Haus macht mir das zu viel Arbeit, sie wieder aufzulesen. Daher haben wir sie immer in diesen Plastikpäckchen." Dann wirft sie die Päckchen zweimal nach links und zweimal nach rechts und ruft wieder „Oni wa soto! Fuku wa uchi!". Dabei kann ich allerdings nicht erkennen, welche Richtung nun für Glück und welche für Unglück steht. Normalerweise, so finde ich später heraus, werden die Bohnen meist vom Familienoberhaupt geworfen, in Schreinen und Tempeln hingegen oft von Mönchen oder manchmal auch von berühmten Persönlichkeiten. Dabei werden die Bohnen meist mit Süßigkeiten in kleine Päckchen gepackt und in die Menschenmenge geworfen. Wenn das mal nicht einem karnevalistischen Helau und Alaaf gleicht!

Dann möchte Kumiko, dass ich die Bohnen esse. Das kann doch nicht ihr Ernst sein, denke ich und lache erst einmal über diesen Witz. Doch es war ernst gemeint.

Das „echte" japanische Neujahrsfest

„Es bringt Glück, wenn man so viele Bohnen isst, wie man alt ist, plus noch eine Bohne, damit das kommende Jahr geschützt ist“, meint sie und packt die Bohnen aus den Päckchen aus. „Du hast es ja mit deinen siebzehn plus eins noch einfach. Ich muss fünfundvierzig plus eins essen!“, lacht sie und tut sich selbst leid. Also mampfen wir die trockenen, gerösteten Bohnen und spülen sie mit viel grünem Tee hinunter. Obâsan selbst isst keine Bohnen.

„In meinem Alter“, sagt sie und grinst, „da würde ich ja schon sterben, bevor ich nur die Hälfte der Bohnen gegessen habe. Das bringt garantiert kein Glück.“

Als ich mit meinen Bohnen fertig bin und das gute Gefühl habe, für das kommende japanische Jahr gerüstet zu sein, kaut Kumiko noch lange an ihren Bohnen herum, bis sie schließlich nach dreißig aufgibt.

„Ach, ist doch auch egal. Das ist ja sowieso nur ein Brauch“, flucht sie scherzhaft und nimmt ihre Tasche. Wir gehen aus, um bei einem befreundeten Ehepaar zu Abend zu essen. Auf dem Weg dahin holen wir noch Sato-san ab. Die Freunde haben ein feines udon-Restaurant und ich erinnere mich ganz genau an den Ehemann, der mir schon bei unserer ersten Begegnung von seinem herrlichen, französischen Porzellan vorgeschwärmt hatte, welches er sammelt.

„Mona-san, es ist so schön, dich wieder zu sehen!“, ruft er freudig aus, als er mich sieht. Er hat einen blau-weiß gestreiften haori, eine hüftlange Kimono-Bedeckung in der Art eines Jacketts an und seine kahle Stirn lugt aus dem breiten, weißen Tuch hervor, das er sich um die Stirn gebunden hat.

„Das ist ja wunderbar, dann kann ich dir gleich meine Porzellansammlung zeigen“, sagt er entzückt und unweigerlich verdrehe ich innerlich die Augen. Mir bleibt auch nichts erspart, denke ich, und gehe also mit ihm in die Küche. Brav lasse ich seine Erzählungen über mich ergehen und unterbreche ihn immer wieder, wie es in Japan üblich ist, mit einem bewundernden „eh“ und „sugoi desu“ und „omoshiroi desu“. Es ist ja alles so toll und interessant und wunderbar. Aber eigentlich sterbe ich vor Langeweile und auch vor Hunger. Als 17-jährige kann ich mich einfach nicht so für französisches Porzellan begeistern.

„Ich habe schon in Frankreich das Kochen gelernt“, meint er und das finde ich nun doch interessant. Er war also schon mal im Ausland, was bei Japaner ja nicht so häufig vorkommt.

„Ja“, meint er, und möchte mir davon erzählen. Da kommt plötzlich ein wenige Jahre jüngerer Mann in die Küche spaziert. Auch er ist als Koch gekleidet, hat jedoch noch dichtes Haar.

„Oh, darf ich vorstellen“, meint mein Porzellan-Führer stolz und hält den Mann an der Schulter, „das ist mein Sohn, er war auch schon in Frankreich und hat dort für ein Jahr gelernt.“
„Bonjour“, lächelt mich der Mann an und ich erfahre, dass er Mitte vierzig und noch unverheiratet ist. Ist ja interessant, denke ich, aber was habe ich damit zu tun? Offensichtlich sehr viel, denn nun muss ich mir den ganzen Abend die Verkupplungsversuche zwischen ihm und mir über mich ergehen lassen. Obâsan und Kumiko beobachten nur und kommen aus dem Grinsen gar nicht mehr heraus. Ich bleibe höflich, doch finde ich das Ganze doch etwas abartig. Schließlich könnte der Mann mein Vater sein.
„Was findest du denn so schön an Japan?“, fragt mich der alte Koch und versucht damit ein Gesprächsthema für seinen Sohn und mich zu finden. „Erzähl doch mal, welche traditionellen Dinge dir in Japan gefallen.“
Ich denke daran, dass die Yamamotos einmal eine Kimonostoff-Fabrik hatten und daran, dass ich über sie vielleicht einmal Einblick in die schmuckvolle Welt dieser traditionellen Roben bekommen könnte. Daher sage ich, dass ich kimonos sehr interessant und schön fände. Und wie erwartet, habe ich damit genau ins Schwarze getroffen, denn da ruft der Koch schon freudig aus: „Oha, das ist doch toll! Die Yamamotos können dir da ganz viel zeigen, die kennen sich da aus!“ Munter nickt er den Yamamotos zu und die lächeln freundlich zurück. Im Gegensatz zu den Japanerinnen sind japanische Männer irgendwie immer sehr direkt, habe ich das Gefühl. Aber meistens liegt das auch daran, dass sie oft schon leicht angetrunken sind, bevor sie sich überhaupt trauen, mich anzusprechen. Klar, bei so einem Blondschopf muss man sich natürlich auch erst einmal Mut antrinken! Und das braucht bei den Japanern gar nicht so viel. Nach ein, zwei Bieren geben sie sich so hemmungslos wie ein normaler Deutscher nach etwa drei Maßkrügen. Meistens sind diese Männer jedoch an die vierzig oder fünfzig und mir bleibt nur die verzweifelte Flucht.
Aber offenbar sind diese großen Altersunterschiede in Japan gar nicht so selten, wie mir Kumiko später im Auto erzählt. Zumindest nicht, was kurze Liaisons angeht.
„Es gibt unglaublich viele Schülerinnen, die mit älteren Männern ausgehen und sich von ihnen aushalten lassen“, meint sie leise. Ungläubig schaue ich sie an. „Hast du dich noch nicht gewundert, warum so viele junge Frauen und Mädchen schon Taschen oder andere Accessoires von Louis Vuitton haben. Irgendwie muss man die doch bezahlen.“

„Du meinst…“, mir bleibt nur noch der Mund offen stehen und ich kann es nicht glauben. „Also du meinst wirklich, dass die dann auch…“, ich wage es kaum auszusprechen, da obâsan mit im Auto sitzt.
„Naja, das nicht gleich. Aber eben mal zusammen ausgehen oder Händchen halten oder so. Es kommt natürlich darauf an, wie groß die Louis Vuitton Tasche werden soll. Für einmal Essen gehen… naja, ich würde sagen, das reicht dann vielleicht gerade für einen Louis Vuitton Geldbeutel“, sie grinst geheimnisvoll und ich glotze sie nur dumm an. Vielleicht bin ich zu unschuldig für diese Welt, aber bei dem Gedanken, dass alle aus meiner Klasse, die einen Louis Vuitton Geldbeutel besitzen, sich dafür auf ältere Männer eingelassen haben, wird mir seltsam. Und es sind nicht gerade wenig Schülerinnen, die etwas von Louis Vuitton besitzen. Naja, tröste ich mich, es sind ja bestimmt auch nicht alle Taschen davon echt und viele davon sicherlich auf dem Schwarzmarkt in Tôkyô gekauft. Ich hoffe es zumindest. Später erfahre ich, dass sich dieses ausgesprochen japanische Phänomen enjôkosai nennt, was soviel bedeutet wie Aushilfsbegleitung. Bei Umfragen in der Tôkyôter Innenstadt fand man heraus, dass etwa ein Viertel aller Mädchen sich schon einmal auf dieses Spiel eingelassen haben. Meist bleibt es jedoch bei einem einmaligen Experiment.
Da führt auf einmal Sato-san das Gespräch auf eine andere Art weiter und dreht sich zu obâsan, die am Steuer sitzt.
„Sag mal, diese Bedienung im Restaurant. Erinnerst du dich?“, obâsan nickt und Sato-san zischt verächtlich: „Mizu poi, ne~?“
Mizu poi, wiederhole ich in Gedanken und frage mich, warum sie findet, dass die Bedienung nach Wasser aussah. Ich erinnere mich an sie. Etwas billig angezogen, die langen, hellblond gefärbten Haare zu einem Zopf zur Seite gebunden und dicken Kajal über den Augen. Wahrscheinlich meint Sato-san mit ihrer Aussage das sogenannte mizu shobai, das Wassergewerbe Japans. Ich frage Kumiko und die nickt still und hört den Lästereien der beiden alten Damen zu.
Das Wassergewerbe hat eine lange Tradition in Japan. Früher, als es noch richtige geisha-Dörfer gab, wurde so das untere Gewerbe und die Gehilfinnen der geishas bezeichnet. Generell galt, dass die geisha[82] nur die anmutige, gebildete Ausführerin der „schönen Künste“ war. Sie unterhielt ihre meist männlichen Gäste durch Gesang, traditionelle Tänze oder gebildete Gespräche während des Essens und Trinkens. Um weitere Dienste kümmerten sich ihre weniger ausgebildeten Gehilfinnen des „Wassergewerbes“, für die es anscheinend an die vierhundert verschiedene Bezeichnungen gibt.

82 geisha = Person der Künste (Übersetzung der *kanji*)

Das „Mädchen, das den Frühling verkauft“ ist nur eine sehr sinnliche von diesen zahllosen Bezeichnungen. Heute sind dies meist Hostessen, Bardamen oder andere Animateurinnen, deren Aufgabe es ist, ihren männlichen Kunden ein gutes Selbstwertgefühl zu geben und sie zu vermehrtem Alkoholkonsum zu motivieren. Sexualität ist dabei zwar nicht vorgesehen, kann aber individuell und zu einem Aufpreis auch geliefert werden.

Daneben gibt es in Japan auch das harte Prostitutions-Gewerbe. Dies wird jedoch weniger von Japanerinnen, als meist von Philippininnen und Koreanerinnen ausgeführt.

Beide Arten der Animation gehören zum Wassergewerbe. Waren es früher meist wohlhabende, einflussreiche Familien, die diese Bars und Vergnügungs-Räumlichkeiten besaßen, so ist es heute meist die japanische Mafia, die yakusa, die das Gewerbe überwacht.

Sato-san lästert also gerade darüber, dass die Bedienung zu freizügig aussah und einer Bardame oder gar Prostituierten glich.

An diesem Abend recherchiere ich noch ein wenig über das Wassergewerbe Japans und stelle immer entsetzter fest, wie pervers die Japaner doch sein können. Mich verwundert das, wenn ich an meine Schulkameraden denke, bei denen es schon äußerst freizügig ist, wenn man beim Umziehen aus Versehen ein bisschen nackten Bauch zeigt.

Trotzdem hat man in Japan eine riesige Vielfalt in Sachen sexueller Vergnügungsorte: Soaplands, pink salons, image clubs, „Türkische Badehäuser“, Stundenhotels, Telefonclubs, kyabarei[83] und vieles mehr. Die Japaner haben offenbar eine unglaublich sprießende Fantasie, trotz ihrer scheinbaren Prüderie.

Am anderen Tag ist dieses Thema bei der Familie Yamamoto auch schon wieder vergessen, dafür wird jedoch wieder mein Interesse an kimonos angesprochen.

„Wir haben Freunde, die das Kimonostoff-Museum hier in Kiryû leiten“, meint obâsan und das wundert mich gar nicht mehr. Diese Familie hat so viele Bekannte und Freunde, so viele Helfer und Geschäftskollegen in fast allen Bereichen, die etwas mit Kultur und Politik zu tun haben. Sie sind einfach eine sehr wohlhabende, bekannte Familie in Kiryû.

Also gehen wir am Nachmittag in Begleitung von Sato-san zum Kimonostoff-Museum und obâsans Bekannte gibt uns eine extra Führung durch die ehemalige Fabrik.

83 kyabarei = Live-Sex-Shows, bei denen dem Publikum die Möglichkeit geboten wird, sich auf der Bühne sexuell zu betätigen.

Die alten Webhallen sind einstöckig, doch wegen der großen Maschinen recht hoch. Das Holzdach ist mit einem übereinander geschichteten Zickzack-Muster belegtet, damit der Lärm der Webmaschinen sich verteilen und darin Fenster installiert werden konnten. Durch diese dringt nun hell das sonnige Mittagslicht ins Innere der Webräume.
„Das Weben in Kiryû wird bis 753 nach Christus zurückdatiert", erzählt uns unsere Führerin und führt uns zu einigen Schaukästen, in denen winzig kleine Kugeln ausgestellt sind. Als ich näher rankomme, sehe ich, dass es lauter Seidenraupen in verschiedenen Stadien, Größen und Farben sind, die dort im Schaukasten aufgespießt liegen. Einige sind noch ganz klein und grün, andere schon dick und in weiße Kokons gewickelt.
„Das sind ein paar Beispiele für unsere Seidenraupen. Früher wurden sie an den Eichen gesammelt, heute werden sie selbstverständlich gezüchtet. Aus einem dieser Kokons lässt sich bis zu 1.200 Meter Seidenfaden herstellen." Unsere Führerin zeigt auf ein Kleidergestell mit einem seidenen Umhang, das gleich daneben steht und meint dazu: „Um ein solches, normales Kleidungsstück zu weben, benötigt man etwa 3.000 solcher Kokons. Sie können sich also vorstellen, wie viel Arbeit das macht und wie viel Zeit das benötigt." Erstaunt nicken wir und murmeln ein anerkennendes „eh" und „sugoi desu".
Dann geht es weiter zu den unterschiedlichen Webstühlen, die in Technik, Alter und Größe variieren.
„Die Webprozesse wurden zunächst mit reiner Menschenkraft durchgeführt, was natürlich sehr viel Anstrengung und Kraft kostete und die Pro-duktion verlangsamte. Dann, 1783, führte ein Kiryûer namens Kichiemon Iwase die Wasserkraft ein und die Webindustrie in Kiryû stieg schlagartig an. Sie war so erfolgreich, dass der feine, leichte Seidenstoff namens habutai 1882 sogar in die USA exportiert werden konnte." Dabei schaut mich die Frau ganz eindringlich an und betont die Worte. Wie die meisten Japaner denkt sie wahrscheinlich, ich sei Amerikanerin. Daran habe ich mich schon gewöhnt und nicke ihr daher nur freundlich zu.
Wir werden zu einem Holzgestell weitergeführt, das mit dunklem Lack überzogen ist und auf dem in T-Form ein weiter, edler Kimono aus Seite und kostbarem Brokat hängt. Die beiden Ärmel ragen horizontal nach außen, der Rest des Gewandes hängt nach unten zum Boden.
Würdevoll streichelt unsere Führerin den Stoff und meint: „Hier sehen sie solch ein kostbares Endstück. Dank eines speziellen Lochkartensystems konnte die Fabrik ab 1804 dann die unterschiedlichsten Brokatmuster auf die Stoffe weben. Das war etwas ganz Besonderes, nicht wahr?" Sie nickt

uns freundlich zu und zieht ihre Worte ganz lang, um ihnen noch mehr Ausdruck zu verleihen. Wir schauen uns noch eine Weile die Webhalle und die Maschinen an, bevor wir schließlich zur letzten Station gehen. Die Färbung der Seidenfäden mit der sogenannten aizome-Färbung. Der aus der Indigopflanze hergestellte Gerbstoff ist dunkelbraun und verwandelt sich erst bei Luftzufuhr in ein wunderschönes, tiefdunkles Indigoblau. Das letzte Blau bevor die Farbskala ins Violett übergeht.

Der Gerbstoff stinkt schlimmer als Kloake und wird aus gutem Grund in tiefen Löchern im Boden gelagert, die mit Holzdeckeln verschlossen sind.

Mit diesem miefenden Zeug dürfen wir zu guter Letzt zusammen mit einer anderen Gruppe leichte Seidentücher batiken. Der Gerbstoff ist ganz warm, durch den fermentierenden Prozess, den er durchläuft. Er darf unter keinen Umständen an die Haut kommen, da der Gerbstoff so ätzt. Sicher war die ganze Färbung per Hand auch nicht ganz ungiftig für die Menschen in der Produktion.

Zu Hause hängen wir die gebatikten Tücher nach draußen in die Sonne, wo sie lange eintrocknen müssen, bevor man sie gründlich auswaschen kann.

Die komplizierte Herstellung und Färbung dieser Seide wird heute zum größten Teil mit Maschinen vollzogen. Trotzdem muss häufig bei der Bemusterung des Stoffes mit einem einzigartigen, künstlerischen Design zum Teil noch per Hand gewebt werden. Diese Kunst wird oft von Generation zu Generation weitergegeben und hat eine lange Tradition. Zieht man dies alles in Betracht, bekommt man langsam ein Gefühl, warum richtige Seiden-kimonos so sündhaft teuer und wertvoll sind. Es ist beeindruckend und ich habe größten Respekt vor dieser alten Kunst.

5

Wie Halloween, Weihnachten oder auch Ostern wird in Japan mit größter Freude und mit mächtigem Konsumwirbel der Valentinstag gefeiert. Bisher habe ich in all meinen Japan-Reiseführern immer gelesen, dass an diesem Tag die Frauen den Männern Schokolade schenken. Selbstgemachte für den Liebsten, gekaufte für Kumpels, männliche Familienmitglieder, den Lehrer oder gar den Chef. Diese wird am 14. Februar übergeben und als Dankeschön gibt es einen Monat später, am sogenannten White Day, weiße Schokolade von den Männern. Die weiße Schokolade der Männer kann allerdings auch anders aussehen: Schmuck, Restaurantkarten, Parfum, Kleidung, eben alles, was der japanischen Wirtschaft gut tut. So zumindest die Theorie, die ich bisher überall gelesen habe. In der Praxis erfahre ich das allerdings anders. Denn als ich stolz mit meinen hübsch verpackten Schokoladengeschenken, die ich für meine wichtigsten Lehrer gemacht habe, in die Schule komme, bin ich damit die Ausnahme. Untereinander schenken sich ein paar Freundinnen zwar heimlich, still und leise ein wenig Schokolade, doch die Jungen oder die Lehrer bekommen davon nichts. Auch als ich die Mädchen frage, von denen ich weiß, dass sie einen Freund haben, verneinen sie und schauen schüchtern weg. Vielleicht ist es ihnen aber auch nur peinlich, zuzugeben, dass sie Schokolade für ihren Liebsten gemacht haben. Jedenfalls erlebe ich den Valentinstag in der Werbung zwar stark aufgemacht, in der Durchführung jedoch nur sehr vereinzelt angewandt.

Ich denke mir jedoch „was soll's" und überreiche meinen Lehrern, ojîsan, Shôta und auch Sachikos Exmann ein Tütchen Schokolade. Ojîsan und Shôta freuen sich wie kleine Kinder, der Vater und die meisten Lehrer sind erstaunt und wirken etwas grimmig und Tanaka-sensei kann sich vor lauter Nervosität gar nicht mehr halten. Tausendmal bedankt er sich und freut sich sichtlich. Von ihm, wie auch von Onabe-sensei werde ich am White Day sogar eine Kleinigkeit zurück erhalten.

Unterdessen sind die Tests zu Ende und nach der Mittagspause haben wir wieder Englisch. Obwohl ich mittlerweile das unglaublich niedrige Niveau im Englischunterricht gewohnt bin, trifft mich diesmal jedoch wirklich der Schlag.

„Heute schauen wir einen ganz wertvollen Film", verspricht Onabe-sensei geheimnisvoll, während er einen Fernseher ins Klassenzimmer rollt. „Mona-san kennt ihn ja vielleicht schon, da er von Deutschland handelt."

Nun bin ich wirklich neugierig und warte gespannt darauf, dass Onabe-sensei endlich die DVD einlegt und den Film startet.
Leises Rauschen und Flackern einer alten Filmversion. Dann sehen wir strahlendblauen Himmel über saftigen, grünen Wiesen mit Kühen darauf. Lauschige Bergdörfer mit hohen, steinernen Kirchtürmen. Es sind die Alpen. Dazu eine kitschige, pathetische Musik aus den 60ern und ein geschnörkelter Schriftzug mit dem Filmtitel: „The Sound of Music".
Absolut geschockt betrachte ich das, was uns die nächsten zwei Stun-den drohen wird. Ein verfilmtes amerikanisches Musical über die österreichische Alpenlandschaft und einer Nonne namens Maria, die die Erzieherin für die Kinder eines Barons werden soll. In Dirndln und mit Blumenkränzen auf dem Kopf springen die Charaktere durch eine holde Alpenlandschaft und singen mit sopranen Stimmen das Musical. Zum Schluss verlieben sich die Nonne und der Baron und heiraten. Kitsch pur.
Mir bleibt nur noch der Mund offen stehen. So stellen sich also die Japaner Europa vor. Und viel schlimmer noch: So stellen sich Japaner Deutschland vor. Denn Onabe-sensei hatte ja fälschlicherweise gesagt, es handle von Deutschland, dabei würde ich den Handlungsort Salzburg nicht gerade zu Deutschland zählen. Es fehlte nur noch, dass mich jemand fragte, ob ich zu Hause auch immer Dirndl tragen würde.
Onabe-sensei scheint mein entsetztes Gesicht allerdings anders zu interpretieren. Glücklich grinst er mich an und fragt, ob es mir gefallen würde und ob ich schon Heimweh bekommen würde. Heimweh?! Ich würde das eher als Würgereiz bezeichnen!
Nachdem wir uns also zwei Stunden kitschige, amerikanische Musicalmusik anhören mussten und der Herr Baron die Nonne Maria immer „Froilain" nannte, ist der Unterricht endlich zu Ende. Und auch ich bin mit meinen Nerven am Ende.
Doch der Gedanke an meinen ersten Volleyballnachmittag erhellt meine Stimmung sogleich wieder und frohen Mutes gehe ich in die Umkleidekabine der Volleyballerinnen. Dort werde ich natürlich erst einmal von einer Gruppe kurzhaariger Mädchen angeschaut, als hätte ich mich in der Türe geirrt. Nach kurzer Verwirrung und Vorstellung meinerseits kann ich mich jedoch bei ihnen umziehen und gehe mit ihnen nach unten in die Sporthalle.
Da die Drittklässler nun die Schule verlassen haben, besteht das Volleyball-Team nun nur noch aus neun Mädchen, die alle kurze Jungenhaarschnitte haben und mehr oder weniger groß gewachsen sind. Im neuen Schuljahr

werden wieder neue Erstklässlerinnen hinzukommen, doch bis dahin ist es noch eine kleine, jedoch intensive Gruppe.

Ito-sensei ist heute nicht anwesend, daher leitet Chihiro-senpai, die unser Captain ist, das Training. Erst gibt es Aufwärmübungen, die alle gänzlich neu für mich sind.

Wir trippeln schnell über eine Art Strickleiter, die auf dem Boden liegt, um unsere Wadenmuskeln zu trainieren. Dann teilen wir uns in Dreierpaare auf und pritschen uns den Ball gegenseitig zu, wobei jedes Mal ein Platzwechsel stattfindet. Im Gegensatz zu sonst sind es diesmal die Japaner, die bei meinem Anblick die Köpfe schütteln. Bei den Muskeltrainingseinheiten und den Schnelligkeitsübungen schlage ich mich zwar gut, doch beim Volleyball ist mir jede einzelne von ihnen haushoch überlegen. Ich hetze mich ab, bekomme gerade so den Ball, und schlage ihn in die völlig falsche Richtung. Die Mädchen, die mit mir trainieren, haben bei mir viel zu rennen. Deshalb soll ich erst einmal lange gegen die Wand spielen und die Pritsch- und Schlagübungen trainieren, während die anderen Tische aufstellen und den Ball auf die Höhe des Volleyballnetzes heben. In Reih und Glied springen die übrigen im Drei-Punkte-Sprung an das Netz, hüpfen gerade daran hoch und pritschen den Ball mit voller Wucht über das Netz. Heimlich beobachte ich sie und bewundere die muskulöse, perfekt abgestimmte Kontraktion ihrer Beinmuskeln, den hohen Sprung, ihre angespannten Gesichter und der erlösende, kraftvolle Schrei, wenn sie mit der Flachen Hand die Bälle auf die andere Seite des Feldes schmettern. Wie kampfbereite Katzen, bereit dem Feind in den Nacken zu springen. Es ist einfach unglaublich, wie gut sie sind.

Von diesem Anblick motiviert, pritsche ich weiter gegen die Wand und merke schon jetzt, wie ich langsam besser werde. Nach einer Stunde wird dann ganz plötzlich das Training abrupt unterbrochen und Fumiko-senpai ruft alle zu sich. Wir versammeln uns im Kreis um sie und lauschen ihren Worten. Doch da kommt nicht viel. Fumiko-senpai steht nur da, beginnt immer wieder mit einem Satz, stoppt dann wieder abrupt. Streicht sich verlegen durch die Haare. Wieder Schweigen. Dann beginnt unser Captain wieder mit einem Satz, den sie sofort wieder abbricht. Wieder Schweigen. Das geht so etwa zwanzig Minuten, bis sie verlegen sagt, sie könne keinen klaren Gedanken fassen und würde die Besprechung damit beenden.

Alle schauen sich verwirrt an und wollen sich schon wieder verteilen, als Yuka, die kleine Volleyballerin mit dem kindlichen Grinsen plötzlich mutig aufspringt und aufgebracht zu den anderen schreit: „Reicht euch das etwa so?! Seid ihr mit so einer Erklärung etwa zufrieden?!“ Sie erntet gesenkte Blicke und verlegenes Sich-am-Kopf-kratzen. Dann fordert Yuka die anderen auf, sich wieder hinzusetzen und Saki erklärt mir in kurzen Worten, worum es eigentlich geht: Mihô, das Mädchen, das sonst immer mit Yuka unterwegs war, kommt nun schon seit einem Monat nicht mehr zum Training. Sie möchte den Volleyballclub verlassen, um so wie alle anderen Schüler arbeiten und Geld verdienen zu können.

„Mihô meinte, sie wolle ein normales Leben führen“, flüstert mir Saki zu und ich verstehe nur langsam. Ein normales Leben. Damit ist wohl gemeint, dass sie keine Jungenfrisur tragen muss, den Rock hoch wickeln und sich schminken kann. Auf mich kommen diese harten Sanktionen, denen die Volleyballerinnen ausgesetzt sind, Gott sei dank nicht zu, da ich nur eine Austauschschülerin bin. Dafür werde ich auch nie wirklich in das Team gehören...

Wir hören weiter Yukas Rede zu. Diese steht neben der großen Fumiko-senpai und schimpft sie lauthals aus: „Auch wenn du erst seit kurzem Captain bist, es reicht nicht aus, wenn du uns so eine unzusammenhängende Erklärung lieferst! Du kannst nicht einfach sagen, dass du deine Gedanken gerade nicht sammeln kannst. Du musst mit lauter, deutlicher und selbstbewusster Stimme reden, musst überzeugend sein. Wenn du uns so eine Rede lieferst, dann wird das Training genauso schlecht, das weißt du doch!“ Fumiko-senpai schaut bedrückt auf ihre Schuhe, während ihr die kleine Yuka weiter die Leviten ließt. „Du musst schnell lernen, Captain zu sein und auch so zu sprechen! Und jetzt lasst uns nochmal besprechen, wie wir das mit Mihô machen.“ Daraufhin setzt sie sich erwartungsvoll auf einen der Tische und schaut Fumiko-senpai herausfordernd an. Diese schluckt erst einmal, reißt sich dann jedoch zusammen und dann wird Klartext gesprochen.

Gebannt höre ich der Gruppe zu. Es muss schon etwas Großes in Japan geschehen, wenn einmal wirklich Klartext gesprochen wird und trotz der gedrückten Stimmung bin ich sehr froh, dies einmal erleben zu dürfen. Und das, wo ich doch gerade erst in den Club eingetreten bin!

„Wer ist in Mihôs Klasse?“, fragt Fumiko-senpai und zwei heben die Hand. „Wie versteht ihr euch? Wie ist sie gerade?“

„Naja, wir haben ganz normal miteinander zu tun. Wie immer halt. Aber über den Club haben wir nicht gesprochen, da blockt sie immer ab“, meint das etwas kräftigere Mädchen, das die Hand gehoben hatte.

„Wir müssen Mihô unbedingt wiederhaben. Wir können uns das nicht leisten, wie sieht das denn für unseren Club aus? Da könnte ja jeder sagen, er geht jetzt einfach so.“ Fumiko-senpai scheint sich die Standpauke von

Yuka zu Herzen genommen haben, denn sie spricht nun mit starker und überzeugender Stimme. „Wer hat ihre Handynummer und wer spricht mal mit ihr darüber. Wir müssen eine von uns auswählen, die etwas mehr mit ihr zu tun hat. Wir können nicht einfach alle auf einmal auf sie zukommen." Ein paar Mädchen haben Mihôs Nummer und nun wird eine von ihnen ausgewählt. Sie soll Mihô anrufen und ihr die Flausen ausreden, sie überzeugen, dass sie doch wieder zum Training kommt.
„Du darfst jetzt schon nach Hause gehen", meint da das kräftige Mädchen zu mir, was wohl weniger eine Wahl als eine Aufforderung ist. Gerne würde ich noch weiter der Diskussion lauschen, aber wahrscheinlich war das schon genug. Also radle ich nach Hause, die ersten Eindrücke des Trainings verarbeitend, während die anderen noch lange weiterdiskutieren.

Am nächsten Tag ist es jedoch amtlich. Mihô wird den Club verlassen und verabschiedet sich vor dem Trainingsbeginn von allen. Ito-sensei steht mit ernster Miene neben ihr und hält sie fest an der Schulter.
Mir tut Mihô sehr leid, da sie mir sehr sympathisch erscheint und ich sie auch ein wenig verstehen kann. Die meisten der Volleyballerinnen sind nur wegen dem Volleyballclub in diese Schule gekommen. Sie schneiden sich die Haare ab. Trainieren täglich stundenlang. Meistens übernachten sie im Seminarhaus in der Schule, um bis spät in die Nacht und bis zur totalen Erschöpfung zu trainieren. Sie müssen die Vorzeigeschüler der Schule sein und trotz des vielen Trainings gute Noten haben. Sie dürfen sich nicht schminken und ihre Uniformen müssen immer einwandfrei sein – die Röcke lang, die Strümpfe weiß, die Krawatten sauber gebunden und die Blusen bis nach oben geschlossen. Und bei allem gilt der selbstlose Gehorsam und die absolute Disziplin gegenüber Ito-sensei.
Das alles hat sehr militärische Züge und obwohl ich froh bin, mit ihnen trainieren zu dürfen, kann ich Mihô verstehen, wenn sie nun ein normales Leben wie all die anderen Schüler leben möchte.
Und genau das scheint Mihô nun auch zu machen. Während sie traurig und beschämt auf den Boden schaut und sich von allen verabschiedet und sich für die gute Zeit bedankt, sehe ich sie genau an. Ihre Haare sind schon ein wenig länger als die der anderen, ihre Augen sind mit leichter Wimperntusche geschminkt. Der Rock ist Mittellang und ihre Strümpfe sind dunkelblau wie bei allen anderen auch. Als sie mit ihrer Verabschiedung fertig ist, lässt sie Ito-sensei endlich los und ich kann sichtlich erkennen, wie der zierliche Körper erleichtert in sich zusammenzusacken scheint. Bestürzt merke ich, wie die anderen

Mädchen sie am liebsten umarmen und trösten würden, doch unter den strengen Blicken des Lehrers nicht dürfen. Also verbeugen sie sich nur leicht, als Mihô sich sehr tief verbeugt und dann aus der Halle geht, die Tränen hinter der Hand versteckend.
Auch mir ist zum Heulen zumute, dabei kenne ich die Mädchen kaum, doch mir erscheint dieser Abschied einfach sehr kaltherzig.
„Hopp hopp! Los zum Training jetzt! Wir haben schon genug Zeit verloren!", schreit Ito-sensei da schon, noch bevor Mihô ganz aus der Halle gegangen ist. Aufgebracht verbeugen sich die Mädchen tief vor ihm und rufen: „Onegai shimasu", womit sie ihn um das Training bitten. Dann werden schnell die Netze gespannt und die Matten ausgelegt und das Training beginnt. Während ich wieder mit der Wand trainiere, üben die Mädchen den Aufschlag. Das Knallen der kräftigen Schläge lässt den Boden erzittern, die feurigen Schreie hallen an den Wänden wider. Mich beeindruckt diese tosende Kraft, doch Ito-sensei scheint sauer zu sein. Zornig ruft er alle wieder zu sich zurück und sofort lassen die Mädchen alles stehen und liegen und stellen sich vor ihm auf.
„Das ist einfach schlecht! Ihr seid viel zu lahm und das sieht einfach nur langweilig aus, wie ihr spielt!!! So werdet ihr nie gewinnen! Strengt euch gefälligst mehr an!!", brüllt er wutverzerrt und schmeißt mit voller Wucht unserem Captain den Ball an den Kopf. Fumiko-senpai zuckt kurz zusammen, blickt jedoch weiter auf ihre Füße und lässt das Gebrüll über sich ergehen. Dann schreit sie, als Ito-sensei fertig ist, einen Kampfschrei aus und ruft die anderen dazu auf, weiter und diesmal besser zu trainieren. Und jetzt bricht ein Donner aus Verzweiflung, Wut, Ehrgeiz und Leidenschaft über der Halle aus. Das Knallen der Bälle. Das wütende Schreien. Die Anspannung der Muskeln und trotzigen Tränen, die heimlich in den Augen der Mädchen funkeln. Es herrscht Krieg! Krieg in der Sporthalle!

Es ist gerade einmal ein paar Tage her und wieder wärme ich mich mit den anderen Volleyballerinen in der Halle auf. Es ist anstrengend, aber die Übungen zu Beginn des Trainings scheine ich nun schon fast alle zu beherrschen. Seilspringen, Trippelübungen, Sprinten, gegen ein Gummiband joggen, Ballpässe. Langsam werde ich besser und kann bereits das komplette Aufwärmtraining mitmachen.
Da pfeift es plötzlich aus der Ecke und Ito-sensei kommt mit Mihô am Arm in die Halle. Sofort lassen wir alles stehen und umkreisen die beiden. Wir verbeugen uns und hören ihm dann zu. Doch Ito-sensei sagt kaum

etwas. Er hält Mihô am Haarschopf und schaut mit dunklem Blick in die Runde. Mihôs Körper scheint schwach, wirkt beinahe willenlos. Wieder hat sie die ganz normale Schuluniform an. Kurzer Rock, blaue Strümpfe, das Übliche.
„Sag es", zischt Ito-sensei ihr zu und greift fester in ihre Haare, „sag es jetzt!" Mihô stehen die Tränen in den Augen und mit leiser, schluchzender Stimme entschuldigt sie sich.
„Lauter, es hört dich keiner!", befiehlt Ito-sensei und Mihô wischt sich die Tränen aus den Augen und sagt etwas lauter: „Sumimasen! Yoroshiku onegai shimasu!!"[84] Dann wickelt sie unter leisem Schluchzen ihren Rock nach unten, zieht ihre Krawatte gerade und knüpft ihre Bluse bis nach oben hin zu. Als sie dann auch noch ihre blauen Strümpfe auszieht, weiß ich, dass sie wieder eine Volleyballerin ist. Sie gehört wieder in ihre selbst erwählte Gruppe.
Es ist pure Bloßstellung und dies ist nur sehr schwer für einen Ausländer verständlich. Es ist schonungslos und hart, und doch ist es auch sicher und einfach. Denn dieses System verlangt absoluten Gehorsam und reine Selbstaufgabe, doch andererseits wird der Einzelne in der Gemeinschaft geschützt und kann eingetretene Wege gehen, hat es dadurch einfacher und muss sich nicht selbst behaupten. „Deru kui wa utareru", sagt ein japanisches Sprichwort. Der hervorstehende Nagel wird eingehämmert. Das tut zwar weh und kann hart sein, doch akzeptiert man es, erhält man durch die Gemeinschaft viele Vorteile. Anerkennung und Ehre sind nur zwei immaterielle davon, doch dienen sie als wichtige Basis für weitere, die auch materieller Art sein können.

84 Entschuldigung! Bitte seid mir (wieder) wohlgesonnen!

6

In Japan beginnt das neue Schuljahr Anfang April und so ist heute mein letzter Schultag in meinem bisherigen Klassenverband. Der letzte Tag in der Klasse 1-5.

In der Klassenlehrerstunde verteilt Tanaka-sensei die Zeugnisse, die auf großem Recyclingpapier gedruckt sind. Irgendwie nicht sehr spektakulär, finde ich, doch ich bekomme sowieso keines.

Dann bekommen wir alle quadratische Papptafeln mit goldenem Rahmen, auf denen jeweils mit dickem, schwarzen Filzstift unser Name geschrieben steht. Diese Tafeln werden durch die Klasse gegeben und jeder darf einen Kommentar an den jeweiligen Mitschüler schreiben. Meist sind das recht aussagelose Sätze wie „vielen Dank für das letzte Jahr“ oder „bleibe mir bitte auch im kommenden Jahr wohl gesonnen“ oder „halte weiter durch!“. Persönlichere Nachrichten werden in kleinen Briefchen weitergegeben. Trotzdem habe ich das Gefühl, dass meine Klassenkameraden nicht sonderlich traurig zu sein scheinen, dass nun das Jahr vorbei ist. Denn im nächsten Jahr werden wir nicht mehr in einer Klasse sein, da die Schüler jedes Jahr neu durchgewürfelt werden. Genau wie beim ständigen Platztausch im Sôgô soll auch so verhindert werden, dass sich feste Grüppchen bilden. Die Schule an sich soll eine große Gruppe sein und jeder soll sich mit jedem anfreunden können. So die Theorie.

Im Volleyball-Club soll über die einwöchigen Ferien ein Intensivseminar für die neuen Erstklässler stattfinden, wie mir Fumiko-senpai sagt.

„Es ist schon okay, wenn du in der Zeit zu Hause bleibst“, hatte sie zu mir gesagt, was soviel bedeutet wie, „ich sollte besser nicht dabei sein“. Doch eigentlich ist mir das nur Recht, denn so gern ich bei ihnen trainiere, mein Alternativplan für die Ferien ist garantiert interessanter. Denn ich besuche Chinatsu in Tôkyô.

Nachdem wir uns im Meditationskurs so gut verstanden hatten, haben wir uns ein paar Mal geschrieben und kurz vor Beginn der Ferien hatte sie mich angerufen und mich zu ihr eingeladen.

Die Japanische Verhaltenstheorie besagt zwar, dass nicht jede Einladung gleich eine Einladung ist und dass man erst nach wiederholter Aufforderung diese wirklich annehmen sollte, doch darum kümmere ich mich nicht. Ich habe schon sehr vieles über japanische Sitten, Bräuche und Verhaltensweisen gelesen und habe dabei schon so oft Gegenteiliges erlebt. Deshalb vertraue ich darauf, dass Chinatsu mich wirklich einlädt und dies nicht nur reine Höflichkeit ist. Und damit liege ich auch richtig. Denn als ich an meinem ersten freien Tag von Chinatsu an der Kita-urawa Station in der Präfektur Saitama abgeholt werde, soll ich gleich die ganzen Ferien über bei Chinatsus Familie bleiben.

„Mach dir keine Sorgen, du fällst uns schon nicht zur Last. Wir freuen uns sehr, dass du uns besuchst. Du musst es natürlich nur mit deiner Gastfamilie abklären", meint sie, als ich meine Bedenken dazu äußere. Schön, denn gegen eine knappe Woche in Tôkyô habe ich absolut nichts auszusetzen, denke ich und folge Chinatsu zu ihrem Auto. Da ich nun nicht mehr bei einer Croco-Familie wohne, ist das Reisen alleine nun auch kein Problem mehr.

Chinatsu wohnt mit ihren Eltern und ihrer jüngeren Schwester in einem schönen, modernen Wohnviertel, das etwa eine knappe Stunde vom Tôkyôter Zentrum entfernt liegt. Für japanische Verhältnisse also gleich um die Ecke.

Wie sie mir erzählt, arbeitet sie momentan bei einer Bank und da sie in Scheidung lebt, wohnt sie seit neustem wieder bei ihren Eltern. Das ist für Japan ganz normal. Solange man keine eigene Familie hat, bleibt man möglichst lange im elterlichen Haus. Nur der 28-jährige Bruder Shun wohnt außerhalb, da sein Arbeitsplatz zu weit weg liegt. Jedoch kommt er jedes Wochenende nach Hause.

„So ist das nun einmal in Japan", meint Chinatsu und stellt mir dann ihre Eltern vor.

Die Mutter darf ich Yôkô nennen und sie ist, wie es sich für eine japanische Mutter gehört, Hausfrau und Gattin. Offenbar ist sie Ausländer in ihrem Hause schon gewohnt, denn sie lässt sich mit ihrer mütterlichen Freundlichkeit bei meinem Anblick nicht aus der Ruhe bringen, sondern bleibt gelassen und offen. Keinerlei Aufregung, keinerlei Nervosität. Das ist angenehm.

Und auch Chinatsus Vater freut sich sehr, mich kennen zu lernen. In sehr gutem Englisch spricht er mich an und erstaunt frage ich ihn, woher er so gut Englisch könnte.

„Ich habe früher bei Mercedes gearbeitet", antwortet er flink, „damals musste ich viel ins Ausland vereisen und habe so die Sprache gelernt."

Dann zeigt er mir stolz den Familienwagen, einen alten, langen Mercedes Benz in dunkelbraun.

„Schau dir mal das Lenkrad genau an", sagt er stolz, und ich entdecke voller Erstaunen, dass es auf der linken Seite montiert ist. Im links

fahrenden Japan sieht das ungewöhnlich aus. Eben ein echter Import aus Deutschland.
In diesem fahren wir dann auch nach einer kurzen Malzeit in ein nah gelegenes bonsai-Museum. Es wird von einem Bekannten der Familie geleitet, der uns stolz seine Exponate an Miniatur-Bäumchen in Pflanzentöpfen zeigt. Eigentlich hatte ich mir die Weltstadt Tôkyô etwas anders vorgestellt, trotzdem höre ich ihm aufmerksam und geduldig zu.
„Das hier ist unser ältester bonsai", sagt er stolz und zeigt auf ein knorriges Bäumchen mit dickem, tief verwurzelten Stamm und weißen Knospen. „Er ist bereits etwas mehr als dreihundert Jahre alt und wurde über mehrere Generationen weitergepflegt."
Beeindruckend! Kleine, nach alter Tradition gestutzte Bäumchen, die von Generation zu Generation weitervererbt werden und deren ideeller und historischer Wert unbeschreibbar hoch ist. Diese kleinen, verknorrten Bäumchen, denke ich mit Hochachtung, haben mehr gesehen, als in den meisten Geschichtsbüchern geschrieben steht.
„Eigentlich kommt die bonsai-Tradition ja aus China", erzählt mir Chinatsu, „doch so ungefähr im 10. oder 11. Jahrhundert haben buddhistische Mönche diese Tradition nach Japan getragen, und seitdem hat sich dieses Handwerk parallel hier entwickelt. Deswegen ist der japanischen bonsai-Stil auch anders als der in China."
Aus diesem Grund, überlege ich, trägt der bonsai wohl auch seinen Namen, der eine Kombination aus dem Wort für das buddhistische Bon-Fest und dem für Pflanzen ist.
Wir schauen uns weiter die Exponate an, doch dann wird Chinatsu auch schon ungeduldig und meint zu ihrem Vater: „Ich denke, wir haben jetzt genug gesehen. Du kannst ja noch bei deinem Freund bleiben, aber ich möchte jetzt lieber Mona-chan Tôkyô zeigen."
Erleichtert atme ich auf. Bäume anschauen ist zwar auch ganz nett, aber nicht, wenn man sich nur wenige Kilometer vor Tôkyôs Innenstadt befindet. Der Vater nickt verständnisvoll und fährt uns bald darauf zur nächsten U-Bahn Haltestelle. Und endlich geht es los. In das größte Ballungsgebiet Japans, mit knapp 9 Millionen Einwohnern, die sich auf 23 Stadtviertel verteilen.
„Wohin möchtest du als erstes?", fragt mich Chinatsu, und ich weiß es ganz genau: Shibuya.
Es ist Sonntag und Shibuya ist für seine einkaufswütigen Stadtkinder bekannt, die Tausenden von Jugendlichen und jungen Menschen, die hier sonntags durch einen ausgefallenen Laden nach dem anderen ziehen

und die japanische Volkswirtschaft glücklich machen. Neben großen Einkaufspassagen gibt es viele kleine Gässchen, auf denen Straßenbands spielen und seltsam gekleidete Spaßvögel sich mit Shows den einen oder anderen Yen hinzuverdienen. Unmengen an schriller Werbung auf Plakaten oder riesigen Bildschirmen, und an jeder Ecke stehen junge Frauen in pinken Lackröckchen und bauchfreien Tops, die Werbeflyer verteilen oder versuchen, die Passanten in die Läden zu locken. Viel Kajal und wenig Stoff, die typische Freeter-Arbeit eben.

Es ist irrsinnig laut. Überall ertönen Werberufe und Musik aus Lautsprechern. Schillernde Farben. Tausend faszinierende Eindrücke.

In Shibuya trollt sich die Tôkyôter Jugend herum, schlemmt Crépes und Eis, kauft die neusten Modetrends oder formt sie gar selbst. Denn der Modestil in Shibuya ist die eigentliche Attraktion des Viertels. Hier sehe ich auch zum ersten mal die sogenannten gyaru, ein japanisches Großstadtphänomen, das sich besonders gerne in Shibuya sammelt.

Es sind Mädchen und junge Frauen, die durch ihren extremen Kleidungsstil auffallen und damit auch auffallen wollen. Es gibt verschiedene Variationen und Trends bei den gyaru: Die kogyaku, die sich wie sexy Schulmädchen kleiden. Die gangugo mit ihren hellblond oder orange gefärbten toupierten Mähnen, ihrer unglaublich unecht wirkenden gebräunten Haut und blauen Kontaktlinsen, die wie kalifornische „Valley Girls“ aussehen wollen. Oder auch die himegyaru, die sich wie Prinzessinnen in lange, sehr teure Gewänder hüllen. Daneben gibt es noch aller Art weitere Subkulturen, doch generell gilt: viel Schminke, fast geschmacklos zusammengewürfelte, meist sündhaft teure Kleidung, aufwändig toupierte, gestylte und meist gefärbte Frisuren, eine unglaubliche Konsumsucht und ein demonstratives zur Schau stellen. Sogar ein eigener Sprachstil und neu kreierte Wörter verbindet die gyarus. Ihre männlichen Ebenbilder werden gyaruo genannt.

Besonders der älteren Generation sind diese Art von Jugendlichen ein Dorn im Auge, da sie sich nicht an die Masse anpassen wollen. Häufig werden sie auch als Rebellen gesehen.

Innerhalb Shibuya selbst gibt es einen Ort, der als solcher nicht als offizielles Stadtviertel auf der Karte verzeichnet ist. Es ist der Bezirk rund um den Harajuku-Bahnhof, im Volksmund einfach Harajuku genannt. Hier scheint das Paradies der verschiedensten Arten an Verkleidungs- und Stil-Ikonen zu sein, die es in Shibuya gibt. Würde man diese ohnehin schon sehr kreativ gekleideten Jugendlichen in Shibuya nach ihrem Kleiderstil fragen, würden die meisten wohl darauf antworten, dass das

Freeter-Arbeit: Verteilen von Werbeflyern in aufreizenden Kostümen

Gothic Lolita und Vamps, typische Cosplayer-Motive

hier ganz normal sei und ihre Kleidung doch ganz langweilig aussähe. Japanische Bescheidenheit? Jedenfalls bezeichnen sich nur die wenigsten unter ihnen als richtige Cosplayer[85], der japanischen Art des Verkleidens. Und genau die sammeln sich in Harajuku. Genauer gesagt, an der Harajuku-Brücke.

Diese liegt zwischen dem Harajuku-Bahnhof und dem Eingang des Yoyogi-Parks, und jeden Sonntag Nachmittag treffen sich dort fantasievoll verkleidete Cosplayer, sowie jede Menge fotografierende Zuschauer. Chinatsu und ich sind zwei davon.

Weiße Tüllröcke mit rotem Samtstoff umkleidet, Totenkopfanhänger mit rosa Straßsteinen verziert, rot-schwarz gekringelte Kniestrümpfe zu aufgerissenen Röhrenjeans, schwarze Häubchen im Stil des französischen Rokokos. Farbenfrohe Kontaktlinsen, bunte Perücken und blondgefärbte Haare. Wir können uns an Eindrücken kaum satt sehen.

„Ich war noch nie hier", staunt Chinatsu nicht schlecht, als sie all die verkleideten Gothic Lolitas, manga-Figuren und Zombi-Gestalten sieht. Ich hingegen habe schon viel von dieser kleinen Cosplayer-Brücke gehört. In der anime- und manga-Szene in Deutschland werden ganze Sagen und verträumte Schwärmereien über diese Brücke gesponnen. Was für mich bisher nur ein Traum war, wird nun zur Wirklichkeit! Ich stehe auf der

85 Cosplay = vom engl. costume play

Harajuku-Brücke und bin umgeben von japanischen Cosplayern, denke ich gebannt und kann mein Glück kaum glauben.
Natürlich machen auch wir viele Fotos und bewundern die kunstvoll gefertigten, zum Teil selbst genähten Kostüme. Bei vielen ist man sich nicht so ganz sicher, wer eigentlich Cosplayer und wer Zuschauer ist. Denn seltsam verkleidet und mit Kameras bewaffnet sind sie alle.
Nach so vielen bunten Eindrücken bin ich ganz aufgekratzt und möchte am liebsten eines: alle Läden dieses Viertels auskaufen!
Denn obwohl ich mich nicht so verkleiden würde, macht das Betrachten dieser Kleidung doch Hunger auf mehr. Wir schauen uns also einige Läden von innen an, doch bei den hohen Preisen vergeht mir alsbald die Lust. So begnüge ich mich also mit ein paar Socken mit abgetrenntem, großen Zeh im Harajuku-Design und dann schlägt Chinatsu etwas vor, was mein Herz noch höher schlagen lässt.
„Wollen wir nicht purikura machen? Da liegen doch auch immer so Kostüme und Schuluniformen aus, die man für die Fotos anziehen kann. Ich habe schon so lange keine purikura mehr gemacht... Gott, das müssen Jahre her sein. Möchtest du?"
Und ob ich möchte, und es werden die lustigsten purikura in meiner Sammlung. Chinatsu und ich, beide in den unterschiedlichsten Kostümen mit jeglichen Accessoires, die wir in der purikura-Halle finden können.

Von schrill zu süß: Japanische Cosplayer

Japanische Cosplayer auf der Harajuku-Brücke in Tôkyô

Wir essen ein Crepe mit Pokémon-Bemalung aus Lebensmittelfarbe und fahren dann ein Viertel weiter nach Shinjuku. Shinjuku heißt übersetzt „neue Unterkunft" und genau das ist es auch. Ein Hochhaus reiht sich neben das andere, die erhabenen Glaskästen funkeln wie Sterne in der Abendsonne. Am Bahnhof Shinjuku werden wir von Horden geschäftiger Anzugmännern überrannt, die aussehen wie eine schwarze Front an Pinguin-Managern, bereit, sich in das Haifischbecken der überfüllten U-Bahnen zu stürzen. Mit seinen drei Millionen Passagieren, die hier täglich ein und aus steigen, ist der Shinjuku Bahnhof einer der verkehrsreichsten Bahnhöfe der Welt.
„Das ist das Takashimaya", meint Chinatsu durch das geschäftige Treiben hinweg und zeigt auf ein großes, jedoch eher unscheinbares Kaufhaus. „Das Takashimaya ist eine der ältesten und größten Kaufhausketten in Japan." Wir gehen hinein und die klimatisierte, leicht parfümierte Luft verschlägt mir den Atem. Über fünfzehn riesige Stockwerke schlängeln wir uns durch die schwarzhaarige Masse. Es gibt hier einfach alles. Alles! Und alles zu unglaublichen Preisen. Aber die Japaner kaufen trotzdem munter ein.
Gegen neun machen die Läden zu, doch das bedeutet noch nicht das Ende dieses Tages. Denn Chinatsu möchte mir unbedingt noch etwas zeigen. Inzwischen ist es kalt geworden und trotz der Frühlingsstimmung des

Tages beginne ich leise zu frösteln. Ganz in der Nähe treten wir auf einen großen, betongegossenen Platz und nun stehen wir inmitten riesiger Wolkenkratzergiganten, die still im eisigen Wind der Nacht thronen.
„Das hier ist das Tôkyôter Rathaus", Chinatsu zeigt auf einen riesigen Wolkenkratzer, der modern, aber nicht mehr ganz so neu aussieht. Das Tôkyô Metropolitan Government Building, wie das Gebäude offiziell heißt, mutet an wie eine gotische Kathedrale. Der höchste der zwei Türme ragt bis in den 48. Stock hinauf und wie bei einer gotischen Kirche verbinden sich die beiden Türme im 33. Stockwerk zu einem dritten Teil. Bis 2006 war der im Volksmund genannte Baburu no tô[86] der höchste Wolkenkratzer Tôkyôs.
Vom kalten Wind fröstelnd, bin ich froh, als wir im Inneren der Türme ankommen und mit dem Aufzug nach oben fahren. Wir fahren und fahren. Es kommt mir wie eine Ewigkeit vor.
„Wir dürfen nur bis zum 43. Stockwerk fahren, aber da ist eine Aussichtsplattform", unterbricht Chinatsu die obligatorische Stille im Aufzug und ich bin ihr dafür dankbar. Irgendwann geht dann endlich die Aufzugtür auf und vor uns erstreckt sich eine hell erleuchtete Halle mit vielen Grünpflanzen, einem Restaurant und riesigen Glasfenstern. Zum eleganten Ambiente des Restaurants und dem Klaviergeklimper eines ausländischen Musikers stehe ich gebannt neben Chinatsu am Fenster. Die vielen Lichter der Stadt, der maßlose Einsatz von Farben, Geblinker und Gefunkel. Die Sterne am Himmel erscheinen fast ärmlich dagegen. Die Fülle der Stadt in der tiefen Schwärze der Nacht, es ist einfach ein wunderschöner Ausblick!

Am nächsten Tag beim Frühstück erzählen wir immer noch von diesem gigantischen Blick in die Sterne der nächtlichen Stadt. Die Mutter hört uns still zu und ist sichtlich erfreut. Maki, die 22-jährige Schwester, schlürft gelangweilt ihren Kaffee und macht sich dann zurecht, was selbst für japanische Verhältnisse eine Ewigkeit dauert. Eigentlich hat sie einen Job als Masseurin, doch heute hat sie frei und geht deshalb mit uns in die Innenstadt. Noch ist allerdings offen, was wir uns anschauen werden – in Tôkyô gibt es einfach sooo viel!
Als eingefleischte manga- und anime-Liebhaberin möchte ich selbstverständlich in das berühmte Ghibli-Museum im Inokashira Park im

86 Dieser Spitzname soll zum einen auf den Turm (jap. tô) von Babel (jap. baburu) anspielen und zum anderen auf die sogenannte Bubble (jap. baburu) Economy in den 80er Jahren. Mit diesem Wortspiel soll der Größenwahn Japans in dieser Zeit ironisiert werden.

Mitaka-Viertel. Das Studio Ghibli ist eines der berühmtesten Zeichentrickfilmstudios in Japan, wenn nicht sogar das Filmstudio in Japan schlechthin. Es wurde 1985 von den beiden Regisseuren Hayao Miyasaki und Isao Takahata gegründet, nachdem Hayao Miyasaki mit seinem Film „Nausicaä aus dem Tal der Winde“ ein sagenhafter Durchbruch gelungen war. Seither hat das Studio Ghibli wunderbar fantasievolle Filme wie „Mein Nachbar Totoro“, „Die letzten Glühwürmchen“, „Prinzessin Mononoke“ oder auch „Chihiros Reise ins Zauberland“ produziert, die Groß und Klein zum Träumen anregen.
Passend dazu ist auch der Slogan „Let's become lost children together“ des Ghibli-Museums, das seit 2001 für Besucher offen ist und von Hayao Miyazaki selbst gestaltet wurde.
Auch hier waren Chinatsu und Maki noch nicht und sie möchten gerne mit mir dorthin gehen. Doch als wir auf der offiziellen Hompage nach Karten suchen, müssen wir leider feststellen, dass das Kontingent sehr begrenzt ist. Pro Tag kommt nur eine gewisse Anzahl von Besuchern hinein und die Karten können schon einen Monat vorab bestellt werden. Dies geht auch nicht über das Internet, sondern über die Lawson-Conbinis, die sich im Land verteilen. Für diesen Monat sind schon alle Karten ausverkauft. Das kann doch nicht wahr sein, denke ich, doch das Ghibli-Museum erfreut sich offenbar größter Beliebtheit. Naja, ein andermal, denke ich traurig. Doch dieser Umstand wird sich auch bei meinen späteren Kurztrips nach Tôkyô nicht ändern. Besonders an Wochenenden hat man einfach keine Chance und unter der Woche habe ich Schule.
„Lass uns doch in das Sony Museum in der Ginza gehen“, schlägt Maki vor, und ihre Schwester ärgert sie, dass sie dort ja nur shoppen gehen wolle. „Jaja“, grummelt Maki, „das natürlich auch... aber ich hab sowieso nicht mehr so viel Geld für diesen Monat.“
Also fahren wir in Richtung Ginza, die sich im Chuo-Viertel befindet. Der Name ginza, der in etwa Silberort bedeutet, ist kein Zufall. War hier in der Edo-Zeit noch eine Silbermünzstädte, so blinken heute die teuersten Silberketten neben protzigen Rolex-Golduhren. Schick zurechtgemachte Menschen drängen sich aneinander, Louis Vuitton, wo man nur hinsieht. Hier sehe ich auch das sündhaftteuere Rokko no Mizu, das edle Gebirgswasser aus der Plastikflasche für sage und schriebe 124 Euro den Liter. Unter all den teuer angezogenen Fußgängern fallen eigentlich nur die Touristen auf, die mit Kameras in Turnschuhen und Sonnenhüten herumschlappen. Denen schließen wir uns an und folgen ihnen bis in die Ausstellungsräume des Sony Museums. Dieses zeigt die

zukunftsträchtigen, elektronischen Neuheiten der Firma sowie auch historische Prototypen. Über sechs von acht Etagen hinweg können Videospiele an den bestentwickeltsten Fernseh-Systemen ausprobiert werden, die neuesten Trends der IT-Branche werden vorgeführt, und Wissenswertes über den ältesten Sony-Fernseher oder Roboter wird ausgestellt.

Wieder einmal Glaskästen über Glaskästen. Blau erleuchtete Treppenaufgänge. Metallen glänzende Geländer. Fast wird mir diese protzige Moderne langweilig, da steht er plötzlich vor mir, ein Roboter, über den ich schon Hunderte Male gelesen und gehört hatte, und der die japanischen Konsumenten ganz verrückt machte: der Aibo!

Der Aibo ist ein Roboter, der sein Debüt 1999 hatte und durch sein hundeartiges Aussehen in den engen, japanischen Haushalten wohl eine Art Haustier ersetzten soll. Er ist selbst programmierbar, nimmt Informationen über eine integrierte Kamera und ein Mikrofon auf und geht mehr oder weniger auf seine Umgebung ein. Trotz seines hohen Preises von etwa 2.500 Euro gingen die meist limitierten Auflagen in Japan, wie auch im Ausland, weg wie warme Semmeln.

Jetzt jedoch, wo ich mit dem kleinen grau-blau schimmernden, mit dem Schwanz wedelnden Etwas spiele, ist der Aibo-Trend fast schon wieder vorbei. Sony hat Entwicklung und Produktion des süßen kleinen Wesens sogar eingestellt.

Doch für diesen Moment spiele ich nur selig an dem Hündchen rum und versuche herauszufinden, wie es funktioniert. Der Aibo kann sitzen, mit dem Schwanz wedeln, blechern-kläffende Geräusche kommen aus seinem Mikrofon, und er dreht immer wieder den Kopf zur Seite und schaut uns an. Mehr jedoch ist es auch fast nicht. Daher wird uns das Spielen mit ihm schnell langweilig und Chinatsu schlägt vor, weiterzufahren bis zum Ueno-Park.

„Der liegt nur ein paar Stationen weiter und bei dem schönen Wetter sollten wir Boot fahren“, begründet sie, als ihre Schwester schon die Augen verdreht. „Du kannst ja noch hier bleiben und shoppen“, schlägt sie Maki vorwurfsvoll vor. Maki nimmt diesen Vorschlag sofort an und Chinatsu und ich essen noch eine Kleinigkeit, bevor wir die U-Bahn nach Ueno nehmen.

Der Ueno-Park liegt im Stadtviertel Taitô und ist die größte und älteste Parkanlage in Tôkyô, die bereits 1873 der Öffentlichkeit zugänglich gemacht wurde. Im Park liegen drei Nationalmuseen, sowie eine Konzerthalle, der Ueno-Zoo und einige Schreine. Im Vergleich zu den übergepflegten Parkanlagen in der Ginza, ist der Ueno-Park ein Park für das Volk. Rasenwiesen können betreten werden, kleine Kioske und Stände bieten Erfrischungen und Snacks zu relativ familiären Preisen an. Trotzdem nimmt der einfache Stil des Parks kein bisschen von seiner natürlichen Schönheit weg, die fein säuberlich von seinen Besuchern geachtet wird.

Besonders bekannt ist der Park jedoch für seine hanami, die japanische Kirschblütenschau im Frühjahr, zu der jährlich tausende Einheimische wie auch Touristen kommen. Szenen aus diesen Blütenmeeren werden unglaublich gerne in japanischen Soaps oder auch Kinofilmen verwendet.

Doch auch im Sommer wird der Park mit seinen zahlreiche Lotusblüten, die auf dem großen See schwimmen, bestaunt. Und genau zu diesem See möchte Chinatsu jetzt mit mir.

„Unter der Woche ist es hier nicht so voll", meint sie, und tatsächlich müssen wir nicht lange warten, um ein kleines Ruderbötchen für eine Runde auf dem See mieten zu können.

Wir steigen in das wackelige Boot und paddeln gemächlich auf die Mitte des Sees zu. Auf dem Grün des Wassers blicke ich mich währenddessen um und sehe viele Familien mit Kleinkindern, sowie jede Menge Paare. Unweigerlich muss ich an all die vielen mangas denken, in denen so viele Anbandlungsversuche in weißen Schwanen-Tretbooten auf genau diesem See gemacht wurden. Ich muss lachen und Chinatsu schaut mich fragend an. Als ich ihr von meinen Gedanken erzähle, lacht auch sie, und dann erzählt sie mir, dass sie auch mit ihrem Exmann ein paar Mal hier war.

„Weißt du, er heißt Tillmann und ist Deutscher, genau wie du."

Das überrascht mich doch sehr und verunsichert mich gleichzeitig auch ein wenig. Hoffentlich hat sie mich nicht nur zu sich eingeladen, da sie ihren Exmann vermisst und ich zufälligerweise auch Deutsche bin, denke ich. Chinatsu scheint meine Bedenken zu spüren und meint schnell: „Nein, nein, keine Sorge! Ich bin schon lange über ihn hinweg, und außer-dem arbeitet er jetzt sowieso in den USA." Dann fährt sie mit fester Stimme fort: „Aber über ihn habe ich eben mitbekommen, dass ich mich mit den meisten Japanern nicht so recht unterhalten kann. Irgendwie, naja, es ist oft alles so oberflächlich freundlich und dann aber doch gar nicht so freundlich, wie es scheint." So etwas aus dem Mund einer Japanerin zu hören, erstaunt mich sehr. „Ich meine, deswegen meditiere ich ja auch mit anderen, da ich dort auf Menschen treffe, mit denen ich mich wirklich unterhalten kann. Eben auch mit mir und über mich und meine Gefühle,

Fragen und Probleme. Das geht mit den meisten Japanern nicht so gut, da habt ihr Westler schon eine ganz andere Kultur!"

„Aber ist es denn so gut, wenn man immer über sich und seine Gefühle spricht?", frage ich sie. „Vielleicht ist ja auch diese Gemeinschaft, die ihr hier in Japan so stark lebt viel besser...?"

„Du hast Recht, die Gemeinschaft ist sicherlich gut und vereinfacht auch sehr vieles. Man muss sich nicht mehr um sich selbst kümmern, aber andererseits interessiert das Selbst auch keinen. Deshalb glaube ich, dass trotz dieser großen, propagierten Gemeinschaft, viele Menschen in Japan im Grunde genommen sehr einsam sind. Und besonders Menschen, die sich eben nicht an diese Gemeinschaft anpassen können, werden sehr allein gelassen. Außerdem... früher war das alles etwas einfacher. Aber heute geht das eben nicht mehr so. Heute gibt es nicht mehr die festen Rahmenbedingungen und Rollenbilder, die der Staat liefert und in die man sich nur einfügen muss. Die Übergänge sind fließender geworden..."

Ich nicke und frage sie dann nach ihrer Meinung zu der japanischen Jugend. „Besonders viele Jugendliche in Großstädten machen doch jetzt so auf westlich und individuell. Meinst du nicht, dass die japanische Mentalität in den nächsten Jahren immer mehr westliche Züge annimmt?"

Chinatsu überlegt, dann meint sie entschlossen: „Nein. Das denke ich nicht! Diese jungen Menschen, von denen du sprichst, die imitieren westliches Aussehen und verwechseln Individualität mit einem aus der Reihe tanzen aus dem normalen Alltag. Aber Individualität heißt doch nicht, dass man sich so kleidet und so extrem anders benimmt, dass man nicht mehr in die Gesellschaft integriert werden kann. Viele dieser „Individualisten" sind arbeitslos und können sich nur schwer oder eben durch unsaubere Mittel über Wasser halten. Aber das ist doch nicht individuell, oder? Individualität bedeutet doch die Suche zum eigenen Selbst und zu einer eigenen Meinung. Wenn man Individualität nur mit Äußerlichkeiten ausdrückt, dann beschäftigt man sich doch im Grunde genommen nicht mit sich selbst, sondern mit den anderen. Das denke ich zumindest."

„Aber das ist in Deutschland zum Beispiel auch nicht der Fall", erwidere ich und bin sehr erstaunt über ihre fundierte Meinung, „man kann da auch nicht gerade behaupten, dass sich alle nur mit ihrer eigenen Selbstfindung beschäftigen würden. Bei uns bestimmt man sich auch sehr viel über Äußerliches."

„Ja, aber trotzdem ist das nicht die ausschließliche Interpretation von Individualität. Die Mädchen und Jungen hier, die um ihre Individualität kämpfen, setzen an einer völlig verkehrten Stelle an. Die haben noch nie etwas von Individualität als innere Selbstentfaltung gehört."

Damit kehrt Stille ein und wir hören nur noch den Vögeln am Rande des Sees zu. Um uns herum Kindergeschrei, und überall treten schon die ersten Knospen der Kirschblüten zutage. Der laue Wind streicht um unsere Köpfe.

„Du hast Glück", meint Chinatsu wieder etwas ruhiger, „Kiryû liegt höher in den Bergen, da kommen die Blüten später. Das heißt also, du wirst zwei Kirschblüten erleben."

Lange paddeln wir noch auf dem See herum, genießen die grüne Idylle, auch wenn direkt hinter den Bäumen riesige Hochhäuser in den blauen Himmel ragen. Die Frühlingsluft fühlt sich warm auf der Haut an und gedankenverloren plätschere ich mit der Hand im lauen Seewasser herum.

Langsam wird der Himmel rötlicher und hellblaue Wolkenschwaden künden die Dämmerung an. In den nächsten Tagen werde ich mit Chinatsu und ihrer Familie noch viele Orte in Tôkyô und Umgebung besuchen, und über ihre unendliche Gastfreundschaft kann ich immer nur erstaunt den Kopf schütteln. Sie erwarten keinerlei Gegenleistung, wir verstehen uns blendend, und ihr einziges Ziel scheint es zu sein, dass ich ein paar gute Eindrücke aus Tôkyô und Japan mitnehme.

So besuchen wir zum Beispiel am nächsten Morgen das Odaiba-Vier-tel, die künstlichen Insel in der Bucht von Tôkyô, die heute ein sehr beliebtes Vergnügungs- und Einkaufsviertel ist. Nachdem die japanische Regierung seit Mitte des 19. Jahrhunderts damit begonnen hat, durch Aufschüttungen künstliches Land im Ballungsraum Tôkyô zu gewinnen, wurde das heutige Odaiba schließlich 1979 fertig, und ist damit das jüngste Viertel in Tôkyô. Besonders nachts hat man von der künstlichen Insel, die mehr eine Halbinsel ist, einen wunderschönen Ausblick auf das leuchtende Ufer mit all seinen Geschäften und das große, beleuchtete Riesenrad. Gleich daneben ragt das berühmte Hauptgebäude des Fernsehsenders mit den höchsten Einschaltquoten in Japan in den Himmel: Fuji Television mit seinen Hunderten an schrillen Berühmtheiten, ob real oder animiert, die tagtäglich die Köpfe der japanischen Gesellschaft beflimmern. Das Gebäude wurde 1994 entworfen und ist mit seiner großen, metallenen Kugel, die wie ein Ufo zwischen den gläsernen Türmen in der Luft zu hängen scheint, eine der architektonischen Sehenswürdigkeiten der Stadt. In dieser Kugel finden durchgehend Ausstellungen zu verschiedenen Serien des Senders statt.

Obwohl im japanischen Fernsehen selbst kaum Serien oder Filme aus dem Ausland gezeigt werden, können die Japaner nicht ohne die Imitation des Auslands. Und so steht auf der Insel in Odaiwa eine riesige Freiheitsstatue, die ihre Flamme hoch in den Himmel reckt. Doch nicht nur diese Flamme wird von den Japanern geliebt. Auch die riesige, goldene Flamme, die über der Asahi Beer Hall, einem der Gebäude der japanischen Biermarke Asahi, thront, ist ein echtes Wahrzeichen der Stadt. Meiner Meinung nach, sieht diese Flamme zwar eher aus wie ein überdimensionaler Zahnpastastreifen, doch ist sie sicherlich die Zierde des Stadtteils Sumida.

Neben vielen weiteren Sehenswürdigkeiten besuchen wir unter anderem auch das Kabushiki Gaisha Animeito, kurz auch einfach Animate. Der größte japanische Einzelhändler für anime, manga und Games ist im Ikebukuro-Viertel zu finden und ist mittlerweile in 38 Läden in Japan vertreten. Für jeden manga-, anime- und Game-Fan ist das Animate ein sagenumwobener Traum.

Doch nach all den ereignisreichen Tagen, die nur so wie im Flug vergangen sind, geht auch allmählich die Zeit bei Chinatsu dem Ende entgegen. Herzlich nimmt mich Chinatsu zum Abschied in den Arm und ich merke, dass ich diese Geste schon seit langem vermisse. Man merkt, dass Chinatsu schon viel vom Ausland kennen gelernt hat. Sei es nun über ihren Exmann oder über die zahlreichen Reisen nach Indien, Deutschland und in die USA.

Chinatsu ist ein wunderbarer und sehr liebenswürdiger Mensch, der mir als echte Freundin begegnet, und so wird dieses Treffen nicht das letzte sein. Noch zweimal werde ich sie und ihre Familie besuchen und dabei mit ihnen noch viel mehr von der Hauptstadt dieses wunderbar exotischen Landes kennen lernen.

7

Die erste Aprilwoche geht dem Ende entgegen und ebenso sollte meine Zeit bei den Yamamotos zu Ende sein. Hatte Sachiko anfangs davon gesprochen, dass ich schon Mitte Februar wieder zu ihnen könnte, so hat sich doch alles hinaus gezögert. Ich war viel später zu den Yamamotos gekommen als ursprünglich geplant und sollte auch viel später zurück zu den Yoshidas gehen. Doch in diesen zwei Monaten, in denen ich bei den Yamamotos gewohnt habe, habe ich die Familie sehr in mein Herz geschlossen.

Die Yamamotos sind einflussreich, wohlhabend und kulturbewusst. Doch das ist es nicht, weswegen ich mich so wohl bei ihnen fühle. Vielmehr sind es die aufgeweckten Gespräche und das große Interesse an einem lebendigen Austausch. Die Wärme im Umgang miteinander und nicht zuletzt auch das Verständnis für mein Ausländersein und die dazugehörigen Missverständnisse. Dieses Verständnis ist in Japan sehr häufig nicht gegeben und lässt den Ausländer schonungslos ins kalte Wasser stürzen.

In obâsan und ojîsan habe ich jedenfalls in der kurzen Zeit richtige japanische Großeltern gefunden, und auch Kumiko ist mir wie eine Tante geworden – auch trotz des vielen sake.

Es sollte also mein letzter Tag bei den Yamamotos werden und gegen Abend würde mich Sachiko bei ihnen abholen. Daher möchte obâsan noch unbedingt mit mir zu dem Tempel gehen, dessen Leitung die Yamamotos und mich vermittelt hatte.

„Ich möchte nur schnell ein bisschen Gebäck als Dank zu ihnen bringen", meint obâsan und ich kenne diesen Satz nur zu gut von ihr. Nur schnell ein bisschen, das bedeutet Unmengen an Essen oder auch Textilien. Denn obâsan ist - wie sie selbst zugibt - kaufsüchtig und verschenkt das Gekaufte zu gerne wieder an andere weiter. Dabei sind das nicht immer sinnvolle Dinge. Ich erinnere mich nur an die beiden großen Küchenschürzen, den Topflappen aus Kimonostoff und die Hundekleidung, die nicht einmal der kleinen Bello gepasst hätte. Aber in Japan geht es eben um die Geste. Denn die Japaner schenken sich untereinander einfach unglaublich viel. Kleinigkeiten zwar, aber mit leeren Händen kommt man nie. Das ist etwas, was ich bisher bei all meinen Japan-Kontakten beobachten konnte.

Diesmal besteht das Mitbringsel aus ein paar osenbei, Reiskräckern mit Seetang und dem Geschmack von Sojasauce. Diese sind mit ein paar anderen Leckereien in einem Fresskorb kunstvoll verpackt.

Der Tempel, an den wir kurze Zeit später kommen, sieht nicht gerade aus wie ein Tempel. Vielmehr ist es ein altes Haus mit einer großen, traditionell wirkenden Halle daneben. Am Haus angekommen, rufen wir nach dem Hausherren und ziehen unsere Schuhe am Eingang aus.
„Oh, willkommen Yamamoto-san. Welch eine Überraschung, ich hoffe es geht Ihnen gut?", begrüßt uns eine Frau mittleren Alters an der Türe. Sie ist die Ehefrau des Tempelleiters, dieser ist jedoch momentan nicht da. Schade, denke ich, so lerne ich also nicht den Mann kennen, der den Rôshi aus Deutschland kennt und über den die Vermittlung mit den Yamamotos lief.
„Das macht ja gar nichts", meint obâsan und überreicht die osenbei, „ich wollte Ihnen nur eine Kleinigkeit vorbeibringen und Ihnen Mona-chan vorstellen, die Austauschschülerin aus Deutschland."
„Ah, ja", ruft die Frau begeistert aus und bittet uns sogleich zu sich herein. „Mein Mann ist zwar gerade nicht da, aber ich würde Ihnen gerne einmal unsere Gebetshalle zeigen. Sie wissen ja, dass das hier ein Kloster ist, nicht wahr?" Das weiß ich zwar nicht, bejahe aber trotzdem. Offenbar kommen die Mönche hier jeden Morgen und jeden Abend zur Meditation, jedoch wohnen sie weiterhin in ihren eigenen Häusern.
Wir werden in eine große Meditationshalle mit hohen Wänden geführt, in deren Mitte ein langer, leerer Gang ist, an dem auf jeder Seite tatami-Matten ausgelegt sind. Diese sind ein klein wenig erhöht und bieten Platz für jeden Einzelnen der Mönche.
„Hier meditieren die Schüler jeden Tag. Jeder hat hier seinen eigenen Platz, der auch nicht getauscht wird", bekommen wir erzählt. Vor den Matten stehen kleine, hölzerne Ständer, die niedrigen Notenständern gleichen. „Das", antwortet mir die Frau auf meine Frage nach deren Zweck, „das sind die Ständer für die Gebetsbücher. Die Mönche können so besser aus ihren Gebetsbüchern singen. Sie wissen ja, wir beten sehr viele Mantren im Buddhismus."
Neugierig möchte ich mich am liebsten noch weiter umsehen, doch obâsan drängt schon wieder, nach Hause zu gehen, und so verlassen wir alsbald diesen Platz der Meditation. Beim Gedanken an die Verbindungen zwischen dem Freund meiner Eltern, der den Rôshi in Deutschland kennt, bis hin zu einem japanischen Klosterleiter, der die Yamamotos kennt, fühle ich mich seltsam bewegt. Die Welt ist doch sehr klein und offenbar scheint es für jedes Problem auch eine Lösung zu geben.
Gegen Abend nehmen wir noch ein Essen zu uns, bevor Sachiko mich abholen kommt. Es ist das letzte Mal, doch ist klar, dass ich noch häufig zu ihnen zu Besuch kommen darf. Wir sind mitten beim Essen, als

es klopft, und Sachiko vor der Tür steht. Sie sieht, dass wir essen und entschuldigt sich ganz aufgeregt. Wenn sie mit den Yamamotos zu tun hat, dann wird sie immer ganz hektisch und nervös. Das ist mir schon häufiger aufgefallen. Wahrscheinlich liegt das daran, dass die Yamamotos in der japanischen Hierarchie weiter oben eingestuft sind, als sie. Das hohe Alter und das Geld.

Im Gegensatz zu Sachiko bleibt obâsan jedoch sehr gelassen und bittet sie, doch mit uns zu essen. Dann folgt Smalltalk. Das Wetter. Der gute Tee. Die Kinder. Doch dann plötzlich macht Sachiko etwas, was man für gewöhnlich eher selten in solchen Situationen macht: sie erzählt von persönlichen Problemen!

„Ach", meint sie, immer noch sichtlich nervös, „Shôta, mein Sohn, hatte jetzt die letzten Wochen an vielen verschiedenen Universitäten Aufnahmeprüfungen. Sogar in Hiroshima und Osaka. Aber bei keiner davon wurde er angenommen. Ach, und sie wissen ja, wie teuer das alles ist. Die Prüfungsgebühren, die Fahrt, das Essen und die Unterkunft. Mein Exmann hat ihn auch schon geschimpft, dass er so wenig gelernt hat, aber gut, was soll man machen... Jetzt wird er wahrscheinlich in eine Schule nach Saitama-ken gehen, dieselbe Schule, an der auch schon sein Vater gelernt hat. Also Physiotherapeut. Dabei wollte er doch Ingenieur werden..." Sie seufzt und schüttelt den Kopf. „Aber da ist er selbst schuld. Er hätte wirklich mehr lernen müssen, aber er war ziemlich faul."

So hat es also am Ende gar nichts für Shôta gebracht, dass ich in der Zeit nicht bei ihnen gewohnt habe, denke ich. Er hat ja doch nicht gelernt. Trotzdem ist es gut so, wie es ist, denn sonst hätte ich die Yamamotos nicht kennen gelernt.

„Aber Risa", beginnt Sachiko noch einmal, diesmal jedoch recht munter, „Risa, meine jüngste Tochter, die ist ziemlich ehrgeizig. Letztens war ihre Klassenlehrerin sogar bei uns zu Hause und die beiden haben besprochen, wie sie sich wohl am besten auf eine bessere Schule vorbereiten könnte." Die Yamamotos nicken aufmerksam und auch mir ist das neu. „Risa hat ja noch ein Jahr, und dann kommt sie in die Oberschule. Bis dahin möchte sie noch viel lernen und sich so gut wie möglich vorbereiten, damit sie auf eine bessere Schule gehen kann." Immer wieder wippt sie stolz mit dem Kopf. „Natürlich bedeutet eine höhere Schule auch wieder höhere Kosten, aber Risa ist Gott sei Dank der Liebling meines Exmanns, und der hat ihr auch zugesagt, sie dabei finanziell zu unterstützen."

Risa, denke ich und schmunzle, ja, das passt. Sie ist sehr intelligent und eher etwas still und ernst. Verfolgt ehrgeizig ihr Volleyball, lernt fleißig und möchte sich ein bisschen von ihrer Familie abheben. Sie kann süß und kindlich sein, ist aber sonst eher ein bisschen burschikos und hat fast nur männliche Freunde. Ein leicht pubertierender Trotz unterstreicht das Ganze. Risa eben!

Aber dass sie auf eine bessere Schule möchte, das ist mir neu, denn bis vor kurzem wollte sie auf die Kiryû Kôkô, wegen dem guten Volleyballclub. Als ich Sachiko danach frage, schüttelt die nur den Kopf und meint: „Ja, das wäre mir ja auch lieber gewesen, da die Schule nicht so viel kostet. Aber mit Volleyball kann man eben auch keinen guten Beruf erlernen, und das hat Risa auch schon rausbekommen. Tja, mal sehen, ob sie die Prüfungen überhaupt schafft. Bis dahin ist ja noch Zeit…"

Mit diesen Worten ist dann auch das Abendessen beendet, und nachdem wir meine Sachen in das kleine Auto von Sachiko gehievt haben, bedanke ich mich noch einmal vielmals bei den Yamamotos. Am liebsten möchte ich sie umarmen vor Dankbarkeit, doch ich traue mich nicht. Unsicher wippe ich auf meinen Beinen hin und her und weiß nicht, ob eine Umarmung nun erlaubt wäre oder nicht. Dann jedoch gebe ich mir einen kleinen Ruck und tue es einfach. Sachiko schaut verblüfft, doch für obâsan scheint es in Ordnung zu sein. Wahrscheinlich hat sie dieses seltsame Verhalten des „homo ausländeriensis" schon oftmals auf ihren Reisen im Ausland gesehen.

Die Nacht ist ganz lau, und nun rieche ich auch in den Kiryûer Bergen das erste Sprießen der sagenumwobenen japanischen Kirschblüte. Im Dunkeln fahre ich auf meinem Fahrrad hinter Sachikos Auto her, da dieses nicht mehr in den Kofferraum passte. Morgen ist wieder ein neuer Tag und mit diesem beginnt auch ein neues Schuljahr. Frohen Herzens lausche ich den Grillen, die langsam aus ihrem Winterschlaf erwachen und hier und da schon ein leises Konzert veranstalten.

Japan ist schön, denke ich, als ich müde und froh in mein früheres Bett im Haus der Yoshidas falle.

四

Familie Yoshida

Japans Jugend
und die alleinerziehende Unterschicht

1

Passend zum Beginn des neuen Schuljahres wohne ich also nun wieder bei der Familie Yoshida. Die Temperaturen sind sommerlich geworden und zum lauen Wind des Aprils blühen die Kirschblüten in voller Kraft. Zart rosé neben apfelsinenfarben und dunkelpink. Die Farbpalette der Kirschbäume ist unübertrefflich.

In der Schule finden wie immer an solchen besonderen Tagen erst einmal Begrüßungsreden und Standpauken in der Sporthalle statt. Neun neue Lehrer stellen sich vor, darunter einer der Lehrer, der auch bei der Klassenfahrt nach Tôkyô mit Hagens Schule dabei war. Er wird der neue Klassenlehrer der 2-5 sein, und nach seiner Begrüßungsrede bin ich froh, dass ich in eine andere Klasse eingeteilt wurde.

„Yoroshiku onegai shimasu", sagt er mit tiefer, grimmiger Stimme. Sonst nichts. Wirklich angsteinflössend, das meint auch Manami, die neben mir sitzt und erschrocken das Handtuch vor den Mund hält. Mit ihr zusammen werde ich in die Klasse 2-4 eingeteilt, deren Klassenlehrer Ito-sensei ist. Ausgerechnet Ito-sensei, denke ich und erinnere mich voller Grauen an sein autoritäres Gebrüll im Volleyballtraining.

Karpfen in der Luft zum Frühjahrsfest

Doch als wir zum ersten Mal Klassenlehrerstunde bei ihm haben, stelle ich fest, dass er hier weniger Autorität zu haben scheint. Genau wie Tanaka-sensei muss er um jedes einzelne Wort kämpfen und die Schüler davon abhalten, sich nicht im Unterricht zu unterhalten, zu schminken oder mangas zu lesen. Das geht sogar so weit, dass er das eine oder andere mal das Hilfsmittel der Kreide benutzt. „Ruhe!", brüllt er durch das Klassenzimmer und wirft mit einem Kreide-stückchen nach einem der lautesten Schüler. Da er ihn nicht trifft, erntet er schallendes Gelächter der Schülerinnen.

Dann teilen wir Aufgaben ein, für die jeder Schüler im kommenden Jahr verantwortlich sein wird. Wer steht jeden Morgen bei den Fahrradständern und begleitet die zu-spät-Kommer? Wer schreit das „kiritsu" zum Beginn und zum Ende einer jeden Unterrichtsstunde? Wer sorgt dafür, dass Änderungen im Putzplan vorgenommen werden? Insgesamt sind es 39 mehr oder weniger kleinere Aufgaben. Da wir wieder 41 Schüler sind und ich die letzte Nummer habe, kommt auf mich keine Aufgabe zu.

Während ich wieder auf dem hintersten Platz sitze und die Klasse beobachte, kann ich mir ein fröhliches Grinsen nicht verkneifen. Denn mit der Klasseneinteilung bin ich überglücklich. Von den 41 Schülern sind drei Viertel Mädchen und die meisten davon kenne ich schon und sind mir sympathisch. Nô und Mama sind glücklicherweise nicht unter ihnen, und somit ist der Geräuschpegel der Klasse nur noch laut und nicht mehr ohrenbetäubend schrill.

Doch diese Einteilung ist kein Zufall, denn ab der zweiten Klasse sind die Schüler in zwei Züge eingeteilt. Die Klassen 1 bis 3 gehören dem Japanischzug an, 4 und 5 hingegen dem Mathezug. Da die meisten Schüler Mathe schwieriger finden als den Japanischunterricht, sind die meisten Störenfriede, die nicht lernen wollen nun in den ersten drei Klassen. Das neue Schuljahr kann beginnen, denke ich motiviert und nehme mir von nun an vor, wirklich am Unterrichtsgeschehen teilzunehmen und bei allen Fächern zuzuhören. Denn so langsam ist mein Japanisch auch so weit, dass ich dem Unterricht normal folgen kann. Die sechs Stunden Matheunterricht in der Woche, bei denen ich besonders viel verstehe, verstärken das natürlich umso mehr.

Unser neues Klassenzimmer befindet sich nun im zweiten Stock, so wie es sich für alle Zweitklässler gehört, doch im dritten Stock sind bisher noch keine neuen Erstklässler zu sehen.

„Die sind jetzt in der Sporthalle", antwortet mir Manami, „die haben jetzt erst ihre Einführungsveranstaltung."

Da also die Sporthalle besetzt ist und heute noch kein regulärer Unterricht stattfinden wird, putzen wir wieder die Schule. In den Ferien war zwar das Schulgebäude geschlossen, denke ich mir, doch selbst wenn keinerlei Staub liegt, müssen die Schüler doch beschäftigt werden. So kommt es mir jedenfalls oftmals vor, besonders wenn ich an die vielen sinnlos wirkenden Filme denke, die wir so häufig in den Long Home Room Stunden in der Sporthalle angeschaut haben.
Und nachdem wir mit dem Säubern fertig sind und ewig lange auf den Fluren der Schule herumgestanden haben, kommt noch eine weitere wichtige Beschäftigungsmaßnahme: Gesundheitschecks.
Während wir in den Klassenzimmern warten, laufen einige Lehrer mit zwei Ärzten von Zimmer zu Zimmer. Unsere Größe und unser Gewicht wird gemessen, Urinproben genommen, die Haarfarben kontrolliert und in die Augen geleuchtet. Selbst die Zähne werden kurz begutachtet, was mir wenig sinnvoll erscheint, da ich nicht denke, dass man viel bei einem so kurzen Blick erkennen kann. Doch zumindest ist es so viel, dass einer der Ärzte regelrecht zusammenzuckt, als er meine Zähne sieht. Beunruhigt frage ich ihn, ob etwas nicht in Ordnung sei und er winkt nur fassungslos ab. „Nein, nein, die sind nur so... die sind so gerade!"
Was der wohl schon alles für Steinbrüche gesehen haben muss, denke ich mir belustigt und lasse den nächsten Check, den Fingernagel-Check, über mich ergehen.
Nachdem die Ärzte endlich in allen Klassenzimmern waren, haben wir endlich gegen Mittag aus und ich gehe zu den Volleyballerinnen in die Sporthalle. Die Erstklässler sind schon wieder draußen und wir stellen die Stühle zusammen und putzen noch einmal die Sporthalle. Japaner haben diese Art, viele sinnvolle Dinge so oft zu machen, dass sie schon fast sinnlos werden. Zumindest erscheint mir das ständige Putzen über nicht vorhandenen Dreck nicht sehr effektiv.
Ito-sensei gibt heute nicht das Training und so versammeln wir uns nach dem Putzen und füllen vorgefertigte Listen aus.
„Die brauchen wir, damit uns Ito-sensei besser einteilen kann und unsere Leistung für die kommenden Spiele einschätzen kann", antwortet mir Yuri auf meine Frage, und ich lese mir ganz genau die Blätter durch, die wir ausfüllen müssen. Neben den gängigen Fragen zu Gewicht und Größe stehen da auch Fragen zu unserer Ernährung und Lebensweise. Wie häufig am Tag hast du eine Mahlzeit? Wie viel Reis isst du am Tag? Wie viel Gemüse, Milch, Obst, Fisch oder Fleisch? Alles ist eine extra Spalte wert. Und die Fragen werden noch genauer und intimer. Wie regelmäßig hast

du deine Periode und wie viel Tage dauert sie? Wann war das letzte Mal? Hast du dabei Schmerzen? Sicherlich, denke ich mir, das sind alles Fragen, die wichtig sind für den effektiven Einsatz der Spielerinnen bei einem Wettkampf, aber geht das nicht vielleicht ein bisschen zu weit?! Braucht ein Lehrer wirklich so viele Informationen über seine Schülerinnen? Doch meinen Mitstreiterinnen scheint das offenbar nicht fragwürdig zu sein, denn sie füllen alle brav und kommentarlos die Bögen aus.

Als wir dann endlich mit dem Aufwärmtraining beginnen wollen, ertönt auf einmal vom Sportplatz her laute Musik. Dann Geschrei aus dem Mikrofon und Trillerpfeifen.

„Was ist denn da los?“, frage ich, und schaue neugierig aus der Halle nach Draußen. Von Weitem sehe ich eine Armee von kleinen Schülern, die in Reih und Glied in ihren Sportuniformen auf dem Sportplatz stehen und unseren Sportlehrern zuhorchen.

„Das sind die neuen Erstklässler“, meint wieder Yuri zu mir und versteht mein Erstaunen nicht, „die üben da für irgendeine Vorstellung, die die Schule bei einer Mittelschule präsentieren soll.“ Gleichgültig zuckt sie die Schultern und macht sich wieder zurück ins Innere der Halle, während ich weiterhin gebannt zu den Erstklässlern blicke. Man sieht, dass sie noch jung sind. Gerade mal fünfzehn Jahre sind die meisten von ihnen. Ihre zierlichen, kleinen Körper sehen noch ungewohnt in den neuen Schuluniformen aus.

Dann ertönt wieder eine Trillerpfeife und das Geschrei von Quasimodo, und mit einem Ruck marschiert die Truppe nach links. Eins, zwei, drei. Eins, zwei, drei. Dann bleiben sie stehen, schlagen die Hacken zusammen. Erneut geht ein Ruck durch die Schüler, und sie halten die rechte Hand vor die Brust, um sie dann gerade nach vorne zu strecken. Dann schreien sie laut „Ganbarimasu!“, wir werden durchhalten. Und weiter geht es, Kehrtwende und das Gleiche von vorne, diesmal nach rechts. Bei diesem Anblick wird mir leicht übel. Obwohl das alles nichts mit dem Dritten Reich zu tun hat, sieht es doch stark nach einem Auftritt der Hitler-Jugend aus. Alle in Uniformen, den Hitlergruß machend. Dazu die anfeuernden Schreie der Lehrer: „Durchhalten!“, „Sich anstrengen!“, „Eifrig lernen und gehorsam sein!“. Das alles erscheint mir wie eine schlechte Inszenierung von „Die Welle“ von Morton Rhue.

Ich denke an das undisziplinierte Geschrei in den Unterrichtsstunden und langsam aber sicher verzweifle ich an diesem System. Wie kann Schule nur so paradox sein?!

Mit der Hoffnung auf eine Antwort, stelle ich am Abend genau diese Frage an Haruka, die mit mir und einem Freund zur Kirschblütenschau gehen möchte. Haruka nickt, zuckt jedoch dann nur die Schultern und meint gleichgültig: „Naja, die Schüler wollen halt Spaß und die Lehrer sollen sie eben irgendwie erziehen...“ Irgendwie keine sehr zufriedenstellende Antwort, denke ich, halte mich aber dann mit meinen Fragen zurück. Wahrscheinlich war Haruka in ihrer Schulzeit auch nicht gerade besser.

Es ist früher Abend und wir holen mit dem Auto Hideko ab, der gelassen auf dem Parkplatz eines Conbinis wartet. Wie kaufen etwas kalten Tee und dann geht es weiter zu einem Park, in dessen Mitte ein großes Riesenrad steht. Es ist noch etwas frisch, doch die Kirschblüten, die sakura, stehen schon in voller Blüte, und wir setzen uns zu den anderen Familien, Paaren und Grüppchen auf den grünen Wiesenhang, der mitten in einer Blütenpracht liegt. Von hier aus kann man gut das bunte Treiben der Essensstände, Spielbuden und Karussells beobachten, das sich am Fuß des Hügels abspielt. Überall sitzen Familien beim Picknick, essen Kinder rosa Zuckerwatte und halten Verliebte schüchtern die Händchen, während sie den Blüten beim Wippen in den Ästen zuschauen. Es ist das typische Treiben des hanamis, der Blütenschau. Im schwächer werdenden Abendlicht beginnen die roten Lichter der Stände, der bunten Lampions und der vielen kleinen Lampen am Riesenrad zu leuchten.

Sakura, die berühmten japanischen Kirschblüten erblühen im April

Ein Takoyaki-Stand in einem hanami

„Ich hole uns mal takoyaki", meint der etwas stille Hideko und läuft mit seinem Geldbeutel in der Hand in Richtung Stände. Man könnte sich daran gewöhnen, dass die Männer hier meist alles bezahlen und für das Essen sorgen. Zumindest außerhalb des Hauses und solange man nicht verheiratet ist. Ich necke Haruka ein bisschen und frage sie, ob Hideko einfach nur ein Freund oder ihr Freund sei und sie schüttelt panisch den Kopf.

„Neeein, du weißt doch, ich mag Frauen viel lieber", sie lacht lauthals und irgendwie kann ich ihr das nicht so ganz glauben, da sie die Sache immer so ins Lächerliche führt.

Dann kommt aber auch schon Hideko wieder zu uns und hält zwei Schalen mit Tintenfischbällchen in der Hand. Gehackte Oktopusarm-Stückchen in runden Teigtaschen, die mit einer dunklen Bratensauce, Majonäse und gehacktem, getrocknetem Seetang garniert sind. Das Tintenfisch-Stückchen im Inneren der Teigtasche schmeckt zwar etwas zäh, aber ansonsten könnte man sich an den Geschmack gewöhnen.

Plötzlich lacht Hideko lauthals auf und verstummt gleich darauf wieder. Keiner von uns hatte zuvor etwas gesagt. Habe ich etwas Falsches gemacht, frage ich mich erschrocken, oder hat jemand einen Witz gemacht und ich habe ihn nicht verstanden? Verwirrt schaue ich Hideko an. Der grinst breit und meint dann: „In Japan lacht man immer laut auf, wenn man

etwas isst, was man in diesem Jahr noch nicht gegessen hat. Und das ist nun gerade mein erstes takoyaki in diesem Jahr.“ Das ist ja mal ein lustiger Brauch, sage ich, da müsste ich ja vor lauter Lachen dauernd auf dem Boden herumkugeln bei all dem Neuen, was ich hier in Japan schon gegessen habe.
„Übrigens“, unterbricht da Haruka aufgeregt das Thema und wendet sich zu Hideko, „du weißt ja noch gar nicht, dass Shôta nun nicht mehr bei uns wohnt.“
„Ja, wirklich? Warum, wo ist er denn jetzt?“ Hideko kaut an seinem Tintenfischbällchen herum und schaut etwas abwesend in die yukata tragende Menge. „In Saitama-ken, er muss jetzt das gleiche studieren wie otôsan. Der Trottel hat ja nicht genug auf seine Prüfungen gelernt. Selbst schuld…“, sie zuckt die Schultern und meint dann aber sehr erleichtert: „Jedenfalls bin ich echt froh, dass jetzt diese andauernden Erdbeben aufhören. Das hat echt manchmal genervt…“ Haruka scheint nicht bewusst zu sein, dass ich mittlerweile alles verstehe, was sie sagen und so schaut sie mich ganz erschrocken an, als ich plötzlich lauthals anfange zu lachen.
„Was…? Aber… weißt du, was ich meine?“, fragt sie mich verwirrt und ich nicke nur und lache weiter. Dann lachen wir zusammen und lästern über die nächtlichen Aktivitäten unseres Bruders ab.
„Maaann, ich konnte so oft nicht einschlafen. Die waren manchmal echt wie Tiere… Das war so eklig!!!“
„Was soll ich da sagen, mein Bett steht ja praktisch genau neben seinem und nur dieses dünne Handtuch hängt dazwischen!“ Wir prusten vor Lachen und kringeln uns auf der grünen Wiese. Hideko hört uns nur still zu und denkt sich wohl seinen Teil.
Als die Sonne dann ganz untergegangen ist, steigen wir in eine Gondel des Riesenrades und lassen uns damit langsam nach oben fahren. Wunderschön. Die rosa-weißlichen Kirschblüten werden hell von den Lichtern der Stände erleuchtet, es sieht aus, als lägen große, weiße Schneewolken über den Bäumen, die luftig im Frühlingswind schaukeln. Von kleinen Bands ertönt hier und da Volksmusik und die Stimmung der Dahinschlendernden scheint sehr friedlich.
Hanami ist schön. Hanami ist nichts Stressiges, nichts Hektisches, nichts Schrilles, wie sonst so vieles in Japan. Hanami ist einfach das Dasein und das Genießen mit der Familie und Freunden.

2

Die blühenden sakura und der laue Frühlingswind scheint offenbar nicht nur die Pärchen im Park zu animieren, es scheinen wohl auch andere Mitbürger ihre Frühlingsgefühle ausleben zu wollen.

Früh am Morgen, kurz vor sieben, bin ich schon mit dem Fahrrad unterwegs auf meinem neuen und doch schon bekannten Schulweg, den ich täglich von den Yoshidas aus fahre. In der lauen Morgenluft weht der Rock meiner Schuluniform, der Gegenwind bauscht meine Bluse leicht auf, was die Haut angenehm abkühlt. Langsam wache ich aus meiner Morgenmüdigkeit auf. Plötzlich merke ich, wie direkt hinter mir ein Auto fährt und ich fahre weiter an den Straßenrand, um ihm Platz zu machen. Doch das Auto fährt weiter langsam hinter mir her. Ich drehe mich um und sehe einen Mann mit Sonnenbrille am Steuer sitzen. Was soll das, frage ich mich, doch da fährt das Auto schon auf meine Höhe und ich traue meinen Augen nicht. Da hockt ein kleiner, ekliger Japaner, der mich anglotzt und dabei ein kleines Kunststückchen an seiner offenen Hose vorführt!!!

Geschockt schaue ich wieder nach vorne auf die Straße und versuche den Typen zu ignorieren. Diese perversen Japaner, denke ich aufgebracht, so etwas Widerliches ist mir noch nie passiert. Alles passiert innerhalb von wenigen Sekunden, und dann fährt der kleine, eklige Mann auch schon an mir vorbei und biegt hinter der nächsten Ecke ab.

Benommen und schockiert radle ich weiter auf meinem Drahtesel, in meinem Kopf wird jedoch immer und immer wieder dieser erschreckende Anblick abgebildet. Irgendwie ist es aber auch beeindruckend, dass er dabei noch Auto fahren kann, denke ich mir und versuche das ganze ins Lächerliche zu ziehen. Da gehört sicherlich viel Übung dazu...

Als ich später dann in der Schule mit Manami, Namiko, Emi und Yuma-chan in der Mittagspause zusammensitze, beginne ich ihnen langsam von diesem Ereignis zu erzählen. Bei Japanern muss man manchmal vorsichtig sein, was und wie man etwas erzählt und ich möchte nicht, dass die Mädchen meine Erzählung falsch verstehen.

Ich kenne die vier Mädchen schon aus meiner alten Klasse und mittlerweile hat sich sogar eine richtige kleine Clique daraus gebildet, soweit das eben zwischen Japanern und Ausländern möglich ist. In den Mittagspausen essen wir immer gemeinsam und stellen dabei unsere Tische zusammen. In japanischen Klassen werden die Pausen meist dazu verwendet, über die Schule und vor allem über das Essen zu sprechen, Kartenspiele zu spielen, mangas zu lesen, zusammen witzige Zeichnungen voneinander zu erstellen, Briefchen an die Freundin zu schreiben, purikura auszutauschen, mit dem Handy zu spielen, sich zu schminken oder auch einfach, um zu schlafen. Das heben sich die meisten jedoch für den Unterricht auf.

Obwohl die vier Mädchen alle eher etwas zurückhaltend und ruhig sind, ist meine Clique besonders scharf auf sogenannte batsu games. Batsu games sind Bestrafungsspiele, bei denen es einfach nur darum geht, dass es einen Gewinner und einen Verlierer gibt. Die Belohnung des Gewinners ist es, die Bestrafung des Verlierers zu sehen. Diese Art der Bestrafungsspiele findet großen Anklang in der japanischen Bevölkerung in den sogenannten owarai, den japanischen Comedy-Shows im Fernsehen. Die einfachste Form dabei ist wohl das Schere-Stein-Papier-Spiel, bei dem der Gewinner dem Verlierer eine Ohrfeige geben darf. Die Bandbreite ist jedoch sehr groß und geht bis hin zu Skydiving, Wrestling mit sumo-Ringern, dem Essen sehr ekelerregender Dinge oder kaum zu schaffenden Geschicklichkeitsparcours. Das Schlimmste, was ich je in einer solchen Show gesehen habe, waren zwei Pärchen, bei denen die Frauen offensichtlich etwas ungebildet waren. Ihnen wurden verschiedene Wissensfragen gestellt. Die Männer hingegen hatten Metallhaken in beiden Nasenlöchern, die an Schnüren befestigt waren und bei jeder falschen Antwort, die die Frauen gaben, wurde über eine Spule eine Flasche Wasser an das andere Ende der Schnüre gehängt. So wurden die Nasenlöcher der Männer weiter und weiter nach oben gezogen. Sadismus oder Masochismus pur – wie man möchte.

Unsere Nasenlöcher sollen allerdings heil bleiben und so spielen wir die batsu games nur in einer abgeschwächten Version. Meist sind die Bestrafungen, sich den Rock einmal höher zu wickeln, das eigene Handtüchlein über den Boden zu wischen, wasabi[87] pur zu essen oder andere Kleinigkeiten. Auch das Ablesen deutscher Wörter aus meinem Wörterbuch ist für die Mädchen eine besondere Bestrafung, die nicht böswilliger sein könnte. Naja, wie man´s nimmt...

Heute erzähle ich ihnen jedoch von dem Perversen im Auto und die Mädchen schauen sich nur vielsagend an und halten ihre Handtücher vor die Münder.

„Etchi", meint Manami nur, was soviel heißt wie pervers oder Perverser, und schaut dann ganz betroffen zu Boden. Dann wird das Thema einfach

87 Wasabi = jap. grüner Meerrettich, der sehr scharf ist und meist als Paste mit *sushi* oder anderen Mahlzeiten verzehrt wird

ignoriert und Namiko fragt in die Runde, ob jemand schon den neuen Kinofilm kokkuri-san gesehen hätten. Typisch Japaner, denke ich, alles Unangenehme wird überhört oder übersehen.
„Hilfe, der soll doch so schlimm sein!" Emi lacht nervös und meint dann, dass ihr das zu viel Horror sei. Also ein neues Thema, denke ich und seufze. Ein bisschen mehr Bedauern hätte ich mir von den Mädchen ja schon erwünscht.
„Was ist denn kokkuri-san?", frage ich dann jedoch Emi.
„Kokkuri, das ist das sogenannte verbotene Spiel. Dabei schreibt man alle hiragana, die Zahlen von 0 bis 9 sowie die Worte ‚ja' und ‚nein' auf ein großes Blatt. Dann legt man eine Münze auf das Blatt und jeder muss einen Zeigefinder auf die Münze setzten. Es müssen mindestens drei Spieler sein", erklärt sie mir.
„Ja, dieses Spiel soll ganz schrecklich sein!", meint Yuma-chan und hält sich ängstlich an ihrem Handtuch fest, „damit soll man den Geist kokkuri-san hervorrufen, der einem dann Fragen beantwortet. Aber dieser Geist ist eigentlich böse und verflucht die Menschen."
So etwas wie Gläserrücken in Deutschland also, denke ich und frage natürlich gleich, ob wir es spielen können: „Wir sind mehr als drei Leute, also können wir es doch mal ausprobieren, oder?"
„Ist das dein Ernst?!", fragt Manami aufgeregt und schaut mich erschrocken an. Doch neben ihrem abergläubischen Entsetzten sehe ich auch eine heimliche Neugierde. Sie schaut fragend die anderen an und nickt dann: „Mhm... man könnte es ja mal versuchen."
„Meinst du wirklich?", fragt Emi skeptisch, holt aber dann ein Blatt weißes Papier heraus und schreibt die Zeichen darauf. Dann nehmen wir eine 100 Yen-Münze, legen sie auf das Papier und setzen unsere Finger darauf.
„Kokkuri-san, kokkuri-san, oide kudasai[88]!", rufen wir und wollen den Geist des kokkuri damit herbeirufen. Wir müssen es eigentlich drei Mal wiederholen, doch beim dritten Mal zieht Manami schnell die Hand vom Papier weg und grinst nervös in die Runde.
„Hilfe, das können wir doch nicht machen. Ich hab' Angst!"
Dann ist das Abenteuer auch schon vorbei und den Rest der Pause erregen sich die Mädchen darüber, wie aufregend und angsteinflössend das doch alles war. Mir steht das Schmunzeln im Gesicht geschrieben, und ich finde das Verhalten der Japanerinnen sehr kindisch und doch auch sehr unterhaltsam. Dann klingelt es auch schon zur nächsten Stunde und wir haben wieder einmal Haushaltslehre.

88 Kokkuri-san, kokkuri-san, oide kudasai! = Kokkuri, kokkuri, komm bitte her!

„Heute stellen wir Babynahrung her", kündigt unsere Lehrerin an, als sie ins Klassenzimmer kommt und verteilt kleine Tütchen mit Pulver. „Vielleicht habt ihr das schon mal bei euren kleineren Geschwistern oder Cousins und Cousinen gesehen. Wenn nicht, ist es auch nicht schlimm, denn das kommt garantiert noch auf euch zu", meint sie und ruft dann mit aufgebrachter Stimme zu den Jungen, die mal wieder laut sind: „Auch die Herren, habt ihr verstanden! Ihr werdet auch mal das Fläschchen für eure Kinder zubereiten müssen!"

Grummelnd ziehen sich die Jungen auf ihre Plätze zurück und füllen warmes Wasser und Pulver in kleine Fläschchen. Dann sollen wir das Zeug auch noch probieren und bei dem Geschmack des fahlen Breis kann ich mir plötzlich denken, warum Kleinkinder immer so viel schreien. Das schmeckt ja schrecklich!

„So, nachdem ihr nun alle das Fläschchen vorbereitet habt, müssen wir jetzt auch lernen, wie man so ein Baby füttert und es dabei in den Armen hält. Deshalb habe ich euch etwas ganz Tolles mitgebracht!" Sie zwinkert gewitzt und holt eine Puppe in Lebensgröße hervor. Sie wird durch die Reihen gegeben, und als ich sie in der Hand halte, bin ich überrascht, dass sie in etwa so schwer ist, wie ein normales Baby, und selbst die Plastikhaut etwas weicher ist, so dass sie fast echter Haut ähnelt.

Während die Mädchen ganz genau aufpassen, witzeln die Jungen herum und schmeißen sich die Puppe in die Arme.

„Hört ihr jetzt sofort auf!", schreit da schon wieder die Lehrerin und als Strafe muss der Lauteste von ihnen sich einen Schwangerschaftsbauch um den Körper schnallen. Dieser ist aus Plastik und ist in etwa so schwer, wie das Gewicht, das eine Schwangere im siebten Monat mit sich herum schleppen muss. Dazu bekommt er eine Schürze umgewickelt.

Aus jeder Ecke des Klassenzimmers prustet es, als unser Klassenclown mit ein paar weibischen Bewegungen durch die Tischreihen stolziert. Es ist ein Riesenspaß und wir können uns vor Lachen kaum noch halten. Irgendwie ist das Erziehungskonzept in japanischen Schulen doch etwas ganzheitlicher, nur ob es in dem Alter wirklich so notwenig ist, zu erfahren, wie sich der Bauch einer Schwangeren anfühlt, das bezweifle ich. Es ist auf jeden Fall mal etwas ganz anderes als das, was ich so aus meiner Schule in Deutschland gewohnt bin.

So geht die erste Woche in diesem neuen Schuljahr weiter und im Volleyball lerne ich nach und nach die neuen Erstklässlerinnen kennen. Noch sind die meisten von ihnen sehr schüchtern und wirken extrem jung. Auch wissen sie nicht wirklich, wie sie mich behandeln sollen.

Obwohl sie mittlerweile wissen, dass ich keine Lehrerin bin und ich ihnen gesagt habe, dass sie mich wie eine von ihnen behandeln können, wirken sie verunsichert.

„So geht das aber nicht, Mona-san", meint ein etwas größeres und mutigeres Mädchen mit Jungengesicht zu mir, „Sie sind eine Zweitklässlerin, deswegen können wir sie nicht so behandeln wie wir uns untereinander behandeln. Sie sind eine senpai und wir sind nur Erstklässler."

Aha, denke ich und verstehe langsam. Der demonstrative Gehorsam und die sklavenartige Unterwürfigkeit werden hier von Generation zu Generation weitergegeben. Oberhaupt ist Ito-sensei, da er der Lehrer und Trainer ist. Dann kommt unser Captain Fumiko-senpai, dann kommen alle Drittklässlerinnen, dann die Zweitklässlerinnen und am untersten Ende der Nahrungskette kommen die Erstklässlerinnen. Als Zweitklässlerin muss ich also absoluten Gehorsam und untergebenste Höflichkeit gegenüber meinen senpais und dem Lehrer zeigen. Gegenüber den Erstklässlern kann ich mich jedoch benehmen wie die Axt im Walde. So machen es zumindest einige der Zweitklässlerinnen, die es nun genießen seit dem neuen Schuljahr endlich eine Hierarchiestufe weiter oben zu stehen. Wahrscheinlich wurden auch sie als Erstklässlerinnen getriezt und ausgenutzt. Aber das ist nur die Meinung einer Ausländerin, die die japanische Mentalität dahinter nicht zu verstehen scheint. Denn die neuen Erstklässlerinnen scheinen sehr zufrieden damit zu sein, die Getränkeflaschen der senpais neu aufzufüllen, ihnen die Trainingsmatten hinzulegen, die Netze aufzuspannen und die Jacken der senpais ordentlich zusammenzulegen. Für sie scheint es der geregelte Dienst zu sein, durch den jeder gehen muss, wenn er es zu etwas bringen möchte. Sie massieren die Waden der älteren Spielerinnen und bitten sie mit einem „onegai shimasu!" sogar noch darum.

Mich können die Erstklässlerinnen jedoch nicht wirklich einschätzen. Denn einerseits bin ich schon 17 Jahre, also so alt wie eine Drittklässlerin. Andererseits bin ich in der zweiten Klasse eingestuft und somit sind die Drittklässlerinnen trotz des gleichen Alters meine Vorgesetzten und ich muss sie höflicher behandeln. Meine Fähigkeiten im Volleyball hingegen sind noch lange nicht so gut, dass ich wirklich ein Vorbild für die Erstklässlerinnen sein könnte, daher wäre ich also doch kein richtiger senpai für sie. Diese japanischen Hierarchieregeln sind wirklich sehr kompliziert, denke ich nun vollständig verwirrt und frage Fumiko-senpai, was ich denn nun eigentlich wäre. Auch sie überlegt lange und tritt dabei von einem Fuß auf den anderen. Wahrscheinlich mögen Japaner deswegen

keine Menschen, die aus der Reihe tanzen, da sie sich nicht einfach in das gewohnte System eingliedern lassen und die meisten damit nicht umgehen können. Nach einer kleinen Ewigkeit des Überlegens meint Fumiko-senpai dann schließlich, dass ich ja offiziell Zweitklässlerin sei und das somit auch so Gültigkeit habe. Unabhängig von meinem Alter und unabhängig von meinen Volleyball-Kenntnissen.
Auch gut, denke ich, so weiß ich wenigstens, woran ich bin. Denn das ist essenziell, da ich nur so weiß, mit wem ich wie umgehen und sprechen muss. Denn leider kann man in der japanischen Sprache nicht um das „Sie" herumreden, stattdessen wird in jedem Verb ersichtlich, ob man jemanden siezt oder duzt. Und einen Satz ohne Verb zu gestalten, ist schwer...
Dass meine Einteilung als Zweitklässlerin allerdings auch Nachteile hat, das erfahre ich spätestens am Wochenende, als ich den Volleyballclub zum ersten Mal bei einem Übungsspiel sehe. Denn während unter der Woche morgens und abends Training und Ausdauerübungen auf der Tagesordnung stehen, finden an den Wochenenden von morgens bis abends Übungsspiele mit anderen Schulen statt. Manchmal finden diese sogenannten shiai in unserer Schule statt, oftmals fährt die Truppe jedoch auch mit dem Bus zu anderen Schulen in anderen Orten. Zu diesen darf ich allerdings nicht mit und das hat genau drei Gründe: Erstens, ich spiele nicht so gut, dass ich wirklich im Team spielen könnte und es macht auch wenig Sinn, mich wirklich zu integrieren, da ich nicht so lange an der Schule sein werde. Zweitens, bin ich keine Erstklässlerin mehr und somit stehe ich auch nicht mehr auf der untersten Hierarchieebene, darf also auch nicht einfach bei den Vorbereitungen helfen oder den Spielerinnen nach dem Spiel den Schweiß abwischen. Das ist und bleibt die Aufgabe der Erstklässler. Und drittens, das kann man nicht verleugnen, bin ich einfach keine von ihnen und Teams aus anderen Schulen würden sich wundern, warum ich überhaupt dabei bin. Blond, ausländisch, anders. So einfach ist das.
Während der Übungsspiele treten dann die Giganten gegeneinander an. In ihren hellblauen Volleyballuniformen stellen sich die Spielerinnen vor unserem Lehrer auf, der gibt Befehle und sagt ihnen, dass sie sich anstrengen sollen. Ein lautes „hai!" ertönt und dann rennen die Mädchen auf das Spielfeld. Sie bilden einen Kreis, legen die Arme über die Schultern der anderen und Fumiko-senpai schreit mit lauter Stimme: „Kiryû Kooookooo!!!" und dann ertönt ein noch lauteres „Yosh!!!" der anderen Spielerinnen. Dann beginnt das Blutbad auf dem Volleyballfeld.

Die Erstklässlerinnen, die nicht spielen, fangen die Bälle auf, bereiten das Wasser vor und zählen die Bälle. Jeder hat seine Aufgabe. Nur ich nicht. Ich möchte helfen, darf aber nicht.
„Aber was soll ich denn sonst machen? Ich kann ja auch nicht wirklich bei den senpai im Match mitspielen," meine ich während eines solchen Übungsspiels zu einer der Erstklässlerinnen. Die überlegt schwerfällig.
„Ja, das stimmt, aber naja...", meint sie und fügt dann schüchtern hinzu: „Aber vielleicht können Sie ja wieder mit der Wand spielen? Auf der anderen Hallenseite, damit der Ball nicht ins Spiel fällt?"
Also spiele ich wieder mit der Wand. So langsam nervt das, aber ich gebe mich gehorsam und lernbereit.
Nachdem der ganze Vormittag mit den Übungsspielen ausgefüllt ist, ist dann erst einmal Pause. Das Nachmittagstraining verläuft regulär, und dabei fällt mir auf, dass Ito-sensei hier immer die besten Spielerinnen herausruft und mit ihnen dann bis zum Erbrechen eine bestimmte Technik übt. Die Einstellung scheint hier anders als in Deutschland zu sein. Die Schülerinnen bedanken sich, wenn sie von ihm rausgerufen werden und geben ihr Bestes, um ihm zu zeigen, dass sie es wert sind, seine Aufmerksamkeit zu bekommen. Schlechtere Schülerinnen hingegen werden überhaupt nicht beachtet. Hier gilt eines: Nur die Besten werden gefördert, alle anderen müssen selbst schauen, wo sie sich Tipps holen. Das ist vielleicht nicht so sozial, wie das, was man in Deutschen Sportvereinen oft sieht, doch es ist erfolgreicher. Denn es bildet erstklassige Spielerinnen aus, die sich für nichts zu schade sind!

3

Das nächste Wochenende sollte eines der vielen werden, an dem das Training für mich ausfallen würde, da das Team an einer anderen Schule spielt. Da ich aber auch noch etwas von Japan sehen will außer der Sporthalle, finde ich das gar nicht so schlecht.

Und genau das tue ich, als Lucy-sensei und ihre Familie mich und auch Hagen und Steffi zu einem Ausflug nach Nikkô einlädt.

Ich hatte Lucy-sensei, die philippinische Musiklehrerin von Hagen, schon sehr lange nicht mehr gesehen. Genau genommen seit dem Weihnachtskonzert im Dezember, und in all der Zeit ist so viel geschehen.

Früh am Morgen werde ich von ihrem monströsen Siebensitzer vor dem Haus der Yoshidas abgeholt und ich schwinge mich gut gelaunt in den Wagen. Die Morgensonne kündigt einen wunderschönen Tag an, es ist Wochenende und auch Hagen und Steffi sitzen schon im Bauch des Wagens.

„Mona-chan“, ruft Lucy-sensei in ihrer fidelen und sehr freundlichen Art aus, „ich hab dich ja schon soooo lange nicht mehr gesehen, ich freu’ mich so! Wie ist es dir in der Zeit ergangen? Geht es dir gut?“ Diese Frau ist einfach unglaublich nett, denke ich mir und beginne frohen Mutes meine Erlebnisse der letzten Zeit zu berichten.

Auch Hagen und Steffi haben einiges zu erzählen und so vergeht die etwa zweieinhalbstündige Fahrt in Richtung Nikkô, das in der Präfektur Tochigi liegt, sehr schnell.

Lucy-sensei lacht sehr viel und ihre Stimme ist dabei immer ein wenig heiser. Mit ihrer zierlichen Gestalt und ihren kurzen, rotbraun gefärbten Haaren sieht sie eigentlich aus wie eine Japanerin. Nur die etwas gebräunte Haut und ihre sehr offene, überaus herzliche Art lassen erraten, dass sie Philippinin ist. Ihre 13-jährige Tochter Kanae-chan sitzt mit uns hinten im Wagen und spielt die ganze Zeit über Gameboy. Sie ist etwas still, hat unglaublich lange, schwarze Haare, die sie immer zu einem Zopf zusammen geflochten hat und ist vernarrt in Games und Konsolenspiele.

Der stetig grinsende Vater mit seinen graumelierten, kurzen Haaren ist der einzige gebürtige Japaner unter uns und lässt die Großzügigkeit seiner Frau liebevoll gewähren. Ruhig sitzt er am Lenkrad und lässt nur das ein oder andere Mal einen gelassenen Kommentar fallen. Seine Kommentare sind dabei jedoch stets bedacht und klug.

Trippelnde maikas, kämpfende ninjas, Waren anpreisende Bauern...

„Nikkô wird euch gefallen, es ist so was typisch Japanisches mit vielen Schreinen und Statuen und so...“, erzählt uns Lucy-sensei, „mein Geschmack ist es ja eigentlich nicht so, aber vielleicht liegt das daran, dass wir schon so oft da waren... nicht war, mein Schatz?“ Neckisch stupst sie ihren Mann an, der nur lächelnd weiter auf die Landstraße schaut. „Deshalb dachten wir, gehen wir am Vormittag auch erst einmal in das Edo Wonderland, das liegt gleich in der Nähe des UNESCO Weltkulturerbes mit den Schreinen und so. Das besuchen wir dann nach dem Mittagessen. Einverstanden?“ Wie kann man bei so einer spannenden Tagesplanung nicht einverstanden sein?
Irgendwann kommen wir in Nikkô, der Sonnenschein-Stadt, an und der Name enttäuscht uns nicht. Es ist ein strahlender Tag. Auf einer relativ unscheinbaren Platte an einem großen, hölzernen Tor steht in roter, verschnörkelter Schrift geschrieben: Nikkô Edo Wonderland. Wir sind da!
Das Edo Wonderland ist ein Freizeitpark im Stil eines nachgebauten Edos des alten Tôkyôs. Neben kleinen Buden und Läden, in denen ninja-Kostüme, samurai-Schwerter, yukata, geisha-Perücken und vieles weitere verkauft wird, ist das Dorf an sich ein einziges Kunstwerk. Eine Reise in eine vergangene Zeit. Geishas mit weiß angemalten Gesichtern und blutroten Lippen schweben wie Schmetterlinge auf ihren hohen geta, den hölzernen Sandalen, den Weg entlang. Sie senken den Blick und verneigen

sich hingebungsvoll. Samurai in lockeren hakama[89] und haori[90], im Gürtel ein Schwert spazieren führend, schauen uns ehrwürdig und streng an. Eine kleine maiko trippelt vorsichtig auf ihren okobo, den hölzernen Plateauschuhen der geisha-Lehrlinge, neben einem Bewunderer her. Durch die hohen Schuhe kann sie dem Glatzkopf leicht über das Haupt schauen.

Auf einem Spielplatz sehen wir kleine Kinder in ninja-Kostümen sich an dicken Hanfkordeln abseilen und Mütter in yukatas unterhalten sich am Wegesrand, während ihr Blick wachsam über den Kleinen liegt.

Über der roten Holzbrücke, die einer berühmten Brücke in Kyôto nachgebaut ist, fallen die Kirschblüten der Bäume in das kleine Flüsschen, das sich durch das Dorf zieht.

Wir spielen ein Spiel mit einer hölzernen Kugel in einem großen, roten Kreisel, die ein Loch in der Mitte des Kreisels treffen muss, während dieser auf seinem Standbein dreht. Anscheinend ein altes Kinderspiel aus der Edo-Zeit.

In einem großen Theater sehen wir eine atemberaubende Show, die den Kampf zwischen den ehrwürdigen samurai und den Schatten der Nacht, den ninja, darstellt. Die Schauspieler sind richtige Stuntmen und springen

89 hakama = Hosenrock mit weit geschnittenen Beinen
90 haori = hüftlange, lockere Oberbekleidung in Form eines Jacketts

... und jede Menge Souvenirs - Eindrücke aus Edo Wonderland

aus drei Metern Höhe, seilen sich in Windeseile von Häuserdächern ab und machen einen Salto nach dem anderen. Dazu eine treibende Musik und Klingengeräusche beim Kampf gegen die katana, die Schwerter der Samurai.

Es ist wirklich ein lohnenswerter Besucht und als Lucy-sensei bemerkt, dass es uns gefällt, erzählt sie uns von einem ähnlichen Freizeitpark in Gunma-ken, dem sogenannten doitsu mura, dem deutschen Dorf.

„Das ist ein künstlich errichtetes Dorf nach deutschem Mittelalterstil mit einer echten Kirche, einer Stadtmauer und einem Streichelzoo. Dort verkaufen sie sogar echtes, deutsches Brot..."

„Echtes Brot?!", unterbrechen wir sie im Kanon und uns läuft das Wasser im Mund zusammen. Nicht dieses süße, weiche Weißbrot, das es hier immer zu kaufen gibt, sondern echtes, festes Vollkornbrot.

„Ja", meint Roesemarie-sensei, die sich über unsere Reaktion wundert, „so hartes Brot. Ich finde aber, das schmeckt total eklig. Das ist so salzig!"

„Also echtes Brot", lacht Hagen und wir beschließen, einmal mit dem Fahrrad dorthin zu fahren.

„Mit dem Fahrrad?! Seit ihr wahnsinnig?", lacht Lucy-sensei, „das ist ewig weit weg!"

Doch auf der Karte sind es nur etwa 17,8 Kilometer einfach und so werden Hagen, Steffi und ich an einem sehr sonnigen, sehr heißen Sonntagmittag mit dem Fahrrad dorthin fahren. 17,8 Kilometer den Berg hinauf und 17,8 Kilometer den Berg wieder hinunter. Danach werden wir alle von der Sonne verbrannt und krebsrot sein.

Jetzt sind wir allerdings noch in Nikkô und nachdem wir uns noch einige weitere Shows sowie Tanz- und Gesangseinlagen angesehene haben, fahren wir weiter zu den Tempelanlagen.

Als wir an einem großen Parkplatz ankommen, brennt die Sonne feurig auf uns nieder und die hohen, dichten japanischen Zedern spenden uns nur geringfügig Schatten. Wir laufen den Weg entlang, am Touristeninformationszentrum vorbei und kommen schließlich an eine lange, schmale, blutrot angestrichene Brücke. Es ist die heilige Shinyô-Brücke, die das Flüsschen Daiya überspannt, das sich darunter schlängelt.

„Das ist eigentlich nur eine Rekonstruktion von 1907, da das Original von einer Flut weggeschwemmt wurde. Der Legende nach wurde der buddhistische Priester Shôdô Shônin auf den Rücken zweier Schlangen über den Fluss gebracht. Naja, eine Legende eben...", erzählt uns Lucy-sensei.

Das Ebenbild dieses Priesters sehen wir auch in Form einer großen, bronzenen Statue, die auf dem anderen Ufer auf dem Tempelplatz des Rinnô-ji steht. Das Weltkulturerbe, das 1999 als solches von der UNESCO ernannt wurde, hat seine Ursprünge im 8. Jahrhundert. Damals wurde der große, buddhistische Tempel von der Tendai-Sekte durch den Priester Shôdô Shônin gegründet.

„Im Sanbutsudo stehen die berühmten drei goldenen Buddhas und auch das Bild der 1.000-armigen Kannon-Gottheit. Und in der Schatzhalle befindet sich eine große Sammlung von allen möglichen Tempelschätzen, aber das ist nicht in unserem Ticket enthalten", meint Lucy-sensei und so umrunden wir nur angetan den 13 Meter hohen Bronzepfeiler Sorintô, der ein Symbol für den Weltfrieden sein soll.

„Darin sollen angeblich 10.000 buddhistische Schriften eingeschlossen sein, ist das nicht beeindruckend?", höre ich den Vater zu Kanae-chan sagen, die nur gelangweilt einen Stein nach dem anderen auf dem kiesigen Boden herumkickt.

Durch eine Allee gehen wir den Hügel zum großen steinernen Eingangstor des Tôshôgû hinauf. Das Mittagslicht dringt sanft durch die dichten Zedernzweige.

„Früher durften hier nur die samurai, die Fürsten und die shôgune, die militärischen Herzoge aus der Feudalzeit, entlang. Dem Volk war der Weg verschlossen", erzählt der Vater weiter, und ich stelle mir vor, wie die samurai in ihren schweren Rüstungen auf ihren Pferden unter den Zedern entlang ritten und wie sie am Schrein-Eingang das Pferd den Knechten übergeben haben.

Direkt hinter dem steinernen Tor erstreckt sich links von uns eine fünfstöckige, hölzerne Pagode, deren Rot und Gold in der Sonne glitzert. Wie fast alles im Inneren des Tôshôgû ist es ein wichtiges kulturelles Erbe.

Ein weiteres Tor, an dem teuflisch aussehende, rote Deva-Gottheiten die Besucher abschrecken, führt uns in einen weiten Innenhof.

„Das ist eigentlich das Interessanteste hier", findet Kanae-chan und führt uns zu einem schlicht aussehenden Holzhaus auf der Mitte des Platzes. „Heiliger Pferdestall, wichtiges kulturelles Eigentum", steht da.

Aha, denke ich, ist doch selbstverständlich, dass Pferdeställe die heilige Attraktion sind. In Indien werden ja auch Kühe als heilig erklärt, warum also nicht auch Pferde. Doch dann zeigt Kanae-chan auf die bunt bemalte Schnitzung, die den Stall verziert und wir sehen drei braune Affen mit weißen Gesichtern und Bäuchen. Der erste Affe hält sich die Ohren zu, der zweite den Mund und der dritte die Augen.

Antike Sake-Fässer im UNESCO Weltkulturerbe Nikkô

„Das sind die drei Allegorien des Lebens“, meint Lucy-sensei etwas spöttisch, „mizaru, kizaru und iwazaru, man soll nichts Böses sagen, hören und sehen. Das sind die japanischen Tugenden.“

Steffi, Hagen und ich schauen uns fragend an. „Warum sollen das denn Tugenden sein?“, frage ich Lucy-senseis Mann, da er ja neben seiner Tochter der einzige gebürtige Japaner unter uns ist. Doch er schüttelt nur den Kopf und meint mit einem Wink zu seiner Frau: „Das könnt ihr nicht verstehen. Das ist nun einmal so bei uns. Das ist etwas Japanisches.“

Verwundert folge ich den anderen durch ein weiteres Tor, doch da stehen wir schon vor einem der Hauptgebäude der Anlage, dem Yomeimon, dem Sonnenlichttor. Bei diesem gigantischen Anblick vergesse ich augenblicklich meine Fragen über die japanischen Tugenden.

Das Sonnenlicht bricht sich an dem großen Tor und lässt seine unendlichen Verzierungen in prächtigem Gold erstrahlen. Überladen mit symbolträchtigen Ausschmückungen und Schnitzereien, zeigt es Dämonenköpfe, Drachen, Wappen, Naturabbildungen. Eindrucksvoll! Durch die weißen Säulen am Eingang dürfen wir jedoch nicht hinein. Also gehen wir weiter zum nächsten Tempelgebäude, dem Yakushido, an dessen Decke im Eingang ein großer, weißer Drache gemalt ist.

„Das ist der weinende Drache“, sagt Lucy-sensei und klatscht dann ein paar Mal laut in die Hände. Es rasselt etwas und ich sehe mich überrascht um.

„Das war die Decke“, meint sie, „es ist, als fielen die Tränen des Drachens auf den Boden. Schön, oder?“

Wir gehen weiter. Durch schattige Tore und steinerne Wege gelangen wir schließlich zu einem weiten, bronzenen Tor. Dieses eröffnet hohe, steinerne Treppenstufen, die hoch in den Zedernwald führen.

„Da geht es zum Grab des ersten shôgun, Tokugawa Ieyasu“, Lucy-sensei zeigt den Pfad hinauf, „doch davor gibt es hier in der Nische noch etwas ganz Essenzielles: Die nemurineko, die schlafende Katze.“

Am obersten Rand einer verzierten Tür sehe ich eine kleine, in sich zusammengekauerte, weiße-graue Katze, die in einem Nest von Blumen schläft. Sie ist relativ klein und unscheinbar, und doch hat sie für die japanische Kunst und Religion große Bedeutung, wie wir von Lucy-sensei erfahren.

„Der Künstler Hidari Jingorô hat diese Art der Tierschnitzereien berühmt gemacht“, meint sie, „aber was noch viel wichtiger ist, man sagt, die schlafende Katze sei der Geist von Ieyasu. Und dieser erste shôgun soll die Manifestierung des Buddhas der Heilung und der Medizin gewesen sein: Der Yakusi Nyorai. Deswegen ist diese Katze auch so berühmt.“

Alles sehr interessant, doch langsam werde ich müde von so vielen Heiligtümern und nationalen Schätzen. Alles ist so prunkvoll und überladen, dass man sich auf nichts wirklich konzentrieren kann. Irgendwie wirkt es auf mich fast mehr wie chinesische Tempelanlagen, denn von den meisten japanischen Tempeln und Schreinen bin ich eigentlich Einfachheit und Schlichtheit gewohnt.

Langsam atme ich tief ein und versuche meine Mittagsmüdigkeit zu überwinden. Über die steinernen Stufen steige ich den anderen hinterher, bis zum Grab von Ieyasu, das man jedoch nur durch die Gitter der hölzernen Absperrungen sehen kann. Dort oben, im kühlen Schatten des Waldes, sehen wir auch die Anbetungshalle, sowie tragbare Gräber, an denen viele, purpurrote Miniatur-torii[91] stehen.

Mit Beruhigung sehe ich, dass auch die anderen mittlerweile sehr ruhig und erschöpft geworden sind, und so gehen wir nicht mehr zum Futarasan-jinja, der ebenso wie der Tôshôgu-Schrein und der Rinnô-ji ein Weltkulturerbe ist. Er liegt noch weiter im Dickicht der Zedern und ist im Prinzip dem Tôshôgu-Schrein ähnlich.

„Eigentlich ist es nur wichtig, zu wissen, dass dort eine riesige Schirmtanne steht“, winkt Lucy-sensei müde ab, „ein sehr alter, dicker Baum, der schon an die 1.000 Jahre alt sein soll.“

91 torii = heiliges Shintô-Tor (meist in zinoberrot)

Auch zum berühmten Kegon-Wasserfall, der in der Nähe liegt und in den Chizenji-See mündet, gehen wir nicht mehr. Müde und voller neuer Eindrücke trotten wir durch die Nachmittagssonne wieder zurück zum Auto und fahren in ein nahegelegenes Restaurant. Angeregt unterhalten wir uns über all das Erlebte und dann richtet sich das Gespräch plötzlich auf ein ganz anderes Thema.

Auch Steffi möchte nun ihre Gastfamilie wechseln! Wieder eine, die Probleme mit ihrer Familie hat, denke ich mir und bin überhaupt nicht mehr überrascht. Sicher sind nicht einzig und allein die Familien daran schuld, dass das Zusammenleben nicht so recht funktioniert, aber ich denke mir, dass es besonders die zu großen kulturellen Unterschiede sind, die all diese Probleme auslösen. Ein Schulaustausch in den USA wäre sicherlich einfacher gewesen.

Im Laufe des Abends schlägt Lucy-sensei dann vor, dass Steffi doch zu ihnen kommen könnte, und so hat dieser Tag für uns alle ein Happy End. Steffi hat ganz plötzlich eine neue, sehr nette Gastfamilie gefunden, und Hagen und ich durften ein Weltkulturerbe von innen besichtigen. Heute werde ich sicherlich sehr gut schlafen. Ich danke Lucy-sensei glücklich für den schönen Ausflug. Nikkô ist jedenfalls immer eine Reise wert!

4

Es sind die ersten Tage nach der sogenannten Golden Week, einer Woche Anfang Mai, in der es vier nationale Feiertage gibt, von denen drei sogar direkt hintereinander liegen. Die meisten Arbeitnehmer versuchen während dieser großen Feiertagsserie auch noch die Tage zwischen den Feiertagen und dem Wochenende frei zu bekommen. Manche Firmen schließen in dieser Zeit sogar ganz. Kein Wunder, denke ich, denn ich glaube in nur sehr wenig Ländern haben Arbeitnehmer so wenig Urlaubsanspruch wie in Japan. Es sind gerade einmal 18 Tage im Jahr, von denen aber meist nicht einmal die Hälfte wahrgenommen wird, aus Respekt vor dem Arbeitgeber.

Sachiko und auch Haruka haben sich jedoch während dieser Zeit nicht freigenommen, sondern haben ihre Urlaubstage für die Woche darauf aufgehoben. Denn für diese Zeit sollte eine Austauschschülerin aus den USA zu uns kommen. Ihre Schule und Risas, sowie zwei weitere Mittelschulen aus Japan und den USA, praktizieren diesen Austausch schon seit vielen Jahren und dieses Jahr würden die Yoshidas auch daran partizipieren.

Glück gehabt, dass es gerade dieses Jahr ist, denke ich und freue mich schon auf die kleine 14-jährige aus den USA. Es wird bestimmt interessant, nicht mehr die einzige Ausländerin in diesem Haus zu sein.

Als wir dann jedoch zum Hotel fahren, in dem die amerikanischen Schüler die erste Nacht verbracht haben, und ich das Mädchen sehe, muss ich zweimal hinschauen. Sie heißt Nancy und ist das schonungsloseste USA-Klischee, das man sich vorstellen kann. Nancy ist etwa drei Mal so breit wie ich und fast genauso groß. Durch das pausbäckige Gesicht sieht man ihr ihre Jugend nicht wirklich an und ich hätte sie eher zwei bis drei Jahre älter geschätzt. Sie hat sehr lange, glatte, hellbraune Haare und einen mexikanischen Migrations-Hintergrund.

Fröhlich begrüßen wir sie und machen uns vertraut. Noch ist sie etwas schüchtern, aber schon bei der Begrüßungszeremonie im Hotel kommen wir ins Gespräch. Es sind die typischen Smalltalk-Fragen, doch ich freue mich, dass ich nun wirklich einmal die Gelegenheit bekomme, als Übersetzerin zu fungieren. Und das ist auch wirklich nötig, denn weder die japanischen Familien, noch die amerikanischen Schüler können die Sprache des anderen. Ein paar Worte, ansonsten Zeichensprache.

Doch dann gilt es erst einmal, still zu sein. Denn nun beginnen die Reden auf der Bühne. An den schön gedeckten Tischen hören wir aufmerksam den Begrüßungsreden der japanischen und amerikanischen Lehrer zu und sind froh, dass wir uns für die nächste Stunde keine weiteren Gesprächsthemen ausdenken müssen.
Nach den Lehrern sollen dann auch die Vertreter der japanischen Schulen von Schülerseite etwas sagen, und Risa und ihre Freundin Tomoko haben nacheinander die Ehre, stellvertretend für ihre Schulen etwas zu sagen.
Sachiko ist unglaublich stolz auf ihr Töchterchen und voller Freude beobachte ich sie dabei, wie sie mit geschlossenen Augen der Rede ihrer Tochter lauscht und immer wieder andächtig zu nicken scheint. Sachiko ist wirklich süß.
Dann sollen sich die Amerikaner auf Japanisch vorstellen und von Zetteln, die ihnen vorher übersetzt wurden, lesen sie ihre Gedanken zu dem Austausch vor: „Ich möchte meine Gastfamilie kennenlernen und mit ihnen Spaß haben. Ich möchte ein bisschen etwas über die japanische Kultur lernen. Ich möchte eine gute Woche hier verbringen." Und so weiter.
Für mich ist es ein tolles Gefühl, einmal am Rande zu stehen und das Ganze beobachten zu können und nicht wie sonst immer mittendrin und selbst mit Austauschthemen beschäftigt zu sein. Es ist irgendwie entspannend.
Dann wird das Buffet eröffnet und die Familien stürmen aufgeregt an die Tische. Mittlerweile scheint es sich herumgesprochen zu haben, dass ich Japanisch und Englisch spreche, und während wir am Buffet stehen, komme ich gar nicht mehr zur Ruhe. Von überall her kommen unbekannte Gesichter von japanischen Familien, die mich zu ihren Plätzen ziehen, damit ich ihnen etwas übersetze. Es macht wirklich Spaß zu spüren, was man mit Sprache alles bewirken kann, und so lerne ich innerhalb kürzester Zeit die meisten Gesichter des Austausches kennen.
Während wir essen, unterhalte ich mich mit Nancy über ihre Hobbys und sie erzählt mir, dass sie sehr gerne singt und sogar zu Hause eine karaoke-Maschine hat.
„Hey, Risa", rüttle ich meine Gastschwester wach, die sich gerade etwas von ihrer Rede erholt, „Nancy mag karaoke! Lass uns doch nachher zum karaoke gehen!"
Super Idee, finden auch Risa und ihre Mutter, und so gehen wir nach der öffentlichen Veranstaltung zusammen mit Risas Freunden Ryôta und Tomoko und deren Austauschpartnern zum Singen. In dieser

Konstellation werden wir in der nächsten Woche vieles gemeinsam machen.
Ryôtas Austausch-Ami heißt Ben, und auch er ist unleugbar Amerikaner. Er hat ganz helle, blonde Haare, strahlend blaue Augen, immer ein Baseballcap auf und spricht den unverständlichsten Texaner Slang, den ich je gehört habe. Kein Wunder, dass die Japaner ihn nicht verstehen.
Tomoko, die Risa noch von der Grundschule her kennt, geht auf die andere japanische Mittelschule, die bei dem Austausch teilnimmt. Ihre Austauschpartnerin heißt Fernanda und sieht schon etwas mexikanischer aus als Nancy. Gemeinsam unterhalten sich die beiden auch ausschließlich auf Spanisch. Besonders, wenn sie über andere lästern oder über zweideutige Dinge sprechen. Doch das finde ich erst später heraus. Denn das, das muss man den Schülern wirklich lassen, haben sie alle gemeinsam. Sie sind unglaublich versaut und sprechen immer nur von dem einen. Anfangs finde ich das witzig, doch nach einer gewissen Zeit nervt es. Pubertierende eben.
Im karaoke-Zimmer unterhalten sich die Amerikaner dann die ganze Zeit unter sich, und Risa und Ryôta sitzen stumm da und sagen nichts. Man könnte es doch wenigstens versuchen, denke ich und probiere zusammen mit Tomoko die Stimmung etwas mit Musik aufzulockern. Gemeinsam schmettern wir ein Lied nach dem anderen und versuchen, die anderen zum Singen zu überreden, doch die wollen nicht.
Doch wenigstens findet ein gelebter Austausch zwischen Tomoko und mir statt. Sie ist ein bisschen pummelig, hat fransige, halblange Haare und hat ein kräftiges Lachen. Obwohl sie erst vierzehn ist, wirkt sie auf mich schon reifer als die meisten meiner Klassenkameraden, denn sie ist unglaublich offen, interessiert und weiß sogar schon unglaublich viel über das Ausland.
„Mein Traum ist es mal, was mit internationalen Beziehungen zu machen", sagt sie und fragt mich gleich darauf über Deutschland und seine Kultur aus. Für japanische Verhältnisse spricht sie schon relativ gutes Englisch, jedoch lange nicht so viel, dass man sich in Englisch mit ihr unterhalten könnte.
„Ich war mal für zwei Wochen in Neuseeland, und irgendwann würde ich auch sehr gerne in die USA, einen richtigen Austausch machen, so wie du. Ich möchte so gerne richtig Englisch lernen, das braucht man heutzutage einfach."
Eigentlich ist diese Aussage ganz logisch und nichts besonderes, denke ich mir, doch scheint das den meisten Japanern nicht wirklich klar zu

sein. Zumindest schüttelten meine Klassenkameraden immer den Kopf, wenn ich es am Anfang auf Englisch versuchte. Englisch, ja das braucht man ja schon, aber wir sind hier zu dumm dafür, meinten sie. Englisch, das können andere, aber wir werden ja eh nie ins Ausland gehen. Aber ihr habt doch auch einen Schüleraustausch nach Neuseeland und China, hatte ich damals erwidert, doch die Reaktion war nur ein gleichgültiges Schulterzucken. Ja, leider, aber da muss man halt versuchen, die Woche irgendwie zu überstehen, hatten sie gesagt. Ihre Antworten sprühten nicht gerade vor Enthusiasmus. Bei dieser Einstellung ist es kein Wunder, dass sie kein Englisch lernen!

Doch Tomoko hat glücklicherweise eine ganz andere Einstellung. Sie will Englisch lernen, um jeden Preis. Und diesem Traum wird sie auch folgen...

Auf die Treffen mit Tomoko in den nächsten Tagen freue ich mich immer am meisten, denn langsam entwickelt sich zwischen uns beiden eine kleine Freundschaft. Doch auch die Gespräche der Amerikaner sind ungewohnt erfrischend und obwohl sie meist nur über Zweideutigkeiten sprechen, genieße ich es doch, mal wieder ein wenig westlichen Wind im Haus zu verspüren. Denn auch wenn die USA und Deutschland nicht miteinander zu vergleichen sind, im Vergleich zu Japan sind es fast Nachbarn.

Von japanischer Seite her merke ich allerdings immer mehr, dass die USA ein sehr wichtiges, kulturelles Vorbild für die Jugend geworden ist. US-Amerikaner sind cool, setzen Trends, sind der Nabel der Welt, haben leckeres Essen und die beste Spaßgesellschaft. So zumindest die Meinung der jungen Japaner. So kommt es auch, dass immer mehr „Hamburger" und Fast Food in Japan verzehrt wird und die Kultur sich mehr und mehr an der der USA ausrichtet. Das führt natürlich auch dazu, dass es immer mehr fettleibige, junge Menschen in Japan gibt. Dabei denkt man doch immer an gesundes Essen, Algen und Reis, wenn man an Japan denkt.

Deutschland hingegen, davon haben die meisten Jungen hier noch nichts gehört. Das liegt irgendwo in Europa, vielleicht aber auch schon neben Russland und „dort werden ausschließlich Autos produziert". Vorzugsweise Mercedes Benz.

Die ältere Generation hingegen ist genau gegenteiliger Ansicht. Die USA versauen unsere jungen Menschen nur, sagen sie, aber Deutschland, ja Deutschland, das ist noch ein Land von Ehre. Mit Deutschland fühlen sich die Alten verbrüdert, da im Zweiten Weltkrieg beide Länder gegen die USA gekämpft und auch beide verloren haben. „Hitler", so habe ich einmal von einem alten Mann gehört, „ja das war ein großer Mann." Und dann fragte er mich doch glatt, ob er noch leben würde. „Ähm... nein", erinnere ich mich, gesagt zu haben, „und die Mauer steht auch schon lange nicht mehr..." Ich erhielt große, staunende Gesichter: „Was für eine Mauer?"

Die Abende nach Tagen voller Schule, Volleyballclub und stundenlangem Fahrradfahren sind nun noch lustiger und bunter als sonst. Bei den Yoshidas ist zwar auch sonst immer etwas los und meist fühle ich mich bei ihnen wie in einer großen Jugendherberge, doch diese Woche ist besonders vollgeplant. Schließlich muss sie natürlich ausgenutzt werden, um den Amerikanern so viel wie möglich von Japan zu zeigen.

Wir machen purikura, spielen Baseball, grillen mit uniformierten Mädchen vom Pfadfinderinnenverein, besuchen einen nahe gelegenen Safaripark und verbringen die Nächte in dem großen tatami-Zimmer bei Ryôta.

Doch mittlerweile scheint mir diese ständige Übermüdung gar nichts mehr auszumachen und ich habe mich an mein tägliches Pensum gewöhnt. Es ist normal geworden, dass ich morgens gegen halb sechs aufstehe und um kurz vor sieben das Haus verlasse. Es ist normal geworden, dass ich morgens und abends etwas mehr als eine halbe Stunde mit dem Fahrrad zur Schule fahre. Es ist normal geworden, dass ich als allererstes mit den anderen Volleyballerinnen die Sporthalle am Morgen putze und wir dann

Barbecue mit den amerikanischen und japanischen Schülerinnen

ein paar Runden joggen. Es ist normal geworden, dass ich von halb neun bis um halb vier Unterricht habe und wir danach alle gemeinsam die Schule putzen. Es ist normal geworden, dass ich dann meist bis sieben Uhr abends mit den Volleyballerinnen trainiere und dann gegen kurz vor acht nach Hause komme. Normalerweise sitze ich dann mit den Yoshidas gemütlich beim Essen, unterhalte mich oder schaue mit ihnen Fern, bis ich dann gegen zehn oder elf in mein Zimmer gehe. Bis ich dann endgültig im Bett bin, ist es meist halb zwölf.

Doch an all das hat sich mein Körper mittlerweile gewöhnt und so wirken sich die abendlichen Aktivitäten, die wir jetzt mit den Amerikanern unternehmen, auch nicht stärker auf meine Müdigkeit aus.

Dafür erlebe ich nun am eigenen Leib, warum Japaner immer und überall schlafen können. Ich habe mich an dieses Land angepasst und plötzlich kann auch ich überall schlafen. Im Unterricht, beim Warten und sogar auf dem Fahrrad döse ich manchmal kurzzeitig ein. Sicherlich ist das nicht unbedingt gesund, aber ich sehe in der beschwerlichen Langsamkeit japanischer Fahrräder nun auch noch einen zusätzlichen Vorteil: Eine integrierte Schutzvorrichtung gegen Schläfrigkeit am Lenker. Ganz einfach.

Ich erzähle Tomoko von dieser neuen Entdeckung, als wir bei einem abendlichen Barbecue bei Ryôtas Familie sitzen. Sie lacht lauthals und meint: „Ja, das stimmt, mir ist es auch schon sehr oft passiert, dass ich auf dem Fahrrad eingeschlafen bin! Aber es ist einfach auch immer so anstrengend in der Schule...!“ Das finde ich auch, auch wenn ich das auf den Unterricht bezogen eher mit der Quantität als mit der Qualität begründen würde.

„Wahrscheinlich sterben wir beide bald an karôshi“, witzelt Tomoko, und ich lache und denke mir, dass der Ausdruck „Tod durch Überarbeitung“ auch wirklich nur in Japan geformt werden konnte.

„Jo buddy, Westside, man...“, Ben schlägt mir von hinten auf die Schulter und formt mit beiden Händen eine W-artige Form, die das Westside-Symbol darstellen soll.

„Hey, Scheiße, Eastside ist viel cooler“, macht ihn Fernanda an und spreizt die Finger der rechten Hand zu einem ‚E‘, für Eastside. Tomoko schaut neugierig und fragt, was das zu bedeuten hat.

„Eastside, Westside, das sind die Bezeichnungen für die beiden verfeindeten Rapgangs aus LA und New York. Da gibt's dann auch noch Southside und Northside, aber die sind nicht so bekannt...“, meint Ben und formt ein ‚S‘ und ein ‚N‘ mit seinen Fingern. Dann legt er seinen Zeige- und Mittelfinger in V-Form über den Mund.

„Und das ist noch ein anderes Zeichen...“, er lacht blöd und Tomoko macht ihn nach. „Ähm... an deiner Stelle würde ich das nicht allzu häufig machen...“, rate ich ihr und lache. Warum, möchte eine andere kleine Japanerin wissen, und Ben macht eine vulgäre Bemerkung: „Das heißt lecken, Mann!“ Und dann geht es los. Die Japaner werden plötzlich ganz neugierig und Tomoko möchte alles wissen, was wir je über Sex gehört haben oder je gemacht haben. Der 14-jährige Ben brüstet sich stolz und erzählt altklug. Etwas genervt verdrehe ich innerlich die Augen und frage Tomoko, ob solche Themen denn nicht bei ihnen angesprochen werden würden.

„Nein, gar nicht“, meint sie und schüttelt den Kopf, „selbst mit seiner besten Freundin spricht man nicht über solche Sachen. Das ist uns einfach zu peinlich.“ Während ich ihr weiter zuhöre, wundere ich mich wieder einmal über die japanische Einstellung zur Sexualität. Auf der einen Seite toben sich die Japaner in den unzähligen Amüsiervierteln der Großstädte aus und an jeder Ecke stehen Stundenhotels. Dieses Land hat sogar Automaten, an denen man getragene Unterwäsche kaufen kann! Nacktheit hat durch die heißen Bäder eine lange Tradition und auch die Religion verbietet ihnen den freien Umgang mit Sexualität nicht.

Auf der anderen Seite bekomme ich von Tomoko erzählt, dass Frauen sich hier beim Sex nur unten herum frei machen würden, da ihnen alles andere zu peinlich sei und man nicht mit den Eltern oder Freunden über solche Themen reden würde.

Was soll man dazu sagen, denke ich, Japan ist einfach ein Land der Paradoxien und das in jederlei Hinsicht. Auch fällt mir der Unterschied zu den Amerikanern auf. Die Japaner haben keine Religion, die sexfeindlich wäre, trotzdem reden sie nicht darüber. Die Amerikaner hingegen, die durch ihre Hauptreligion, das Christentum, dieses Thema eher meiden sollten, reden die ganze Zeit darüber. Denn bei dem, was diese 14-jährigen schon alles wissen und schon alles hinter sich haben wollen, bleibt einem die Spucke weg!

Da kommt plötzlich Risa, die von alldem nichts mitbekommen hat und bietet uns Heuschrecken an. Die sind bräunlich-geröstet und spreizen ihre Fühler und Beinchen nach hinten aus. In einer Plastikbox liegen sie oft bei den Yoshidas auf dem Esstisch und ich habe mich schon an die eklige Köstlichkeit gewöhnt. Gerne esse ich sie zwar nicht, aber wüsste ich nicht, was ich da gerade esse, wären sie eigentlich ganz lecker. Salzig und kross eben!

Natürlich gibt es erst einmal ein großes Gekreische und angeekelte Ausrufe der Amerikanerinnen, als sie die Heuschrecken sehen.

„Der Freund von meinem Vater bringt die inago immer aus einem speziellen Laden vom Land mit, die sind super gesund und haben viele Proteine", versucht Risa ihren Gästen die Heuschrecken schmackhaft zu machen, aber die weigern sich, sie zu probieren. Ich nehme mir einen, obwohl ich eigentlich nicht möchte und bin sogar ein bisschen stolz darauf. Fast fühle ich mich wie ein Japaner, der mit hämischer Freude die unwissenden Ausländer beobachtet, die sich vor seinen Malzeiten ekeln. Freundlich und sich kümmernd, scheint er nur das Beste für seine Gäste zu wollen, doch insgeheim freut er sich, dass sie sein Essen verschmähen. Dass das Essen etwas Besonderes ist, und somit auch Japan etwas ganz besonderes ist.

Ich kaue also auf dem krossen Grashüpfer herum, spüre die kleinen Fühler und Beinchen, wie sie in meinen Zahnlücken kitzeln. Es ist jedes Mal eine Herausforderung aufs Neue. Der Geschmack ist leicht salzig und man erkennt die Sojasoße, in der sie geröstet wurden. Krampfhaft stelle ich mir vor, dass es etwas anderes ist, was ich da gerade im Mund habe, und sobald der Insektenpanzer schluckgerecht geknackt ist, schlucke ich alles schnell hinunter. Geschafft! Und jetzt schnell was zum Nachspülen.

So vergeht der Abend und auch die Woche, und ich genieße den sprachlichen und kulturellen Mischmasch aus Japanisch, Englisch, Spanisch und auch einem kleinen Bisschen Deutsch. Es ist immer etwas los im Hause Yoshida, und Risa und Haruka kümmern sich rührend um Nancy, die ihr Glück kaum zu würdigen scheint.

Am Tag der Abschiedsfeier gehen wir dann in einen großen Kimonoladen, um Gastgeschenke für die Familien von Nancy und Fernanda zu kaufen. „Irasshaimaseeeee–!" rufen die Verkäufer mit lauter, hoher Stimme, und die beiden Amerikanerinnen zucken erschrocken zusammen. Ich habe mich schon an das ständige Geschrei in japanischen Läden gewöhnt, und erkläre ihnen, dass man in jedem Laden die Kunden so begrüßen würde, und irasshaimase in etwa „Herzlich Willkommen, bitte treten sie ein" bedeutet. Verkäufer in Japan scheinen mit Herz und Seele zu beraten. Meist verbeugen sie sich beim Betreten des Ladens vor dem Kunden und eigentlich immer beim Kauf einer Ware. Der Kunde wird irrsinnig freundlich behandelt und meist bekommt man eine sehr lange Beratung, wenn man diese wünscht.

Wir sehen uns yukatas an und probieren auch einige aus. Es gibt sie in allen Farben und Preisklassen, manche im Komplettpaket, andere in Einzelstücken zu kaufen. Dicke und dünne Stoffe, günstige und sehr teure.

Nur kurz habe ich die Ehre, den sündhaftteuren Kimono zu tragen

Die dicke Beraterin mit dem strahlenden Lächeln und ihr junger Auszubildender beraten uns lange und kleiden uns sogar in richtige, sehr teure Kimonostoffe, um von uns ein Polaroidfoto zu machen, welches wir dann geschenkt bekommen. Zum ersten Mal trage ich schwere Kimonoseide auf der Haut, echte Goldpartikel verzieren den schwarzen Stoff, Lotusblüten säumen den unteren Rand des obi, des Gürtels. So ein richtiger kimono ist ziemlich schwer und meiner Meinung nach nicht sehr angenehm zu tragen. Doch darum geht es ja auch nicht. Kein Wunder, denke ich, gehen die Geishas immer so aufrecht. Mit dem kimono und den geta-sandalen geht das ja auch gar nicht anders.

Solch ein kimono, wie ich ihn angezogen bekomme, kostet schlappe zehntausend Euro, da das Gold echt ist. Verwundert über das Vertrauen der Verkäufer, mir diese Kostbarkeit anzuziehen, obwohl sie wissen, dass ich ihn mir nicht leisten kann, bedanke ich mich herzlich bei ihnen.

Dann kaufen wir uns alle wesentlich günstigere yukata, die wir zur Abschlusszeremonie anziehen wollen. Als wir mit den großen Tüten durch die Tür gehen, verbeugen sich alle Verkäufer vor uns und rufen laut, wir sollten sie bald wiederbeehren und vielen Dank für den Einkauf. Nancy und Fernanda wirken erschrocken vor so viel Höflichkeit. Sicherlich sind sie wie ich ganz anderes aus ihrer Heimat gewohnt.

Am Abend sollten wir dann alle in unseren neuen, farbenfrohen yukata das Highlight der Abschiedszeremonie sein. Während alle Familien in edler Abendgarderobe in die Tagungshalle des Hotels kommen, tanzt Familie Yoshida mal wieder aus der Reihe. Haruka, Risa, Manami, Fernanda, Nancy und ich, wir alle tragen yukata mit geta-sandalen und kimono-Haarnadeln. Nur Sachiko bleibt in ihrem schwarzen Hosenanzug und scheint sehr stolz auf ihre Truppe von Mädels zu sein.

Der Abend ist bunt und froh, und als dann langsam der Abschied winkt, scheint die Mehrzahl der Japaner und Amerikaner eher etwas erleichtert als traurig zu sein.

Nur für mich ist es ein seltsames Gefühl des Verlassenwerdens. Der Besuch der Amerikaner hatte wider aller Vorurteile und Unterschiede etwas vertraut Westliches an sich und gab mir das Gefühl, nicht mehr die Ausländerin hier in Japan zu sein. Ab morgen sollte ich es jedoch wieder sein und ich würde wieder als einziger Blondschopf in Kiryû herumlaufen. Der Alltag fängt mich wieder ein.

5

Dass ich einmal in Japan ein Krankenhaus aufsuchen würde, das war meine schlimmste Befürchtung. Aber dass ich dann auch noch am selben Tag ein Altersheim besuchen würde, das hätte ich mir nicht träumen lassen.

Worum es hier geht? Es geht um die Oma der Yoshidas, genau genommen otôsans Mutter, die im Krankenhaus liegt.

Zusammen mit Haruka, Risa, ihrem Vater, dessen neuer Frau und dem Baby fahren wir in ein großes Krankenhaus in der Gegend, in der die 69-jährige liegt. Das Krankenhaus sieht denen in Deutschland sehr ähnlich und ist auch so ausgestattet. Der einzige Unterschied sind die vermehrten Vorkehrungen gegen die sommerliche Hitze, die allmählich immer erdrückender wird.

In ihrem Bett liegt die alte Frau und sieht sehr müde und schwach aus. Sie scheint ihre Enkel und auch ihren Sohn kaum noch wahr zu nehmen und blickt irgendwo ins Leere. Anscheinend sei es aber gar nicht so schlimm, meint Haruka zu mir, als ich sie frage, was sie hat.

Während die beiden Enkeltöchter die Hände ihrer Oma streicheln, schaue ich mich mit Unbehagen um. Der Raum ist weiß und riecht etwas stickig nach Medizin. Durch die weißen Vorhänge brutzelt die Mittagssonne, neben uns liegt eine andere Frau, die apathisch aus dem Fenster schaut, und auf der gegenüberliegenden Seite stehen noch zwei weitere Betten. Sie sind halb mit Vorhängen verdeckt und heimlich schaue ich durch die Spalte, ob in den Betten jemand liegt. Und tatsächlich, da liegen uralte Frauen, deren Haut so mit Falten übersät ist, dass man kaum noch ihre Gesichtszüge erkennen kann. Eine von ihnen ist so schwach, dass sie sich nicht mehr selbst räuspern kann, und so wird ihr in regelmäßigen Abständen mit einer Maschine der Rachen abgesaugt. Der Anblick ist armselig und ich fühle mich unwohl. Draußen zwitschern die Vögel, doch in der Luft liegt die Stimmung eines Krankenhausabteils, von dem der Tod nicht sehr weit entfernt zu liegen scheint.

„Obâsan müsste bald aus dem Krankenhaus raus kommen", meint Haruka leise zu mir. Dann lerne ich, dass das Krankensystem in Japan zwar sehr ähnlich dem deutschen ist, da Japan die Schulmedizin von Deutschen erlernt hat, doch dass es auch wesentlich teurer ist.

„Sie ist nur durch die normale Krankenkasse versichert und da ojîsan nicht mehr lebt, bekommt sie nur sehr wenig Rente", meint Haruka traurig und ich nicke langsam. „Deswegen wird sie bald aus dem Krankenhaus entlassen und wir müssen schauen, dass wir ein gutes Pflegeheim für sie finden. Wir können sie nicht zu Hause bei uns pflegen."

Der Vater spricht noch ein wenig mit der Krankenschwester und erkundigt sich nach den Ergebnissen der Tests. Das Pflegepersonal ist hier in Japan ausschließlich weiblich und eine Krankenschwester verdient im Durchschnitt jährlich etwa 3 Millionen Yen brutto, das sind etwa 1.500 Euro netto im Monat. Wie Sachiko damit mit ihrer Familie über die Runden kommt, ist mir ein Rätsel.

Wir verabschieden uns von der Oma und dann geht es weiter zu einem Altersheim, das in der nächsten Stadt liegen soll.

Auf dem Weg dorthin frage ich mich, warum der alten Frau so wenig bleibt, dass sie nicht einmal so lange im Krankenhaus bleiben kann, bis sie wieder einigermaßen auf den Beinen ist. Wie das in Japan wohl mit der Rente funktioniert? Schließlich hat dieses Land seit 2007 ein negatives Bevölkerungswachstum. In einem Land, in dem das Durchschnittsalter bei 43,5 Jahren und die durchschnittliche Lebenserwartung bei 82,02 Jahren liegt, kommen bald zwei bis drei Rentner auf jeden Einzelnen der neuen Generation zu.[92]

Ich frage otôsan und dieser erklärt mir mit grimmigen Gesicht, dass das japanische Rentensystem sehr ungerecht sei.

„Unser Rentensystem besteht aus zwei Säulen. Zum einen gibt es da die betrieblichen Versicherungen, bei der der Arbeitgeber den Rentenbeitrag einzahlt. Dann gibt es da noch die Volksrente, in die alle Selbstständigen einzahlen. Da man aber meist nicht so genau weiß, wie viel die Selbstständigen so verdienen, gibt es einen Grundbeitrag, den alle zahlen müssen. Das ist aber nicht wirklich viel und bringt daher auch nicht viel. Dann gibt's noch ein paar Zusatzversicherungen...", er seufzt und meint dann, „das ist ja genau das Problem bei obâsan. Sie bekommt seit dem Tod von ojîsan nur noch die Volksrente ausgezahlt, da sie Hausfrau war. Und jetzt... naja, die Volksrente deckt wirklich nur das Mindeste ab..."

Das ist keine schöne Aussicht, die eingezahlten Rentenersparnisse sind einfach zu wenig für so viele Menschen, die jetzt in Rente gehen. Zukünftig müssen also die Menschen noch länger arbeiten. Noch liegt das Mindestrentenalter bei 60 Jahren, doch schon in den nächsten Jahren sollte es auf 65 erhöht werden. Unternehmen würden dann verpflichtet werden, ihre Senioren weiterhin zu beschäftigen oder neu anzustellen. Die meisten werden dann jedoch eine Neuanstellung bevorzugen, bei der sie die Senioren in ein geringer bezahltes Arbeitsverhältnis einstellen. So

92 Alle Zahlen sind aus 2007 und ohne Gewähr

spart das Unternehmen Geld. Außerdem bleibt den Alten meist keine andere Wahl und wegen der niedrigen Rente steht es daher für sehr viele Senioren überhaupt nicht zur Debatte, ob sie in Rente gehen oder nicht. Viele müssen einfach weiterarbeiten, um sich ihr Leben finanzieren zu können. Arbeiten bis ans Lebensende, ob das wohl auch eine Alternative für Deutschland ist?

Aber was tun, wenn man so krank ist, dass man nicht mehr arbeiten kann, wie die Oma? Das macht mich traurig, wenn ich an diesen alten, kranken Menschen denke, der eigentlich ein ehrenvolles Lebensende verdient hätte.

Für Pflegefälle gibt es natürlich Altersheime, doch auch die werden immer überfüllter, so dass das japanische Pflegepersonal die große Anzahl von Alten kaum noch bewältigen kann. Von einem japanischen Politiker wurde sogar einmal ernsthaft vorgeschlagen, einen Teil der Rentner in Pflegeheime auf den Philippinen auszulagern und sie dort versorgen zu lassen.

Dieser Vorschlag wurde schnell wieder verworfen, doch natürlich gilt auch im Bereich der Altenpflege in Japan das, was überall auf der Welt zu gelten scheint: Für viel Geld gibt es eine gute Pflege. Für wenig gibt es so gut wie nichts.

Nur wenige Pflegestifte bieten die neuesten Pflegetechnologien, schöne Einrichtungen, und oft kommt auf nur zwei Patienten eine Pflegerin. Aber das kostet. Monatliche 2.500 Euro für die Grundausstattung und das, wo die durchschnittliche, gesetzliche Rente eines Rentnerehepaares etwa bei 1.800 Euro beträgt. Für unsere Oma ist das sicherlich nicht erschwinglich.

Doch scheinbar ist otôsan sehr positiv gestimmt, was das angeht, denn das Altersheim, in das wir gehen, sieht für meine Vorstellung sehr schön aus.

Das Haus hat nichts steriles, nichts krankenhausartiges. Vielmehr wirkt es privat und das Innere des alten Hauses mit dem tiefen Spitzdach sieht sehr gemütlich aus. Die Hand voll Altenpflegerinnen scheint dort einfach mit den etwa zwanzig Alten zusammenzuleben. Wie in einer Art Wohngemeinschaft oder Mehrgenerationenhaushalt verleben sie den Alltag zusammen und die Alten werden, so gut es geht, in die täglichen Aufgaben des Kochens und des Tischdeckens mit einbezogen. Einige können das etwas mehr, andere etwas weniger.

Während die Leiterin des Altersheims mit otôsan und Haruka spricht, passe ich auf das kleine Baby auf. Dabei schaue ich mich um und fühle mich augenblicklich wohl. Das Haus ist sehr wohnlich eingerichtet, mit alten Schaukelstühlen, tatami-Matten und einer großen Küche in der Mitte des Raumes. Der Fernseher läuft und überall liegen Decken und Kissen, in die sich die Alten eingewickelt haben. In der Ecke stehen ein paar Hometrainer und auf dem Tisch liegen ein paar Brettspiele. Hier würde sich die Oma sicherlich wohlfühlen, aber wie viel so eine Betreuung wohl kosten mag...?

Da kommt eine uralte Frau auf mich zugeschlürft und schaut mich und das Baby neugierig an. Sie scheint überhaupt nicht zu merken, dass ich keine Japanerin bin und ihre Neugierde gilt einzig und allein dem kleinen Baby.

Langsam und sehr gebrechlich wirkend, setzt sich die alte Frau neben mich auf den Boden und möchte unbedingt das Baby halten. Verzweifelt schaue ich zu der Mutter hinüber, doch die lächelt nur und gibt mir mit einem Nicken die Erlaubnis.

Glücklich nimmt die alte Frau das Baby in den Arm und spielt mit ihm. Sie brabbelt unverständliches Zeug und wippt langsam mit dem Oberkörper, was dem Kind gut zu gefallen scheint.

„Die Frau hat Demenz", meint die Mutter und kniet sich zu uns hinunter, „kennst du das? Arutsuhaima~." Wieder so ein einjapanisiertes, deutsches Wort: Alzheimer.

„Werdet ihr euch für dieses Altersheim entscheiden?", frage ich sie, und sie nickt und meint, dass es ein sehr gutes Heim wäre, was jedoch etwas kostspielig sei.

„Oma wird sich hier sicher wohlfühlen, und es ist auch nicht so weit von uns zu Hause entfernt. Da können wir sie häufig besuchen."

Sie meint, sie hätten noch ein paar Ersparnisse und das würde schon irgendwie gehen. Ansonsten müssten sie eben einen Kredit aufnehmen.

Das ist sicher nicht einfach, denke ich, als wir wieder nach Hause fahren. Doch ich finde es schön von der Familie, dass sie sich bemühen, das Beste für ihre Oma zu finden.

Als wir abends wieder nach Hause kommen, kommt auch Sachiko gerade von der Arbeit. Ich habe sie nun seit drei Tagen nicht gesehen und frage sie besorgt, was denn los gewesen sei. Sie sieht unglaublich müde und erschöpft aus. Ihre Augen sind klein und haben schon leichte Tränensäcke vor Übermüdung.

„Aaach, ich muss so viele Stunden nachholen und dann auch noch Stunden vorarbeiten, da ich doch bald für eine Woche in die USA reisen möchte, um Kaori bei ihrer Gastfamilie abzuholen", sagt sie und stopft sich etwas zu Essen in den Mund. „Ich habe jetzt ganze 36 Stunden am

Japaner lieben Disney einfach!

Stück durchgearbeitet... ich kann nicht mehr. Habt ihr schon gegessen, Kinder? Ja? Okay, ich geh' jetzt ins Bett..." Damit schlürft sie ins Bad, um sich bettfertig zu machen.
Arme Sachiko, denke ich, es wird nicht leicht für sie sein, als alleinerziehende Krankenschwester vier Kinder zu erziehen und zu ernähren. Und zu all dem ermöglicht sie noch ihrer Tochter ein Austauschjahr in den USA und einer Deutschen das Leben in ihrer Familie. Sie ist wirklich ein Engel, das denke ich immer wieder.

Später am Abend holt mich Tomoko zusammen mit ihrer Mutter ab und wir fahren zu ihrem Haus, das eigentlich nur ein paar Straßen weiter liegt. Die Familie hatte mich eingeladen, mit ihnen am nächsten Tag ins Tôkyô Disney Sea zu fahren, und so werde ich die Nacht bei ihnen verbringen.
Am nächsten Tag wollen uns Tomokos Eltern am Eingang des Disney Sea abliefern und selbst in die Tôkyôter Innenstadt weiterfahren. Sie hätten das schon so oft gesehen, wünschten uns aber viel Spaß, meinen sie.
Also betreten wir zu zweit das Reich der Fantasie und der Disney Wasserwelten - und nach einem Tag voll Shows, Achterbahnen und Shoppingtouren durch den Park weiß ich nun endlich, warum die Japaner so auf Disney abfahren. Denn die Disneyliebe in Japan ist fast schon zu einer Art Sucht geworden. Dieses Phänomen erstreckt sich interessanterweise von Jung bis Alt. In meiner ganzen Zeit in Japan werde ich keinen einzigen Japaner treffen, der Disney nicht mag. Dafür jedoch Horden von Japanern, deren Taschen die Charaktere von Mickey, Arielle, Toy Story oder Winnie Puuh darauf abgebildet haben, deren Disney-Anhänger am Handy schwerer sind als das Handy selbst, deren Handtücher, Schminkspiegel, Hefte, Stifte, ja selbst die Taschentücher Disneyprodukte sind. Und selbstverständlich hat jeder Japaner seinen Disney-Lieblingscharakter. Es ist ja alles so kawai und so tanoshii[93]. Je mehr man von Disney hat, desto besser ist es natürlich. Hier gilt nicht die japanische Bescheidenheit, sondern pure Maßlosigkeit. Daher zählt auch der kleine Fleck Tôkyô Disney Sea mit etwa 12 Millionen Besuchern pro Jahr zu den meistbesuchten Parks der Welt.
Eine Vermutung, warum dem so ist, kommt mir am Ende des Tages, als Tomoko und ich uns glücklich und fröhlich quatschend wieder auf dem Rückweg befinden.
Erstens, lieben Japaner alles, was blinkt, quietscht und kitschig ist. Zweitens, die Shows und Achterbahnen sind unterhaltsam und haben Disney entsprechende Qualität.

93 tanoshii = lustig

Und drittens, sind Disneyland und Disney Sea so aufgebaut, dass man teilweise meinen könnte, man sei in einem fernen Land. Der „mediterrane Hafen“ gleicht einem Venedig par excellence, die „arabische Küste“ erspart einem den Flug nach Istanbul und das „Lost River Delta“ wähnt einen auf den Spuren der Maya in den Chichén Itzá-Ruinen in Mexiko. Die Japaner, die meist so viel Angst vor dem Reisen ins Ausland zu haben scheinen, haben hier einen Ort gefunden, wo sie das ganze Ausland vereint im eigenen Land haben. Natürlich sind das nur die schönsten Eindrücke, die nicht immer etwas mit der Realität zu tun haben, und man ist umgeben von lauter gleichgesinnten Landeskindern. Doch nichts Gegenteiliges möchte man ja.

Essenziell ist natürlich auch das Kaufen von omiyage, und so kaufe ich für jeden aus meiner Familie ein schönes Mitbringsel.

„Was hast du denn für komische Sachen gekauft?“, fragt mich Tomoko erstaunt, als sie meine Einkäufe sieht. Einen Dschinni-Topflappen für Sachiko, einen Stich-Bilderramen für Haruka, für Risa eine Winnie-Puuh-Nagelschere und so weiter. Das Nützliche mit dem Schönen verbinden, denke ich, was wahrscheinlich ein relativ deutscher Gedanken ist. Denn die Japaner sind meist schon mit einem Disney-Schlüsselanhänger überglücklich. Nur so viele Schlüsselanhänger, das ist sicherlich auch nicht mehr effektiv. Aber das ist den Japanern scheinbar egal und ich muss mich damit zufrieden geben. So sind sie nun einmal, die lieben Japaner.

6

Es ist Anfang Juli und mir verbleibt nur noch ein knapper Monat in Japan. Einerseits bin ich sehr froh, wieder in die vertraute Heimat zurückkehren zu können und meine Familie und Freunde wieder zu sehen. Es ist nicht immer einfach, in einem so fremden Land ohne sie auszukommen.

Anderseits habe ich in meinen Gastschwestern auch richtige Schwestern gefunden, und obwohl unsere Kulturen gänzlich unterschiedlich sind, verstehen wir uns sehr gut und ich weiß, dass ich die Familie Yoshida sehr vermissen werde. Auch an einige Mädchen aus meiner Schule werde ich häufig denken müssen, doch ich werde sie nicht vermissen. Denn obwohl wir uns gut verstehen und ich viel mit ihnen reden kann, sind wir nicht wirklich miteinander vertraut. Es bleibt alles oberflächlich und tiefe Gespräche finden sehr, sehr selten statt. Sicherlich liegt das besonders daran, dass ich als Ausländerin nicht wirklich in die Gruppe integriert bin, allerdings habe ich auch den Eindruck, Japaner sprechen generell nicht über so viel Tiefgründiges.

Doch vielleicht werde ich die Art der Japaner auch erst richtig vermissen, wenn ich wieder in Deutschland bin, denke ich mir. Sicherlich wird alles erst einmal total toll sein, wenn ich wieder in Deutschland bin, und ich kann alles machen, was ich das Jahr über vermisst habe. Und dann, nach einer gewissen Zeit, werde ich dann Japan vermissen. So denke ich mir das jedenfalls, doch wie es wirklich ist, wenn man wieder zurückkommt, davon erhalte ich einen ersten Eindruck, als Kaori nach Hause kommt.

An einem Abend irgendwann Anfang Juli ist es soweit und aufgeregt bereiten Haruka, Risa und ich das Willkommensessen vor und basteln eine Girlande mit einem Begrüßungsspruch. Auch der Onkel und die beste Freundin von Kaori kommen und gemeinsam warten wir auf die heimkehrende Kaori. Sachiko hat sie in ihrer letzten Woche des Austausches bei ihrer Gastfamilie in den USA besucht und wird nun mit ihr zurückkommen.

In meinem Kopf spinnen sich tausend Fragen zusammen und ich würde lügen, wenn ich sagen würde, dass ich nicht aufgeregt bin, Kaori kennen zu lernen. Was für Erfahrungen hat sie in ihrem Austausch gemacht? Wie wird sie auf mich reagieren? Wird sie froh sein, noch ein wenig „Ausland“ bei sich zu Hause zu haben, oder wird es sie nerven? Wie gut kann sie Englisch und werde ich mich im Vergleich mit meinem Japanisch blamieren? Wo werde ich nun schlafen?

All diese Fragen werden allerdings in den Hintergrund gedrängt, als wir draußen auf dem Hof das Knarren eines parkenden Autos hören und Haruka aufspringt und ruft: „Das sind sie!"

Wie aufgescheuchte Hühner verstecken wir uns hinter der Tür und warten auf das Eintreten der Heimkommenden. Ein Ächzen, ein Schleppen, dann geht die Türe auf und Sachiko tritt keuchend herein. Hinter ihr schleppt sich Kaori mit dem zweiten Koffer ab und lässt ihn erst einmal freudig im Hausflur stehen, als wir sie mit lauten Schreien und Trompeten begrüßen.

„Kaoooooooriiii!", schreit es, und Haruka fällt ihr in die Arme. Dann kommen die anderen dran, und ich frage mich, ob ich sie umarmen darf oder nicht. Schließlich macht man das eigentlich nicht in Japan, vor allem nicht, wenn man sich nicht kennt. Aber ich denke mir, was soll's, sie kennt das aus den USA und ich umarme sie herzlich. Und es ist in Ordnung.

Für Kaori scheint das alles zu viel zu sein. Müde freut sie sich und lächelt uns an. Beim Essen ist sie sehr still und nachdenklich, während die anderen laut durcheinander quatschen.

Wie es denn nun sei, wieder zu Hause zu sein, frage ich sie und sie zuckt die Schultern und meint: „Eigentlich ist es nicht so spektakulär, wie man es sich immer vorgestellt hat. Es ist alles genauso wie vorher, nur man selbst scheint sich verändert zu haben." Dann lächelt sie mich an und meint, ich würde es verstehen, wenn ich wieder zu Hause sei.

Dann ruft ihre amerikanische Gastfamilie an und sie unterhält sich eine kurze Weile mit ihnen. Ihr Englisch ist okay, besser jedenfalls als das von Masaru und in etwa so wie mein Japanisch. Das beruhigt mich.

An diesem Abend unterhalte ich mich sehr viel mit Kaori und frage sie über ihren Austausch und ihre Eindrücke aus. Die anderen scheint es kaum zu interessieren, nur die Erzählungen über ihren Besuch in Disneyland erregen große Begeisterung. Wahrscheinlich haben sie schon genug aus den USA gehört, und Kaoris Erzählungen sind nur für mich neu.

Meine Bedenken und Ängste bezüglich Kaori sind auf jeden Fall wie ausgelöscht. Wir verstehen uns wunderbar, und ich bin froh, mit ihr eine sehr nette und intelligente Gastschwester zu haben, mit der ich mich auch wirklich über persönlich gemachte Erfahrungen im Gastland austauschen kann.

Die nächste Woche soll ich sie jedoch erst einmal kaum sehen, da sie nach ihrer Heimkehr viel Organisatorisches zu erledigen hat. Denn für sie steht es noch in den Sternen, ob sie direkt in die zweite Klasse der Oberschule kommen kann oder die erste Klasse wiederholen muss. Diesen Problemen werde ich mich glücklicherweise nicht stellen müssen, wenn ich wieder in Deutschland bin. Ich darf die elfte Klasse überspringen, muss jedoch in den Sommerferien den ganzen Stoff dafür nachholen. Das wird spaßig!

Neben der Rückkehr von Kaori sollte es jedoch an diesem Wochenende auch einen Abschied geben. Steffi, die nun schon seit einiger Zeit bei Lucy-senseis Familie wohnt, soll ihre letzten Wochen in Japan nicht in Kiryû verbringen. Stattdessen wird sie ihre Mutter treffen und gemeinsam werden sie eine Rundreise durch Japan machen.
„Aber findest du es nicht schade, dass du dann nicht ein komplettes Jahr in einer japanischen Schule mitbekommst?", frage ich sie, als wir zusammen in ihrem Zimmer bei Lucy-sensei sitzen. Etwas gestresst packt sie ihre Sachen zusammen, da in ein paar Stunden bereits ihr Zug zum Narita Airport geht, wo sie ihre Mutter abholen wird.
„Nee, ich hab ja jetzt so viel von der Schule mitbekommen, da wird schon in den paar Wochen nicht noch so viel Neues mehr passieren..."
Der Abschied von Steffi kommt für mich ziemlich plötzlich und ich finde es seltsam, sie nach einem Jahr so schnell verabschieden zu müssen.
„Wir sehen uns ja sowieso wahrscheinlich nochmal in Deutschland ", sagt sie und stopft die letzten Sachen in ihren Rucksack. So richtig begeistert klingt das nicht, aber wahrscheinlich ist sie einfach nur gestresst.
Eigentlich wurde ich ja heute von Lucy-sensei eingeladen, um mit ihr und Hagen auf ein matsuri zu gehen, ein Sommerfest. Und erst als ich bei ihnen angekommen bin, erfahre ich, dass Steffi bereits am Gehen ist.
Während Steffi also noch hektisch am Packen ist, ziehen Lucy-sensei und ich unsere yukata an. Ihrer ist sonnig-gelb mit lila Blumenmustern darauf, meiner ist meerblau mit weißen Kirschblüten. Hagen schaut uns neugierig zu, wie wir mit vereinten Kräften den obi wickeln und versuchen, den Gürtel hinten zu einer schönen Blume zu binden. Das bedarf der Übung, und ohne Lucy-senseis Hilfe wäre ich gänzlich überfordert. Hagen selbst ist wie immer in seiner liebsten Schuluniform. Weißes Hemd mit langer, schwarzer Hose, ganz klassisch.
Dann ist Steffi auch schon fertig und eilig laden wir ihre Sachen in den Wagen und bringen sie zum Bahnhof. Sie würde in zwei Wochen noch einmal mit ihrer Mutter zu Besuch kommen und die restlichen Sachen holen, doch für Hagen und mich würde es das letzte Mal sein, dass wir sie in Japan sehen.
Mit den Holzsandalen des yukata ist es schwer, hinter Steffi herzurennen und als wir am Bahngleis ankommen, hätten wir keine Minute später sein

dürfen. Der Zug steht schon da und schnell umarmen wir uns. Steffi steigt in den Zug, die Türen schließen sich, und ich winke ihr zu. Dann fährt der Zug ab und sie ist weg. So schnell kann ein Jahr vorüber sein!
Noch ein wenig verwirrt steige ich mit den anderen wieder ins Auto und wir fahren direkt weiter zum Sommerfest. Mir ging das alles viel zu schnell und ich hoffe, dass ich mir selbst etwas mehr Zeit zum Verabschieden lassen kann als Steffi. Ich verstehe es einfach nicht, wie ein Jahr so schnell und doch auch so langsam vergehen kann.
Wir kommen an einem bunten Straßenfest in Isesaki an, der Himmel ist überfüllt mit Lampions und Girlanden aus Papier, die in allen möglichen Farben im lauen Wind wehen. Es ist ein buntes Wochenendtreiben und wir sind mit unseren yukata nicht die Einzigen. Manche tragen sie auf die klassische, elegante Art, viele Jugendliche haben jedoch auch die Schulterbedeckung ihrer yukata etwas hinuntergezogen und den Gürtel so eng gewickelt, dass die Taille betont wird. Dazu lässige Sonnenbrillen, fransig-geglättete Haare und lässige Flip-Flops. Die Japanerinnen wissen, wie sie cool aussehen können.
Wir probieren koori, das ist geraspeltes Wassereis mit farbenfrohem Sirup darauf, was eigentlich nur süß schmeckt. Während wir mit unserem Eis die bunt-geschmückte Straße entlang laufen, kommen wir an einem Stand mit einem Goldfischbecken vorbei. Ich frage mich, ob man sich hier den Fisch zum Essen ganz frisch aussuchen darf, doch Lucy-sensei erwidert, dass das ein Spiel sei und nicht zum Essen. Aber Lebendverzehr von Fischen traue ich den Japanern trotzdem zu. Schließlich gibt es in Japan auch eine Spezialität, bei der der servierte Fisch noch zu atmen scheint und der Brustkorb sich leicht nach oben und unten bewegt.
„Nein, nein, hier fangen wir nur die Fische“, meint Lucy-sensei lachend und gibt mir eine Art Kelle mit einem flach festgeklemmten Reispapier in der Mitte. Damit sollen wir versuchen, die Fische aus dem Wasser zu fangen. Das Schwierige daran ist, dass man sehr schnell sein muss, da das Papier durch das Wasser und das Gewicht des Goldfisches sehr schnell reißen kann. Reißt die Kelle, so hat man das Spiel verloren und man muss einen neuen Versuch bezahlen. Aufmerksam beobachte ich Lucy-sensei, wie sie die flache Kelle leicht schräg zum Wasser hält und den Fisch anpeilt. „Das Papier darf nur nicht nass werden“, quietscht sie aufgeregt und lässt dann schnell die Kelle ins Wasser sausen und lädt den Fisch auf das flache Papier. Sie hebt ihn nach oben in die Luft, doch da reißt das Papier auch schon, und der Fisch fällt wieder in das Becken.
„Ahhhh“, ruft sie aufgeregt und meint, sie hätte die Kelle nicht so lange in der Luft halten dürfen, sondern den Fisch sofort in die Plastiktüte hieven

Goldfisch-Fangen mit Reispapier – Ein typisches Sommerfest in Japan

sollen. Auch ich versuche mein Glück und setze ihre Tipps um. Und siehe da, es klappt, und ich habe einen Fisch in der Plastiktüte, die mit Wasser gefüllt ist. Lucy-sensei versucht es ein zweites Mal und diesmal funktioniert es. Am liebsten würde ich die Fische wieder zurückgeben, da ich sie schlecht mit nach Hause nehmen kann, doch Lucy-sensei verspricht mir ein gutes Leben für sie bei sich zu Hause.
Den Rest des Nachmittages trödeln wir auf dem Fest herum und dann muss ich mich endgültig von Hagen und Lucy-sensei verabschieden. Das kommt mir alles sehr irreal vor, da ich selbst noch drei Wochen in Japan bleibe und noch nicht wirklich auf Abschied eingestellt bin. So schnell kann die Zeit vorüber sein...

Abends, als ich wieder nach Hause komme, treffe ich dort endlich einmal wieder Kaori an.
„Hey, was hast du gemacht?“, fragt sie mich und ich erzähle. Erzähle ihr alles, was ich so bisher gemacht habe, wen ich kennen gelernt habe, wie es mir geht und all meine Eindrücke von Japan. Kaori hört mir sehr interessiert zu und erzählt auch von ihren Erfahrungen als Austauschschülerin. Und obwohl wir in völlig unterschiedlichen Ländern waren, erkennen wir auffällig viele Parallelen.
„Mir ist in den USA vor allem aufgefallen, dass die dort nicht so kindisch sind wie die Menschen hier in Japan. Meine Mitschüler waren irgendwie

alle schon so reif und erwachsen", meint Kaori, und ich bin erstaunt darüber, dass sie ihre Nation als kindisch bezeichnet. Dadurch ermutigt formuliere ich nett, dass auch mich das kindische Getue der Japaner das ein oder andere Mal nervt. Warum Japaner denn so sind, frage ich sie und erwarte eigentlich keine richtige Antwort darauf. Doch Kaori scheint darüber schon oft nachgedacht zu haben und meint augenblicklich: „Also ich glaube, das liegt an der japanischen Sprache an sich. Ich meine, wenn man eine Sprache spricht, dann entwickelt sich dadurch gleichzeitig dein Charakter. Und wenn du noch eine andere Sprache sprichst, dann entwickelt sich parallel noch eine andere Art von Charakter. Ist das bei dir nicht so, dass du ganz anders sprichst, ganz anders bist, ganz anders denkst, wenn du Englisch sprichst oder Deutsch oder Japanisch?"

„Doch", stimme ich ihr zu, „genau das passiert. Ich rede auch über ganz andere Themen, wenn ich Japanisch spreche oder Englisch oder Deutsch..."

„Eben. Du bist jemand anderes, hast einen anderen Charakter, wenn du eine andere Sprache sprichst. Naja, und mir ist eben aufgefallen, dass Japanisch wohl eine sehr intuitive Sprache ist, in der sehr viele Adjektive verwendet werden."

Ich überlege einen Augenblick und merke, dass sie Recht hat. Die Hälfte der Gespräche in Japan bestehen aus Beschreibungen, wie etwas gerade ist. Wenn man nicht wirklich weiß, was man sagen soll, werden gar ganze Adjektivketten gebildet. „Puh, ist das heiß" oder „es ist kalt" oder „lecker" oder „interessant", all das sind beschreibende Aussagen, die immer und immer wiederholt werden.

„Naja, und deshalb denke ich eben, dass Japanisch eher eine Gefühlssprache ist, eine Bauchsprache, die meist nicht über die Empfindungsstufe von Kleinkindern hinausgeht. Heiß, kalt, lecker, süß, das ist alles etwas oberflächlich, findest du nicht?" Ich kann es kaum glauben, was Kaori da über ihre Landsleute sagt. Ich würde ihr zwar nicht widersprechen, doch selbst habe ich mich noch nicht getraut, zuzugeben, dass ich die meisten Japaner wirklich als sehr kindisch und oberflächlich empfinde.

„Wenn du Japanisch sprichst, dann bist du genauso kindisch wie die Japaner. Der Unterschied ist nur, dass du dabei nur eine Art Maske aufsetzt, es ist nur einer deiner Charakterzüge. Weil du aber mehrere Sprachen sprichst, hast du gleichzeitig mehrere Charakterzüge. Weißt du, was ich meine?" Ich weiß genau, was sie meint. Jede Sprache hat ihre eigenen Ausdrücke und Redewendungen und in jeder Kultur werden manche Wörter mehr und manche weniger verwendet. Es stimmt, die Japaner verwenden wesentlich mehr Adjektive und beschreiben sehr oft

den Ist-Zustand einer Sache oder einer Begebenheit. Weniger werden hingegen „harte“ Informationen ausgetauscht, wie zum Beispiel aus Büchern oder aus dem Fernsehen erlangtes Wissen. Vielleicht wirken deswegen die Gespräche manchmal so oberflächlich auf mich, weil sie oft so informationslos sind. Heißt das im umgekehrten Sinne, dass Deutsch eine Sprache ist, die weniger von Ist-Zuständen erzählt, sondern mehr von Fakten und Informationen?
„Vielleicht“, meint Kaori, „die Deutschen werden in Japan ja als sehr klug und belesen bezeichnet. Vielleicht kommt das vom Einsatz der Sprache...“ Während sie spricht, bereitet Kaori nun den Reis für die kommenden Tage vor.
„Jedenfalls sprechen die wenigsten Japaner eine andere Sprache als Japanisch. Deswegen haben sie auch nur einen Charakter entwickelt und können nicht einfach so die ‚Maske‘ wechseln, indem sie in eine andere Sprache wechseln. Sie sind einfach so und deswegen sind Japaner auch oft so kindisch, das glaube ich zumindest...“
Verblüfft schaue ich Kaori nur noch schweigend an und verstehe plötzlich viel mehr. Vielleicht hat sie Recht und Japaner sind einfach von Natur aus kindisch, weil selbst ihre Sprache sie schon dahingehend formt.
„Mhm, meintest du deswegen, dass hier alles so gleich geblieben ist und nur du dich verändert hast?“, frage ich sie, doch Kaori lässt plötzlich einen lauten Schrei los.
„Was ist denn los?!“, frage ich sie und sie zeigt nur aufgebracht auf den Reis, den sie gerade wäscht.
„Da sind Eier drin...!“ Verständnislos schaue ich ihr über die Schultern und sehe kleine Reis-Kügelchen, die auf dem Wasser schwimmen. Der Rest des Reises ist schon auf den Boden der Schüssel gesunken. Um sicher zu gehen popeln wir ein paar der Kügelchen auf und finden kleine, weiße Fliegenlarven im Inneren der Reiskugeln.
Mein Gott, das kann doch nicht wahr sein, denke ich, woher kommen die denn?! Wir schauen uns den Reisspender genauer an, der in der Ecke steht und in dem die Reiskörner gelagert werden. Der Deckel ist um einen Spalt breit geöffnet und dadurch scheinen kleine Fliegen hineingedrungen zu sein. Wir sehen schwarze Fliegenleichen auf dem Reis liegen, als wir den Deckel öffnen. Diese scheinen nicht mehr aus dem Behälter gekommen sein, doch konnten sich offenbar noch vor dem Tod fortpflanzen und eine meisterhafte Brutstätte für ihre Jungen aufbauen. Denn ihre Eier sind bis tief zum Boden des Behälters durchgedrungen und entwickeln sich in kleinen Bällchen aus Reis.

Echt widerlich, ich verziehe das Gesicht. Das haben wir also die ganze Zeit gegessen, Fliegenlarven im Reis!!

Auch Kaori ekelt sich stark, fängt dann aber an, den Reis zu untersuchen und die Larvenkügelchen auszusortieren. Den Rest füllt sie dann in den Reiskocher, damit wir am nächsten Morgen Reis haben.

„Werden wir neuen Reis besorgen?", frage ich Kaori und sie zuckt nur die Schultern. Das käme darauf an, was Sachiko meinen würde. Doch als diese nach Hause kommt, findet die die Larven nicht sonderlich schlimm und so wird der Reis in den nächsten Tagen nur noch gründlich aussortiert und dann wie gewohnt gegessen. Und selbst das irgendwann nicht mehr!

Ab diesem Tag muss ich mich jedes Mal, wenn wir Reis essen, mit anderen Gedanken ablenken. Der Gedanke an kleine, weiße Fliegenlarven im Reis, die ich alle mitesse, ist einfach zu eklig. Doch irgendwann gewöhnt man sich an alles, und ich denke mir seufzend, dass Fliegenlarven auch nicht schlimmer sein können als Heuschrecken. Sicherlich sehr viele gute Proteine, denke ich und ekele mich trotzdem. Anpassung ist nicht immer einfach!

7

Jetzt, wo es langsam dem Ende zugeht, steht fast jeden Tag etwas Neues auf dem Tagesplan und jeder möchte noch einmal etwas mit mir unternehmen. So nimmt otôsan Kaori und mich auch mit ans Meer. Er müsste ein paar Erledigungen an der Westküste Japans machen, meint er, und so machen wir drei uns freitags spät abends in einem kleinen Wohnwagen auf in Richtung Meer.

Die ganze Nacht lang fahren wir durch, bis wir schließlich gegen vier Uhr morgens an einem kleinen Fischerdorf an der Küste ankommen. Während die andern sich zum Schlafen legen, steige ich aus dem Wagen und begebe mich auf eine kleine Anhöhe, von der aus ich einen guten Blick auf die Bucht habe. Es ist wie ein Traum aus einer anderen Zeit. Kein einziges Licht brennt auf den Straßen und das ganze Dorf liegt verschlafen im Dickicht des Morgennebels. Tief atme ich die kühle Morgenluft ein und schließe die Augen, um der sanften Briese zu lauschen, die vom Meer herrührt. Mit schläfrigen Gliedern und doch hellwach stehe ich da und schaue auf die kleinen Häuschen herunter, die im fahlen Licht des Halbmondes fast aussehen wie deutsche Fachwerkhäuschen. Auf den Küstenfelsen sehe ich verschiedene Schreintore, die feuerroten torii, in allen möglichen Größen. Es wirkt mystisch, wie die torii so dastehen. Im Dunkeln auf der Erhöhung der Felsen, an denen sich die Wellen brechen.

Nach einer Weile beginne ich zu frösteln und ich gehe wieder zurück zum Auto und schlafe noch eine Runde, bis otôsan Kaori und mich bei Sonnenaufgang weckt.

Verschlafen und fröstelnd ziehen Kaori und ich uns um, während otôsan schon mit einem alten Fischer ein Gespräch angefangen hat.

„Schaut mal her“, ruft otôsan zu uns rüber, „unser ojisan[94] hier hat einen Tintenfisch gefangen.“

Stolz zeigt uns der kleine, kahlköpfige Mann mit dem lustigen Lächeln sein Netz, in dem die acht langen Tentakel eines Oktopus ineinander verworren liegen. Ojisan hat ihn bereits am frühen Morgen am Rande der Bucht gefangen und daher lebt das Geschöpf nicht mehr.

Ojisan hebt den schweren Körper des Oktopus aus dem Netz heraus und legt ihn auf den Steinboden des Parkplatzes, auf dem unser Wagen steht.

94 ojisan = Anrede für Onkel (nicht zu verwechseln mit ojîsan, der Anrede für Großvater). In diesem Fall wird dieser Ausdruck jedoch nicht verwendet, da es sich um einen Verwandten handelt, sondern weil otôsan den Namen des Fischers nicht kennt.

Mit seinem Messer schneidet er einen Kreis rund um den sogenannten Papageienschnabel des Oktopus, der sich auf der Rückseite befindet. Dieser Teil des Tintenfisches ist Mund und After zugleich und in seiner Mitte wächst ein fester, sehr scharfer Zahn.
„Das ist das Leckerste am Oktopus", meint otôsan zu mir, „das Fleisch rund um den Tintenfischzahn." Er hebt das herausgeschnittene Stück Fleisch auf und wäscht es im Salzwasser des Meeres ab. Währenddessen beobachten wir ojisan, wie er weiter den Oktopus ausnimmt. Durch das herausgeschnittene Loch zieht er Eingeweide und die Eierstöcke des Oktopus, und dabei fließt die schwarze Tinte überall wie Blut auf den Steinboden. Als nur noch die reine Muskelmasse des leblosen Körpers übrig ist, wäscht er diesen im Meerwasser aus. Das Wasser färbt sich schwarz durch die Tinte und ich bin erstaunt, wie lange ojisan den Tintenfisch im Wasser schlenkern muss, bis endlich alle Tinte aus dem Geschöpf gespült ist.
„Die Tinte ist nicht so lecker", meint ojisan, und dann hackt er die Arme und den Körper des Tintenfisches in kleine Teile und wir vermischen sie mit Spaghetti, die wir über dem Campingkocher aufkochen.
Spaghetti mit rohem Oktopus in Salzwasser zum Frühstück, man ist ja schon einiges gewohnt, aber eigentlich schmeckt es gar nicht so schlecht. Dann habe ich die Ehre, das Fleisch um den Tintenfischzahn zu probieren, und obwohl es recht schleimig ist, schmeckt es ein wenig süßlich. Mein Lieblingsessen würde es sicher nicht werden, aber es ist aushaltbar.
Da es noch früh am Morgen ist und die Sonne noch nicht so heiß herunterbrennt, machen wir uns nach dem Essen auf zur Muscheljagd.
Mit ojisan fahren wir in einem kleinen Ruderboot auf einen Felsen im Wasser. Das kühle Wasser umspült unsere Füße und der Boden riecht salzig muffig nach Algen und Mövendreck.
„Hier schlagen wir diese Muscheln ab, die so aussehen wie Schildkröten", erklärt mit otôsan und haut beispielhaft mit einer Hacke eine Muschel vom Feld ab. Im Inneren ist rosa leuchtendes Fleisch, das sehr wohlschmeckend sein muss, und so verbringen wir den Vormittag damit, die Muscheln von diesem Teil des Riffes zu schlagen. Immer wieder spritzt mir das rosa Fleisch der Muschel ins Gesicht und ich komme mir vor wie der größte Umweltschänder. Andererseits macht es auch Spaß zu jagen, und ich denke mir, dass dies allemal besser ist, als Fleisch und Fisch aus Massentierhaltung zu kaufen und zu essen. Hier gilt wenigstens noch das Prinzip fressen und gefressen werden! Dass ich eigentlich Vegetarierin bin, merkt man mir kaum noch an.

Es tut gut, die salzige Meeresbrise im Gesicht zu spüren und ich merke, dass mir diese Berührung mit der Natur gefehlt hat. Zwar sitze ich tagtäglich lange auf dem Fahrrad, aber trotzdem befinde ich mich die meiste Zeit des Tages im Schulgebäude oder in der Sporthalle.
Das kühle Wasser spült uns um die Beine und bei großen Wellen werden wir bis zu den Hüften nass. Als die Sonne stärker wird und unser Korb fast voll ist, rudern wir wieder zurück an den Strand. Während otôsan und ojisan weiter nach Muscheln suchen und dann nebeneinander angeln, gehen Kaori und ich ins Wasser schwimmen. Obwohl der Tag schon sehr heiß ist, ist das Meer relativ kühl, und so buddeln wir im Sand herum und graben uns gegenseitig ein.
„Das hilft abzunehmen", meint Kaori und kippt mir noch mehr Sand auf den Körper, bis er gänzlich eingegraben ist.
„Willst du etwa sagen, ich sei fett?!", beschimpfe ich sie empört und wir lachen. So vergeht der Nachmittag. Als die Sonne langsam tiefer steht, packen wir wieder zusammen und verabschieden uns von ojisan. Dieser nickt fleißig und verbeugt sich. Es sei ihm eine große Freude gewesen, otôsan und uns kennen zu lernen.
Durch die Dämmerung fahren wir wieder zurück, bis wir in die tiefsten Berge von Gunma-ken kommen. Das Landesinnere wirkt wie eine Mischung aus Dschungel und Alpen, und obwohl es bereits dunkel ist, weiß ich, dass wir durch dickes Gebüsch und enge Kurven die Berge hinauffahren. Die Zweige auf der schmalen Landstraße klatschen in voller Wucht gegen unsere Scheiben, und obwohl wir sehr müde sind, können wir bei dem Gewackel des Kiesweges kaum schlafen.
„Das Hochland, durch das wir gerade fahren, nennt sich Oze", meint otôsan zu mir, „es ist sehr für seine wunderschöne und gut erhaltene Landschaft, seine Wildblumen und seine Unmengen an seltenen Vogelarten bekannt. Noch ist es ein Teil des Nikko National Parks, aber bald soll es vom Nationalpark unabhängig werden, damit nicht so viele Touristen hierher kommen und der Wald sich noch eigenständiger entwickeln kann. Das Oze-Gebiet ist so groß, dass es die Präfekturen Gunma, Niigata und Fukushima berührt. Es ist ein wunderschöner Fleck Natur, finde ich. Als ich klein war, war ich oft mit meinen Eltern hier und wir haben hier auch noch Freunde…"
Und genau zu diesen Freunden fahren wir jetzt. Sie wohnen in einem kleinen ryôkan, einer Herberge mit Geschenkladen in Japans größtem Hochmoor. Der Wald ist schon pechschwarz in die Nacht gehüllt, als wir endlich dort ankommen.

Ishigawa heißt das Ehepaar, das die Herberge leitet und ich finde, dass dieser Name, der übersetzt „Steinfluss" bedeutet, perfekt in die Landschaft passt. Das Paar ist mittleren Alters und leitet die Herberge schon seit zwanzig Jahren. Zusammen mit ihnen sitzen noch drei weitere Männer in Wanderkleidung an dem alten Tisch aus grobem Holz, der an einer Eckwand des urig eingerichteten Speisezimmers steht. In jeder Ecke stehen geschnitzte Holzfiguren von Ottern, Vögeln und Bibern, Wandbehänge und Bilder von verschiedenen Pflanzen, für die das Oze-Ressort bekannt ist. Darunter ist besonders häufig die gelbe Alpenlilie vertreten, die ein Wahrzeichen des Oze ist und die im Sommer überall im Dickicht des Hochmoores blüht.

Herzlich werden wir von den Ishigawas zum Abendessen eingeladen, und danach nehmen Kaori und ich nacheinander ein heißes Bad im ofuro. Es ist schon spät und wir beide sind hundemüde von einem Tag voller Sonne, Wasser, Fischgeruch und Sand.

Während Kaori im ofuro liegt, setze ich mich zu den anderen. Frau Ishigawa ist schon zu Bett gegangen und so sitzen die vier Männer gesellig um den Tisch herum und heben ein Bierglas nach dem anderen. Es ist eine nette, gemütliche Stimmung hier oben in den Bergen, jenseits aller Hektik des Alltags, und ich fühle mich sehr geborgen in dieser kleinen, hölzernen Herberge.

Da legt otôsan plötzlich den Arm um mich und erzählt seinen Freunden voller Stolz, wie gut ich mich doch angepasst hätte und wie toll ich das alles hier in diesem fremden Land machen würde. Er wäre sehr, sehr stolz auf mich und würde in mir fast schon so etwas wie eine richtige Tochter sehen. Obwohl otôsan leicht angetrunken ist, freut mich das ungemein und ich bin sehr gerührt. Er ist zwar ein sehr gefährlich aussehender Mann mit einem seltsamen und sehr harschen Humor (zum Beispiel presst er Kaori seinen Hintern in den Rücken und lässt dann einen riesigen Furz los und findet das auch noch überaus komisch), aber ich mag ihn trotzdem sehr. Er ist lustig und hat ein sehr, sehr gutes Herz.

Es ist schon lange nach Mitternacht, als Kaori und ich die knarrenden Stufen der Herberge hinaufgehen und uns auf den futon zum Schlafen legen. Wir wechseln noch ein paar müde Worte und fallen dann in einen sehr tiefen Schlaf, während die Männer noch bis tief in die Nacht trinken und lachen.

Otôsan scheint jedoch keinen Schlaf zu brauchen, denn am anderen Morgen weckt er uns bereits um sechs Uhr. Wir helfen Frau Ishigawa in der Küche und frühstücken Reis, miso-Suppe mit tofu und Algenstreifen darin, tsukemono[95] und Ei. Auch frittiert uns Frau Ishigawa frisch gepflückte Blätter aus dem Garten. Tempura, frittierte Gemüse, habe ich zwar schon oft in Japan gegessen, aber Blätter von Bäumen, das ist nun wirklich außergewöhnlich. Aber eigentlich schmecken sie ganz gut, fast wie Chips, und ich frage mich, warum McDonalds neben Pommes und Fried Chicken noch keine frittierten Birkenblätter in sein Programm aufgenommen hat?

Während otôsan noch ein paar Sachen mit seinen Freunden bespricht, gehen Kaori und ich zum nahe gelegenen Flüsschen, das sich durch das tiefgrüne Gebüsch schlängelt. Es herrscht strahlender Sonnenschein und nun sehe ich endlich das Gelände rund um die Herberge, dem ich in der nächtlichen Dunkelheit nur lauschen konnte. Eine wunderschöne Fülle von unberührter Natur.

Durch die saftigen Blätter der Bäume schimmert moosgrün das warme Sonnenlicht und lässt das glasklare Wasser des Flüsschens wie Gold erfunkeln. Die Luft ist erfüllt von Vogelgezwitscher und dem stetigen Gurgeln des Bächleins. Obwohl es noch früh ist, zirpen schon etwas die Grillen und im Wasser sehen wir einige Wasserflöhe auf der Oberfläche schwimmen, und braune Frösche hüpfen mit einem tosenden Gequake von Stein zu Stein.

Wie kleine Kinder spielen wir auf den großen Steinbrocken am Ufer und fangen Libellen, die leuchtend in allen Regenbogenfarben schimmern. Wir waten durch das seichte Wasser und versuchen die forellenartigen Fische zu berühren, die an unseren Beinen entlang schwimmen. Es ist wie im Paradies.

Kaori und ich verstehen uns blendend und ich finde sie einfach unglaublich nett und lustig. Sie ist sprachgewandt und wir können uns über alles unterhalten, gleichzeitig gibt es immer wieder Momente, an denen sie still in die Leere schaut und ganz fern zu sein scheint. Vielleicht denkt sie an ihre Zeit in den USA? Vielleicht weiß sie noch nicht so recht, wo sie jetzt gerade ist und wohin sie nun gehört?

Als wir irgendwann genug vom Gurgeln des Flüsschens und seinen Libellen haben, gehen wir zurück zur Herberge und treffen auf otôsan, der gerade mit einem Stock etwas von der Dachrinne holt. Es ist ein altes Bienennest, was da eingetrocknet in der Regenrinne hängt und vor sich hin modert.

„Hoffentlich lebt da keine mehr", meint er, hebt vorsichtig die Wabe heraus und legt sie auf den Tisch. Es scheint keine stechende Bienengefahr

95 Tsukemono = eingelegtes Gemüse als Beilage zum Reis

davon auszugehen, also öffnet otôsan mit einem Messer die Wabe. Die Bienen, die sich im Inneren befinden, sind zwar nichts mehr als leblose Insektenpanzer, doch dazwischen zucken immer noch hier und da ein paar Larven. Noch weiter im Inneren der Wabe finden wir eine etwas größere Biene mit Flügeln. Das muss die Bienenkönigin gewesen sein.
„Schade, dass kein Honig mehr drin ist", meint otôsan enttäuscht, „aber die Larven schmecken ja auch sehr lecker nach Honig."
Das kann er nicht ernst meinen, denke ich, doch weiß ich intuitiv, dass es sein bitterer Ernst ist. Kaori nimmt ein Wabenstückchen und pult die sich wendenden Larven heraus. Dann steckt sie sich eine in den Mund und kaut darauf herum.
„Mhm, das schmeckt total lecker nach Honig", meint sie entzückt und bietet mir auch eine an. Das kleine, gelbliche Etwas vor meinen Augen zuckt leicht und ich weiß: zu viel ist zu viel, das kann ich nicht essen!
Im Reis haben wir zwar auch Fliegenlarven, aber die sind wenigstens schon gekocht und auch die Grashüpfer sind schon geröstet und leblos. Aber eine sich windende Larve zu essen, das bekomme ich dann doch nicht hin.
Nachdem sich otôsan und Kaori an den Larven satt gegessen haben, verabschieden wir uns dankbar von den Ishigawas und fahren weiter. Diesmal die Berge wieder hinunter in Richtung Zuhause. Über den

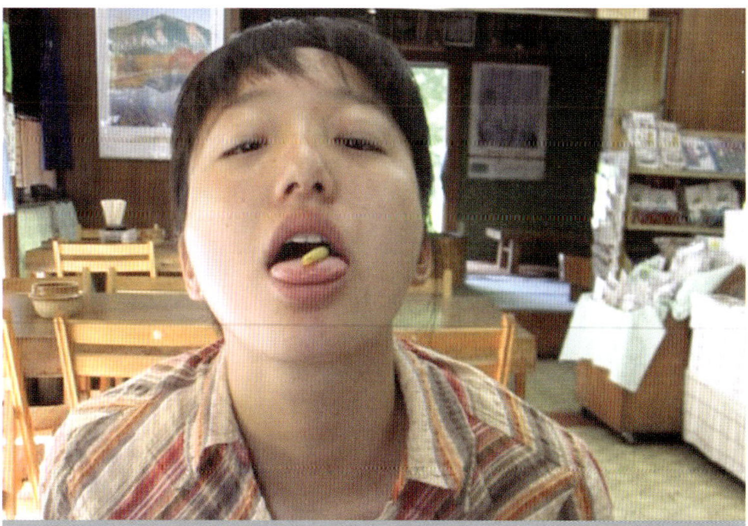

Japaner machen vor nichts halt: Kaori mit einer Bienenlarve im Mund

Rücksitzen ist ein Dachfenster integriert. Das öffnen wir und recken unsere Oberkörper hinaus ins Freie, während otôsan die grünen Hänge ins Tal hinunter fährt. Es ist wie bei einer Safaritour durch den Dschungel, denke ich und strecke weit die Arme nach den vorbeirauschenden Ästen aus.

„Jiiiiiiiiiiiiiiiih.....", schreien Kaori und ich im Chor und rasen an kleinen Wasserfällen und uraltem Baumgestrüpp vorbei. Es ist herrlich.

Im Tal angekommen, halten wir am Rand eines kleinen Bambushains an und stapfen mit Handschaufeln und einer Tüte bewaffnet in den hellgrünen Schatten der Bambusblätter. Ich bin ein Panda und esse Bambus, denke ich vergnügt, während wir in der Hocke kleine Bambussprösslinge ausgraben.

„Das heißt take no ko, die Bambuskinder", meint Kaori zu mir und diese seien sehr gesund. Ich bin begeistert von dieser wunderschönen Stille des Bambuswäldchens und otôsan fragt mich erstaunt, ob in Deutschland denn kein wilder Bambus wachsen würde. Und kurze Zeit später, als ich um ein Brennnesselnest herumgehe, fragt er mich, woher ich wüsste, dass diese brennen würden.

„Wir haben auch Brennnesseln in Deutschland und ich hab mich als Kind oft daran verbrannt", meine ich und er schaut mich nur baff an: „Wie? Bei euch wächst so was auch?!" Um die Brennnesseln wäre es wahrhaftig nicht so schade, denke ich und erkläre otôsan, welche Pflanzen in Deutschland auf natürliche Weise wachsen und welche nur mithilfe von Züchtung und Anbau in Deutschland vorkommen.

Wir füllen eine ganze Tüte mit den kleinen, armlangen Bambuskindern, um später, als wir nach Hause kommen, diese mit der Hand von ihrer Schale zu befreien. Der Bambus hat einen sehr penetranten und intensiven Saft, der sich auf den Händen braun färbt und den man kaum noch abbekommt. Und so werde ich, trotz ständigen Rubbelns und Waschens, die nächsten Tage in der Schule mit kackbraunen Händen herumlaufen. Ein wahrhaft hübscher Anblick!

8

Es ist erdrückend heiß im Klassenzimmer, so dass unsere Beine nur so an den hölzernen Stühlen kleben. Nach einer Stunde des Sitzens macht es schlürfende Geräusche, wenn sich die Mädchen mit ihren kurzen Röcken erheben. Die Jungen tun mir mit ihren langen Hosen leid. Die Hitze macht einen unsagbar müde, doch selbst an Schlafen ist nicht zu denken. Denn sogar die eigenen Arme sind so heiß und klebrig, dass man sein Gesicht nicht darauf legen mag. Die Jungs, die mittlerweile auch kleine Handtücher mit sich tragen, legen diese daher zwischen ihr Gesicht und die Arme.

Bei dieser Hitze sollen wir die nächsten zwei Tage in der Sporthalle verbringen, wo das Sportfest der Schule, das kugitaikai, stattfinden wird. Am ersten Morgen des kugitaikai bekommen wir unsere Klassen-T-Shirts ausgehändigt, die einige der Klasse kreiert haben, und begeben uns damit im Klassenverband nach unten in die Halle. Über das T-Shirt freue ich mich unglaublich, da es die Klasse noch mehr miteinander verbindet und uns über die nächsten zwei Tage zusammenschweißen wird. Es ist froschgrün und hat vorne einen kleinen, weißen Totenkopf mit einer rosa Schleife abgedruckt. Auf dem Rücken prangt ein riesiges, rosa Herz, in dem alle Namen der Klasse eingetragen sind. Darüber steht mit großen Lettern: „The 2 no 4"[96].

In der Sporthalle habe ich mit den Volleyballerinnen schon am Morgen vier große Volleyballnetze aufgehängt und hohe Schiedsrichterstände daneben an den Seiten aufgestellt. Nun ist die Halle brechendvoll von lauter fröhlichen Jugendlichen, die alle in den unterschiedlichen Farben ihrer Klassen gekleidet sind. Da eine Gruppe in Lila, dort ein paar Grüne inmitten einer gelben Traube. An jedem Volleyballfeld haben sich je zwei farbige Trauben gebildet, als Kôchô-sensei die Eröffnungsrede hält. Mal wieder die selbe Leier wie immer: Wir sollen uns anstrengen. Wir sollen durchhalten. Wir sollen gut und fair spielen.

Dann eröffnen die Sportlehrer die Spiele und pfeifen energisch in ihre Trillerpfeifen.

Zuerst kommt die erste Mädchengruppe von zwei aus unserer Klasse dran. Grün gegen Pink. Sie spielen gut, und sie werden unglaublich vom Rest der Klasse angefeuert. In Reihen stehen wir am Spielrand, klatschen energisch und fröhlich in die Hände, zappeln in verschiedenen Posen

96 The 2 no 4 = Die (Klasse) 2-4

Mitschülerinnen in ihren grünen Schulfest-T-Shirts

und singen und tanzen selbsterdachte Anfeuerlieder. Eines muss man den Japanerinnen lassen: Sie sind unglaublich kreativ und wissen, wie man schnell lebhafte, bunte Stimmung erzeugt!

Mit Leibeskräften feuern wir an, bis unsere Gruppe schließlich gegen Pink gewinnt. Das ist ein Freuen und sich in die Arme fallen. Und selbst ich werde in die Arme geschlossen und verspielt geboxt. Es ist eine der seltenen Male, dass ich mich vollkommen in die Gruppe integriert fühle und dass meine Klassenkameraden keinen Unterschied zwischen ihnen und mir zu machen scheinen. Es ist ein einmaliges Gefühl, wie wir unsere kurzen Hosen noch höher krempeln und mit nackten Füßen und hoch erhobenen Händen über das Spielfeld rennen und unsere Siegerinnen bejubeln.

Dann beginnt das Spiel der zweiten Gruppe von Grün, in der auch ich bin. Die zweite Gruppe ist sozusagen die Negativ-Auslese derer, die nicht in der ersten Gruppe waren. Hier sind all die Mädchen, die sonst ihre Röcke lang tragen und ihre Brillen brav zurecht rücken, während sie still von der Tafel abschreiben. Eigentlich bin ich die Einzige aus der Gruppe, die den Ball dahin treffen kann, wo sie ihn auch hingezielt hat. Anders ausgedrückt sind die Mädchen teilweise so enorm schüchtern, dass sie sich gar nicht erst trauen, den Ball anzunehmen. Das ist etwas lästig, wenn man ein Spiel spielen möchte. Der Rest der Klasse steht jedoch

hinter uns und durch das kräftige Anfeuern verlieren wir auch nicht ganz so haushoch, wie ich erwartet hatte.
Auch unsere Jungs haben zwei Teams und ich freue mich wie ein kleines Kind, als die erste Gruppe gegen die Gruppe von Masaru gewinnt. Auch meine Klassenkameradinnen ticken beinahe aus: Die Zweitklässler haben es doch tatsächlich geschafft, gegen eine Gruppe der Drittklässler zu gewinnen!!
Am Nachmittag gehen wir dann nach draußen auf den Sportplatz, um den Gruppen zuzuschauen, die Softball spielen. Auch hier gewinnt unsere Gruppe und so sind wir gut gerüstet auf dem Weg zum ersten Platz.
Für Volleyball wird uns dieser Traum jedoch am anderen Tag genommen. Unser erstes Mädchenteam spielt gegen Drittklässler, in deren Gruppe gleich drei Mädchen aus dem Volleyballclub sind. Das können wir nicht gewinnen. Auch unsere Jungengruppe, die am Vortag so vorzüglich gespielt hatte, fällt gegen eine andere Gruppe weit zurück. Ito-sensei gibt ihnen noch ein paar Insider-Tipps, doch es hilft alles nichts. Die andere Gruppe ist einfach zu stark. Die Hoffnung auf den ersten Platz bei Volleyball ist also für unsere Klasse gestorben. Und dann geschieht etwas Seltsames: meine Mitschülerinnen beginnen zu weinen!
Ich dachte immer, in Japan wäre es nicht gut, in der Öffentlichkeit Gefühle zu zeigen, doch offenbar habe ich mich getäuscht. Denn genauso wie sie extrem fröhlich sein und bei einem Sieg vor Freude austicken können, genauso können sie weinend in der Ecke sitzen, wenn die Gruppe verliert. Für mich ist das merkwürdig, denn ich denke, dass sich die meisten Deutschen in beiden Fällen mit ihren Gefühlen mehr zurückhalten würden.
Japanisch ist eine Gefühlssprache, die die Ist-Situation beschreibt, erinnere ich mich an die Worte von Kaori. Vielleicht beschreibt das Extremverhalten der Japaner ja genau die Situation, wie sie nunmal ist. Das eine Mal himmelhoch jauchzend, das andere Mal zu Tode betrübt. Diese Unkontrolliertheit der Gefühle würde man vielleicht in Deutschland als kindisch bezeichnen...
Am Nachmittag hat unsere Klasse dann allerdings Glück. Als wir nach draußen zum Sportplatz kommen, sind unsere Softballerinnen schon im heißen Finale gegen die Mädchen aus Masarus Klasse. Das ist unsere letzte Chance, überhaupt einen Platz zu ergattern, und so feuern wir mit solcher Leidenschaft an, als ginge es ums eigene Überleben. Und es hilft - wir gewinnen den ersten Platz beim Softball!!
Meine Klasse ist außer Rand und Band. In der heißen Sonne des Nachmittages bespritzen wir uns gegenseitig mit Wasser, das wir in unsere

Flaschen gefüllt haben, tanzen und hüpfen auf dem Sportplatz herum und machen Klassenfotos ohne Ende. Unsere grünen T-Shirts triefen vor Nässse und unsere Gesichter sind rot vor Freude. Gruppengefühl pur!

Schule ist Leben, das erfahre ich hier immer wieder. Fast mehrmals im Monat gibt es Projekte, Feste, Zeremonien, Austausche, Ausflüge oder Lehrgänge. Es hat mehr etwas von einem Internat, welches die oberste Priorität im Leben der Schüler hat. Viel wichtiger als Familie oder Hobbys, denn die meisten Hobbys finden sowieso in der Schule statt. So kann es auch ein paar Mal vorkommen, dass einmal in der Woche die Schule wegen eines Lehrertreffens ausfällt und der Tag dafür an einem Samstag oder Sonntag nachgeholt wird. Das wäre in Deutschland undenkbar!

In Deutschland wird meist nach der nächstliegenden Schule gesucht, damit die Kinder keinen langen Schulweg haben und schnell wieder zu Hause sind. Hier in Japan entscheidet man sich für eine möglichst angesehene Schule oder einer Schule mit einem guten Programm an Sport- und Zusatzaktivitäten. Der Weg ist da meist zweitrangig.

Nach all der Bewegung an diesem Tag, geht es dann für mich noch zum Volleyballtraining und ers in der beginnenden Dunkelheit schließlich nach Hause. Ich bin hundemüde!

Als ich auf dem Fahrrad sitze, beginnt es auch noch zu regen. Erst leise, dicke Tropfen, dann gießt es innerhalb von Minuten in Strömen. Die ganze Schwüle der letzten Wochen scheint sich plötzlich auf einmal über mir entladen zu wollen.

Der Regen ist warm und ich möchte nur noch nach Hause. So kämpfe ich mich mit verkniffenen Augen durch die dreckigen Wasserwellen, die sich bereits auf der Straßenoberfläche sammeln. Da plötzlich ruft es mir hinterher und ich drehe mich um. Ein alter Mann kommt mir mit einem Schirm durch den Regen hinterhergelaufen. Er kommt aus einem conbini, in dem er offensichtlich arbeitet und gibt mir aufgeregt den Schirm.

„Hier, nehmen Sie den bitte. Es regnet doch so stark und Sie werden ja ganz nass!“, meint er atemlos und rennt dann schnell wieder zurück in den conbini, bevor ich etwas erwidern kann.

Verdutzt schaue ich ihm hinterher und spanne den Regenschirm über mir auf. Der Regen ist zwar so stark, dass dieser nicht viel nützt, aber was zählt, ist die Geste. Das ist wieder einmal ein schönes Beispiel für japanische Freundlichkeit!

In Japan herrscht zwar eine Art Kommunismus der Regenschirme, doch dass mir der Mann extra durch den Regen hinterher rennt, das finde ich schon sehr aufmerksam. Warum Kommunismus der Regenschirme? Weil am Eingang der meisten Läden ein Korb für Regenschirme steht. Generell gilt dabei, wer seinen Schirm da zum Trocknen hineinstellt, bietet den Schirm auch gleichzeitig der Allgemeinheit an. Was Regenschirme angeht, so herrscht also in Japan ein stetiger Wechsel und Austausch der Besitzer. Manche Schirmbesitzer lassen beim Nachlassen des Regens auch absichtlich den Schirm im Halter. Beim nächsten Regenfall, wenn man selbst schon sicher zu Hause ist, soll so ein anderer sich mit dem Schirm schützen können. Das nenne ich mal eine altruistische Handlungsweise.

Als ich endlich zu Hause ankomme, läuft mir trotz Schirm das Wasser über das ganze Gesicht und meine Sportsachen sind klatschnass.

Doch glücklicherweise brauche ich diese am nächsten Tag nicht, da mir Sachiko bei der Heimkehr sofort ankündigt, dass ich bei einer Mittelschule und einer Grundschule eingeladen wäre und dabei meine Schuluniform anziehen müsste.

„Du kannst dich doch an die kleine Kana-chan erinnern, oder?", fragt mich Sachiko, und selbstverständlich kann ich mich an die Tochter ihrer blondgefärbten, rauchenden Freundin erinnern.

„Sie hat ihrer Klassenlehrerin von dir erzählt und die Schule würde sich nun sehr freuen, wenn du in ihrer Klasse ein bisschen was über Deutschland erzählen könntest. So etwa eine halbe Stunde oder so und dann eben noch Fragen beantworten und so... Und dann hat noch eine andere Schule, eine Mittelschule angefragt... das war ein bisschen blöd, denn der Rektor der Schule hatte eigentlich gemeint, dass du heute schon zu ihnen hättest kommen sollen... aber ich hab's missverstanden. Entschuldige..."

„Und wann soll ich denn nun zu ihnen kommen?", frage ich ein wenig verwirrt und überlege, wann es in der nächsten Woche am besten wäre und wie ich meine Rede am besten gestalten könnte.

„Naja, gleich morgen. Am Vormittag bei der Mittelschule und nachmittags dann bei der Grundschule von Kana-chan. Ich habe schon mit deiner Schule telefoniert und es ist in Ordnung, wenn du morgen in der Schule fehlst."

Warum hätte ich mir das eigentlich nicht gleich denken können, frage ich mich, natürlich würde es morgen sein. Obwohl die Japaner im Fällen von Entscheidungen oft nicht die Schnellsten sind, da sie immer noch alles mit den verschiedenen Hierarchien und Regeln abklären müssen, wird über mich immer ziemlich schnell entschieden. Morgen also, denke ich, dann mache ich mich mal auf, mir Gedanken über meinen Vortrag zu machen...

Am anderen Tag scheint wieder die Sonne und Kaori begleitet mich mit dem Fahrrad zur Kiryû Higashi Mittelschule. Pünktlich um kurz vor zehn kommen wir dort an, und der Rektor wartet schon auf uns. Es werden ein paar Höflichkeitsfloskeln verloren und dann marschiert er schnell zum ersten Klassenzimmer des Schulgebäudes. Seine Schritte sind so schnell, dass wir fast rennen müssen, um ihm folgen zu können. Vielleicht ist er verstimmt, weil ich nicht schon am Tag zuvor bei ihnen war?
Dann betreten wir die erste Klasse und der Rektor stellt mich in wenigen Worten vor: „Das ist Mona-san aus Deutschland. Bitte, Mona-san...", sonst sagt er nichts.
Wider Erwarten soll ich die Rede auf Englisch halten und so beginne ich ein paar Sätze über Deutschland zu erzählen. Die Schüler starren mich nur ausdruckslos an, sie scheinen in einem Schockzustand zu sein. Wenn ich da an meine Klassenkameraden denke, kann ich ihnen dies allerdings auch nicht verübeln. Wie sollen denn Mittelschüler verstehen, was ich sage, wenn noch nicht einmal Absolventen der Oberschule Englisch verstehen, geschweige denn reden können?!
Nach etwa zwei Minuten Reden unterbricht mich der Rektor dann ungehobelt und meint, ich solle doch ein paar Deutsche Sätze an die Tafel schreiben. Also schreibe ich an die Tafel, wie man sich vorstellt und wie man jemanden begrüßt. Etwas genervt schreibe ich „Guten Tag" und „Ich heiße..." an die Tafel. Dann erkläre ich die Bedeutung der Wörter und dann bedeutet der Rektor uns, auch schon wieder zu gehen.
Wozu um Himmels Willen habe ich mir die Mühe gemacht, bis spät in die Nacht einen Vortrag von einer halben Stunde vorzubereiten, mit dem Anspruch, wenigstens etwas pädagogisch zu sein, frage ich mich aufgebracht. Auch Kaori schaut mich verwirrt an und zuckt nur die Schultern, als der Rektor uns den Rücken zudreht.
Und so geht der ganze Vormittag weiter. Wir besuchen eine Klasse nach der anderen und eigentlich geht es dem Rektor nur darum, dass ich ein paar Wörter auf Englisch zu den Schülern sage und die zwei Deutschen Halbsätze an die Tafel schreibe. Ich bin mir sicher, den Schülern bleibt absolut nichts davon hängen, außer, dass da so eine große, blonde in japanischer Schuluniform zu ihnen in die Klasse gekommen ist. Wahrscheinlich eine aus den USA. Denn die meisten Schüler in diesem Alter wissen oft nicht einmal, wo Deutschland überhaupt liegt.
Nachdem wir alle Klassen der Schule besucht haben, machen wir eine kurze Pause im Rektoratszimmer und bekommen ein Schälchen Tee zur Belohnung. Noch ein Foto und dann sollen wir wieder gehen.

„Was sollte das denn?“, frage ich Kaori aufgebracht, als wir wenig später auf dem Parkplatz eines conbinis sitzen und CupNoodles essen. „Der war ja total unfreundlich, oder?“
„Ja, schon... total unhöflich, finde ich auch“, meint Kaori und ich hoffe, dass wir in der Grundschule freundlicher empfangen werden. Schließlich war es ja die Bitte der Schule, dass ich dort einen Vortrag halte, denke ich bei mir und schlürfe genervt meine Nudeln weiter.
Gestärkt treten wir dann den Weg zur Grundschule an. Es ist die ehemalige Grundschule, in die auch Kaori ging, und so werden wir sehr freundlich und fast schon familiär empfangen. War ich vom Vormittag eher enttäuscht und wütend gewesen, so findet der Nachmittag in Kanachans Grundschule genauso statt, wie ich es mir vorgestellt hatte.
In einem Klassenzimmer voller Bilder, Landkarten und Unterrichtsplänen spannen wir eine große Weltkarte auf, und ich stelle mich den Kindern auf Japanisch vor. Es sind etwa vierzig Kinder im Alter von zehn Jahren, die mich neugierig anglotzen und mir aufmerksam zuhören, als ich ihnen erzähle, wo Deutschland auf der Weltkarte liegt und wie viel Stunden man von Japan aus bis nach Deutschland fliegen muss. Es sind die grundlegendsten Dinge, die ich ihnen über Deutschland erzähle, aber wenigstens habe ich die ganze Stunde Zeit und darf meinen Vortrag vollständig vortragen. Wenn ich manchmal unverständlich bin, übersetzt es Kaori in ein besser verständliches Japanisch und dann nicken alle und hören weiter zu.
Es ist eine sehr schöne Erfahrung und es macht mich glücklich, dass ich den kleinen Kindern ein bisschen etwas über mein Heimatland erzählen darf. Und ich weiß, dass diese Stunde den Kindern in den Köpfen hängen bleiben wird. Zumindest so lange, bis sie es beim Abendessen fröhlich ihren Eltern erzählt haben würden.
Die letzten zwanzig Minuten können die Kinder Fragen stellen - und über die meisten davon muss ich mir erst einmal selbst Gedanken machen.
„Werden in Deutschland denn mehr Autos gefahren als in Japan?“, fragt ein kleiner Junge mit großen Ohren.
„Also ich würde sagen, es wird genauso viel Auto gefahren wie hier in Japan“, antworte ich, bin mir jedoch wirklich nicht sicher. „Aber die Autos hier in Japan sind dafür wesentlich sauberer als in Deutschland. Die Japaner scheinen ihre Autos viel zu putzen“, füge ich wahrheitsgemäß hinzu.
„Was für Insekten gibt es in Deutschland? Sehen sie anders aus als in Japan?“, fragt ein anderer Junge, der so aussieht, als würde er gerne

Insekten im Moos fangen. Dazu fällt mir nur ein, dass ich in Japan Schmetterlinge gesehen habe, die in etwa handgroß waren. So etwas gibt es in Deutschland in freier Natur wohl kaum.
Natürlich kommen auch die Standardfragen wie, was die Deutschen so essen und welche Fußballspieler berühmt wären. Oliver Kahn ist sogar für einen der Jungs ein Begriff.
Und dann fragt mich ein Mädchen doch tatsächlich, ob ich Japan oder Deutschland lieber mögen würde. Das kann ich kaum beantworten, denn Japan ist nach so langer Zeit fast wie eine Art Heimat für mich geworden. Im Moment bin ich hier. Nur hier. Und obwohl es immer wieder Zeiten gibt, in denen ich den Japanern einfach nur den Hals umdrehen könnte und am liebsten sofort nach Hause nach Deutschland zurückkehren würde, so habe ich mich doch auch schon an sehr vieles hier gewöhnt. Sicher, Deutschland wird immer meine Heimat bleiben und über das ganze Jahr habe ich nicht aufgehört, meine Familie und Freunde in Deutschland zu vermissen, doch ich werde, wieder zurückgekehrt nach Deutschland, auch sehr vieles aus der Zeit in Japan vermissen. Dessen bin ich mir sicher.
Nach dieser Stunde fühle ich mich so gut wie seit langem nicht mehr. Es hat Spaß gemacht zu unterrichten und es hat Spaß gemacht, zu bemerken, dass man eine fremde Sprache sprechen kann. Noch habe ich nicht sehr oft Vorträge gehalten, doch an diesem Tag merke ich mir mein persönliches Redeerfolgsgeheimnis: Einfach nicht aufgeregt sein! Frei reden und dabei strahlen. Es muss Spaß machen – dann klappt eine Rede schon!
Mit Kaori und dem Klassenlehrer gehe ich ins Lehrerzimmer und bei gekühltem Grüntee unterhalten wir uns bis zum Unterrichtsende über Deutschland, Kaoris Austausch in den USA und über alte Zeiten. Denn Kaori kennt einige Lehrer noch von ihrer Zeit in der Grundschule und überall bleibt sie stehen und mein verträumt „natsukashi~", sie würde wehmütig und nostalgisch, wenn sie das sehe.
Irgendwann sind Kaori und ich allerdings nur noch erschöpft von dem Tag und in unser beider Köpfe scheint nur noch ein Gedanke zu sein: „Ab nach Hause!"

9

Seit neustem haben wir ein weiteres Familienmitglied: Muta-chan, das Hausschwein.

Es ist klein, rosa, hat unglaublich süße Augen und wird überall hin in der Tasche umher geschleift. Besonders Risa hat sich vollkommen in das kleine Schweinchen verliebt. Woher es jedoch kommt? Keine Ahnung.

Doch ich würde sowieso keinen allzu großen Einblick in das Leben des kleinen Schweinchens erhalten, da meine Zeit in Japan plötzlich in großen Sprüngen dem Ende entgegen geht. Mir bleiben nur noch wenige Tage bis zu meinem Abflug nach Deutschland! Noch kann ich das jedoch kaum realisieren. Ich freue mich zwar unwahrscheinlich darauf, meine Familie und Freunde wiederzusehen, aber wenn ich daran denke, dass ich mich nun endgültig von allen verabschieden muss, dann erscheint mir der Abflug vollkommen absurd und übereilt. Der Abschied würde kommen, das war mir immer bewusst, und oft habe ich ihn mir auch innigst herbeigesehnt, doch nun... nun fühle ich mich leer und weiß nicht mehr so recht, wohin ich gehöre. An mein Leben hier habe ich mich gerade gewöhnt, und nun soll es schon wieder in eine andere Heimat gehen. Zwar eine vertraute, doch gleichzeitig auch fremd gewordene Heimat. Meine Gefühle sind schwankend. Ich freue mich und gleichzeitig habe ich Angst, und es stellen sich mir Fragen, ob mein Leben in Deutschland wieder so sein wird wie vorher oder ob sich alles verändert hat. Werden meine Freunde noch meine Freunde sein? Werde ich mit dem versäumten Stoff in der Schule zurecht kommen? Werden meine Eltern mich genauso wie früher behandeln oder erkennen, dass ich älter geworden bin?

Nun ist es also soweit. Noch drei Tage bis zum Abflug! Ich mache die letzten Besorgungen, treffe mich das letzte Mal mit Freunden und Bekannten und mache die letzten Fotos.

So an meinem letzten Training bei den Volleyballerinnen. Sie freuen sich unglaublich, dass ich von ihnen ein Gruppenfoto machen möchte und stellen sich vergnügt in der Reihe auf. Natürlich der Hierarchie nach. Die senpai nach vorne, die Erstklässlerinnen nach hinten, wie es sich gehört.

Erst mache ich eines zusammen mit Ito-sensei und als er dann eines von uns Schülerinnen macht, hebt Yuki-senpai ihre Hand vor die Stirn und streckt dabei den Daumen und den Zeigefinger nach außen.

„Ich hab mal gesehen, dass das das Zeichen für Deutschland ist!", meint sie und schon machen es ihr alle nach. Eigentlich kenne ich dieses Zeichen in

Deutschland nur als das Symbol für „Loser“, aber wahrscheinlich haben sie davon keinen blassen Schimmer. Also strecke auch ich die Finger zu einem „L“ und hebe sie mir vor die Stirn. Das Loser-Land Deutschland, man muss es einfach mit Humor nehmen!
„Werden Sie denn weiter Volleyball trainieren, wenn Sie wieder in Deutschland sind?“, fragt mich eine der Erstklässlerinnen ganz höflich und ich bejahe, da ich im Sportunterricht die Spezialisierung in Volleyball wählen werde.
„Da werden Sie bestimmt die Beste sein, so gut wie sie im Volleyball geworden sind“, meint sie und ich weiß genau, dass das einfach nur die typischen Schmeicheleien der Erstklässler gegenüber ihren senpais sind. Mich selbst auf die Schippe nehmend, lache ich und klopfe mir demonstrativ auf die Oberschenkel: „Ich?! Naja, wohl eher nicht...!“
Verwirrt schaut mich die kleine Traube an, die sich um mich herum gebildet hat, und fragt, warum ich das eben gemacht hätte.
„Warum schlagen Sie sich denn auf die Schenkel? Tut ihnen was weh?“
Ich lache und erkläre ihnen den sogenannten Schenkelklopfer der Deutschen. Und auf einmal stehe ich inmitten eines Kreises voller Erstklässlerinnen, die sich demonstrativ auf die Schenkel klatschen, als wäre das der neue Gebärdentanz. Es sieht zum Schreien aus! Der nächste deutsche Austauschschüler, der auf diese Schule kommt, wird sicherlich eine Horde von schenkelklopfenden Schülern auf seinem Abschiedsfoto vorfinden. Falls dem so ist, bitte ich diesen, sich bei mir zu beschweren.
Vom Training aus fahre ich direkt zu den Yamamotos, die die Yoshidas und mich zum Abendessen eingeladen haben. Melancholisch denke ich an die vergangene Zeit im Volleyballtraining und wanke zwischen einem Vermissen und einem Frohsein, dass ich diesen unreflektierten Gehorsam nicht mehr länger erdulden muss. Was mich dieses Training auf jeden Fall als etwas sehr positives gelehrt hat, ist, dass man Unterricht auch als eine Ehre ansehen kann und nicht nur als ein notwendiges Übel.
Auch von den Yamamotos werde ich mich nun verabschieden müssen. Um sie tut es mir wirklich sehr Leid, da sie so viel für mich getan haben und ich bei ihrem Alter außerdem nicht sicher sein kann, ob sie bei meinem nächsten Besuch in Japan noch leben werden. Und zumindest was ojîsan angeht, würden sich diese Befürchtungen leider bewahrheiten...
Als ich im Hauseingang der Yamamotos meine Schuhe feinsäuberlich hinstelle, ist auch schon Sachiko mit ihren drei Töchtern da. Extra für mich hat obâsan tempura und sushi gemacht, da das meine Lieblingsspeisen sind, und mit Genuss beginnen wir mit dem Abendessen. Für mich ist es ein sehr schöner Abend und ich freue mich, meine beiden Gastfamilien

zusammen zu wissen. Ich freue mich, dass obâsan auch einmal meine drei Gastschwestern kennen lernt, doch gleichzeitig weiß ich auch, dass es für die Yoshidas kein einfacher Abend ist. Für sie ist es nicht entspannend und auch nicht lecker, denn sie müssen ständig überlegen, was sie sagen und in welcher Höflichkeitsform sie es sagen. Ich als Ausländerin habe da eine gewisse Narrenfreiheit.
Während Risa und Haruka vorsichtshalber nur wenig sagen, erzählt Kaori in ihrem süßesten keigo, der sogenannten „schönen Sprache", von ihrem Austauschjahr in den USA. Obâsan ist sehr interessiert.
Als sie dann Risa fragt, ob sie eine gute weiterführende Schule gefunden hätte, antwortet diese sehr schüchtern und etwas unbeholfen. Dies zeigt mir einmal wieder, dass es in Japan wirklich eine Frage des Alters und der Bildung ist, wie ein Mensch sich ausdrücken kann. Während Kaori schon gelernt hat, wie man die japanische Sprache zu einer ihrer schönsten Ausdrucksform bringt, hat Risa als Mittelschülerin noch keine große Erfahrung darin. Für mich als Beobachterin ist das sehr interessant und wirft in mir die Frage auf, ob auch wir in Deutschland diese unterschiedlichen Formen des Ausdrucks haben. Sicher hört man auch in Deutschland jemandem an, welcher Bildungsschicht er angehört, doch nimmt dies höchstwahrscheinlich nicht so extreme Ausmaße an wie in Japan.

Die Schülerinnen des Volleyball-Clubs

Freudiger Abschied aus Japan

Am nächsten Tag sollte unser letzter Unterrichtstag vor den Sommerferien sein und ich mache noch viele Erinnerungsfotos von meinen Klassenkameraden und tausche Adressen aus. Immer noch nicht kann ich es glauben, dass ich in zwei Tagen schon in Deutschland sein werde und sie höchstwahrscheinlich für eine sehr, sehr lange Zeit nicht mehr sehen werde. Möglicherweise sogar für immer.

Da meine Gastfamilie für mich am Abend eine Abschiedsparty organisieren würde, erkläre ich meinen Klassenkameradinnen wo ich wohne und wann die Feier beginnen soll. Sie überlegen es sich noch und müssen erst abwarten, bis sie jemanden finden, der mit ihnen geht. Typisch Japaner, alleine trauen sie sich nirgendwo hin.

Gegen Abend, als ich wieder zu Hause bin, putze ich mit Kaori zusammen die Judo-Halle im Anbau, in der wir auch schon an Weihnachten Tischtennis gespielt hatten. Wir bereiten jede Menge Reis und tempura vor, füllen die Knabbersachen in Schalen und stellen Softgetränke bereit. Dann kommen auch schon die ersten Gäste und die Halle füllt sich langsam. Als erste ziehen Eri, Mai, Yuki und Natsumi aus meiner Klasse die Schuhe am Eingang aus, und ich zeige ihnen die Judo-Halle im Anbau. Wir spielen ein paar Runden Tischtennis und dann kommt auch Ai-chan mit ihren drei kleinen Kindern, auf die Haruka und ich schon so oft aufgepasst hatten. Ob sich Ren, Taiki und die kleine Miyu-chan wohl an mich erinnern werden, wenn sie älter sind?

Obâsan und ojiisan hatten schon angekündigt, dass sie wieder in Tôkyô zu einem Arztbesuch wären, doch dafür kommt Kumiko mit ihrer Cousine und sie bringen eine ganze Platte voll sashimi als Gastgeschenk mit. Ryôta und seine Eltern, mit denen wir oft etwas unternommen hatten, als die amerikanischen Austauschschüler da waren, kommen bald, und sie schenken mir jede Menge Modeschmuck als Abschiedsgeschenk.

„Ryôta ist bei Mädchen immer sehr großzügig", meint Risa etwas zickig, da sie eigentlich ein bisschen in Ryôta verliebt ist. Auch Kana-chan und ihre blonde Mutter kommen mit vielen Knabbereien, und Sachikos Bruder bringt seine Gitarre mit. Selbst eine der Croco-Frauen, Kuri-chan, kommt uns mit ihren Söhnen besuchen, was mich sehr freut. Denn mit Croco hatte ich seit dem Treffen meiner Gastmütter in der Schule nichts mehr zu tun. Als dann auch noch Tomoko mit ihren Eltern kommt, bin ich glücklich. Sie ist mir wirklich zu einer guten Freundin geworden und mit ihr werde ich auch lange den Kontakt halten.

Es ist eine nette Runde, und mit viel Geplapper, Essen und Tischtennis sollte der Abend sehr schön werden. Irgendwann bringt dann der Bruder von Sachiko seine Gitarre zum Vorschein und spielt mir sogar ein selbstkomponiertes Abschiedslied vor, das mich sehr anrührt, und als dann Sachiko mit Haruka drei große Kuchen aus der Küche holt, kann ich mich vor Freude gar nicht mehr halten. Neben den wohlig warm brennenden Kerzen steht auf Marzipan geschrieben: „Mona wird immer unsere Freundin bleiben" und „Mona Yoshida Thraen" und „Mona ist ein weiterer Teil unserer Familie".

Ich bin sprachlos vor Glück und mein gerührtes Grinsen findet kein Ende. Das vergangene Jahr war zu keiner Zeit einfach, doch nun wünsche ich mir, dass es ewig währen würde. Wie kann ich dieser wunderbaren Familie je das zurückgeben, was sie für mich getan hat, frage ich mich immer und immer wieder.

Sachiko wirkt müde und doch blickt sie mich immer ganz sanft an und meint, dass sie mich vermissen werde. Haruka stuppst und knufft mich ständig, und wie richtige Schwestern tollen wir uns auf dem Boden. Sie siegt, schließlich macht sie Judo.

Mit einem Grinsen überreicht mir Yuki ein Fotoalbum mit lauter Bildern vom kugitaikai, auf denen wir beide abgebildet sind, und von Ai-chan bekomme ich ein Keramikset der Kaiserfamilie geschenkt. Auch ein Ghibli-Filmbuch bekomme ich, und Haruka gibt mir eine von ihren Haarnadeln, die man zum yukata trägt. Ich werde überhäuft mit Geschenken und bin überglücklich über die Herzlichkeit, die ich plötzlich von allen Seiten erfahre. Dieses Gefühl, von den Japanern gemocht zu werden, habe ich nur ganz selten in Japan gespürt - und daher ist es umso wertvoller für mich.

Um kurz vor Mitternacht ist das Fest dann auch zu Ende und wir räumen auf. Gemeinsam mit Chihiho gehe ich noch kurz meine Abschiedsrede für den kommenden Tag durch, und dann geht die ganze Familie auch schon zu Bett. Lange liege ich noch wach, starre an die Decke und denke an die Feier. Es ist ein seltsames Gefühl, allen Lebewohl zu sagen, doch gleichzeitig fühlt es sich nicht schlimm an, da ich es einfach noch nicht wahrhaben kann. Es fühlt sich nicht an wie Abschied und doch weiß ich, dass ich in etwa 30 Stunden im Flugzeug sitzen werde.

Noch ein paar Mal gehe ich in Gedanken meine Rede durch und versuche sie so gut wie möglich auswendig zu lernen. Mit einem Lächeln erinnere ich mich an meine Rede am ersten Schultag und bin froh über all das, was ich in dieser Zeit gelernt habe. Damals konnte ich mich gerade so auf Japanisch vorstellen und nun ist meine Abschiedsrede zwei ganze Seiten lang. Lange kann ich nicht einschlafen und höre etwas wehmütig dem Zirpen der Grillen zu, die sich draußen in der heißen Nachtluft paaren. Erst sehr spät in dieser Nacht, als es endlich abgekühlt ist, fallen mir endlich die Augen zu.

Ein paar Stunden später wache ich schon wieder auf. Es ist vier Uhr morgens und ich kann nicht mehr schlafen. Ewigkeiten wälze ich mich hin und her und finde keinen Schlaf, bis ich mich um fünf Uhr endgültig zum Aufstehen entschließe.

Mit zwei Stunden Schlaf komme ich dann zum Morgentraining der Volleyballerinnen. Noch ein letztes Mal trainiere ich mit ihnen, dann putzen wir die Sporthalle und ich schenke ihnen die Fotos, die ich von ihnen gemacht hatte. Japaner können sich immer so wunderschön freuen!

Im Klassenzimmer haben wir noch ein letztes Mal Klassenlehrerstunde und auch hier mache ich noch ein Klassenfoto, und danach verabschiedet uns Ito-sensei alle in die Sommerferien. Dann schlappt die ganze Schule in die Sporthalle und es werden wieder Reden gehalten. Erst Kôchô-sensei, dann Mr. Burns, dann ein paar Sportlehrer. Es kommt mir wie eine Ewigkeit vor, obwohl es genauso viele Reden sind wie sonst auch immer. Nervös sitze ich wie auf Kohlen und in Gedanken gehe ich immer und immer wieder meinen Text durch. In der Nacht hatte ich ihn noch gut auswendig drauf, doch jetzt scheint mein Kopf wie leer zu sein. In meinen Händen fühle ich ein leises Kribbeln und mir ist trotz der Hitze des Tages ein wenig kalt.

Das kann doch nicht sein, dass ich ausgerechnet bei meiner Abschiedsrede nervös werde, tadele ich mich innerlich, doch ich weiß genau, woher diese Aufregung kommt. Im Gegensatz zu meiner Antrittsrede zeigt diese Rede nun, wie viel ich in dem ganzen Jahr gelernt habe. Sie zeigt den Fortschritt, den ich gemacht oder nicht gemacht habe, und ich setze mich dadurch selbst unter Druck. Ich bin nervös und denke nach wie vor an das hämische Grinsen von Masaru, wenn ich einen Fehler mache. Warum kann mein Herz diese bösartigen Blicke nicht einfach vergessen?!

Dann bin ich endlich dran und der Rektor ruft mich auf die Bühne.

„Viel Glück", flüstert mir Manami leise zu und versteckt sich sofort wieder hinter ihrem Handtuch.

Es ist wie der Weg zum Schafott, denke ich, während ich mit langsamen, bedachten Schritten an den Schülern vorbei zur Bühne gehe. Meine Beine fühlen sich an wie Wackelpudding und vorsichtig nehme ich das Mikrofon, das mir Kôchô-sensei lächelnd entgegenstreckt.

„Minna-san konnichi wa![97]", beginne ich mit leicht zitternder Stimme. In meinem Kopf ist alles leer! Mit den Händen umklammere ich meinen Sprechzettel und lese die ersten paar Sätze ab: „Ab Morgen sind Sommerferien und deswegen ist heute mein letzter Schultag an der Kiryû Kôkô. Seit September letzten Jahres durfte ich nun für ungefähr ein Jahr den Schulalltag in Japan erleben und dabei sehr viele, sehr interessante Erfahrungen machen. Darunter war sehr viel Schönes und Einzigartiges, aber natürlich auch einige Dinge, die schwer für mich waren."

Allmählich fasse ich wieder Atem und fühle, wie mein Herzschlag langsamer wird und ich langsam wieder zur Ruhe komme. Die auswendig gelernten Sätze kommen wieder in mein Bewusstsein, und ich lasse von meinem Zettel ab und spreche frei.

„Ich habe mich wirklich gefreut, dass ihr mir dabei alle so geholfen habt und ich mich so immer mehr in der Schule integriert gefühlt habe. Sehr dankbar bin ich auch für das halbe Jahr, das ich im kendô-Club und das halbe Jahr, das ich im Volleyballclub verbringen durfte. Natürlich war es sehr anstrengend, aber gleichzeitig auch total gut und es hat mir großen Spaß gemacht. Ich möchte mich sehr bei meinen senpais bedanken, die mir in all der Zeit sehr viel beigebracht haben. Auch für die Hilfe meiner beiden Klassenlehrer Tanaka-sensei und Ito-sensei möchte ich mich herzlich bedanken. Besonders in der Klasse 2-4 habe ich mich sehr wohl gefühlt, und vor allem der kugitaikai hat mir sehr gefallen. Noch nie habe ich so eine lustige und quirlige Klasse gesehen, wie die 2-4 und ich möchte mich sehr dafür bedanken, dass ich ein Teil dieser Klasse sein durfte."

97 Minna-san konnichi wa! = Guten Tag, alle zusammen!

Langsam komme ich ans Ende meiner Rede und mit kräftigen Worten versuche ich die letzten Worte zu unterstreichen: „Ich möchte mich bei allen Schülern und Lehrern für ihre Freundlichkeit und Hilfe bedanken, und auch wenn ich jetzt nach Deutschland zurückkehre, werde ich euch alle nicht vergessen und werde weiterhin versuchen, noch mehr Japanisch zu lernen! Vielen Dank!"
Geschafft, denke ich erleichtert und verbeuge mich tief vor den vierhundert Schülern und den Lehrern. Lautes Klatschen und dann laufe ich leicht schwankend wieder zurück zu meinem Platz.
„Yeah! Geschafft!", lacht mir Maki zu, als ich an ihr vorbei komme und hebt die Hand zum Einschlag. Wir schlagen ein und ich erwache aus meiner tiefen Trance – geschafft! Ein Jahr Kiryû Kôkô, ich habe es überlebt!!
Später, als wir im Klassenzimmer unsere Tische für die Sommerferien frei räumen, schenke ich den Mädchen selbstgemachte Freundschaftsbänder, Fotos und kleine Briefchen mit meiner Adresse. Besonders die Bändchen kommen bei den kitschliebenden Japanerinnen sehr gut an.
Auch ich werde mit Abschiedsgeschenken überhäuft, und selbst Mädchen aus anderen Klassen, die ich nur vom Sehen her kenne, schenken mir auf einmal Ohrringe, purikura, Briefe, sogar einen Bilderrahmen ohne Bild bekomme ich. Und wieder einmal denke ich mir, versteh' einer diese Japaner. Ein Jahr lang gebe ich mir die größte Mühe, richtige Freundschaften zu knüpfen und bekomme meist nur Ablehnung gezeigt. Und nun, am allerletzten Tag, werde ich von allen Seiten mit Geschenken und netten Worten überschüttet. Ob das nun Heuchelei ist oder einfach nur pure Schüchternheit, wird mir wohl für immer ein Rätsel bleiben.
Nachdem ich mich von allen verabschiedet habe, werde ich vom Rektor im Rektoratszimmer erwartet. Hier hat alles angefangen und hier hört alles auf, denke ich mir, als ich leise an der schweren Schiebetüre klopfe.
„Hai!", antwortet es und ich trete ein. Wider meiner Erwartung muss ich dem Rektor nicht noch einmal meine ganzen Erfahrungen und Eindrücke schildern, sondern diesmal überreicht er mir nur freundlich ein Geschenk zum Abschied und meint, ich hätte das Jahr sehr gut überstanden und hätte es gut gemacht. In Japan ist das ein großes Lob.
Sein Geschenk ist ein weißer Fächer aus Reispapier, auf dem mit braunen kanji geschrieben steht: ichi go ichi e.
„Das ist ein sehr berühmter Ausdruck in Japan, der eigentlich aus der Teezeremonie kommt", erklärt mir der Rektor, und ich schaue mir lange die Zeichen an. Übersetzt heißt das „ein Zeitpunkt, ein Treffen".
„Das bedeutet, dass jeder Zeitpunkt einzigartig ist, und so ist auch dieses Treffen zwischen unseren beiden Kulturen einzigartig. Es ist nicht mehr

wiederholbar und wird immer anders sein. Deswegen ist dieser eine Zeitpunkt, in dem unsere beiden Kulturen aufeinander getroffen sind, einzigartig auf dieser Welt und deshalb wertvoll."

Nur langsam verstehe ich, was er meint und erst, als ich mich schon lange von der Schule verabschiedet habe und auf dem Fahrrad den Heimweg antrete, erkenne ich den allgegenwärtigen Präsenzbezug darin, der in allen Dingen in Japan mitzuschwingen scheint. Japan, ein Land, dessen Grammatik keine Zukunftsform kennt, ein Land, in dem der Buddhismus, eine Religion der Leere und der Präsenz, gelehrt wird. Ein Land, dessen Einwohner kindisch erscheinen, weil ihre Sprache die Gefühle der Ist-Situation, der Gegenwart, beschreiben. Es ist faszinierend und doch gleichzeitig so unverständlich durch seine vielen Widersprüche.

Als ich nach Hause komme, wartet dort genau diese pure Präsenz des Lebens auf mich: Muta-chan, das grunzend in den Armen eines schlafenden Shôtas liegt. Ich muss erst einmal lachen.

„Shôta-kun!!!", rufe ich dann begeistert, überrascht ihn noch einmal zu sehen. „Was machst du denn hier?!"

Verschlafen reibt er sich die Augen und meint, er hätte nun Ferien und wäre extra so früh gekommen, um mich noch zu verabschieden. Ich habe Shôta nicht mehr gesehen, seit ich ihm am Valentinstag die Schokolade überreicht hatte und freue mich sehr, mich noch einmal richtig von ihm verabschieden zu können.

„Wie ist es dir in all den Monaten hier ergangen? War heute dein letzter Schultag?", fragt Shôta, und obwohl ich bisher noch keine Gelegenheit hatte, meine Koffer zu packen, erzähle ich ihm ausführlich, was in der Zwischenzeit alles geschehen ist.

Irgendwann kommt auch der Rest der Familie nach Hause, und auch Sachikos Bruder kommt noch einmal zu Besuch. Es ist wie in einem vertrauten Familienkreis, denke ich, als wir das letzte gemein-same Abendessen zu uns nehmen, und froh betrachte ich meine Familienmitglieder auf Zeit.

Sachiko mit ihren müden und doch aufgeweckten Augen und ihrem schelmischen Lachen. Haruka, die gierig die Nudeln in sich reinschlürft und dabei lauthals mit vollem Mund Shôta ausfragt. Shôta wiederum, der ruhig und gelassen, einem Buddha gleich im Schneidersitz hockt und über seine Uni berichtet. Kaori, die still und aufrecht im traditionellen seiza sitzt und ihm aufmerksam zuhört. Und dann Risa, deren fransiger Pony schon fast über ihre Augen wächst und die wie immer in ihrer Sportuniform dasitzt. Ich werde diese Familie wirklich vermissen, denke

ich, sie haben mir so viel Gutes getan. Ihnen habe ich es zu verdanken, dass dieses Jahr, das so unglaublich schwer anfing, so gut endet.
Im trauten Kreis essen wir bis spät in den Abend und als dann Haruka vorschlägt, noch zum karaoke zu fahren, wird es noch später.
Das ist schon ein lustiger Haufen, denke ich, als ich so meine Gastfamilie beim Singen betrachte. Sachiko und die drei Mädels, Shôta mit dem Schwein Muta-chan im Arm, Sachikos Bruder, der den kleinen Dackel Bello in der Tasche in den karaoke-Raum geschmuggelt hat. Sie wirken wie die Charaktere aus einem Film und es ist doch alles real.
Mit Leibeskräften singen wir zu den neuesten Charts von Orange Range, Def Tech und GO!GO!7188 und mir fallen die japanischen Texte plötzlich gar nicht mehr schwer. Schließlich, nach fast einem ganzen Jahr, fühle ich mich in Japan angekommen.
„Subete no hitobito ni kansha shiyô, kanarazu nanika oshiete kureteru yo“, singen wir. Sei dankbar für alle Menschen, denn jeder einzelne lehrt dich etwas. „Sage Danke, wann immer die Chance kommt“, singen wir weiter und ich schließe die Augen und bedanke mich für ein Jahr Freud' und Leid in diesem Land. Es ist vorbei!
Gegen zwei Uhr nachts kommen wir wieder nach Hause, und während die anderen sich schlafen legen, packe ich meine Koffer, bis wir diese gegen fünf Uhr morgens in den Wagen hieven.
Im Morgengrauen fahren wir in Richtung Tôkyô und während meine Geschwister mit offenen Mündern schlafen, halte ich Sachiko wach, die fast am Steuer einzuschlafen scheint.
Nach etwa drei Stunden Fahrt kommen wir am Narita Airport an, und mit großem Gähnen schälen sich die anderen aus dem Auto, um mir beim Tragen meiner Koffer zu helfen. Mein Handgepäck hat ungefähr acht Kilogramm Übergewicht und leider sieht mir die Frau am Schalter das auch an. Also packe ich die zu schweren Sachen in einen Karton und bitte Sachiko, mir diesen später mit der Post nachzuschicken.
Schweren Herzens überreiche ich meiner Gastfamilie einen langen Brief von mir, den ich feinsäuberlich auf handgesiebtem Briefpapier geschrieben habe und jeder von ihnen bekommt ein selbstgeknüpftes Armband mit ihrem Namen darauf. Sie freuen sich sehr und dann geht alles ganz schnell.
Wir gehen zum Gate. Wir stehen uns gegenüber. Es ist soweit. Abschied! Was soll ich tun, frage ich mich? Ich möchte sie umarmen, aber ich weiß, dass das hier so nicht geht.
„In Japan umarmen wir uns nicht beim Abschied“, rät mir Haruka, die meine Gedanken zu lesen scheint und ich sage: „Hai!“

Vielmals bedanke ich mich bei den Yoshidas für die gute Zeit bei ihnen und all ihre Hilfe und Freundschaft, und dann verbeugen wir uns voreinander. Die Yoshidas auf der einen Seite, ich auf der anderen Seite. Ich ein bisschen tiefer und länger als sie. Für einen Außenstehenden scheint das grausam zu sein, hier in Japan ist das aber nun einmal so. Dann greife ich schweren Herzens meinen Rolli und ziehe ihn durch die Absperrung. Die kleine Gruppe an übermüdeten Schwarzköpfen winkt mir hinterher und ich blicke zu ihnen, bis ich sie nicht mehr sehen kann.

Am Himmel ballen sich dunkel die dicken, grauen Morgenwolken. Als der Flieger über den Boden rollt und sich mit einem leichten Stoß in die Lüfte hebt, schaue ich noch lange auf die weiten Felder auf dem Land der aufgehenden Sonne und denke nach.

Otsukaresama deshita[98], sage ich zu mir selbst. Es ist vorbei!

Lange starre ich nach draußen und denke nach. Zu Beginn meines Jahres in Japan wurde ich ins kalte Wasser geworfen, und kaum hatte ich das Gefühl, mich warm geschwommen zu haben, ist das Jahr auch schon wieder vorbei und dem Fisch wird das Wasser genommen. Die Zeit ging rasend schnell vorüber und gleichzeitig hatte ich oft das Gefühl, es würde nie zu Ende gehen.

98 Otsukatesama deshita = Floskel, die man sagt, wenn z.B. Feierabend gemacht wird oder die Arbeit zu Ende ist

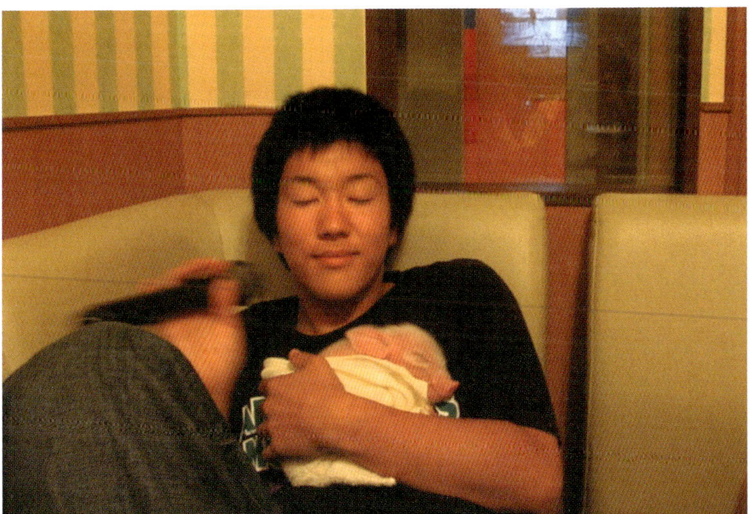

Auch das Hausschwein darf mit zum karaoke

Nie habe ich eine Kultur erlebt, die auf der einen Seite so höflich und nett ist und dabei gleichzeitig so unfreundlich und erbarmungslos sein kann. Dieses eine Jahr in Japan würde noch für sehr lange Zeit die mit Abstand härteste und gleichzeitig lehrreichste Zeit in meinem Leben sein. Japans Paradoxien haben mich oft bis tief in die Verzweiflung getrieben und trotzdem haben sie mich einiges über dieses Land und über mich selbst gelehrt.
Denn obwohl oder vielleicht gerade, weil es nicht immer einfach war, würde es mir in meinem Leben Kraft geben. Hagen würde einmal zu mir sagen: „Dass ich dieses Jahr in Japan überlebt habe, gibt mir einen Grundstein, auf den ich mich immer wieder stützen kann."
Dies trifft genau mein Gefühl, wenn ich an meine Zeit in Japan denke. Dieses eine Jahr voller seltsamer, interessanter, neuer Erfahrungen, die so schön und anders und gleichzeitig so schonungslos und fremd waren. Ich weiß nun, was ich kann, und erst durch den Weg in die Fremde habe ich angefangen zu reflektieren, wer ich wirklich bin und wer meine Umwelt ist. Ob ich ein reines Produkt meiner Umwelt bin oder ob ich selbst entscheiden kann, wer ich bin.
Wie Theodor Fontane schon sagte: „Erst die Fremde lehrt uns, was wir an der Heimat besitzen" und durch sie lernt man seine Wurzeln kennen. Die Wurzeln des Heimatlandes, aber auch die eigenen, persönlichen Wurzeln.

Nachwort

Im Nachgang zu diesem Buch ist es mir wichtig, klarzustellen, dass alle Begebenheiten und Erfahrungen, die hier beschrieben wurden, meinen eigenen, subjektiven Erlebnissen entsprechen. Ich möchte also davon abraten, all die Eindrücke aus diesem Buch als gegeben und wörtlich zu nehmen. Es ist mir ein großes Anliegen, zu betonen, dass diese nicht verallgemeinert werden können. Ein Land und eine Kultur zu kategorisieren ist unmöglich und dies war beim Schreiben dieses Buches auch nicht meine Intention. Es soll vor allem einen Einblick in dieses außerordentlich vielschichtige Land geben.

Teilweise habe ich die Reihenfolge der Ereignisse etwas verändert, trotzdem entsprechen die einzelnen Szenen in diesem Buch den tatsächlichen Begebenheit. Es ist nichts dazu erfunden oder verfälscht, alles ist „echt".

Es bleibt wichtig zu erwähnen, dass ich die Namen und zum Teil die Beschreibungen der Personen geändert habe, um die Identität des Einzelnen zu schützen. Ich denke, dies ist nur fair, und nur so konnte ich Dinge so schonungslos japanisch beschreiben, wie ich sie erlebt habe.

Aus aktuellen Anlässen noch etwas, was mir sehr am Herzen liegt: Ein Teil dieses Buches wurde geschrieben noch bevor das schreckliche Erdbeben und der Tsunami in Japan im März 2011 die Welt erschütterte. Die Geschehnisse in Japan versetzen mich seither tagtäglich in eine innere Unruhe und ich möchte an dieser Stelle mein großes Mitgefühl für das japanische Volk aussprechen. Meines Wissens nach wurde zwar keiner von den hier im Buch beschriebenen Menschen durch die beiden Naturkatastrophen verletzt oder gar getötet, doch ist noch lange nicht sicher, welche katastrophalen Auswirkungen die nukleare Gefahr haben wird, die von den Reaktoren im Atomkraftwerk Fukushima Daiichi ausgeht. Meine Gedanken und Gebete gehen daher an alle Opfer dieser Katastrophe, sowie an das japanische Volk und dessen Land im Allgemeinen. Mit all meiner Kraft bete ich dafür, dass dieses einzigartige Land von weiterem Unglück verschont bleibt und es auch zukünftig für Freunde aus der ganzen Welt betretbar bleiben wird.

Japan ist ohne Zweifel ein einzigartiges Land auf dieser Welt und ich empfehle jedem, der sich dafür interessiert, es für sich persönlich kennenzulernen!

Mona I. Thraen

A

aizome	Färbung von Stoffen mit Indigofarbe
akaten	rote Punktzahl (alles unter 35 Punkten von 100 bei Klassenarbeiten/Tests)
ame	Regen
anata no name wa nan desu ka?	Wie heißen Sie? (höfl.)
anime	jap. Zeichentrick
arigatô gozaimashita	Vielen Dank
(aru)baito	(vom dt. Arbeit) Minijob
Asahi	jap. Biermarke
asobu	spielen

B

baito	(Kurzform von arubaito vom dt. Arbeit) Minijob
batsu games	Bestrafungsspiele
bonsai	Miniaturbäume, die mit hoher Kunst über Jahre hinweg geschnitten werden
bukatsu	jap. (Sport-/Schul-) Club

C

cha	Tee
chadô	Teezeremonie (cha = Tee, dô = Weg)
-chan	Verniedlichungsform eines Namens. Meist für Kindern oder jungen Frauen.
chitoseame	weiß-roten Zuckerstangen, die Kinder am 7-5-3-Fest geschenkt bekommen
chô	(inform.) echt/total (Modewort bei jap. Jugendlichen)
conbini	convenience store (24-Stunden-Geschäfte mit den nötigsten Produkten)
Cosplayer	jap. Art des „costume plays“, bei dem man sich u.a. als seinen Lieblingshelden oder sein Idol verkleidet

D

daijôbu	in Ordnung/einverstanden/o.k.
daikini	buddhistische Himmelstänzerinnen
daikon	Rettich

dango	jap. Süßigkeit (Klöße aus Reismehl, die auf Holzspießen serviert werden und mit verschiedenen Zutaten belegt werden, z.B. mit süßer Bohnenpaste oder einem Sirup aus gezuckerter Sojasoße)
deru kui wa utareru	Der hervorstehende Nagel wird eingehämmert (jap. Sprichwort)
dô	jap. Weg
doitsu mura	deutsches Dorf
dôzô okashi o...	Aufforderung bei der Teezeremonie, die Süßigkeiten zu essen
(dôzo) yoroshiku onegai (shimasu)	verschiedene Bedeutungen z.B.: Schön Sie kennenzulernen/Ich bin in Ihrer Schuld/Ich zähle auf Sie/Auf gute Zusammenarbeit/Bitte helfen Sie mir. Soll maßgeblich die Bitte um eine gute, gegenseitige Zusammenarbeit ausdrücken, bei der beide Parteien aufeinander achten und sich helfen. Diese Floskel wird sehr, sehr häufig verwendet.
E	
ebi	Garnele
Edo-Zeit	Abschnitt, der die jap. Geschichte zwischen 1603 und 1868 bezeichnet und nach dem damaligen Namen der Hauptstadt Edo (heute Tôkyô) benannt ist.
etchi	Pervers(er)
F	
Freeter	Wortform aus dem engl. Freelancer (=Selbstständiger) und dem dt. Arbeiter. Menschen mit (meist geringfügig bezahlter) Kurzarbeit, die mal hier, mal da jobben.
furigana	(meist) hiragana, die über den kanji stehen, damit ungeübte Leser die kanji durch die einfachere Silbenschrift lesen können.
futon	jap. Art von harter Matratze, die direkt auf den Boden gelegt wird
G	
gaijin (eigtl. gaikokujin)	Ausländer
ganbatte	halte durch/mach weiter
gangugo	Japanerinnen mit hellblond oder orange gefärbten Haaren, extrem gebräunter Haut und farbigen Kontaktlinsen

geisha	Person der Künste (Übersetzung der kanji)
geta	Holzsandalen (meist zu traditioneller Kleidung)
Ghibli / Studio Ghibli	eines der berühmtesten Zeichentrickfilmstudios in Japan (1985 von den beiden Regisseuren Hayao Miyasaki und Isao Takahata gegründet).
gipusu	(vom dt.) Gips
GO!GO!7188	Jap. Rock-Band; sprich: Go!Go! nana-ichi-hachi-hachi (es gibt keine offizielle Erklärung der Namensbedeutung)
Gunma (-ken)	Präfektur nordwestlich von Tôkyô
gyaru	(vom Engl. girl); Mädchen und junge Frauen, die durch ihren extremen Kleidungsstil auffallen
gyaruo	männliche Variante der gyaru
H	
hachimemashite	wortwörtlich „Ich sehe Sie zum ersten Mal", Redewendung, wenn man jemanden neu kennenlernt.
hai	Ja! (daneben gibt es auch eine informelle Form der Bejahung, das „ee")
hakama	Hosenrock mit weit geschnittenen Beinen
hana	Blume
hanabi	Feuerwerk
hanami	(Kirschblüten-)Schau
haori	hüftlange, lockere Oberbekleidung in Form eines Jacketts
harudoreina~	Hardliner
hashi	Brücke
heisei	(wörtl. „Frieden überall") Regierungsdevise des Tennôs Akihito seit dem 8. Januar 1989 bis heute.
himegyaru	Japanerinnen, die sich wie Prinzessinnen verkleiden und damit auf die Straße gehen
hiragana	Silbenschrift aus 46 Zeichen, die für jap. Wörter verwendet wird.
hitori de ganbate ne...	Halte alleine durch
Honshû	größte der vier Hauptinseln Japans, auf der auch Tôkyô liegt

hôzômon	großes Tempeltor am Sensôji (berühmter Tempel in Tôkyô)

I

ichi go ichi e	ein Zeitpunkt, ein Treffen (jap. Ausdruck für die Einzigartigkeit des Momentes)
ijime	Mobbing
ikebana	jap. Kunst des Blumenarrangierens
inago	Heuschrecken
irasshaimase	Herzlich Willkommen, bitte treten Sie ein (Begrüßung in Geschäften)
Isesaki	Stadt in der Präfektur Gunma
Isesaki Kôkô	Isesaki High School
ittekimasu	Ich gehe nun (Redewendung, wenn man das Haus verlässt)
Itterashai	Redewendung für den, der zu Hause bleibt (Antwort auf ittekimasu)

J

jan-ken-poi	Schere-Stein-Papier
jishin	Erdbeben
jumo ku rei	Aufmerksamkeit und Verbeugen! (Ausruf z.B. bei der Begrüßung des Lehrers durch die Schüler vor und nach jeder Unterrichtsstunde)

K

kaiten sushi	Sushi am Fließband
kakko ii	(inform.) cool
kana	Zusammenfassende Bezeichnung für hiragana und katakana
kanji	aus China übernommene Schriftzeichen, bei denen meist ein Zeichen für ein ganzes Wort steht. Kanji können durch kana in Lautschrift umgeschrieben werden, was ihr Erlernen erleichtert.
kanpai!	Prost!
karaoke	beliebte Freizeitaktivität in Japan, bei der man zu Instrumentalmusik singt
karôshi	Tod durch Überarbeitung
karute	(vom dt.) Krankenkarte

katakana	Silbenschrift aus 46 Zeichen, die für ausländische Wörter oder Eigennamen verwendet wird.
kawa	Fluss
kawai	süß/niedlich
keigo	schöne jap. Sprache
-ken	Endung für Präfektur/Provinz
kenjitsu	Schwertkunst (ken = jap. Schwert; jitsu = Kunst)
ki o tsukete	Pass auf dich auf (wortwörtlich Schalte deinen Geist ein)
kimochi ii	gutes Gefühl/Wohlgefühl/gute Stimmung
kimono	traditionelles jap. Kleidungsstück, welches durch einen breiten Gürtel (Obi) zusammengehalten wird.
Kiritsu!	Aufstehen!
Kiryû	Stadt in der Präfektur Gunma (nordwestlich von Tôkyô)
Kiryû Kôkô	Kiryû High School
Kiryû Kôritsu Kôkô	Kiryû Public High School
kitsune	Fuchs
Kôbô Daishi	anderer Name für den buddhistischen Mönch Kûkai (774-835), jap. Berühmtheit.
kogyaku	Japanerinnen, die sich als sexy Schulmädchen kleiden
kohatsu	niedriger Tisch
Kôchô-sensei	Schulrektor (eig. gakkôchô)
kokkuri-san	Geist des jap. Gläserrückens (kokkuri)
Kokkuri-san, kokkuri-san, oide kudasai!	Kokkuri, kokkuri, komm bitte her!
kokoro no kotoba	Herzenssprache
Kôkyo	jap. Kaiserpalast
koori	geraspeltes Wassereis mit farbenfrohem Sirup darauf
kugitaikai	Schulfest
-kun	Anrede für Jungen oder junge Männer
kuso	Scheiße

kyabarei	Live-Sex-Shows, bei denen dem Publikum die Möglichkeit geboten wird, sich auf der Bühne sexuell zu betätigen.
kyôto gosho	kaiserlicher Palast in Kyôto
kyûdô	jap. Bogenschießen
L	
Long Home Room	eine Stunde in der Woche, in der sich alle Schüler zu Reden/Vorträgen in der Sporthalle treffen
M	
Maebashi	Bezirkshauptstadt der Präfektur Gunma
maika	Geisha-Lehrling
mame	Bohne
mame-maki	Bohnen verstreuen
manga	jap. Comics
matsuri	(Sommer-)Fest
Meiji	Softdrink-Marke in Japan
Meiji-Restauration	politischer Umbruch und der Beginn einer neuen Regierungsform, mit der die rasante Modernisierung und Verwestlichung der jap. Gesellschaft begann. Die Meiji-Zeit beendete die fast 270 Jahre währende Herrschaft der Tokugawa-Shôgune, die der Kriegerkaste der Samurai angehörten und eine feudale Regierungsform innehatten.
mikkyô	sog. esoterische Buddhismus
Minna-san konnichi wa!	Guten Tag, alle zusammen!
mizaru, kizaru, iwazaru	nichts Böses sagen, hören und sehen (drei jap. Tugenden)
Mizu poi ne~	sieht aus wie Wasser (Bezug auf das Wassergewerbe in Japan)
mochi	Reiskuchen
namae wa?	Wie heißt du?
natsukashi	wehmütig /nostalgisch
natto	fermentierte Sojabohnen
nengajô	Neujahrskarten
nigiri	Reisbällchen
nijûbashi	Doppelbrücke beim Kaiserpalast

O

(o)cha	grüner Tee
(o)hashi	Essstäbchen
(o)mochi	Reiskuchen
(o)nigiri	Reisbällchen
(o)sake	jap. Reisschnaps
obâsan	Anrede für Großmutter
(o)bentô	Lunchpaket
obi	Gürtel des kimonos/yukatas
ocha yoroshii desu ka?	Möchten Sie Tee?
ofuro	heißes Bad (meist zu Hause)
ohayô (gozaimasu)	Guten Morgen (höfl.)
oishii (da/desu)	(es ist) lecker
ojîsan	Anrede für Großväter
ojisan	Anrede für Onkel
okaerinasai	wörtlich „Komm' bitte nach Hause“ (Antwort auf „tadaima“, für die, die zu Hause geblieben sind)
okâsan	Anrede für Mütter
okobo	traditionelle, hölzerne Plateauschuhe
omiyage	Mitbringsel
omoshiroi (da/desu)	(es ist) interessant
onegai (shimasu)	Ausdruck einer Bitte
Oni wa soto! Fuku wa uchi!	Dämonen hinaus! Glück hinein!
onsen	heiße Quellen
origami	jap. Papierfaltkunst
osenbei	Reiscracker
oshôgatsu omedetô (gozaimasu)	Frohes Neues Jahr
otôsan	Anrede für Väter
otsukatesama deshita	Floskel, die man sagt, wenn z.B. Feierabend gemacht wird/die Arbeit zu Ende ist.
owarai	jap. Comedy-Shows im Fernsehen mit meist sehr bizarrem Humor

P

pachinko	Geldspielautomaten

purasuta	(vom dt.) Pflaster
purikura	(von PrintClub) kleine Bilder aus Fotoautomaten, die man bunt verzieren kann
R	
ramen	dünne Weizennudeln, die meist in einer Suppe gereicht werden
roshi	respektvolle Anrede für besonders erfahrene, autorisierte Lehrer im Zen-Buddhismus
ryôkan	traditionell eingerichtetes jap. Hotel/Herberge
S	
sabishii	einsam/vermissen
sake	Jap. Reisschnaps
sakura	Kirschblüten
-san	Endung für ‚Herr...' und ‚Frau...'
sashimi	roher Fisch
seiza	jap. Fersensitz
sekushuaru harasumento	(vom engl. sexual harassment) sexuelle Belästigung
-senpai	Anrede für höher eingestufte oder ältere Schüler
-sensei	Anrede für Lehrer, Professoren aber z.B. auch Ärzte
setsubun	Neujahr nach dem traditionellen jap. Kalender (meist am 3. oder 4. Februar)
shaberu mae ni node!	Trink' bevor du sprichst!
shinai	jap. Bambusschwert (Übungsschwert)
shingon-shû	eine von Kûkai (buddhistischer Mönch, 774-835) gegründete Schule des jap. Buddhismus (wörtlich Schule des wahren Wortes)
shinkansen	jap. Hochgeschwindigkeitszug
shintô	Shintoismus, pantheistische Religion mit viele Gottheiten, meist Naturgöttern. Zusammen mit dem Buddhismus ist der Shintoismus die am meisten verbreitete Religion in Japan.
shôgun	Kriegerkaste des Samurai, der militärischen Herzoge der Feudalzeit

Short Home Room	Klassenlehrerstunde (10 Minuten vor und nach einem Unterrichtstag)
sô (desu) ne~	so, nicht wahr (höfl.)
sô (desu) ka?	So ist das also?/Ist das so? (höfl.)
soba	dünne, braun-graue, gekochte Nudeln aus Buchweizen
sôgô	Zusammenkunft / Unterrichtsstunde, bei der die Schüler die Plätze tauschen
sômen	sehr feine, lange, runde, weiße Fadennudeln aus Buchweizen- oder Weizenmehl mit leicht süßlichem Geschmack
Sôsensha	kleiner (shintoistischer) Tempel am Rande von Kiryû
sotsugyôshiki	offizielle Abschlusszeremonie bei der auch die Eltern eingeladen werden und die Zeugnisübergabe stattfindet
subete no hitobito ni kansha shiyô, kanarazu nanika oshiete kureteru yo	Sei dankbar für alle Menschen, denn jeder einzelne lehrt dich etwas
sugoi (desu)	das ist toll/großartig (höfl.)
sumimasen!	Entschuldigung!
sumo	jap. Ringkampf
T	
tadaima	wörtlich „gerade eben“ (Redewendung, wenn man nach Hause kommt)
taikengakushu	Freiwilligendienst / Schulpraktikum
taikô	jap. Trommeln
take no ko	Bambussprossen (wörtlich Bambuskinder)
takoyaki	Oktopusbällchen
tanoshii	lustig
tatami	Matten aus Reisstroh, die in traditionellen jap. Zimmern ausgelegt werden und als Fußboden dienen
tempura	frittiertes Gemüse/Garnelen u.a.
tennô	Kaiser in Japan
tokage	Eidechse

torii	rotes Shintô-Tor
tsukemono	eingelegtes Gemüse als Beilage zu Reis
U	
uchi	Haus/zu Hause/eine Bezeichnung des „Ichs“
udon	Weizennudeln
ume	Pflaume
umeboshi	eingelegte/fermentierte Pflaume, mit sehr sauerem Geschmack
W	
wakarimashita	ich habe verstanden (höfl.)
wasabi	Jap. grüner Meerrettich, der sehr scharf ist und meist als Paste mit Sushi oder anderen Mahlzeiten verzehrt wird.
Watashi no namae wa ...desu	Mein Name ist ... (höfl.)
Y	
Yada!	ich will nicht!
yakusa	jap. Mafia
Yameta!	Hör(t) auf!
yokatta (desu ne)	Gott sei Dank/das ist gut, nicht wahr? (höfl.)
yoroshiku (onegai shimasu)	Bitte seien Sie mir wohlgesonnen (höfl.)
yosenhai	Abschiedszeremonie der Absolventen
yukata	leichte (und günstigere) Sommervariante des kimono

Elchtest in Norwegen

David Wigand lebt für zwei Monate auf einem Hof im winterlichen Mittelnorwegen. Im Rahmen eines Work and Travel-Programms hat er sich dafür entschieden, die Zeit bis zu seinem Studienbeginn als Mithelfer bei einer Familie in Trøndelag zu verbringen.

Überrascht findet er sich in einer verschneiten Welt wieder, lebt in einer skandinavischen Großfamilie, arbeitet als Holzfäller, repariert Ferienhütten, kämpft gegen hohe Schneelasten an und erkundet zu Fuß, auf Schneeschuhen und auf Skiern die nicht nur durch die eisige Kälte atemberaubende Umgebung.

Erhältlich im Buchhandel und auf www.traveldiary.de.